JOY
JOY 技术有限公司
连续采煤机在采煤机械
中居世界领先地位，在
中国煤炭生产中创纪录。
有兴趣者，请与北京香格里拉饭店361房间联系：
电话：8312211－361；　电传：222322

1987

中国煤炭工业年鉴

煤炭工业部《中国煤炭工业年鉴》编审委员会　编

煤炭工业出版社

编写出版人员名单

主　　　编　龚　淼　吴志莲

责 任 编 辑　高　峰

编写组成员　（按姓氏笔划为序）

刘　丹　石　坚　石本广　关文侠　吴　健　苏　进

严志才　李瑾华　杜香琴　周国华　张大艺　张　贵

董传馨

版 式 设 计　张元林　侯海燕　马坤善

封 面 设 计　郑玉水

工 作 人 员　智　毅

赵紫阳总理在北京造纸一厂视察水煤浆燃烧装置

乔文涛摄

李鹏副总理接见1987年度煤炭工作会议代表

李石生摄

山西安太堡露天煤矿

苏进摄

西山矿务局杜儿坪矿综采一队连续 3 年被评为甲级队

苏进摄

晋城矿务局王台铺煤矿的标准化人行巷道

苏进摄

煤炭科学研究院重庆煤研所建成的我国第一条长900米的煤尘、瓦斯爆炸试验巷道

李石生摄

抚顺矿务局多种经营企业——胜利毛衫厂的产品已行销全国

刘中书摄

中　　国
煤炭进出口总公司

中国煤炭进出口总公司1982年7月经国务院批准成立,是煤炭工业部领导的对外经济贸易国营企业，具有法人资格。

中国煤炭进出口总公司主要经营范围:

一、统一经营全国的煤炭进出口业务。

二、承办煤炭工业系统的技术引进业务。经营煤炭工业各种专用设备的引进，制造煤矿设备所需的配套设备，备品备件等进出口业务。

三、经营煤炭工业系统生产的煤矿专用设备，备品备件的出口业务。

四、承办煤炭行业的合资经营、合作生产、补偿贸易和其它经济技术合作、咨询服务。

五、根据政府间的协议，承办国外政府和国际金融机构的有关援助或贷款的经济技术合作项目。办理世界银行等煤矿货源项目的招标业务。

中国煤炭进出口总公司设置九个业务处（室）并在国内有关省、市，设有十三个直属分公司和办事处，在香港、比利时、美国、日本、泰国设有合营公司或代表处。

中国煤炭进出口总公司设在北京。

总公司注册资本为一亿元人民币。

董事长：伯纳

总经理：卫国福

副总经理：雷景良、陈荣寿、宋勤、施毓才、王广恩

地址：北京市安定门外东黄寺大街甲三号

电话：4216061—中继线　4211223（值班室）

电传：22494　CNCDC CN　　22008　CNCDC CN

传真：4216327　　邮政信箱：北京1409

中国煤炭进出口总公司热忱欢迎与各国煤炭界、工商界、贸易界、金融界人士和公司开展友好合作，扩大中国煤炭出口,引进国外先进技术和设备，发展煤炭工业的对外经济技术贸易合作。

河北省优质产品

砥柱牌锯齿形
接 链 环

规　　格(mm)	φ18×64	φ22×86
最小破断负荷(tf)	41	61
	φ24×86	φ26×92
	72	85
	φ30×108	
	113	

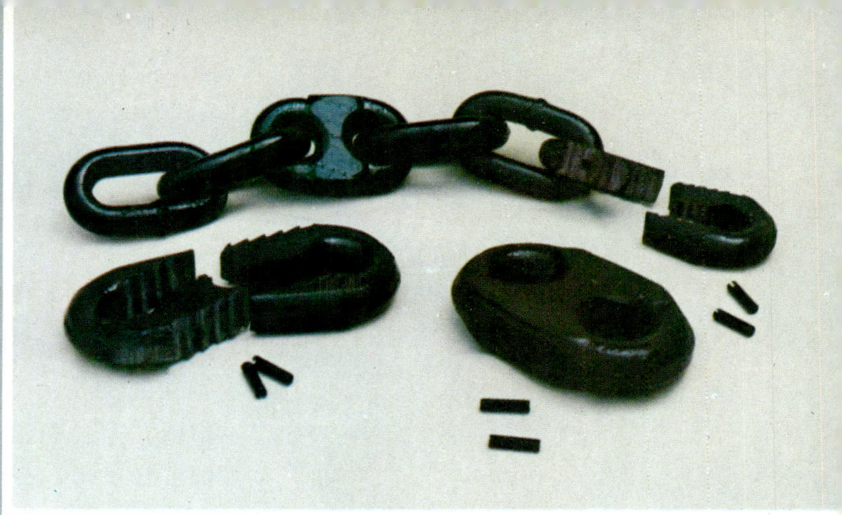

砥柱牌HSY型
液压升柱器

型　　号	312	516
额定初撑力(tf)	3	5
最大升高(mm)	120	160

砥柱牌HH型
回 柱 器

型　　号	1-2	2-2
拉拔力(tf)	1	2
拉拔距离(m)	2	2
手柄操纵力(kgf)	＜35	＜32

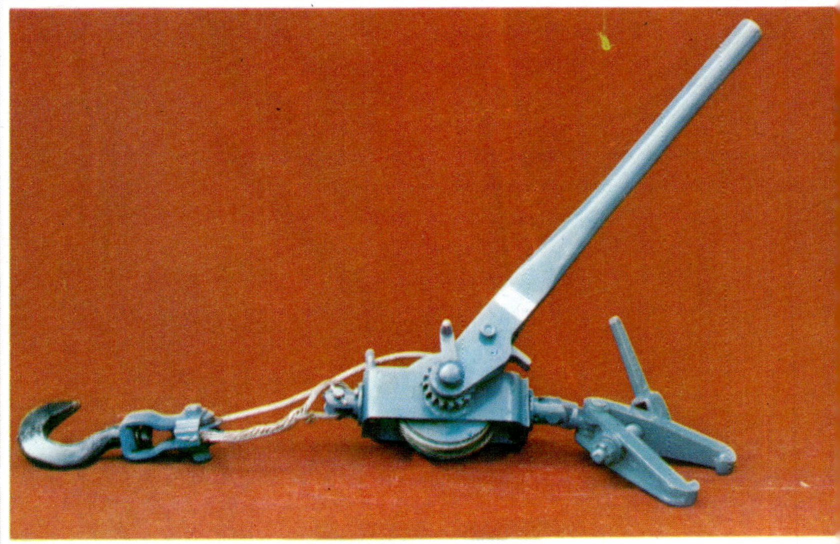

械一厂

电报挂号：2750

注册 三峰 商标

上海電表廠

本厂是专门生产精密仪器仪表的现代化大型工厂，我国该行业的骨干企业。本厂研制出的新型煤矿安全仪器—ABD－21系列数字式甲烷检测系统，荣获1985年煤炭工业部全国科技大会进步一等奖。

这种仪器是一种先进的甲烷自动监测装置，对甲烷超限进行检测、报警、断电和遥测，有“自检”、数字显示、数字量打印、模拟量记录等功能。

ABD－21－T型
数字式甲烷检测仪

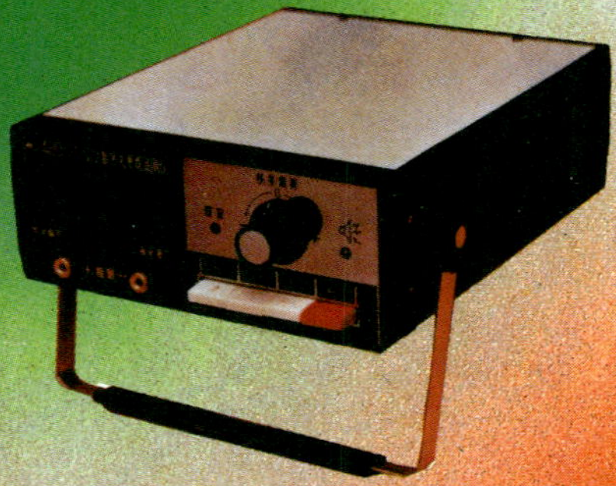

ABD－21－S型
数字式甲烷遥测仪

ABD－21－K型
甲烷超限断电仪

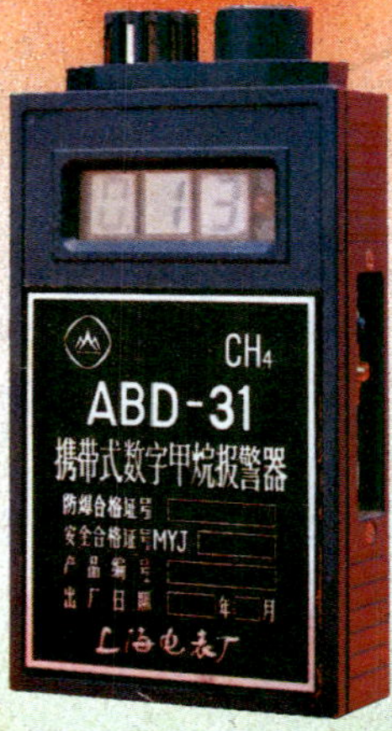

ABD－31型
携带式甲烷检测仪

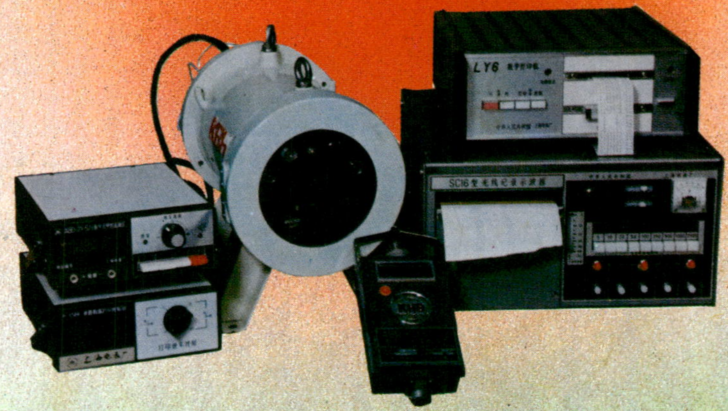

上海电表厂 6种产品组合

竭诚推荐本厂成套供应的ABD－21系列甲烷检测、报警、断电、遥测、数字打印、模拟记录系统。

备有资料 函索即寄

厂址：上海控江路1677号 电话：456750 电报挂号：2640 电传：33356 SEMW CN

本厂产品在北京亚太博览会展出

澳大利亚客商到厂洽谈订货

湖北煤矿机械厂

我厂是煤炭工业部生产刮板输送机的专业厂，主要产品双鲸牌单链和双链刮板输送机及矿用高强度圆环链分别获得国家质量银质奖、新产品金龙奖、湖北省和煤炭工业部优质产品奖。

SGB系列刮板输送机

矿 用 圆 环 链

厂址：湖北省咸宁市　　电话：22829 22801　　电报挂号：4349

四川煤矿机械厂一分厂

CDX $\frac{A}{T}$—2.5型电机车牵引电动机电枢

这种电枢是2.5吨矿用防爆特殊型蓄电池电机车的主要部件，供DJ2B－4.5型直流牵引电动机使用，可平放或斜放。本产品质量符合防爆电气和牵引电动机规程的要求。我厂面向全国供货，来电来函均可。

信守合同
保证质量
实行三包

厂址：四川省成都市龙潭寺　　电话：44412转576

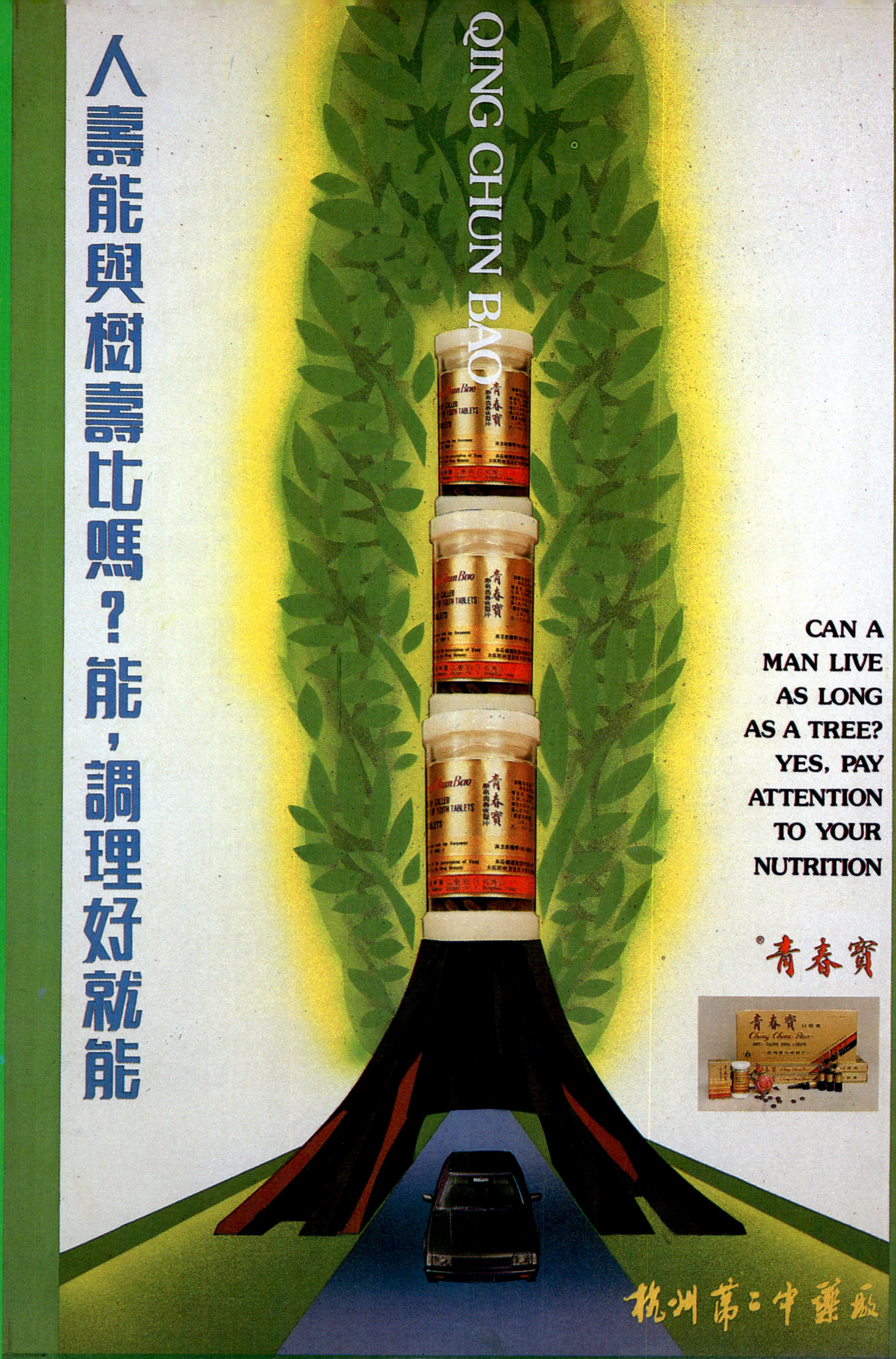
人壽能與樹壽比嗎？能，調理好就能
QING CHUN BAO
CAN A MAN LIVE AS LONG AS A TREE? YES, PAY ATTENTION TO YOUR NUTRITION
青春寶
杭州第二中藥廠

六十三工程处是煤炭系统的综合建井处，技术力量雄厚，拥有矿井建设、地面工业与民用建筑施工的现代化装备，能独立承担煤炭、冶金和化工矿山等土建和安装工程。

贵州省和河北省多处30～180万吨的矿井由我处兴建。由于施工质量过硬，享有很高的信誉。

我处承建的年产180万吨的万年二号矿井外貌

万二矿井主胶带输送机的传动装置

万二矿井主胶带斜井

本处宗旨：质量第一，用户至上。

煤炭工业部第六十三工程处

地址：河北省邯郸市峰峰矿区63处基地　电话：2297　联系人：安根富

阜新矿务局机电修配二厂

F240-0.9/2.2型
液压支架

DZ系列单体液压支柱

我厂是东煤公司液压支架、采煤运输机械、矿山机电配件、综采配件制造和检修的定点厂，技术力量雄厚、试验手段先进。全厂推行全面质量管理，不断引进新工艺，产品质量不断提高。

自1980年以来，我们研制并生产了F240－0.9／2.2 型支撑掩护式液压支架、F 120－0.7/1.7 型及 QY 320－13/32 型掩护式液压支架、YFY160 型放顶煤液压支架和水砂充填平行作业液压支架。F240－0.9/2.2 型掩护式支架先后获得阜新市科技成果一等奖、辽宁省科研成果三等奖和东煤公司科研成果三等奖。1987 年又生产 DZ 16－22 型矿用单体液压支柱。

我们还承担伽立克、赫姆夏特和法佐斯液压支架的大修任务。

我厂热情为用户服务，欢迎光临指导。

地址：辽宁省阜新市城南区　　电话：082320

三种坚固，可靠采煤机…
坚固足够满足中国采煤工业的要求

14CM12
低机身连续采煤机
采煤高度 — 1.00 至 3.00 米

一种低机身连续采煤机，带有粉尘收集控制系统，既提高生产效率，又能保持采煤业中最高的安全和保健标准。

JOY 公司生产的14CM12是新型的低机身连续采煤机，能满足采煤工业对降低成本的要求。

技术规格

	型号“A”	型号“B”
采煤能力	8－12吨／分	8－12吨／分
截割头直径	812 毫米	914 毫米
地面荷载压力	1.76公斤／平方厘米	1.76公斤／平方厘米

Tri-Tite 截齿座截齿间距 57毫米
固定式截割头宽度
重量……………………41,730公斤
采煤机总长度……………10.89米
（亦可为10.43 米）

	14CM12A	14CM12B
最大截割高度	3,000 毫米	3,070 毫米
基本机架高度	648 毫米	724 毫米
机底净空	150 毫米	228 毫米

行驶速度
开缺口速度………0－10.7米／分
高速……………19.8米／分
50赫
截割头转速……………………59转／分
水冷式电动机
截割电动机2台，每台……………120马力
泵用电动机1台，每台……………40马力
收集头电动机1台，每台……………60马力
牵引电动机2名，每台……………35马力
总安装容量……………410马力

12CM11-9
连续采煤机
采煤高度 — 1.30 至 3.66 米

JOY 公司 12CM11-9 连续采煤机是一种超时代的新式采煤机。它以久经考验的JOY公司12CM 采煤机为基础，加上新颖独特的设计可以提高劳动生产率、减少维修工作量、降低每吨采煤成本，从而提高经营利润。12CM11-9 可用于含有大量粘土、页岩薄石、灰石、硫铁矿等杂质的棘手煤层以及硬煤层。

技术规格

采煤能力……………………8－12吨／分
截割头直径……………………914毫米
传送带宽度……………………762毫米
传送带高度……………………203毫米
传送链节距……………………66.6毫米
履带宽度……………………457毫米
履带节距……………………130毫米
对底板的压力……………1.72公斤／平方厘米
Tri-Tite®截齿座——截齿间距38毫米
固定式截割头宽度
交直流可控硅电动煤车
重　量……………………39,500公斤
采煤机全长……………………10,000毫米
喷水灭尘器
50赫
传送带速度……………………117米／分
截割头转速……………………53转／分
截齿端部速度……………………152米／分
收集臂转速……………………50转／分

水冷式电动机　50赫
截割电动机2台，每台……………120马力
泵用电动机1台，每台……………50马力
收集头电动机1台，每台……………60马力
牵引电动机2台，每台……………35马力
总马力………420马力

JOY® 公司 3LS
长壁工作面采煤机
采煤高度 — 1.50 至 3.58 米

先进、可靠的 JOY 公司 3LS 长壁工作面采煤机按最严格的要求设计制造，用最苛刻的标准试验，并有遍布全世界的 JOY 机构的支持，使 JOY 公司的 3LS 成为第一流的产品。这种坚固的40.82公吨采煤机有595马力，用井下采煤业中最先进的固态电子系统进行控制。

技术规格

采煤能力……………………9～23吨／分
滚筒直径……………………1,397～1,829毫米
滚筒转速……………………28～50转／分
截割深度……………………686～1,016毫米
机器高度　无链
牵引……………………1,168～1,422毫米
牵引拉力（每台电动机额定功率）
连续……………………310 千牛顿
最大牵引拉力……………………434 千牛顿
截割速度……………………7.62米／分
空载牵引速度……………………15.24 米／分
摇臂长度……………………2,057 毫米
机器长度，
滚筒中心……………………10,210毫米
机器底部间隙……………………381～609毫米
机器重量，
近似值……………………40,823公斤
油箱容积……………………208 升
齿轮泵，最大油压……………………175 巴
截割电动机……………2台，每台186千瓦
牵引电动机……………2台，每台26千瓦
泵用电动机……………1台，每台18.06千瓦
工作电压……………………1,140 伏，50赫

久益技术有限公司　JOY® JOY TECHNOLOGIES INC.

久益技术有限公司：北京市香格里拉饭店361号房间 · 电话：8312211—361
电传：222323
美国宾夕法尼亚州匹兹堡市格兰特街301号
电话：(412)562—4500 · 电传：866558

编辑说明

《中国煤炭工业年鉴》是记载中国煤炭工业发展全貌的文献资料性工具书。

1987年版《中国煤炭工业年鉴》主要介绍1986年中国煤炭工业的基本情况，着重反映煤炭工业为实现"一番保两番"的战略目标，解放思想、努力改革，全国煤矿抓好三件大事和三大主体，大搞现代化建设的情况和经验。

这一版《年鉴》共包括25个栏目，主要内容是：

国家领导人对煤炭工业的重要指示；

煤炭工业大事纪要；

煤炭工业统计资料；

煤炭工业部领导人重要讲话；

煤炭工业方针、政策性文件；

专文和专论；

全国煤炭工业工作会议；

重要国际交往和对外经济贸易；

各省（市、区）煤炭工业概况；

现代化矿井；

煤炭工业设计、科研、情报、教育和医疗卫生简介；

重点矿务局简介；

煤炭工业产品；

煤炭科技著作和论文简目。

本《年鉴》中的煤炭工业"统计资料"栏目，是煤炭系统1986年的重要统计数字。在专文、专论和省（市、区）煤炭工业概况等有关栏目中也列举了一些统计数字。由于统计的口径不尽相同，有些数字可能略有出入。凡是统计数字不一致之处，均以"统计资料"栏目中所列数据为准。

《年鉴》中的全国性统计数字，不包括我国台湾省的有关数据。

由于时间紧迫，本版《年鉴》中可能还有缺点甚至谬误，请不吝指正。

谨向为本《年鉴》撰文、提供资料及核稿的单位及有关同志表示衷心的感谢。

煤炭工业出版社

1987年7月

目录

领导人重要讲话　39

方针、政策性文件　62

“七五”第一年开了个好头

于 洪 恩

1986年我国煤炭工业在党中央、国务院的正确领导下，在各部委和地方政府的支持下，坚持统配煤矿投入产出总承包，继续贯彻“国家、地方、集体、个体一起上，大中小煤矿一起搞”的方针，按照生产、基建、多种经营三个主体的格局安排工作，以提高经济效益为中心，狠抓安全、效率、现代化矿井建设三件大事。经过广大煤炭职工的努力奋斗，全面完成了各项任务，有些方面取得了突破性进展，为保证“七五”计划的实现奠定了基础，开了个好头。这主要表现在以下几方面：

一、煤炭产量稳定增长，保证了国民经济发展对煤炭的需要

全国原煤产量达到 8.94 亿吨，完成国家计划的 102.8%，比上年增产 2176 万吨，增长 2.5%。增长幅度比前几年小一些，主要是因为煤炭产量连续 4 年较大幅度增长，我国煤炭供应长期紧张的局面得到缓和，不少地区出现了买方市场，加上一些地区又受到铁路运输的限制，矿井的能力不能充分发挥出来。但从保证国民经济发展对煤炭的需要来看，煤炭工业的发展形势是很好的。这也是我们多年来所盼望的。

二、煤炭基本建设速度加快了

基本建设关系到煤炭工业的长远发展，在国家对煤炭投资有限的情况下，我们把着眼点放在重点项目上，把工作的重点放在加快建设速度、提高工程质量和节省建设投资上。为此，进行了一系列的改革，全面推行了项目包建经济责任制，进行了施工队伍管理体制改革，大搞设计改革，试行施工和设计的招标投标，推行百元产值工资含量包干等，调动了各方面的积极性。从近几年投产新井的平均建设工期看，速度逐渐加快。1981 年至 1985 年分别为 91 个月、86 个月、88 个月、77 个月、72 个月，1986 年进一步下降到 55 个月。这是多年来工作的成果，是改革的结果。

三、统配煤矿的安全生产和全员效率创出了历史最好水平

用人多、效率低、安全差是煤炭工业健康发展的大包袱。近几年有所好转，但没有大的突破。1986 年我们抓住煤炭供应暂时缓和的有利时机，从加强基础管理工作入手，把它当作生产工作中的大事来抓，明确提出了安全创水平、效率上 1 吨的奋斗目标。煤炭工业战线上上下下加强领导，层层把关，采取有效措施和奖励政策，紧紧张张地干了 1 年，取得了令人满意的成绩。统配煤矿的百万吨死亡率比 1985 年下降 22.66%，比历史最好的 1957 年下降 16%。原煤全员效率达到 1.001 吨/工，比 1985 年提高 6.6%，创出历史最好水平。全年统配煤矿精简原煤生产人员 15 万多人，新投产项目所需人员基本上从现有职工中调剂解决，没有向国家要劳动力指标，实现了增产不增人，增产又减人。

四、建设现代化矿井的工作全面起步

我国是世界主要产煤大国之一，但总的来看，煤矿的技术面貌还落后于世界其他主要产煤国家。建设现代化煤矿是煤炭工业“七五”的一项重要任务。由于受到种种条件的制约，建设现代化煤矿要有重点、有步骤、分期分批地进行。首先抓统配骨干煤矿。1986 年我们组织力量调查研究，分类排队，选出 62 个骨干矿井，计划在“七五”期间建设成为技术装备先进，安全好，用人少，效率高，经济效益好，职工生活有较大改善的现代化煤矿。这些矿井已开始了起步工作。此外，对先行试点的单位，按照现代化矿区和现代化矿井的标准严格验收，命名了山西潞安矿务局为现代化矿区，潞安王庄矿、石圪节矿、漳村矿，晋城古书院矿和王台铺矿，山东兖州兴隆庄矿为现代化矿井。我们为中国第一批现代化煤矿的出现感到高兴。

五、多种经营已成为煤炭工业的一个主体

随着经济体制改革和有计划的商品经济进一步发展，随着煤炭市场的缓和和统配煤矿投入产出总承包的实施，煤矿企业原来那种单一经营、单一产品的传统作法已经不适应了，必须走煤炭深度加工、综合开发、综合利用，以煤为主，多种经营的新路子。因此，我们确定把多种经营列为与生产、建设并重的一个主体。多种经营日益受到煤炭企业的重视，1986 年取得了新的进展。花钱省、见效快的筛选加工发展很快。统配商品煤中，筛选产品已达 2.25 亿吨，比 1985 年增加 5000 多万吨，入洗原煤 1.53 亿吨，比 1985 年增加 5000 万吨，直销原煤的比重由 1985 年的 26.66％下降到 13.61％。综合开发、综合利用产品增加，有的还打入国际市场，1986 年创汇 600 万美元。搞多种经营的煤矿集体经济，从业人员已达 115 万人，1986 年总产值 31.5 亿元。

六、煤炭出口创汇大幅度增加

国内煤炭供应的缓和，为我们扩大煤炭出口，充分发挥我国煤炭资源优势提供了有利条件。1986 年我们在有关方面密切配合下，努力改善出口条件，开拓出口市场。全年出口煤炭 962 万吨，完成计划的 106％，比 1985 年增长 27％，创汇 4.01 亿美元，比 1985 年增长 29％。这两项指标都创出了历史最高纪录。

我们坚持两个文明一起抓，加强思想政治工作，在煤炭战线深入开展以“爱矿山，做主人，献身煤炭事业”为主要内容的理想纪律教育，不断提高职工队伍的政治素质。在领导干部中强调务实精神，改进领导作风，提倡深入井下，深入实际。干部下井多了，下基层多了，工作效率提高了。

1987年煤炭工业战线要按照党中央和国务院的部署，广泛深入开展增产节约、增收节支运动，大力提倡和发扬艰苦奋斗、勤俭办矿的精神，努力完成生产、建设各项任务。要深化企业改革，改善和发展统配煤矿投入产出总承包，增强企业活力。继续坚持“国家、地方、集体、个体一起上，大中小煤矿一起搞”的方针，搞好行业管理，发展地方煤矿。进一步加强基础工作，狠抓技术管理，把安全生产、提高劳动生产率、建设现代化矿井3项任务推向一个新水平。坚持对外开放、扩大煤炭出口的方针，使出口创汇更大幅度地增加。继续发展多种经营，提高经济效益。要在职工中开展坚持四项基本原则、反对资产阶级自由化的正面教育，加强社会主义精神文明建设。希望广大煤炭职工再接再厉，开拓前进，为发展煤炭工业大好形势做出新的努力，贡献更大力量。

大事纪要

1986年

1 月

△ 10～15日　煤炭部党组和中纪委驻部纪检组在北京共同召开了全国煤炭系统纪检工作会议。煤炭部于洪恩部长，胡富国、陈钝副部长，中纪委驻部纪检组组长王玉福同志出席了会议。

会上，于洪恩同志作了题为《领导带头全党动手尽快实现煤炭系统党风根本好转》的报告；王玉福同志作了总结发言。

中纪委常委王德瑛、中纪委委员任志恒同志应邀到会并就端正党风问题讲了话。

△ 10～15日　全国煤炭物资工作会议在河北涿县部地质局召开。

△ 17日　由中国煤矿文化宣传基金会、中国作家协会联合举办的发表煤矿题材文学作品的刊物“乌金奖”授奖大会在北京举行。《人民文学》、《十月》、《当代》、《中国》等36家公开发行的文学刊物获奖。

△ 17～18日　于洪恩部长在京主持召开部务会议。胡富国、陈钝副部长、部顾问许在廉同志和部机关各司局及在京单位的主要负责同志参加了会议。

于洪恩部长在部务会上强调指出：建设现代化矿井既要坚持自力更生为主，扎扎实实，采用先进技术装备，还要抓好精神文明，一定要做到安全好、用人少、效率高、效益好、矿风正、生活好。

会议审议并基本通过了搞好安全、提高工效和建设现代化矿井的3个方案。

△ 29日　煤炭工业部以(86)煤劳字第62号文作出了《关于在全国统配煤矿全面整顿劳动组织使全员效率突破一吨的决定》。

2 月

△ 5日　煤炭工业部以（86）煤生字第85号文作出了《关于建设现代化矿井的决定》。决定中指出：在“七五”期间，统配煤矿争取有1/3的矿井建成现代化矿井，为在本世纪末能有2/3的统配矿井达到现代化矿井标准打好基础。

△ 24～28日　全国煤炭计划工作会议在开滦矿务局召开。叶青副部长主持了会议。这次会议主要是贯彻全国计划会议精神，传达中央领导同志的重要讲话；安排煤炭全行业“七五”计划和1986年度计划；座谈今后煤炭计划工作管理方法。会议期间，叶青副部长作了大会工作报告和总结报告。

3 月

△ 6～11日　全国煤矿生产工作会议和全国整顿劳动组织现场会在江苏大屯姚桥矿召开。胡富国副部长出席了会议并讲了话。胡富国副部长在讲话中强调：部党组提出的今年统配煤矿安全创水平、工效破1吨和建设现代化矿井起好步三件大事，是煤炭工业各项工作的中心环节。各级党政工团、各个系统都要齐心协力去抓，要统筹规划，统一安排，把三件大事切实抓好。

△ 12日　中国煤炭设备管理协会成立大会在徐州矿务局召开。胡富国同志当选为理事长，王焕文同志当选为常务副理事长，严万生、张双聚、陈炎光、毕孔耜同志当选为副理事长，王守义同志当选为秘书长。

△ 27日～4月2日　全国煤炭审计工作会议在江苏常州召开。会议传达了全国煤炭工作会议和全国审计工作会议精神。叶青副部长到会并作了题为《乘胜前进、开拓审计工作新局面》的报告。

4 月

△ 16～21日　中国煤炭学会与美国罗曼中国业务咨询公司联合举办的1986年国际采矿技术交流设备展览会在济南举行。美国、英国、联邦德国、加拿大、澳大利亚、奥地利和芬兰等国家和地区的35家公司参加了交流和展出。我部叶青副部长出席了展览会的开幕式。

△ 24～28日　全国地方煤矿安全工作会议在河北省邯郸市举行。会上，叶青副部长作了题为《坚定信心，奋战五年，开创地方煤矿安全生产的新局面》的报告，胡富国副部长也作了重要讲话。

5 月

△ 10日　煤炭系统第一座职业病防治所——煤

炭工业部职业医学研究所、北京职业病防治所在京西举行落成典礼。

△ 17～23日 全国煤炭工业财务经营工作会议在萍乡矿务局召开。会议的中心议题是，总结1985年煤炭工业实行总承包以来的情况，研究在新形势下如何加快企业转轨变型，开辟增产增收的新路子。

叶青副部长到会作了题为《开源节流，转轨变型，为全面完成总承包任务而继续奋斗》的重要报告。

△ 18日 全国煤矿企业民主管理经验交流会在四川天府矿务局召开。全国煤矿地质工会主席赵景岐同志在大会总结报告中，对加强企业民主管理工作提出了4点要求：1）要在经济体制改革的新形势下，进一步提高加强企业民主管理的认识；2）要认真总结推广典型经验，进一步整顿健全职代会制度，充分行使“审议、监督、维护”3项职权；3）要以职代会为中心，逐步建立多层次、多渠道、多形式的民主管理体系；4）要积极探索理顺工会和职代会的关系，改革民主管理体制，以适应经济体制改革的需要。

△ 20～27日 全国煤炭基本建设工作会议在北京召开。陈钝副部长到会作报告。于洪恩部长出席了闭幕式，并就坚持改革、挖掘内部潜力、现代化矿井建设、改进领导作风等问题作了总结讲话。

△ 21～27日 国务院总理赵紫阳同志视察了平朔、神木和准格尔煤田。陪同视察的人员有：国家经济体制改革委员会副主任鲍彤、国家计委副主任黄毅诚、国家经委副主任赵维臣、中央财经领导小组顾问高扬文、国务院能源规划办公室副主任李智盛、煤炭部副部长叶青及铁道部、水电部的有关人员。在视察神木煤田期间，赵总理指示：“我赞成国家、集体、个人一起上，采取入股的办法，建立一个股份公司。”

△ 28日 中共中央书记处书记郝建秀同志听取了煤炭工业部胡富国副部长关于当前全国煤矿安全生产情况的汇报。参加汇报会的还有全国总工会副主席罗干和煤矿地质工会主席赵景岐等同志。听完汇报后郝建秀同志作了4点指示：1）要解决领导思想认识问题，使安全生产方针在各级领导思想上扎根；2）对安全生产要进行一次切切实实的检查和整顿；3）要加强管理，严格责任制；4）要提高队伍素质。

△ 28日 煤炭基本建设管理协会成立。贾慧生同志当选为理事长；陈钝、沈德琛、黄育中、邸乐山为副理事长；毕孔耜为秘书长；原煤炭部副部长李建平为顾问。

△ 30日 国务院总理赵紫阳到北京造纸一厂视察了水煤浆燃烧装置。水煤浆是以煤代油，合理利用能源的一种新技术。陪同赵总理视察的有煤炭部部长于洪恩，中央财经领导小组顾问高扬文和北京市的领导同志。视察时，赵紫阳总理指出：这项新技术的研究和推广应用，对燃油的锅炉、炉窑、电站的改造和建设意义很大。以水煤浆代油，把节省下来的油用来搞石油化工产品，经济效益更高。因此，要积极支持这项试验，扩大试验规模，解决投入应用的各种问题，加快发展这项新技术的步伐。

6 月

△ 6～11日 全国煤炭系统第三届计算机和通讯会议在北京召开。会议的主要内容是制定煤炭系统计算机和通讯“七五”规划。叶青副部长出席了会议闭幕式，并作了重要讲话。

△ 6～30日 由国务院电子振兴领导小组主办的全国计算机应用展览会在北京展览馆举行。煤炭系统33个项目参加了这次展览。李鹏、陈慕华和陈锡联等领导同志参观了煤炭展厅。

△ 9～11日 煤炭工业质量管理协会在北京成立。叶青副部长出席了会议，并作了重要讲话。于洪恩同志为名誉理事长，叶青同志为理事长，陈炳强同志为常务副理事长，陈炳强、郝凤印、邬廷芳、王焕文、严万生、单忠健、陈明和、毕孔耜、张树铮、范维唐和杨承家同志当选为副理事长，顾贻昌同志为秘书长。

△ 9日 年设计能力300万吨的兖州矿务局鲍店煤矿正式投产。陈钝副部长出席了投产典礼。

7 月

△ 12～19日 全国煤炭厅局长工作会议在山西潞安矿务局召开。

△ 29～8月2日 全国煤炭系统继续工程教育座谈会在北京召开。胡富国副部长在开幕式上作了《适应煤炭工业发展的需要，大力发展继续工程教育》的报告，叶青副部长在闭幕式上作了总结发言。

8 月

△ 20日 中国共产党中央委员会以中委〔1986〕161号文件批准张宝明同志任煤炭工业部副部长、党组成员。

△ 20日 中国共产党中央委员会以中委〔1986〕162号文件批准叶青同志任国家经济委员会副主任、党组成员；免去其煤炭工业部副部长、党组副书记职务。

△ 27日～9月1日 全国煤矿机械制造工作会议在北京煤机厂召开。于洪恩部长到会作了重要讲话。会议总结了今年头7个月的工作，部署了今年后几个月的工作，会议提出要振奋精神、全面完成今年计划，创造更好的经济效益。

9 月

△ 19日 煤炭工业部以（86）煤干字第664号文任命范维唐同志为煤炭工业部总工程师。

△ 20～24日 全国煤矿质量标准化现场会在肥城矿务局召开，胡富国副部长作工作报告，张宝明副部长作了大会总结。

△ 25～26日 全国煤炭质量紧急工作会议在山东泰安召开。会议的主要目的是落实国务院领导同志

的指示，动员全国煤矿企业迅速提高煤炭质量。胡富国和张宝明同志到会讲了话。

10 月

△ 4日　中国共产党中央委员会以中委〔1986〕181号文件批准范维唐同志任煤炭工业部党组成员。

△ 7～12日　部技术司与技术咨询委员会在江西省乐平矿务局联合召开煤炭工业技术政策论证会。

△ 10～13日　全国第二次安全生产现场会议在山东省肥城矿务局召开。

△ 13日　根据中华人民共和国和德意志联邦共和国政府间缔结的科技合作协议，中国煤炭科学研究院同德意志联邦共和国萨尔矿业公司和菲伯石油公司共同建设的煤炭液化试验装置，在京举行落成典礼。胡富国副部长出席了大会。

△ 20～25日　全国煤矿多种经营集体经济工作会议在抚顺矿务局召开。会议由于洪恩部长主持，张宝明副部长作了报告。

△ 24日　煤炭工业集体经济协会在抚顺矿务局成立。张宝明同志当选为会长，徐达本同志当选为顾问，张维昌、赵汝经、王泽仁和安善德同志当选为副会长，陶凤鸣同志当选为秘书长。

△ 26～31日　全国煤炭工业财务和审计工作会议在阜新矿务局召开。张宝明副部长到会作了题为《千方百计增收节支，确保今年盈亏承包任务的完成》的报告。

△ 30～12月10日　1987年度国家统配煤炭订货会在江苏省无锡召开，历时41天，到会代表约800人。国家经委副主任叶青同志，煤炭订货领导小组组长、煤炭部副部长胡富国同志和国务院、国家计委、国家经委等单位的有关人员出席了会议。叶青同志和胡富国同志分别作了重要讲话。

11 月

△ 14日　中国共产党优秀党员、原煤炭工业部副部长赵子尚同志遗体告别仪式在北京八宝山革命公墓礼堂举行。

彭真、聂荣臻、方毅、姚依林、薄一波、王平、刘澜涛、韦国清、王丙乾和郑天翔等领导同志送了花圈。黄文欢同志也送了花圈。

方毅、于洪恩、孙越崎等同志，赵子尚同志的生前友好以及煤炭部机关600多人参加了遗体告别仪式。

△ 14日　中国共产党中央委员会以中委〔1986〕202号文件批准胡富国同志任煤炭工业部党组副书记。

△ 21日　煤炭部与上海市签订了集资办矿协议。上海市副市长黄菊和煤炭部副部长陈钝代表双方在协议书上签了字。

△ 25～12月2日　全国煤炭工业工作会议在北京召开。这次会议由计划工作会议、安全工作会议、思想政治工作会议和端正党风经验交流及表彰会议4部分组成。会议情况见本书第102页专栏。

12 月

△ 3日　为筹集我国第一个大型露天煤矿——平朔露天煤矿的建设资金，由39家银行组成的国际银团和中国岛溪煤炭开发有限公司在人民大会堂签署了总额为4.75亿美元的有限追索权项目贷款协议。国务院副总理李鹏、美国西方石油公司董事长哈默博士、日本兴业银行董事长池浦先生、煤炭部部长于洪恩和中国银行董事长兼行长王德衍及中外200多来宾参加了签字仪式。

△ 12日　国务院以国发〔1986〕105号文发出了《国务院关于乡镇煤矿实行行业管理的通知》，决定乡镇煤矿统一由煤炭工业部门实行行业管理。

△ 15～19日　全国煤矿物资供应工作会议在开滦矿务局召开。张宝明副部长到会作了重要讲话。

△ 15～21日　全国煤矿机械制造工作会议和第八次质量工作会议在天津召开。张宝明副部长到会作了题为《坚持改革，搞活企业，促进煤矿机械制造业的发展》的报告。

△ 16日　煤炭工业部党组发出了《中共煤炭工业部党组关于"七五"期间加强社会主义精神文明建设的若干意见》的通知。

△ 22日　煤炭工业部以（86）煤劳字第914号文颁发了《关于煤炭工业发展多种经营集体经济若干政策的暂行规定》。

统计资料

1986年

全国原煤产量增长趋势

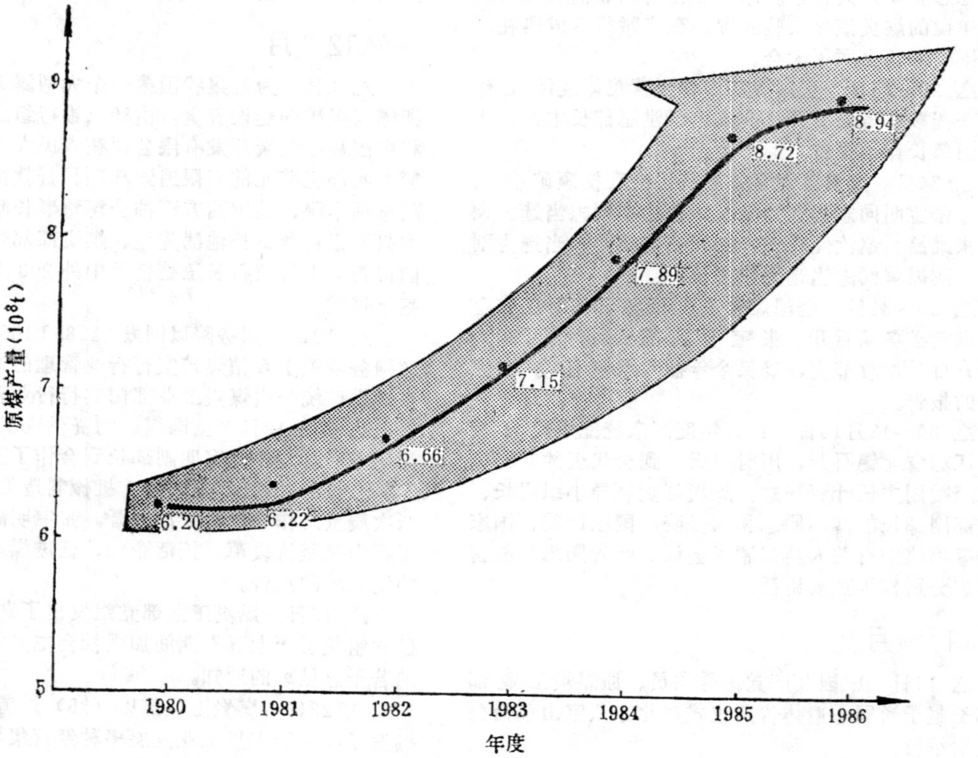

原 煤 产 量 构 成

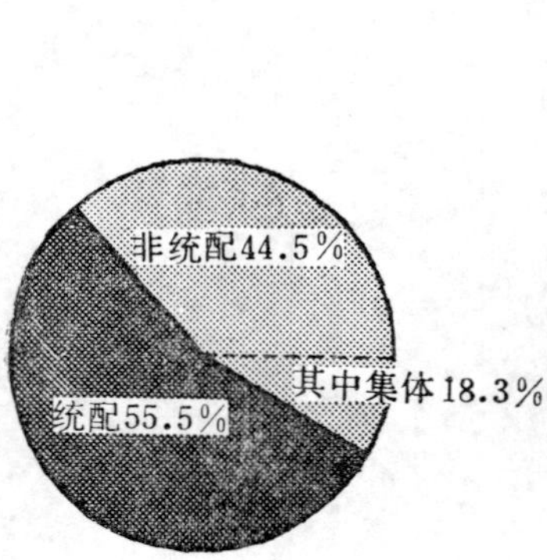

1980年

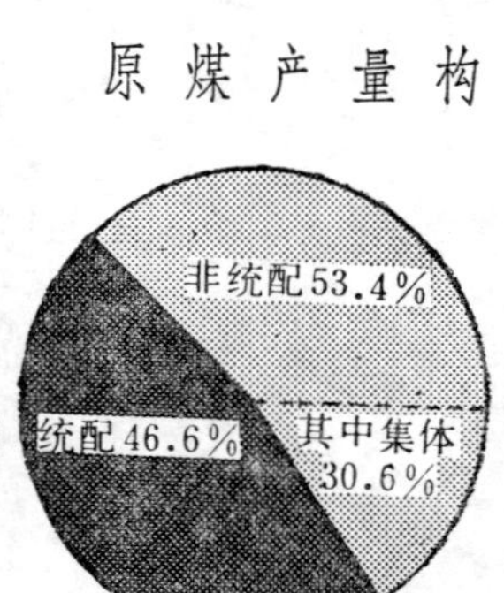

1985年

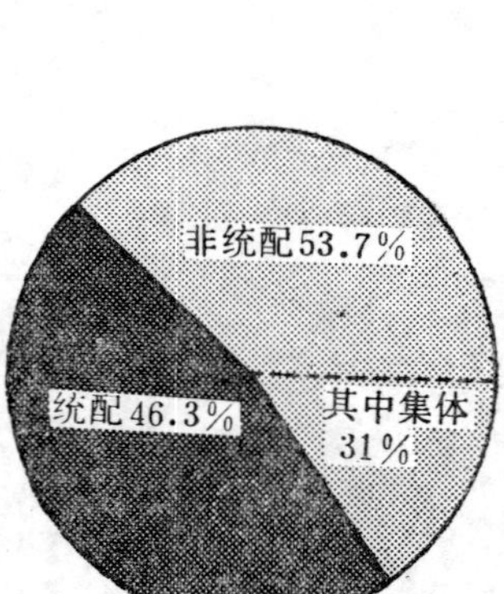

1986年

煤炭工业直属直供单位基本建设新增生产能力

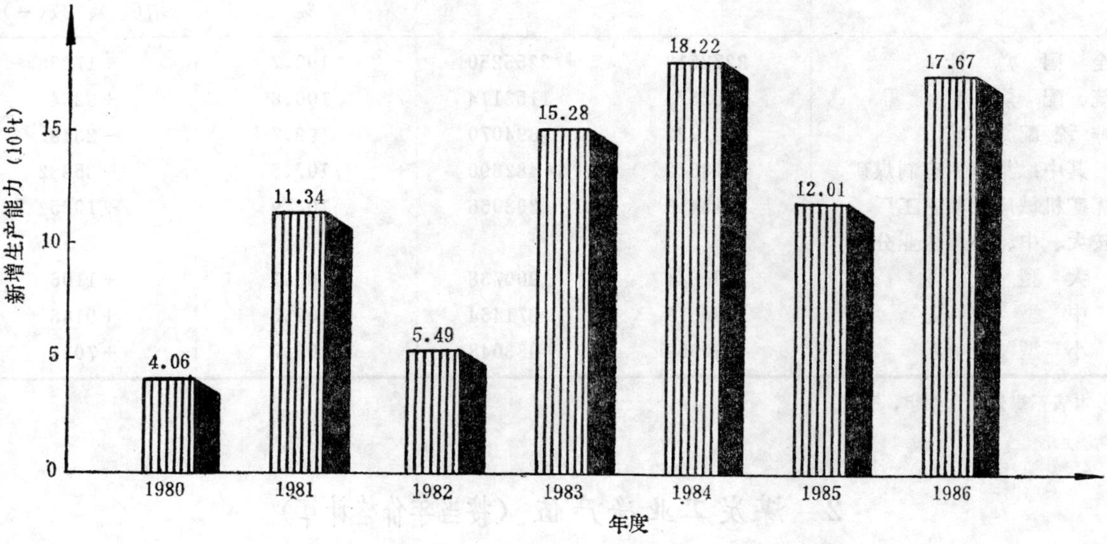

统配煤矿机械化程度

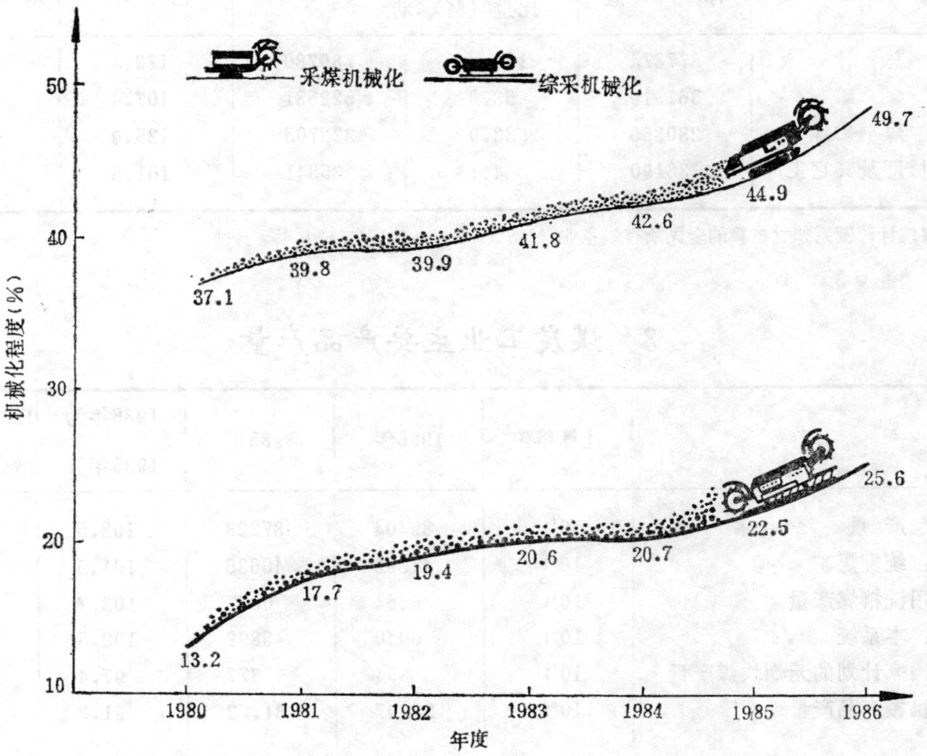

1 煤炭工业总产值（按1980年不变价格计算）

单位：10^4元

	1986年	1985年	1986年为1985年 %	1986年比1985年 增(+)、减(-)
全国总计	2272518	2255250	100.7	+17268
统配煤矿	1162378	1153114	100.8	+9264
非统配煤矿	891722	894070	99.7	-2348
其中：集体所有制煤矿	518672	482690	107.5	+35982
煤矿机械厂及其它工厂	218418	208066	104.9	+10352
按大、中、小型企业分				
大型企业	901844	900738	100.1	+1106
中型企业	380612	371464	102.5	+9148
小型企业	990062	983048	100.7	+7014

注：本表系煤炭系统数字，下同。

2 煤炭工业净产值（按当年价格计算）

单位：10^4元

	1986年		1985年	1986年为1985年%	1986年比1985年 增(+)、减(-)
	净产值	占工业总产值比重（%）			
全国总计	877874	100	780780	112.4	+97094
统配煤矿	561319	63.9	522531	107.4	+38788
地方煤矿	280365	32.0	222708	125.9	+57657
煤矿机械厂及其它工厂	36190	4.1	35541	101.8	+649

注：净产值统计范围系独立核算的全民所有制企业。

3 煤炭工业主要产品产量

	计算单位	1986年	1985年	1986年为1985年%	1986年比1985年 增(+)、减(-)
一、原煤产量	10^4t	89404	87228	102.5	+2176
其中：统配煤矿	10^4t	41392	40626	101.9	+766
二、炼焦用洗精煤产量	10^4t	6854	6677	102.7	+177
其中：本系统	10^4t	6040	5892	102.5	+148
三、列入国家计划的无烟块煤产量	10^4t	854	877	97.4	-23
四、煤矿机械产品产量	10^4t	28.97	31.72	91.3	-2.75

续表

	计算单位	1986年	1985年	1986年为1985年%	1986年比1985年增(+)、减(-)
五、多种经营综合利用主要产品产量					
电力	10^8kW·h	20.38	22.84	89.2	-2.46
生铁	10^4t	4.88	4.15	117.6	+0.73
钢	10^4t	14.75	24.37	60.5	-9.62
轧钢材	10^4t	1.24	1.22	101.6	+0.02
硫铁矿	10^4t	8.45	7.56	111.8	+0.89
焦炭	10^4t	652	463	140.8	+190
水泥	10^4t	428.57	391.44	109.5	+37.13
自营木材	m^3	98778	84224	117.3	+14554
金属支架	万架	26.67	18.72	142.5	+7.95

4 原煤产量增长速度

	全国	统配煤矿	地方煤矿	
			合计	其中：集体所有制煤矿
一、增长速度（%）				
1981比1980年	0.2	-2.7	3.9	11.4
1982比1981年	7.2	4.4	10.4	15.4
1983比1982年	7.2	3.8	11.1	16.4
1984比1983年	10.5	8.7	12.3	27.5
1985比1984年	10.5	2.9	18.1	23.0
1986比1985年	2.5	1.9	3.0	4.0
1986比1980年	44.2	20.2	74.1	144.2
二、增长数量（10^4t）				
1981比1980年	150	-934	1084	1296
1982比1981年	4469	1485	2984	1948
1983比1982年	4821	1322	3499	2400
1984比1983年	7470	3158	4312	4681
1985比1984年	8305	1156	7149	4983
1986比1985年	2176	766	1410	1077
1986比1980年	27391	6953	20438	16386

5 按经济类型分的原煤产量

单位：10^4t

	1986年		1985年		1986年为1985年%	1986年比1985年增(+)、减(-)
	产量	比重(%)	产量	比重(%)		
全国总计	89404	100.0	87228	100	102.5	+2176
统配煤矿	41392	46.3	40626	46.6	101.9	+766
地方煤矿	48012	53.7	46602	53.4	103.0	+1410
其中：省营煤矿	6047	6.8	6195	7.1	97.6	-148
专营煤矿	5198	5.8	5092	5.8	102.1	+106
县营煤矿	6893	7.7	6991	8.0	98.6	-98
集体所有制煤矿	27748	31.0	26671	30.6	104.0	+1077
个体煤矿	2043	2.3	1653	1.9	123.6	+390
其它	83	0.1				+83

6 按煤种牌号分的原煤产量

单位：10^4t

	1986年		1985年		1986年比1985年增(+)、减(-)
	产量	比重(%)	产量	比重(%)	
全国原煤总计	89404	100.0	87228	100.0	+2176
无烟煤	18475	20.7	18228	20.9	+247
烟煤	67726	75.7	65778	75.4	+1948
其中：炼焦烟煤	41571	46.5	39109	44.8	+2462
焦煤	8161	9.1	8349	9.6	-188
肥煤	6481	7.2	5836	6.7	+645
气煤	16183	18.1	15202	17.4	+981
瘦煤	5335	6.0	4977	5.7	+358
分不出牌号	5411	6.1	4745	5.4	+666
一般烟煤	26155	29.2	26669	30.6	-514
贫煤	3899	4.3	3266	3.8	+633
弱粘煤	6092	6.8	5275	6.1	+817
不粘煤	816	0.9	472	0.6	+344
长焰煤	5694	6.4	6122	7.0	-428
分不出牌号	9654	10.8	11534	13.2	-1880
褐煤	3203	3.6	3222	3.7	-19

7 按省、市、自治区分的原煤产量

单位：10^4t

	全国			统配煤矿			地方煤矿					
							合计			其中：集体所有制煤矿		
	1986年	1985年	1986年比1985年增(+)减(-)	1986年	1985年	1986年比1985年增(+)减(-)	1986年	1985年	1986年比1985年增(+)减(-)	1986年	1985年	1986年比1985年增(+)减(-)
全国总计	89404	87228	+2176	41392	40626	+766	48012	46602	+1410	27748	26671	+1077
北　京	917	977	-60	571	598	-27	346	379	-33	313	332	-19
天　津												
河　北	6284	6086	+198	4186	3976	+210	2098	2110	-12	983	936	+47
山　西	22190	21418	+772	8816	8563	+253	13374	12855	+519	9721	9562	+159
内　蒙	3292	3204	+88	2094	2065	+29	1198	1139	+59	454	684	-230
辽　宁	4447	4591	-144	3415	3412	+3	1032	1179	-147	691	745	-54
吉　林	2133	2312	-179	1099	1177	-78	1034	1135	-101	683	764	-81
黑龙江	6596	6246	+350	4076	3887	+189	2520	2359	+161	1666	1542	+124
江　苏	2183	2194	-11	1513	1561	-48	670	633	+37	205	190	+15
浙　江	148	151	-3				148	151	-3	12	13	-1
安　徽	3020	2905	+115	2419	2388	+31	601	517	+84	243	221	+22
福　建	679	606	+73				679	606	+73	252	209	+43
江　西	1863	1938	-75	629	646	-17	1234	1293	-59	699	724	-25
山　东	5100	4922	+178	2744	2669	+75	2356	2253	+103	969	928	+41
河　南	7949	7857	+92	3807	3752	+55	4142	4105	+37	2141	1970	+170
湖　北	835	886	-51				835	886	-51	487	506	-19
湖　南	3053	2945	+108	288	285	+3	2765	2660	+105	1220	1166	+54
广　东	857	812	+45				857	812	+45	285	210	+75
广　西	639	599	+40				639	599	+40	165	148	+17
四　川	5690	5558	+132	1557	1611	-54	4133	3947	+186	2450	2237	+213
贵　州	2554	2344	+210	759	716	+43	1795	1628	+167	1489	1320	+169
云　南	1700	1638	+62	75		+75	1625	1638	-13	694	635	+59
西　藏	2	3	-1				2	3	-1			
陕　西	2861	2693	+168	1465	1435	+30	1396	1258	+138	933	806	+127
甘　肃	1249	1184	+65	598	593	+15	651	591	+60	336	278	+58
青　海	272	277	-5				272	277	-5	41	34	+7
宁　夏	1237	1214	+23	898	898		339	316	+23	132	95	+37
新　疆	1654	1668	-14	383	394	-11	1271	1274	-3	484	416	+68

8 按构成分的统配煤矿原煤产量

单位：10^4t

	1986年		1985年		1986年比1985年
	产　量	比重(%)	产　量	比重(%)	增(+)、减(-)
总　计	41392	100	40626	100	+766
一、矿井产量	38302	92.5	37723	92.9	+579
其中：回采	33543	81.0	32941	81.1	+602
掘进	3459	8.4	3494	8.6	-35
其它	1300	3.1	1288	3.2	+12
二、露天矿产量	2022	4.9	1942	4.8	+80
三、其它产量	1068	2.6	961	2.3	+107

9 按省、市、自治区分的炼焦用洗精煤产量

单位：10^4t

	炼焦用洗精煤产量			其中：冶炼用炼焦精煤产量		
	1986年	1985年	1986年比1985年增(+)、减(-)	1986年	1985年	1986年比1985年增(+)、减(-)
全国总计	6854	6677	+177	6329	6113	+216
北　京	36	38	-2	36	38	-2
河　北	1332	1230	+102	1332	1230	+102
山　西	585	520	+65	585	519	+66
内　蒙	94	78	+16	94	78	+16
辽　宁	508	569	-61	484	530	-46
吉　林	110	122	-12	73	83	-10
黑龙江	825	825		682	694	-12
江　苏	468	406	+62	363	324	+39
安　徽	500	506	-6	492	506	-14
江　西	154	177	-23	147	152	-5
山　东	764	778	-14	765	778	-13
河　南	409	362	+47	315	262	+53
湖　北	3	3		3	3	
湖　南	146	153	-7	146	143	+3
广　东	7	10	-3	7		+7
四　川	401	410	-9	325	306	+19
贵　州	252	240	+12	243	240	+3
云　南	75	71	+4	52	48	+4
陕　西	54	50	+4	54	50	+4
宁　夏	131	129	+2	131	129	+2

10 煤炭工业洗选煤产品产量

单位：10^4t

	1986年	1985年	1986年为1985年%	1986年比1985年增(+)、减(-)
一、洗 煤				
炼焦用洗精煤	6854	6677	102.7	+177
冶炼用洗精煤	6329	6113	103.5	+216
其它用炼焦精煤	525	564	93.1	-39
洗混煤	708	580	122.1	+128
中 煤	473	438	108.0	+35
煤 泥	364	354	102.8	+10
洗块煤	1270	1154	110.1	+116
洗末煤	878	752	116.8	+126
洗原煤	59	224	26.3	-165
二、筛选块煤	5154	5075	101.6	+79
无烟块煤	1175	1444	81.4	-269
烟块煤	3659	3280	111.6	+379
褐块煤	320	351	91.2	-31
三、筛选混末煤	14457	13832	104.5	+625
末 煤	13305	13478	98.7	-173
粉 煤	1152	354	325.4	+798

11 煤炭系统重点选煤厂选煤产量

单位：10^4t

	1986年	1985年	1986年比1985年增(+)、减(-)
一、合 计			
入选原煤	15270	14294	+976
入选比重（%）	17.1	16.4	+0.7
二、炼焦煤选煤厂			
入选原煤	11266	10715	+551
精煤产量	5964	5820	+144
回收率（%）	52.94	54.31	-1.37
分选比重（%）	27.1	27.4	-0.3
三、动力煤洗煤厂			
入选原煤	4004	3579	+425
选煤产量	1571	1568	+3
选煤回收率（%）	39.23	43.81	-4.58

12 统配煤矿煤炭资源及分配情况

单位：10^4t

	1986年	1985年	1986年比1985年增(+)、减(-)
一、分配资源量合计	42836.11	41048.22	+1787.89
生产量	40903.83	39724.73	+1179.1
其它资源	5591.37	4861.23	+730.14
盘盈(+)盘亏(-)量	+1.18	+14.58	-13.4
减选煤损耗	3299.69	3072.94	+226.75
二、调出(-)调入(+)原料煤	+3.84	-3.88	+7.72
三、供应量合计	41379.96	41044.34	+335.62
中央部	21099.08	20477.45	+621.63
省、市、自治区	19483.24	18846.46	+636.78
出口	538.32	472.32	+66
其它	259.32	224.28	+35.04

13 统配煤矿煤炭调出调入量

单位：10^4t

	1986年			1985年		
	调入量	调出量	净调出(+)调入(-)量	调入量	调出量	净调出(+)调入(-)量
全国总计	21125	21125		19758	19758	
北京	1480	286	-1194	1456	268	-1188
天津	1275		-1275	1141		-1141
河北	1564	1427	-137	1555	1247	-308
山西		11619	+11619		10353	+10353
内蒙	586	719	+133	515	833	+318
辽宁	2705	130	-2575	2695	127	-2568
吉林	903	80	-823	743	78	-665
黑龙江	389	1293	+904	435	1248	+813
上海	1987		-1987	1856		-1856
江苏	1539	243	-1296	1378	251	-1127
浙江	1116		-1116	1009		-1009
安徽	562	673	+111	433	708	+275
福建	314		-314	314		-314
江西	343	90	-253	296	96	-200
山东	973	654	-319	803	675	-128
河南	513	1929	+1416	410	1938	+1528
湖北	1783		-1783	1621		-1621
湖南	536	95	-441	595	99	-496

续表

	1986年			1985年		
	调入量	调出量	净调出(+)调入(-)量	调入量	调出量	净调出(+)调入(-)量
广　东	692		-692	630		-630
广　西	315		-315	278		-278
四　川	117	20	-97	131		-131
贵　州	1	455	+454		389	+389
云　南	32		-32	30		-30
西　藏						
陕　西	209	494	+285	196	511	+315
甘　肃	453	111	-343	497	110	-387
青　海	179		-179	185		-185
宁　夏	21	612	+591	21	622	+601
新　疆		195	+195		202	+202
出　口	538		-538	472		-472

14　统配煤矿洗精煤分配情况

单位：10^4t

	1986年	1985年	1986年比1985年增(+)、减(-)
分配量合计	5506.3	5388.5	+117.8
其中：中央部	2651.9	2426.3	+225.6
地方工业	2557.4	2681.7	-124.3
出　口	291.0	274.8	+16.2
其　它	5.8	5.7	+0.1

15　煤炭使用方向

	1980年	1985年	1986年	1986年比1985年增(+)、减(-)
煤炭消费量（10^4t）	60685	81416	86189	+4773
其中：用于发电及电厂供热	12296.2	17524.7	19591.5	+2066.8
其中：冶金工业自备电厂发电及供热		545.5	537.7	-7.8
用于炼焦	5934.0	6794.6	6736.2	-58.4
用于水泥	1471.9	3091.7	2673.2	-418.5
用于砖、瓦、石灰		2238.2	1121.8	-1116.4

续表

	1980年	1985年	1986年	1986年比1985年增(+)、减(-)
用于合成氨	3017.9	2949.9	2769.9	-180.0
用于纸及纸板	590.3	1256.6	933.2	-323.4
用于平板玻璃	77.1	295.6	163.8	-132.8
用于日用玻璃制品及陶瓷	447.5	1216.7	678.4	-538.3
用于制糖	238.8	429.6	383.1	-46.5
用于铁路	2416.4	2623.6	2502.9	-120.7
用于生活	12574	19187.0	19911.0	+724.0

16　按主要用途分的煤炭消费量及构成

	1986年	1985年	1986年比1985年增(+)、减(-)
一、消 费 量 (10^4t)			
国内消费量	86189	81416	+4773
生产建设用合计	66278	62229	+4049
其中：火力发电及电厂供热用	19592	17496	+2096
炼 焦 用	6736	6352	+384
铁 路 用	2503	2624	-121
生 活 用	19911	19187	+724
二、构　成 (%)			
国内消费量	100	100	
生产建设用合计	76.9	76.4	+0.5
其中：火力发电及电厂供热用	22.7	21.5	+1.2
炼 焦 用	7.8	7.8	0
铁 路 用	2.9	3.2	-0.3
生 活 用	23.1	23.6	-0.5

17　主要工业部门产品煤耗定额

	计算单位	1980年	1985年	1986年	1986年比1985年增(+)、减(-)
一、冶金工业					
每吨焦炭耗洗煤	kg	1431	1440	1433	-7
每吨生铁耗焦炭（入炉焦炭）	kg	539	519	513	-6
二、电力工业					
发电耗标准煤每kW·h电耗标准煤	kg	413	398	398	0

续表

	计算单位	1980年	1985年	1986年	1986年比1985年增（+）、减（-）
三、化学工业					
每吨合成氨耗焦炭白煤	kg	1335	1283	1262	-21
每吨电石耗焦炭	kg	587	557	560	+3
四、建筑材料					
每吨水泥熟料耗标准煤	kg	206.5	201.1	198.2	-2.9
五、交通运输					
铁路机车每万吨公里耗标准煤	kg	106.4	106.0	108.2	+2.2

18 统配煤矿煤炭运量

单位：10^4t

	1986年	1985年
统配煤炭运量合计	41324	39671
计划内运量	37543	36100
调出加洗运量	114	122
其他运量	2624	2798
计划外自销煤运量	1043	651

19 主要港口煤炭运输情况

单位：10^4t

	港口煤炭运输能力	
	1986年	1985年
秦皇岛	3030	2537.1
青岛	557	554
石臼所	303	
连云港	420	446.7
武汉港	440	402.1
裕溪口	280	303.4
浦口	820	807.4

20 全国燃料生产构成

	计算单位	1986年	1985年	1986年比1985年增（＋）、减（－）
标准燃料国内生产总量	10^4t	88124	85538	＋2594
以燃料生产总量为100				
煤　　炭	%	72.4	72.8	－0.4
石　　油	%	21.2	20.9	＋0.3
天 然 气	%	2.1	2.0	＋0.1
水力发电	%	4.3	4.3	—

21 全国燃料消费构成

	计 算 单 位	1986年	1985年
标准燃料国内消费总量	10^4t	80882	77020
以燃料消费总量为100			
煤　　炭	%	76.03	75.92
石　　油	%	17.06	17.02
天 然 气	%	2.26	2.23
水力发电	%	4.65	4.83

22 煤矿机械厂主要机电产品产量

	计 算 单 位	1986年	1985年
煤矿机电产品产量合计	t	289704	317249
1. 采 煤 机	台-t	336-7778	393-7859
2. 刮板输送机	台-t	4725-90148	5794-107033
3. 转 载 机	台-t	270-3627	286-3953
4. 掘进装载设备	台-t		144-802
5. 液压支架	套/架/t	36-4012-46358	44-5212-52727
6. 单体液压支柱	根-t	241300-12276	240781-11699
7. 煤矿矿井专用设备	t	5661	5572
8. 煤田勘探设备	台-t	1977	1142-1455
9. 煤电钻及岩石电钻	台	65025	75680
10. 矿　灯	万盏	178	209
11. 煤矿信号元件	台（套）	120977	136119
12. 煤矿专用仪器仪表	台（套）	496800	584600
其中：煤矿安全仪器	台（套）	464066	542037
13. 发爆器	台	28080	34850
14. 其它专业设备	t	3955	6442

23 煤炭工业统配煤矿主要经济技术指标

	计算单位	1986年	1985年	1986年比1985年增(+)、减(-)
一、主要产品产量				
统配煤矿原煤产量	10^4t	41392	40626	+766
本系统炼焦用洗精煤产量	10^4t	6040	5892	+148
无烟块煤（列入计划）	10^4t	854	877	-23
二、开拓进尺	10^4m	76.41	76.69	-0.28
三、质　量				
商品煤灰分	%	19.77	19.78	-0.01
商品煤含矸率	%	0.25	0.33	-0.08
精煤灰分	%	10.28	10.27	+0.01
精煤回收率	%	52.94	54.31	-1.37
四、劳动生产率				
原煤全员效率	t/工	1.001	0.939	+0.062
回采工效率	t/工	4.544	4.405	+0.139
五、材料及电力消耗				
企业坑木消耗	$m^3/10^4t$	67.02	71.70	-4.68
原煤生产坑木消耗	$m^3/10^4t$	58.39	62.71	-4.32
综合电力消耗	MJ/t(kW·h/t)	39.12	37.45	+1.67
六、回采工作面平均月产量	t/个/月	12197	11728	+469
七、掘进工作面平均月进度	m/个/月	104	104	—
八、采区回采率	%	77.54	77.87	-0.33
九、采煤机械化程度	%	49.74	44.98	+4.76
十、掘进和装载机械化程度	%	48.07	45.82	+2.25
十一、自用煤率	$t/10^4t$	394	411	-17

24 地方煤矿主要经济技术指标

	计算单位	1986年	1985年	1986年比1985年增(+)、减(-)
年末固定资产原值	10^4元	1259634	1129233	+130401
商品煤灰分	%	22.00	22.82	-0.82
商品煤含矸率	%	1.94	2.15	-0.21
原煤全员效率	t/工	0.595	0.583	+0.012
企业坑木消耗	$m^3/10^4t$	128.7	129.2	-0.05

25 统配煤矿回采工作面利用指标

		计算单位	1986年	1985年	1986年比1985年增(+)、减(-)
回采产量		10^4t	33543	32941	+602
年末工作面	个数	个	2403	2500	-97
	总长度	m	237265	247102	-9837
平均工作面	个数	个	2292	2341	-49
	总长度	m	226872	231122	-4250
	长度	m	99	99	—
	月进度	m	39.82	39.29	+0.53
	月产量	t/个	12197	11728	+469
煤层生产能力		t/m²	3.094	3.023	+0.071

26 统配煤矿回采工作面采煤机械化程度及单产

	计算单位	1986年	1985年	1986年比1985年增(+)、减(-)
一、采煤机械化程度	%	49.74	44.98	+4.76
其中：综采	%	25.65	22.46	+3.19
高档普采	%	11.25	8.02	+3.23
普采	%	10.99	13.16	-2.77
水采	%	1.84	1.34	-0.5
二、工作面平均个数				
全部工作面	个	2292	2341	-49
1．机采工作面	个	702	659	+43
其中：综采工作面	个	193	172	+21
高档普采工作面	个	201	137	+64
普采工作面	个	279	328	-49
水采工作面	个	29	22	+7
2．非机采工作面	个	1589	1682	-93
三、工作面单产				
全部工作面	t/月	12197	11728	+469
1．机采工作面	t/月	19792	18746	+1046
其中：综采工作面	t/月	37163	35777	+1386
高档普采工作面	t/月	15661	16113	-452
普采工作面	t/月	11002	11028	-26
水采工作面	t/月	17482	16637	+845
2．非机采工作面	t/月	8840	8979	-139

续表

	计算单位	1986年	1985年	1986年比1985年增(+)、减(-)
四、劳动效率				
1. 机采工作面	t/工	8.350	7.945	+0.405
其中：综采工作面	t/工	15.471	14.789	+0.682
高档普采工作面	t/工	5.785	5.774	-0.011
普采工作面	t/工	5.127	5.067	+0.06
水采工作面	t/工	8.755	8.570	+0.185
2. 非机采工作面	t/工	3.769	3.874	-0.105

27 统配煤矿掘进进尺及掘进工作面利用指标

		计算单位	1986年	1985年	1986年比1985年增(+)、减(-)
掘进进尺	全　部	10^4m	656	677	-21
	其中：开拓巷道	10^4m	76	77	-1
	煤　巷	10^4m	315	319	-4
	半煤岩	10^4m	201	210	-9
	岩　巷	10^4m	140	148	-8
掘进工作面平均个数	全　部	个	5250	5419	-169
	其中：开拓巷道	个	1135	1136	-1
	煤　巷	个	1809	1819	-10
	半煤岩	个	1477	1545	-68
	岩　巷	个	1964	2055	-91
掘进工作面平均月进度	全　部	m	104.1	104.2	-0.1
	其中：开拓巷道	m	56.1	56.2	-0.1
	煤　巷	m	145.0	146.2	-1.2
	半煤岩	m	113.3	113.5	-0.2
	岩　巷	m	59.5	60.0	-0.5

28 统配煤矿三个煤量、掘进率及回采率

		计算单位	1986年	1985年	1986年比1985年增(+)、减(-)
三个煤量	开拓煤量	10^4t	335981	332273	+3708
	准备煤量	10^4t	161471	156129	+5342
	回采煤量	10^4t	25331	24629	+702

续表

		计算单位	1986年	1985年	1986年比1985年增(+)、减(-)
三个煤量可采期	开拓煤量	年	8.10	8.35	-0.25
	准备煤量	月	46.66	47.25	-0.59
	回采煤量	月	8.60	8.75	-0.15
掘进率	生产掘进率	$m/10^4t$	160.89	169.01	-8.12
	开拓掘进率	$m/10^4t$	19.95	20.33	-0.38
采区回采率	合计	%	77.54	77.87	-0.33
	煤厚1.3m以下	%	84.16	85.34	-1.18
	煤厚1.3～3.5m	%	77.57	77.97	-0.4
	煤厚3.5m以上	%	76.01	76.00	+0.01

29 重点煤矿机械厂概况

	计算单位	1986年	1985年
机械厂数	个数	37	36
工业总产值（按1980年不变价格计算）	10^4元	120187	118870
工业净产值（按现行价格计算）	10^4元	36190	35541
总产量	t	236243	317249
全员劳动生产率	元/人	15044	15347
年末职工人数	人	81218	78368
其中：工人	人	51145	48563
工程技术人员	人	4943	4941
利润税金总额	10^4元	16592	18879
固定资产原值	10^4元	132396	119863
年末设备拥有量	台	24824	22562
其中：金属切削机床	台	8075	7792
锻压设备	台	1499	1475
全厂占地面积	10^4m^2	1663	1314
房屋建筑面积	10^4m^2	421	391

30 地方煤矿基本情况

	计算单位	1986年	1985年
一、企业单位数	个	17402	17197
二、工业总产值（1980年不变价格）	10^4元	891722	894070
三、原煤产量	10^4t	48012	46602
四、1971～1986年基建投资完成额	10^4元	1278877	
五、年末职工人数	人	3288394	2994537
其中：省营煤矿	人	524222	531277
专营煤矿	人	413281	420639
县营煤矿	人	469495	488146
乡镇煤矿	人	1881396	1554475
六、年末固定资产原值	10^4元	1259634	1129233
七、年末定额流动资金平均余额	10^4元	135689	116454

31 煤炭工业基本建设投资及新增固定资产

单位：10^4元

	1986年		1985年	
	投资额	比重(%)	投资额	比重(%)
一、基本建设投资额	639748	100	611437	100
1. 按资金来源分				
其中：国家投资	452429	70.7	373734	61.1
自筹投资	50689	7.9	56748	9.3
2. 按隶属关系分				
部直属直供项目	549385	85.9	523835	85.7
地方项目	90363	14.1	87602	14.3
3. 按投资构成分				
建筑安装	402783	62.9	379055	62.0
设备工器具购置	143699	22.5	134398	22.0
其　它	93266	14.6	97984	16.0
4. 按投资用途分				
生产性建设	483681	75.6	438333	71.7
非生产性建设	156067	24.4	173104	28.3
其中：住宅	64384	10.1	72578	11.9
二、基本建设新增固定资产	452239		369287	

32 按用向分的基本建设投资额

单位：10^4元

	合计				其中：部直属直供项目			
	1986年		1985年		1986年		1985年	
	投资额	比重(%)	投资额	比重(%)	投资额	比重(%)	投资额	比重(%)
总　计	639748	100	611437	100	549385	100	523835	100
一、矿区建设	578624	90.4	550639	90.1	493603	89.8	470384	89.8
1.矿井（露天）建设	406120	63.5	406037	66.4	342036	62.3	340542	65.0
2.选煤厂建设	47440	7.4	26063	4.3	44046	8.0	23798	4.5
3.矿区附属工厂	22635	3.5	16942	2.8	16319	3.0	13222	2.5
4.矿区公用工程	51494	8.0	48506	7.9	41658	7.6	41293	7.9
其中：铁路专用线	23297	3.6	21092	3.4	17700	3.2	16790	3.2
5.生活福利文教卫生	35679	5.6	36573	6.0	34839	6.3	35431	6.8
6.其　它	15256	2.4	16518	2.7	14705	2.7	16098	3.1
二、基地建设	6257	0.9	5219	0.9	5707	1.0	4925	0.9
三、煤矿机械厂	6639	1	7436	1.2	6373	1.2	6620	1.3
四、设　计	2659	0.4	3758	0.6	2452	0.4	3194	0.6
五、地　质	8606	1.3	7878	1.3	7949	1.4	7084	1.4
六、科　研	6996	1.1	6694	1.1	6924	1.3	6646	1.3
七、院　校	14574	2.3	15547	2.5	13250	2.4	14189	2.7
八、其　它	15393	2.4	14266	2.3	13127	2.4	10793	2.1

33 煤炭工业基本建设规模

	计算单位	合计		其中：部直属直供单位	
		1986年	1985年	1986年	1985年
一、矿井建设规模					
上年末续建	处-10^4t	296-17276	319-15855	115-13932	130-12832
本年投产	处-10^4t	56-2105	71-1647	24-1767	19-1201
本年新开工	处-10^4t	37-716	47-2661	6-421	5-1820
本年末续建	处-10^4t	272-15703	296-17276	94-12451	115-13932
投产与规模比例	倍	8.5	11.5	8.0	12.6
至投产止建设工期	月/处	53	72	53	72
二、选煤厂建设规模					
上年末续建	处-10^4t	35-4165	30-3556	25-3490	22-3190
本年投产	处-10^4t	9-1330	7-621	7-1210	4-495
本年新开工	处-10^4t	10-1405	11-1185	9-1375	7-780
本年末续建	处-10^4t	34-3970	35-4165	27-3655	25-3475

34　煤炭工业施工和竣工房屋建筑面积

单位：m^2

	1986年			1985年		
	施工面积	竣工面积	房屋竣工率（%）	施工面积	竣工面积	房屋竣工率（%）
总　　计	10941920	5543365	50.7	11735234	6055967	51.6
厂　　房	1330976	658412	49.5	1252498	532032	42.5
仓　　库	256174	121115	47.3	280026	138074	49.3
商业营业用房	124461	59147	47.5	151175	42764	28.3
服务业用房	262402	137646	52.5	248841	138865	55.8
办 公 室	610222	263101	43.1	703179	321859	45.8
家属宿舍	4992232	2738028	54.8	5611472	3219524	57.4
集体宿舍	901246	521210	57.8	1067587	585105	54.8
教育用房	866501	384586	44.4	727944	336798	46.3
文化体育用房	181547	81781	45.0	239902	115179	41.1
医疗用房	341833	126325	37.0	291803	119877	41.1
科学实验研究用房	187145	40942	21.9	200020	53038	26.5
其　　它	887181	411072	46.3	960787	452852	47.1

35　基本建设井巷工程主要经济指标

	计算单位	1986年	1985年	1986年比1985年增(+)、减(-)
一、矿井掘进进尺	m	353751	379400	-25649
二、井巷平均月进度				
立　　井	m/个	26.10	26.60	-0.50
斜　　井	m/个	51.40	49.60	+1.80
岩　　巷	m/个	53.20	55.40	-2.20
半煤岩巷	m/个	80.50	80.50	—
煤　　巷	m/个	83.40	88.50	-5.10
三、掘进工效率				
立　　井	m^3/工	0.58	0.65	-0.07
斜　　井	m^3/工	0.64	0.65	-0.01
岩　　巷	m^3/工	0.82	0.83	-0.01
半煤岩巷	m^3/工	0.92	0.86	+0.06
煤　　巷	m^3/工	0.81	0.93	-0.12

36 地方国营煤矿各类建设资金情况

单位：10^4元

	1986年	1985年	1986年比1985年增(+)、减(-)
总计	204221	268438	-64217
其中：(一)基本建设投资	90363	92545	-2182
(二)国家补助资金	44070	43910	+160
其中：技术改造	20000	19910	+90
铁路建设	4070	4000	+70
小型基建	20000	20000	—
(三)其它	63288	110283	-46995

37 煤炭工业施工企业单位主要经济指标

	计算单位	1986年	1985年	1986年比1985年增(+)、减(-)
一、工程量				
井巷	m	109165	160696	-51531
土建竣工	m^2	994237	1121888	-127651
二、工作量	10^4元	79083	92433	-13350
三、劳动生产率				
全员	元/人·年	5359	4767	+592
矿建工人	元/人·年	7645	7443	+202
土建工人	元/人·年	11959	10312	+1647
安装工人	元/人·年	11028	11723	-695
四、实物效率				
井巷	m/人·年	2.84	2.89	-0.05
土建竣工	m^2/人·年	28.30	27.8	+0.5
五、机械设备				
完好率	%	89.0	88.1	+0.9
使用率	%	64.0	65.6	-1.6

38 部及省属煤矿设计院任务完成情况

		计算单位	1986年	1985年
提交矿区总体	件数	件	5	10
	能力	10^4t	3166	6016
提交矿井和露天矿	件数	件	57	62
	能力	10^4t	6946	5581

续表

	计算单位	1986年	1985年
提交选煤厂　件数	件	19	33
能力	10^4t	4855	4926
提交机修厂　件数	件	4	5

39　煤炭工业地质勘探主要工程量完成情况

	计算单位	1986年	1985年	1986年比1985年增(＋)、减(－)
1．开动钻机				
平　均	台	475	585	－110
最　高	台	746	806	－60
2．机械岩芯钻探进尺	m	1437924	1942647	－504723
其中：地质勘探	m	1302758	1759898	－457140
水文钻探	m	135166	182749	－47583
3．无岩芯钻探进尺	m	226931	403111	－176181
4．钻 月 数	个	5139	6423	－1284
5．钻月效率	m	280	302	－22
6．台 月 数	个	4345	5370	－1025
7．台月效率	m	331	362	－31
8．纯钻进单位小时进尺	m		1.44	
9．煤芯采取情况				
煤层厚度	m	30324	44133	－13809
煤芯长度	m	26538	38223	－11685
采 取 率	%	87.2	86.6	＋0.6
10．完成钻孔	孔	3273	4554	－1281
其中：经过验收评级的钻孔数	孔	3253	4544	－1291
综合评级(钻探评级)		3253	4544(4543)	－1290
甲级（钻探评级）	孔	2058	2925	－867
乙级（钻探评级）	孔	945	1371	－426
丙级（钻探评级）	孔	250	247	＋3
11．报废工程量				
全孔报废	孔/m	34-11391	55-15584	－21－4193
补斜纠正	孔/m	601-27661	619-30351	－18－2690

40 煤炭工业地球物理探矿工作主要指标

		计算单位	1986年	1985年	1986年比1985年增(+)、减(-)
地震勘探	面　　积	km^2		2470.1	
	测线长度	km	2302.3	2031.65	+270.65
	物 理 点	个	100608	92508	+8100
	开动台月数	台	135.71	155.81	-20.10
电法勘探	面　　积	km^2	10118.18	10879.8	-761.62
	测线长度	km	7389.1	5421.62	+1967.48
	物 理 点	个	39159	42391	-3232
	开动台月数	台	150.85	168.37	-17.52
重力勘探	面　　积	km^2	624.1	734.7	-110.6
	测线长度	km	1208.1	798.1	+410
	物 理 点	个	12779	5988	+6791
	开动台月数	台	9.33	5.53	+3.8
磁力勘探	面　　积	km^2	1054.8	759.8	+295
	测线长度	km	1800.1	1199.9	+600.2
	物 理 点	个	44481	44306	+175
	开动台月数	台	26.40	23.75	+2.65

41 部直供单位材料消耗定额

	计 算 单 位	1986年	1985年
生产万吨煤主要材料消耗			
坑　　木	$m^3/10^4t$	67.0	71.7
炸　　药	$t/10^4t$	3.0	3.3
钢材(包括金属制品)	$t/10^4t$	19.3	24.3
水　　泥	$t/10^4t$	55.2	53.0

42 部直供单位钢材使用方向

单位：t

	1986年	1985年
总　　计	2143487	2130981
一、直供单位合计	1957014	1909476
(一) 生产消费	1453515	1455578

续表

	1986年	1985年
（二）基本建设	487002	436086
（三）地质勘探	16497	17812
二、拨出部外	186473	221505
（一）生产拨出加工	58206	57764
（二）基建拨出加工	46967	63385
（三）支援部外单位	81300	100356

43　县营以上煤矿单位年末职工人数

单位：人

	1986年		1985年	1986年比1985年
	人　数	比重(%)		增(+)、减(-)
全　国　总　计	5137416	100.0	5137389	27
其中：女职工	831250	16.2	796116	35134
一、工业部门	4433423	86.3	4406244	27179
二、建筑业及资源勘探	630815	12.3	662660	-31845
1. 建　筑　业	513820	10.0	543868	-30048
2. 地质勘探	100258	1.9	103166	-2908
3. 勘察设计	13323	0.3	12947	376
4. 筹建机构及生产准备	3414	0.1	2679	735
三、农　林	1963		3990	-2027
四、科学研究	11111	0.2	10990	121
五、文教卫生	35015	0.7	31900	3115
六、国家机关	13983	0.3	11549	2434
七、其　它	11106	0.2	10056	1050
在全国总计中				
统配煤矿	3330119	64.8	3256415	73704
其中：工业生产	2990455	58.2	2930815	59640
基本建设	338102	6.6	321837	16265
重点煤机厂	73983	1.4	76962	-2979
专县煤矿	955717	18.6	931803	23914

44 统配煤矿工业生产按专业分的年末职工人数

单位：人

	1986年		1985年		1986年比1985年
	人　　数	比重(%)	人　　数	比重(%)	增(+)、减(-)
工业生产职工合计	2990455	100.0	2930815	100	59640
其中：1. 生产工人	1868891	62.5	1877138	64.0	-8247
2. 学　　徒	7211	0.3	8121	0.3	-910
3. 工程技术人员	57798	1.9	56412	1.9	1386
4. 管理人员	192057	6.4	197851	6.8	-5794
5. 服务人员	489551	16.4	436911	14.9	52640
6. 其它人员	374947	12.5	354382	12.1	20565
在工业生产职工中					
其中：一、原煤生产人员	1571679	52.6	1638312	55.9	-66633
原煤生产工人	1393987	46.6	1447611	49.4	-53624
1. 井下工人	1100917	36.8	1125166	38.4	-24249
其中：回采工人	335773	11.2	354064	12.1	-18291
掘进工人	255831	8.6	269555	9.2	-13724
2. 地面工人	253257	8.5	280366	9.6	-27109
3. 露天工人	29794	1.0	33144	1.1	-3350
二、非原煤生产人员	554270	18.5	501213	17.1	53057
其中：选　煤	59674	2.0	55122	1.9	4552
机　修	63583	2.1	62094	2.1	1489
综合利用	37457	1.3	23501	0.8	13956

45 煤矿设计院数量及人员分类

	计算单位	1986年	1985年	1986年比1985年增(+)、减(-)
一、煤矿设计院个数合计	个	29	29	
其中：1. 部　属	个	1	1	
2. 双重领导以部为主	个	14	13	1
3. 省　属	个	14	15	-1
二、设计院人数	人	12464	12301	163
1. 设计专业人员	人	7425	6684	741
其中：采　矿	人	1126	951	175
露　天	人	111	113	-2
选　煤	人	314	282	32
生产系统	人	180	162	18
机　制	人	908	821	87
土　建	人	1191	1079	112

续表

	计算单位	1986年	1985年	1986年比1985年增(+)、减(-)
机　电	人	1347	1159	188
铁　路	人	166	151	15
电　算	人	158	125	33
预　算	人	615	587	28
2. 勘探人员小计	人	983	936	47
其中：测　量	人	355	329	26
地　质	人	265	212	53
钻　探	人	258	283	-25
3. 辅助生产人员	人	1335	1420	-85
4. 生产管理人员	人	265	639	-374
5. 行政政工人员	人	1092	1179	-87
6. 医务保教人员	人	259	203	56
7. 后勤人员	人	920	1005	-85
8. 培训人员	人	173	235	-62

46　煤炭工业企业主要财务指标

单位：10^4元

	1986年	1985年	1986年比1985年增(+)、减(-)
一、年末固定资产原值	5133578	4531522	+602056
其中：工业生产	3904010	3506455	+397555
非生产用	962306	819259	+143047
二、资金总额			
年末固定资产净值	3356186	2900032	+456154
年末定额流动资金	467030	394950	+72080
三、定额流动资金平均占用	428800	385024	+43776
四、产品销售收入	2046441	1762785	+283656
五、利润税金总额	-62048	8823	-70871

47　部直属高等学校概况

单位：人

	1986年	1985年	1986年比1985年增(+)、减(-)
一、院校数量（所）	14	12	+2
二、在校生数			
研究生	1182	886	+296
大学生	27478	21688	+5790
三、招生数			
研究生	473	472	+1
大学生	7668	6758	+910
四、毕业生数			
研究生	152	175	-23
大学生	4605	3538	+1067
五、教职工总数	16773	15418	+1355
其中：教师数小计	6312	5519	+793
教授	42	32	+10
副教授	435	385	+50
讲师	2020	1904	+116

48　煤炭系统干部学校概况

单位：人

	1986年	1985年	1986年比1985年增(+)、减(-)
干校数（所）	47	38	+9
教职工人数	2519	1283	+1236
其中：校级领导干部	153	104	+49
专职教师人员	767	374	+393
建筑面积（m^2）	200184	152908	+47276
总规模（培训人数）	7697	4778	+2919
培训干部数（学习时间3个月以上）	30769	27185	+3584
其中：矿务局副局长以上	196	231	-35
矿处级干部	2064	2227	-163
科区级干部	5428	5028	+400
工程技术人员	6577	6043	+534
各类专业干部	16504	13665	+2839

49　煤炭工业职工大学及函授教育基本情况

单位：人

	1986年	1985年	1986年比1985年增(+)、减(-)
一、职工大学			
1．数量（所）	38	37	+1
2．在校生数	10460	8861	+1599
3．毕业生数		617	
4．专职教师	2063	1778	+285
其中：讲师、工程师	485	530	-45
5．校舍建筑面积(m^2)	378977	307787	+71190
二、部属高校办函授			
1．函授教职工数	177	141	+36
其中：专职教师	71	75	-4
2．函授站（个）	108	115	-7
3．函授站教职工数	1100	756	+344
其中：专职教师	213	236	-23
兼职教师	788	422	+366
4．在校学生数	6736	7686	-950

50　煤炭系统技工学校概况

单位：人

	1986年	1985年	1986年比1985年增(+)、减(-)
技工学校数量（个）	122	122	—
总规模	67450	66450	1000
现有建筑面积（m^2）	1151730	1152043	-313
在校生	49211	44002	+5209
其中：两年制生			
一年级	5561	9005	-3444
二年级	7877	11458	-3581
三年制生			
一年级	14893	11652	+3241
二年级	12831	7926	+4905
三年级	8049	3961	+4088
招生人数	20454	20653	-199
毕业人数	15328	14454	+874
教职工人数	14282	13354	+928
其中：教　师	5025	4644	+381
实习工厂人员	1266	1035	+231

51　煤矿卫生机构基本情况

	机构数（个）	床位数（床位）	职工人数（人）			
			合计	其中：卫生技术人员		
				计	其中	
					中医	西医
总计	2789	76824	128146	94289	1376	16067
一、医院合计	606	67115	99500	71723	1088	12544
1．综合医院	590	64721	96816	70137	1054	12201
2．医学院校附属医院	1	246	719	575	31	227
3．传染病院	3	433	439	226	1	34
4．结核病院	4	530	449	242	1	27
5．精神病院	8	1185	1077	543	1	55
二、疗养院（所）合计	33	5525	2311	1058	26	233
其中：职业病疗养所	5	512	265	114	2	27
三、门诊部（所）合计	2007	2497	21787	19333	247	2771
1．门诊部小计	47	41	1816	1476	22	235
2．卫生所小计	1159	2409	16474	14567	199	2118
3．保健站小计	801	47	3497	3290	26	418
四、卫生防疫站合计	37	—	589	479	1	123
五、妇幼保健站合计	22	—	164	150	—	29
六、专科防治所合计	41	1587	1912	1167	8	240
其中：结核病防治所	13	160	271	186	—	54
七、其他卫生机构	36	—	190	160	2	40
八、高等医学院校	2	—	907	33	—	16
九、中等卫生学校	3	—	467	17	—	7
十、医学科研机构	2	100	319	169	4	64

52　统配煤矿集体福利设施概况

	计算单位	1986年	1985年
一、职工食堂			
个　数	个	2472	2461
其中：班中餐食堂	个	505	446
建筑面积	10^4m^2	189.49	177.89
就餐职工	万人	148.40	150.54
炊服人员	万人	7.50	7.26
冷藏设备吨位	t	13187	9940
二、生产（井口）澡堂			
个　数	个	1136	1176

	计算单位	1986年	1985年
建筑面积	10^4m^2	162.03	152.42
其中：更衣室	10^4m^2	97.8	95.66
浴　室	10^4m^2	45.3	44.63
三、福利澡堂			
个　　数	个	1238	1131
面　　积	10^4m^2	43.01	38.21
四、托儿所幼儿园			
个　　数	个	1188	1168
建筑面积	10^4m^2	68.12	50.67
入托人数	人	130256	115355
保教人员	人	19716	17300
五、俱 乐 部			
个　　数	个	825	801
建筑面积	10^4m^2	121.8	110.34
六、图 书 室			
个　　数	个	1245	1051
建筑面积	10^4m^2	18.1	18.51
七、家属宿舍建筑面积	10^4m^2	517.80	437.82
八、家属探亲宿舍及井口工人休息室建筑面积	10^4m^2	32.8	47.51

53　煤炭工业集体经济基本情况

	计算单位	1986年	1985年	1986年比1985年增(+)、减(-)
一、生产总值	10^4元	316284	280049	+36235
其中：工副业	10^4元	199562	214127	-14565
农牧业	10^4元	3295	3522	-227
商饮服务业	10^4元	62718	57526	+5192
二、利税总额	10^4元	20438	26483	-6045
三、期末人数	人	1146775	1033977	+112798
其中：安置待业青年	人	705831	262881	+442950
家属工	人	123877	76683	+47194
全民职工	人	152592	122411	+30181
聘用人员	人	29399		

54 煤炭工业集体经济产值及主要产品产量

	计算单位	1986年	1985年	1986年比1985年增(+)、减(-)
一、工业总值	10^4元	316284	280049	+36235
二、农牧业				
耕　地	亩	207639	297320	-89681
产　粮	10^4kg	2431	8249.5	-5818.5
产　菜	10^4kg	5660.5	9139	-3478.5
产油料	10^4kg	349	242	+107
产　肉	10^4kg	47.5	60	-12.5
产　奶	10^4kg	126	178.5	-52.5
产　蛋	10^4kg	81.5	269.5	-188
产　鱼	10^4kg	230	32.5	+197.5
三、工副业				
产　砖	10^4块	137300	146484	-9184
产水泥	t	668332	318454	+349878
产白灰	t	392284	378454	+13830
产　煤	10^4t	1926	1495	+431

55 年产破百万吨的综采队

局、矿、队	采煤方法	煤层厚度 (m)	平均采高 (m)	年产量 (10^4t)	回采工作面效率 (t/工)
潞安王庄综一	长　壁	6.50	2.94	140	53.64
晋城古书院综一	长　壁	3.20	3.00	131	47.20
潞安王庄综二	长　壁	6.50	2.92	120	57.54
兖州南屯综二	走　分	5.80	2.97	107	21.35
平顶山四矿综采	单　长	3.30	3.00	106	33.02
潞安石圪节综二	长　壁	6.50	3.00	105	34.04
潞安漳村综一	长　壁	6.50	3.00	103	38.77
大同同家梁综一	长　壁	3.20	3.01	101	38.82
义马耿村综二	长　壁	5.00	2.80	101	37.76
鸡西小恒山161	长　壁		2.50	100	20.80
兖州兴隆庄综三	长　壁	8.65	2.50	100	29.72

领导人重要讲话

开拓视野 打开思路
坚持改革 加快发展

——于洪恩同志在全国煤炭厅局长工作会议上的讲话（摘要）

1986年7月

一、煤炭工业面临的形势、任务和发展方针

我们是在提前超额完成“六五”计划的基础上进入“七五”的。按照“六五”计划，1985年应达到7亿吨，实际产量是8.7亿吨，超过“六五”计划指标24%。5年产量增长2.5亿吨。如果说对“六五”初期提出到本世纪末产煤12亿吨的战略目标，还有些同志感到把握不大，经过这几年煤炭发展的实践，大家对实现这个目标更有信心了。

我们在这样一个高起点进入“七五”以后，今年上半年的发展势头比较好，主要表现在5个方面。一是上半年煤炭生产任务完成得比较好，煤炭产量比1985年同期略有增长，统配矿上半年超产800多万吨，完成全年计划的51.21%；开拓进尺超计划3万多米。二是以总承包为中心的各项配套改革进展顺利。总承包经过1985年一年的实践，已经取得了初步经验，并在逐步完善。今后几年的产量承包任务已经落实下来。这对进一步巩固、消化、补充、完善以总承包为中心的配套改革是个很好的基础。三是部党组今年提出的三件大事，逐步深入人心，带动了企业全面工作的提高。煤炭行业上上下下围绕三件大事，工作抓得比较实，安全状况大有好转，全员效率上半年达到0.97吨/工。四是煤炭工业发展的物质基础有了增强。国家尽了很大力量保我们的基建投资，这是国家对煤炭工业的很大支持。总承包一年，煤矿企业维简费增加也比较多，还有相当一部分企业从增盈减亏留利中提取了一定的生产发展基金，这在一定程度上增强了实力和活力。五是煤炭工业各级领导干部和广大工人的精神状态比较好，扎扎实实抓工作，兢兢业业干事业，对煤炭工业的前景充满着信心。

当然，大家天天都遇到许多矛盾和困难，主要是煤炭积压了；工资上升了，材料价格上涨了，完成盈亏包干指标很紧张；要提高效率，还得想法减人，多开些生产门路等等。这些都是改革中出现的新矛盾，继续解决这些矛盾，我们就会再前进一步。

市场问题是当前一个突出的问题。我们过去主要是抓产量，现在不研究市场就打不开销路，逼着我们必须以经济效益为中心，从改革中找出路。

目前，国内能源紧缺的问题并没有出现根本的改观，全国电力缺口还很大，从更长一段时间来看，国内对煤炭的需求还是要有较大幅度的增长。据了解，“七五”期间发电用煤每年就要递增2000万吨以上；生活用煤按三中全会以来这些年实际增长情况看，每年也要递增1200万吨；还有炼焦和化工用煤，平均每年递增约700万吨。仅这几项合计，每年就需递增3900万吨。所以我们决不能因目前煤炭供应状况缓和，而对发展煤炭生产有所放松。李鹏副总理4月份曾对我们的工作作了批示：“煤炭在当前供应比较缓和的情况下要大抓安全、技术革新、企业管理和掘进等基础工作。切勿错过时机。”我们煤矿的各级领导干部应当准确地认识这一形势，把握住发展趋势，善于利用这段难得的时机，抓好基础工作，抓品种，抓质量，抓市场，以适应国民经济不断发展的新形势。

我们的煤炭还要打入国际市场。最近国家确定了一个大政策：煤炭要扩大出口，成为出口创汇的重要物资。扩大出口必然要求在煤炭产量、品种和质量上都有一个新的提高，我们的任务将更加繁重。

要完成国家交给我们的任务，就必须有正确的方针。

（一）继续坚持国家、集体、个人一起上的发展方针，大力支持农民办矿，使乡镇煤矿有一个更大的发展

1984年，中央领导同志提出，要把发展地方煤矿作为一项战略方针。“六五”期间煤炭产量增长2.5亿吨，其中乡镇煤矿就增长了1.7亿吨，可见乡镇煤矿异军突起，已经成为发展煤炭工业的重要力量。

赵总理说，要把乡镇煤矿当作有希望、有生命力的事物。要走以矿养矿，由小到大，逐步发展的路子。这就需要对煤田开发有一个统一规划并制订技术规程，从出煤开始就积累资金，以煤养矿。不能只管赚钱，不顾长远，把资源破坏了，不能保持生产发展的后劲。乡镇煤矿要走企业化的道路，要照章纳税，成为独立经营、自负盈亏的经济实体。在经济管理体制上应该同乡政府脱钩，也要具有法人资格。

对已有的乡镇煤矿要继续采取扶持、整顿、改造、联合的方针。对将要实行群采的地方，在政策上要加以扶持和引导，在技术上给予指导，在经营上帮助他们打开销路，保持长时期的稳定发展，走出一条依靠农民采煤开发大煤田的新路子来。

地方国营煤矿主要应靠地方来办，地方来管。煤炭部对地方煤矿要实行行业管理，要制订煤炭资源开采的管理办法，加强规划和技术指导，搞好技术人员培训和服务工作。

预计今后较长一段时间煤炭的产量构成将大体保持统配，地方各占一半的比例。因此，在继续抓好统配矿的同时，还必须下大力量抓好地方煤矿，特别是乡镇煤矿。这是我们的一项重要工作。

（二）坚持进行体制改革，在神木和准格尔煤田采取新的开发方针和体制

最近国务院已经决定提前开发神木煤田。这个煤田的探明储量有877亿吨，是低硫低灰高发热量的优质动力煤，埋藏浅，易开采。由于煤质特别好，只经简单的洗选加工甚至不洗选就可直接出口。国内沿海城市用神木煤发电，可以大大减少污染，保护环境。因此国家很需要尽早开发这个煤田。

赵总理说，开发神木煤田必须寻找一条崭新的路子和方法，也就是说要采取新的办矿方针，可称作群采法、股份制。这就是国家修路，依靠农民办乡镇煤矿来开发新煤田。在神木这样的资源条件下，实行这样的方针，走这条路子，是少投入，多产出，见效快的好办法。

神木的开发关键是运输。因此国家的投资主要用于修路，把铁路干线修进去，把连接矿点的铁路支线和公路修好，再搞一些必要的矿区公用设施，收购农民挖的煤，把它运出来。这种农民挖煤，国家修路的办法，本身就是一种改革。

在开发体制上，也要有所创新。国家打算成立一个神木煤田联合开发经营总公司，主要负责组织煤炭开采的规划、技术、培训、公用设施建设和煤炭的收购、外运、销售，是一个开发与经营紧密结合的经济实体。农民既可以集体办矿，也可以个人办矿，还可以集体和个人集资联合办矿。这些乡镇煤矿在经济上各自独立，在规划、技术等方面受总公司的指导和管理，出的煤卖给开发经营总公司。这个联合开发经营总公司在资金上是一个合股公司，调动各方面的力量来开发这个煤田。公司由参加入股的各家共同组成董事会管理，合股人可以按股分红或分煤。办这样大的联合开发经营公司，是改革的新事物，我们要大力支持。

准格尔的开发又是一种模式。这个项目主要利用日本能源贷款建1200万吨的大型露天矿和农民办300万吨的地方矿，同时要建设坑口电站和铁路，实行煤、电、路综合经营。煤、电、路的建设，从开始到建成，都由一个公司负责。工程建设项目实行招标投标。建成以后煤、电、路统一经营。准格尔公司除了办矿外，也要象神木开发经营总公司那样收购乡镇小煤矿的煤，集中洗选加工，统一组织外销。国务院已确定准格尔开发公司由煤炭部领导，我们要把这项工作认真组织好。

在有条件的老矿区，也可以采取群采法、股份制来安排一些井田的开发。

（三）坚持对外开放的方针，积极扩大煤炭出口

对外开放是我们的国策，不能有丝毫动摇。我们要积极吸引外资到中国来办煤矿，可以搞中外合营的，也可以由外商独家经营。

当前要集中力量抓一下发展煤炭的出口创汇这个经济发展战略的大问题。在国内要尽快形成由出口生产基地、铁路、港口组成的煤炭产运体系。在国外要大力开拓市场，尽快建立我国的煤炭销售网络。要以优质低价参加竞争，巩固扩大在亚洲已有的市场，并开发欧洲和拉美市场。争取1990年出口煤炭达到3000万吨。

要实现这一方针，政策必须跟上，现有的某些政策也要相应地转到鼓励出口上来。如对出口煤减免出口关税，用于加工出口煤的项目给予低息、无息贷款等。

各煤矿要提高出口煤的质量，这是我国煤炭能不能占领国际市场的一个关键问题。

（四）扩大煤炭外运能力，是发展煤炭工业的一个重要方针

在某些产煤地区（如山西、西北等地）的运输问题越来越成为制约煤炭工业发展的主要问题。现在国家提出了放手让大家修铁路，主要干线靠铁道部，各部门、各地方也都可以办铁路。煤炭部不能光挖煤，也要搞交通。在资源条件好的地方，农民可以办矿挖煤，我们把路修进去，把煤买过来。在一定意义上说，有路就等于有了煤，国家修路就等于发展了煤炭工业。不但要修铁路，还要管铁路，管运输。我们要把自己的矿区支线管好，不仅运煤，而且可以在沿途建起煤炭集运站，收购农民小煤窑的煤，并组织外运。

（五）大力发展煤炭加工利用和煤炭就地转化

赵紫阳同志最近指出：煤炭只靠外运不行，还要考虑产煤地区的就地消化。所以，煤炭加工利用和就地转化，应该作为发展煤炭工业的一条重要方针，长期坚持下去。

发展坑口电站是就地消化煤炭的一种好方式，向外输电实际也相当于向外运煤。煤矿本身也要消耗大量电力，如果在煤矿办起了电站，劣质煤可以就地消化，向外只运好煤，相应地也提高了运输效率。此外在煤气化、焦化、煤化工以及洗选加工等方面，都要向纵深发展，争取“七五”迈的步子更大一些。

发展煤的加工利用和就地转化，关键是资金问题。单靠国家投资远远不够，必须调动各方面的积极性，实行谁投资谁受益的政策。要采取多煤地区和缺煤地区一起搞；国家、地方、企业、集体、个人一起搞；大、中、小项目一起搞；要坚持土洋并举，由粗到精，逐步提高的方针。

煤炭转化还有一项工作，就是依靠科学技术研制以煤为主的新型燃料，如水煤浆和秦燃料等。

（六）煤炭企业要坚持把发展多种经营、搞活企业作为一条重要方针抓下去

煤炭企业的多种经营这几年发展很快。现在仅集体企业年产值已经达到28.7亿元，所以我们今年提出多种经营已经成为煤炭行业中与生产、基建并驾齐驱的第三个主体。

许多煤炭企业以煤为主，发展多种经营，企业的经济效益提高了，活力和实力都有所增强；大量劳动力得到安置，职工家庭收入也增加了，矿区社会进一步安定。

今后煤矿多种经营的路子还要走得更宽。煤炭企业要参加投资修路、建电站，搞煤、电、路的联营；要大力发展煤的加工利用和就地转化项目；还可以经营矿区周围农民小煤窑的煤炭运销；也要扩大为矿区及周围城乡生产、生活服务的各种产业等。在经营形式上应当搞得更活，可以广泛采取横向联合的办法，国营、企业、地方、集体企业都可以集资、合股，按照自愿、平等、互利的原则来开办多种经营行业。发展多种经营，更多的是依靠企业本身的积极性和主动进取的精神。企业领导人要解放思想，从生产型、封闭型中走出来，真正向生产经营型方向努力。

近半年多来中央和国务院领导同志对煤炭工业发展提出的指示和意见，都不是单纯就煤炭讲煤炭，而是从整个国民经济全局出发来谈煤炭工业发展的。也不是仅仅从煤炭要满足工农业发展的需要这个角度，而是把煤炭发展与国家富强、人民富裕的大目标结合起来研究方针问题的。具体说，他们从如何充分发挥中国的两大优势和以经济效益为中心的角度，提出走国家修路，农民挖煤的路子开发大煤田；从如何实现国富民强的目标出发，安排提前开发神木煤田，出口换汇有利国家，挖煤致富有利农民；从坚持改革的指导思想出发，提出打破旧的一些框框和模式，从煤炭开发方式、开发体制、开发布局到经营战略实行一系列的改革；从怎样更充分地调动中央和地方，国家和集体、个人，以及各地区和各部门的积极性出发，研究改革的具体方案和行动。这些方针都是互相紧密联系、配套的，很值得我们学习和加深认识。

同时，这些意见又都是从我国国情和建设有中国特色的社会主义这个根本目的出发，是从对内搞活、对外开放的基本方针出发提出来的，同时也是根据煤炭工业发展的实践经验总结出来的。总之，这是党的一切从实际出发，实事求是的思想路线在煤炭工业发展问题上的具体体现。

现在，部党组正组织研究和贯彻落实中央和国务院领导同志的指示。

二、完善总承包，深入进行经济体制改革

我们正在进行的经济体制改革，邓小平同志称它为“中国的第二次革命”。

“七五”时期是经济体制改革的关键时期。“七五”时期改革的主要内容有3个方面：进一步增强企业特别是全民所有制大中型企业的活力，使它们真正成为相对独立的经济实体，成为自主经营、自负盈亏的社会主义商品生产者和经营者；进一步发展社会主义的商品市场，逐步完善市场体系；国家对企业的管理逐步由直接控制为主转向间接控制为主，建立新的社会主义宏观经济管理制度。

中央、国务院对今年和明、后年的改革也提出一些要求和设想。今年主要是巩固、消化、补充、改善已有

的改革措施。今年下半年就要开始实行劳动合同制、辞退违纪职工、职工待业保险和改革招工制度4个方面的配套改革，同时要大力发展横向经济联合。在做好准备的基础上，明、后年再迈出决定性的一步，就是逐步进行价格、税收和财政等方面的配套改革。对煤炭价格的改革，中央已让我们进行研究，看来，煤炭价格的改革步伐要加快，总的精神是逐步扩大煤炭市场的调节面。

当前，我们要继续抓好统配煤矿总承包及其配套改革。

（一）以提高经济效益为中心，全面完成总承包任务

统配煤矿总承包到现在已实行一年多了，实践证明效果是好的，但在新形势下也遇到一些问题，突出的是财务问题。具体表现是增支因素多，增收遇到困难。

为解决这个问题，我们一方面争取国家对应解决的部分帮助解决，另一方面我们内部要上下一齐努力，挖掘潜力，增收节支，尽量多消化一些增支因素。

第一，要用新的眼光重新看企业的潜力和消化能力。

如果我们办企业的指导思想和经营行为继续向以提高经济效益为中心的轨道转变，管理水平再进一步提高，企业的消化能力还是能够增强的。

我们的企业长期以来是生产型的，产量是主要目标。对灰分高低、是否适销对路、盈亏大小等问题都很少研究。近几年，在这方面虽然有了一些转变，但只是初步的，进一步转变到以经济效益为中心的轨道上来，还有许多文章可作。比如，对一些质量差、灰分高的煤，从经济效益出发，应研究一下要不要采，怎样采，怎样卖？可不可以用买煤顶包干指标的办法，将这部分煤不采或少采？可不可以搞洗选加工，提高煤质，增加售价？可不可以建个电站，用劣质煤发电？对那些开采条件困难，产量不多而亏损额大的煤矿，可不可以采取“全民所有，集体承包，以销定产，自负盈亏”的办法？可不可以在矿务局内调整包干指标，使这些亏损大户少出一点？可不可以改善管理，发展多种经营？只要因地制宜，采用的方法得当，都是可以减少亏损的。

再从管理水平看，我们煤炭企业的管理，长期以来是粗放型的。近几年逐步加强了管理，挖了一部分潜力，但真正靠提高管理水平，深入挖潜还是不够的。比如煤矿用人多、效率低的问题还没有彻底解决；再如，我们的煤矿过去铺了很多摊子，建了一些附属厂。这些厂多数吃不饱，是亏损的。如果改变一下经营方式，加强一下管理，这些厂子的效益也会上去。

总之，企业还是有潜力和消化能力的，对这一点我们应当有一个正确的认识。

第二，要用进取的精神，战胜困难，挖掘潜力，提高经济效益。

目前，我们面临的困难很多，必须用进取的精神，付出艰苦的劳动，才能克服这些困难，把潜力挖出来。一些企业的实践已证明了这一点。

南桐矿务局地质条件十分复杂，开采困难，长年吃亏损补贴饭。现在已扭亏为盈。抚顺矿务局前几年有的矿井萎缩停采，产量下降，亏损增加，还有3万名退休职工和10万名待业青年需要安排。现在，企业的多种经营和横向经济联合发展很快，待业青年基本得到安置，全局有8万名全民职工、8万名集体职工，去年实现转亏为盈。萍乡、井陉、辽源和四川的一些煤矿，现在的状况也都有了好转。

第三，认真抓好措施的落实。

1．努力疏通流通渠道

这是在买方市场的情况下搞好经营最重要的一条。各个煤矿都要在搞好市场调查，根据用户需要生产适销对路产品的同时，下力量抓好流通环节。黑龙江4个矿务局打破省、区界限，与铁路局、燃料公司组成了松散的销售运输公司，今年1～5月份，不但把生产的煤全部运出，还多运了50万吨积压煤。

2．抓好资金管理

各单位要努力抓好货款回收。同时，要用好自有资金，还要努力降低管理费用，主要是精简机构，压缩管理人员。

3．降低材料消耗

4．进一步落实财务指标

（二）抓好与总承包相应的配套改革

第一，进一步完善吨煤工资包干办法。

第二，坚定不移地推行农民轮换工制度。

第三，继续搞好基本建设方面的改革。

（三）积极稳妥地抓好井下职工家属落户问题

解决煤矿井下职工家属落户问题，是党中央和国务院对煤炭工业采取的一项特殊政策，体现了党和国家对煤矿工人的关怀。

今后，各煤矿在落户问题上都要采取既积极又要稳妥的方针。一定要按照规定办事，不能扩大落户范围；要提倡江苏等地的做法，能够就地转城镇户口的就要就地转，要采取多渠道筹集资金，多种形式建房，解决住房问题。

三、骨干煤矿要搞现代化建设

建设现代化煤矿是“七五”期间煤炭工业的一项重要任务。讲几点看法和意见，请同志们讨论。

第一点，要学习和贯彻赵总理讲话精神，把骨干矿井的现代化建设搞好。

赵总理很重视骨干煤矿的现代化建设问题，他说，中国开矿大部分不能要求过高的机械化、自动化程度。但是机械化程度高的不是一点不搞，有些骨干的统配矿还是要搞机械化的。这是从我国国情出发提出来的。由于物质条件和技术力量的限制，农民办的乡镇煤矿不能要求很高的机械化程度，初期甚至只能用很简陋的装备，很简易的开采方法。如果要求全国大部分煤矿搞机械化、现代化就脱离了这个实际，脱离了国情，近期也难以做到。

但是，煤炭工业的骨干矿井还得进一步提高机械化和现代化水平。当然建设现代化矿井是有范围的、有限制的，不可能不管条件，什么矿都搞。在今后相当一段时间里，还只能搞骨干煤矿，主要是统配骨干煤矿。从全国煤矿范围看，这些骨干矿无论是矿井个数还是产量，占的比例都不可能很大。我们要从中国的国情和煤炭工业的实际出发，先把骨干煤矿的现代化建设搞好。

第二点，从骨干煤矿本身来看，搞现代化建设是很有必要的。

过去的经验和今后的发展方针都决定我国煤炭工业不能一家独办，而要国家、地方、集体、个人一起上。开发体制是多层次的，技术装备水平也是多层次的。一般说来，个体煤矿和乡镇煤矿的装备水平和技术水平都比较低，基本上是手工作业方式；地方国营煤矿是半机械化或普通机械化；统配矿更多则要向高水平的机械化、现代化发展。这样，煤炭工业的现代化主要体现在骨干煤矿上。把骨干煤矿建成现代化煤矿，代表了我国煤炭工业发展的方向。

从我国煤炭资源的赋存实际看，骨干煤矿需要搞现代化建设。在埋藏浅、易开采的地方可以建大矿，实现机械化开采，也可以建小矿群众挖煤。为了发挥农村劳动力的优势，为了农民的脱贫致富，这样的地方近期可以少搞大矿，而让农民办矿。但是在埋藏深、开采困难的地方，建小矿就不如建大矿合算。一些埋藏深、建井技术要求高的煤田，需要集中化生产，需要比较高的技术装备水平，需要建设现代化大型矿井。

从骨干煤矿所处的地位看，也要搞现代化建设。目前我国的大型骨干煤矿相当一部分在东部经济发达而又缺煤的地区，地理位置优越，担负着国家重点企业和重点城市煤炭供应的重任。而这些大型骨干煤矿开采深度不断增加，不加强技术改造，不搞现代化建设，难以保证生产持续、稳定、健康地发展，那样将会影响国民经济全局。

从改变煤炭工业形象，摆脱统配煤矿的落后面貌，彻底解决煤矿老大难问题的需要看，搞现代化建设就更迫切了。统配煤矿用人多、效率低、包袱重的状况还没有根本变化，不搞现代化就没有出路。

第三点，把骨干煤矿建设成现代化矿井是有基础，有条件的。

一是装备有一定基础，技术上能够掌握，管理上有经验。统配矿已拥有综采设备306套，煤巷掘进机近200台。1986年综采工作面年产量平均达到43万吨，与世界主要产煤国家相比不算低。特别是涌现出一批高产综采队，年产达到百万吨的综采队累计已有29个队次，1986年是9个队。古书院矿综采工作面上马头一年就突破100万吨。1983年以来，我们还抓了15个现代化矿井建设的试点矿，抓出了成绩，取得了经验。

二是科研制造能力和水平都提高了。通过引进、消化和国内研制，缓倾斜中厚煤层的综采技术和设备制造技术已经过关，在特殊地质条件下的综采技术正在研究试验，“七五”期间将陆续解决。综采设备的制造能力和质量不断提高，王庄矿就是用全套国产综采设备连续两年达到100万吨的。掘进机的制造技术和安全监测监控装备的一些制造技术也引进来了。这些主要装备我们可以逐步做到立足国内。

三是通过设计改革，设计水平提高了。依靠我们自己的设计力量能够作出开拓部署和开采工艺先进、地面总体布置合理、井巷工程量少、用人少、效率高、工期短、出煤快和经济效益好的现代化大型煤矿。设计上的改革使我们有可能在投资不增加或稍有增加的情况下，提高技术装备水平。虽然高效先进的采掘设备价格相对高些，但由于单产提高，工效提高，采区和工作面个数减少，相应的装备费可以省下来；开拓部署改革后，井巷工程量减少，煤巷比重增加，井巷投资可以减下来；人员减少后，相应的地面建筑面积就可以大大减少。象济宁二号矿井的设计，能力400万吨，4个采区，5个综采工作面，万吨掘进率100米，煤巷占71%，全员效率5吨。济宁三号矿井的设计，能力500万吨，5个采区，6个综采工作面，万吨掘进率95米，全部职工4800人，全员效率5吨。这两对井是按现代化标准设计的。这说明，建大型矿井开采深部煤层，采用现代化的装备和工艺，经济效益好，可以做到投资不增加，甚至能节省投资。

第四点，建设现代化煤矿要注意的几个问题

1）要正确认识和贯彻企业自筹资金为主，国家适当补助的精神

赵总理说煤矿不要搞过高的固定资产投资，一个原因就是国家搞现代化的资金有限。但是我们骨干煤矿的现代化又不能不搞，这就决定了现有统配煤矿必须立足企业本身，主要靠自筹资金搞现代化。从前一段搞现代化矿井的规划看，各局自筹资金的比例达到80%左右。这表明大家的积极性高，也说明企业有一定实力。骨干新井、改扩建井搞现代化建设又是一种情况，资金从“七五”包干投资中来。主要是通过设计改革，实行包建办法，按合理工期组织施工，加强施工管理，把投资节省下来，努力做到少投入、多产出，少花钱、多办事。

2）在现代化矿井建设中要突出重点

使用资金应该突出重点，有个轻重缓急。现代化矿井的标准，部里规定了若干条，在执行中要把握住以下3个方面：

首先是技术装备的现代化。装备的重点是采煤、掘进和安全。采煤要根据具体条件尽量装备综采、连续采煤机或高档普采。掘进要在提高装载机械化程度的基础上发展煤巷掘进机和岩巷机械化作业线。安全装备要根据实际需要，发展监测监控系统。再有钱，可搞通讯和辅助运输等装备。相应的巷道布置和开采工艺等方面的改革也要跟上。

二是改善职工生活条件要优先解决最迫切的问题，着眼于基本生活条件的改善。一个是住房，一个是吃水。再一个是公共福利设施，如食堂、浴室、托儿所、医院、学校、修路和绿化等。

三是职工队伍素质和企业管理要跟上，工人的操作技术水平，干部的管理水平，都要与现代化的装备相适应，把人员素质现代化与装备的现代化统一起来。要舍得下功夫抓管理，抓培训，做好基础工作。

3）要提倡艰苦奋斗，勤俭办企业，勤俭搞现代化；要从实际出发，讲求实效，搞实实在在的现代化

我们考虑要搞几条规定，几个不准，以便有所遵循：

1）不准借建设现代化矿井为名，铺张浪费，乱花钱；

2）不准追求形式、搞花架子，做表面文章；

3）严格执行部制订的《煤矿地面建筑装修标准》，不准突破；

4）现有生产矿井不准擅自新建、扩建办公楼；

5）不准擅自修建高级招待所；

6）不准违反规定购买小汽车、录相机和高级家俱等高档消费品；

7）不准脱离群众为领导干部修建超标准住宅。

4）要讲求投资效益和经济效益

要树立投入产出观念，搞好可行性研究，进行技术经济对比分析，算经济帐。

5）要处理好煤炭工业现代化和建设现代化矿井的关系

搞现代化是个渐进的过程，不管列入规划还是没有列入规划的骨干矿井都有个技术改造、技术进步的任务，都要因地制宜，采用新工艺、新技术，更新旧设备，提高技术水平，提高经济效益。要根据各自的特点，发挥各自的优势，推进技术进步。就是小煤矿，也有个改善装备、改进开采技术、提高抗灾能力的问题，有个技术改造的问题。从这个意义上说，煤炭工业现代化是全战线的任务。

四、端正领导思想，改进领导作风

1．领导思想要适应改革的要求

2．继续抓好党风

3．深入井下，转变工作作风

4．必须坚持“两个文明”一起抓

全国煤矿动员起来抓好三件大事，展开"七五"宏图

——胡富国副部长在全国煤矿生产工作会议和全面整顿劳动组织现场会议上的讲话（摘要）

1986年3月6日

一、关于当前煤炭生产的形势

1985年是统配煤矿实行投入产出总承包及其相应的配套改革的头一年。总承包第一年首战告捷，各项承包任务完成得很好，受到了中央和国务院领导同志的称赞和肯定。

1985年全国原煤总产量87228万吨，创历史最高水平。全国31个省区、公司及直属局中，有26个超额完成了年计划。

统配煤矿产量实际完成包干量41670.04万吨，完成计划104.18％。在实际包干量中，本企业生产量40625.76万吨，比1984年增长2.93％，企业外收入量1046.28万吨，占包干量的2.51％。在全国96个统配局（矿）中，完成全年包干计划的单位有93个，其中超产40万吨以上的矿务局有：大同、鹤岗、双鸭山、邯郸、峰峰、晋城、开滦、七台河、扎赉诺尔、舒兰、阜新、淮北、邢台、通化、潞安、石炭井、抚顺和鸡西等矿务局。

1985年主要经济技术指标完成情况也比较好。统配煤矿全员效率1985年达到0.939吨/工，比计划每工提高0.019吨，仅此即增加产量793万吨。在全国统配局（矿）中，全员效率达到1吨/工以上的局（矿）有潞安、伊敏河、晋城、车村、大同、兖州、阳泉、抚顺和邢台等31个矿务局。

回顾一年来的实践，总承包以后的煤炭生产形势有以下8大特点：

第一，生产主动了，煤炭生产出现了均衡、稳定地向前发展的好形势。

第二，注意抓生产技术基础工作，为煤炭生产持续大幅度增长奠定较稳固的基础。

第三，注意加快煤矿技术改造的步伐，综合生产能力提高，采掘关系保持正常。

第四，注意抓了采、掘、运机械化，煤矿的技术装备面貌有了新的改观。

第五，15个现代化样板矿的建设进展较快，开始起到样板和示范作用。

第六，注意以提高经济效益为中心，抓经营管理的转轨变型。

第七，广泛深入持久地开展劳动竞赛，涌现出大批先进队、组，创出了新的生产水平。

第八，加强业务保安，煤矿安全状况趋向好转，事故率逐步下降。

二、关于今年抓好三件大事的要求和部署

经过充分酝酿和反复研究，部党组正式作出了今年要抓好三件大事的决定，正式下发了《关于在全国统配煤矿全面整顿劳动组织，使全员效率突破一吨的决定》、《关于建设现代化矿井的决定》、《关于对煤炭企业实行安全生产奖惩制度的决定》等重要决定和《现代化矿井标准》。元月份和二月份，接连召开了几次全国煤矿电话会议，2月17日又在北京召开了各省煤炭厅负责人参加的安全工作会议，对抓好三件大事进行了具体部署。

（一）抓好三件大事的重要意义

当前，统配煤矿投入产出总承包的任务已层层落实，正在实施。在这种好形势下，抓好三件大事是关键，是重点，是中心环节。抓好三件大事就能把各项工作带动起来，就能大大推动煤炭工业现代化的进程。

"七五"期间是煤炭工业处于关键性的时期，我们不仅要保证"七五"期间国民经济对煤炭的需要，煤炭工业本身也要大力推进现代化建设，为90年代的经济振兴和经济起飞创造条件。但是，长期以来煤矿的安全和效率拖着我们，使煤炭工业难以在现代化的跑道上起飞。显然，提高煤炭工业现代化水平，主要是提高煤炭工业现代化装备水平和现代化管理水平，这样，必然会使煤矿的安全和工效大大改善和提高。因此，必须突破这两个薄弱环节，实现降低统配煤矿百万吨死亡率，全员工效超过1吨的目标，同时建设一批现代化矿井。抓好三件大事不仅是今年的中心工作，而且今后几年内都要把这三件大事抓紧，切实抓出成效来，扎扎实实地推动

煤炭工业各项工作向前发展，推动煤炭工业的现代化。

部党组决定，“七五”要把安全工作作为第一位大事来抓，控制住特别重大事故和尘肺危害。实现“七五”的安全奋斗目标，1986年的起步非常重要。首先把事故大幅度降下来，是体现了党和国家对煤矿职工的关怀，体现全心全意为人民服务的精神。第二，有利于促进煤炭工业持续、稳定、健康发展，缩小我国与世界煤矿安全水平的差距。安全生产水平是企业管理水平的综合反映，只有把管理水平全面搞上去，才能把安全水平促上去。

全国统配煤矿原煤全员工效争取突破1吨，创历史最高水平，其意义同样是重大的。长期以来，我国煤炭工业的劳动效率每工一直徘徊在0.9吨左右，不仅低于世界先进水平，而且还低于我国的历史最好水平。1984年以来，我们在全国煤矿推行吨煤工资包干的办法，激发了各级领导干部和广大职工的积极性，促使企业加强了劳动管理，整顿劳动组织，增产减人。两年多来，统配煤矿产量平均每年增长4200万吨，人员却减少，出现了增产减人的好势头。1984年原煤全员效率达到0.903吨/工，1985年又提高到0.939吨/工，取得了显著的成绩。但是，我们还必须看到，煤矿的改革刚刚开始，用人多、效率低的问题还没有根本解决。

部党组决定把全面整顿劳动组织，提高效率作为今年的主要工作之一，提出全员效率要在1985年的基础上，提高6.4%，突破1吨/工的奋斗目标。各企业领导必须很好地领会这一重大决策，开创整顿劳动组织的新局面，真正抓出成效来。

关于建设现代化矿井，部党组提出，在“七五”期间统配煤矿争取有1/3的矿井建成现代化矿井，为在本世纪末能有2/3的统配矿达到现代化矿井标准打好基础。这是实现煤炭工业现代化的一项具有战略意义的重大决策。建国以来，50年代、60年代、70年代和80年代初，我们先后搞过标准化矿井、正规循环作业矿井、大庆式企业和企业整顿六好企业等等。这些都是从一个或几个方面来抓的。现在，部党组提出建设现代化矿井，既考虑了煤炭系统的历史经验，又借鉴了国外先进煤矿的经验，既面对煤炭工业的现实，又面向煤炭工业发展的未来，是从整体上、从更高的立足点上推动煤炭工业现代化的一个重大战略步骤。建设现代化矿井对于全面加强企业管理，提高经济效益，改善安全生产状况，对于确保在本世纪末煤炭产量翻一番，保证全国工农业总产值翻两番伟大战略目标的实现；对于加速煤矿现代化建设，从而使中国煤炭工业在本世纪末进入世界先进行列，必将起着重大的推动作用。

（二）抓好三件大事，实现战役目标的可能性

煤矿实现百万吨死亡率降到预期水平，具备可能实现的有利因素和条件：

一是统配煤矿实行了总承包，已基本做到正规生产、稳产、均衡生产，各级干部有条件也有可能抽出更多精力来抓基础工作，抓安全生产。

二是今年改变了以往对安全不考核的做法，把产量、利润、安全三项指标捆在一起考核企业，其中有一项完不成就不算完成任务。

三是从下降幅度和去年每月实现百万吨死亡率的情况看，近几年也都曾实现过预期的目标。

四是几年来通过技术改造和补还欠帐，使相当一部分煤矿的抗灾能力有所增强。如在预防瓦斯事故方面，到1985年底已有57个矿井装备了全矿井安全监测系统，还有800多个掘进头装上了瓦斯报警断电仪，使矿井瓦斯管理水平有了较大提高。

五是各级干部转变作风，有搞好安全生产的能力。

全国统配煤矿原煤全员效率提高到1吨以上，创历史最高水平，也是有可能实现的。1985年统配矿全员效率比1984年提高3.98%，1986年全国统配煤矿要精减9万人，使全员效率在1985年的基础上再提高6.4%，突破1吨是有可能的。

1984年实行吨煤工资包干以后，抚顺矿务局在整顿劳动组织，发展集体经济，安置富余人员方面创造了许多好的经验，成为各矿务局学习的榜样。1985年又陆续涌现出了鸡西、开滦、晋城和潞安等先进单位的经验。这些企业开辟了整顿劳动组织的新途径，受到了中央领导同志的充分肯定。从1985年初开始，部确定在大屯姚桥矿综采二队和开滦唐山矿综采一队进行试点，两个综采队的试点工作效果比较突出，劳动效率和在册人数都达到了世界先进水平，为充分发挥我国机械化采煤的优越性和经济效益，开拓了一条切实可行的途径。

整顿劳动组织的途径很多，潜力很大。根据试点经验，综采队在册人数可精简38%以上。原煤生产辅助工人的整顿要定岗定员，加强定额管理，健全经济责任制。这次整顿还要合理地减少管理层次，干部人数要精减10%以上。另外，要努力缩短煤矿生产战线，实行集中生产，减少工作面个数和生产环节，提高煤矿生产的机械化水平。这些措施只要认真落实就一定能见成效，全员效率突破1吨是可能实现的。

建设现代化矿井的目标也是有可能实现的。这是因为：

1）我们已经有了近3年现代化样板矿井建设的经验。

2）在全国统配煤矿近600个矿井中，有近1/3的矿井条件较好，具备建设现代化矿井的基本条件。

3）由于实行了总承包，一些局矿在经济上逐步增加了自我改造、自我发展的能力。

4）国内科研和制造部门已具备一定的水平和能力。

总之，有利条件很多，只要全国煤矿职工动员起来，共同奋斗，就完全能够实现战役目标。

（三）三件大事的相互关系以及与其他各项工作的关系

我们提出抓好三件大事，是围绕煤炭工业现代化这个中心展开的。安全生产，提高效率，建设现代化矿井，既互相独立又密切相关。其中，搞好安全生产是前提，是第一位的工作，必须下大力量抓好。全员效率突破1吨，是加强现代化建设的一个主要步骤，一个综合的、集中的体现。安全搞好了，为全员效率的提高奠定了基础，创造了条件；同样，整顿劳动组织，精减人员，加强管理也会促进安全的好转和改善。建设现代化矿井是一项长期的带有战略意义的大事。安全的好转和效率的提高，将会进一步推动现代化矿井的建设。同时，建设现代化矿井，装备水平、管理水平、职工素质全面提高，从根本上又为搞好安全、提高劳动生产率奠定了坚实基础。因此，各省局、矿务局要统筹规划，统一安排，把三件大事切实抓好。

抓好三件大事，是各级各部门的共同责任。有的单位目前没有条件上，要积极创造条件，为今后建设现代化矿井奠定基础。因此，各单位要妥善处理好抓好三件大事与抓好各方面工作的关系。

（四）关于实行一些新的经济政策和加强思想政治工作的问题

抓好三件大事，很重要的一个措施就是要实行一些新的经济政策。在安全生产方面，部里作出了实行安全生产奖惩制度的决定和补充规定，对安全生产低于部下达的考核指标的矿务局，实行分档次加奖的办法。这个安全奖惩办法是搞好安全生产的重大措施，各局（矿）要认真贯彻执行，制订出实施细则。

整顿劳动组织的有关政策，部里已经下达，其主要内容是：第一，实行效率同吨煤工资单价挂钩、按计划效率完成情况加价或减价的办法；第二，以区队为单位，根据多劳多得的原则，实行减人保留部分工资总额的政策。

建设现代化矿井的若干经济政策，主要有这么几条：第一，矿务局要充分利用自有资金，优先保证现代化矿井建设的需要。第二，由省煤炭厅、公司集中使用的自有资金，也要优先重点保证本省现代化矿井的需要。第三，凡是列入现代化矿井名单的改扩建项目，可结合现代化矿井的标准，进行修改设计，保证矿井改扩建后就能达到现代化矿井的有关标准。第四，在建的新井，凡条件许可的，在投产前必须一律按现代化矿井标准修改设计，进行建设，保证新井投产后就能达到现代化矿井的标准。第五，凡是部掌握的新技术、新工艺和新装备应首先在现代化矿井推广应用。除此之外，在这次会议上，还要研究制订一些其他的具体政策规定，以保证现代化矿井的建设。

这里，我还强调一点，就是要注意加强思想政治工作，向煤炭战线广大职工宣传抓好三件大事的重要性，使部党组关于今年抓好三件大事的决定家喻户晓，动员广大职工为抓好三件大事贡献力量。

（五）关于加强对三件大事的领导问题

为加强对三件大事的领导，部里已先后成立了3个领导小组。下面都分设办公室，负责日常的具体工作。部要求各省煤炭局、公司、矿务局和矿都要相应成立各级领导小组，设办公室，有专门机构和专人抓，及时总结和交流情况。

三、关于改进工作作风、提高工作效率的问题（略）

以改革为动力，继续抓好三件大事，为加速煤炭工业现代化而努力

——胡富国同志在全国煤炭厅局长工作会议上的讲话（摘　要）

1986年7月15日

这次会议的主要任务是：贯彻中央和国务院领导同志关于发展煤炭工业的重要指示，总结煤炭战线今年上半年的生产建设情况，安排下半年的工作任务，研究落实建设现代化煤矿的规划，进一步完善落实总承包及其配套改革措施。

第一部分　迎着困难前进，煤炭战线上半年各项工作都取得了好成绩

一是煤炭生产均衡稳定地增长，实现了时间过半、完成任务过半。

二是安全生产和全员效率有了新的突破。

三是企业经济效益有了新的提高。

四是煤炭工业各条战线全面推进，取得较大成绩。

回顾今年上半年煤炭工业的发展，有这样5个突出特点。

第一，抓三件大事，促进了煤炭企业管理工作的加强。

各省局、公司、矿务局、矿都把搞好安全生产作为今年的第一个硬仗来打。普遍实行了安全目标管理，从煤炭部机关各司局到各省局、矿务局的机关科室、业务部门，层层制订和落实了业务保安责任制。进一步强化了对事故多发地区和多发地点的安全监督检查，狠抓通风瓦斯、顶板管理和提升运输等重要环节，消除了一大批事故隐患，安全状况明显好转。

全员效率上1吨这个硬仗也取得了很大成绩。全国统配煤矿原煤生产人员上半年累计精减10.4万多人，全员效率6月份上到1.03吨/工。如果继续抓下去，全国统配矿今年全员效率超过1吨/工的目标是大有希望的。

关于建设现代化煤矿，4月和5月份，部组织统一审查规划。原15个现代化样板矿试点单位都不同程度地取得了好成绩。

围绕抓好三件大事，煤炭战线各个方面各个部门都做了大量工作。情报出版部门提供情报资料20多万字，并组织了对15个样板矿的调研工作。中国煤炭报及各地矿工报等报刊对抓好三件大事进行了及时、突出的宣传报道。煤炭工业出版社积极组织编写《煤矿现代化建设》一书。煤科院经济研究所主动搞煤炭企业现代化管理的专题调研。技术部门狠抓全面质量管理和标准化等基础工作。

第二、总承包及其配套改革方案的进一步落实，使煤炭工业稳定健康地发展。

第三，把多种经营提到了与煤炭生产、建设并重的地位，煤炭企业经营思想和经营方式都有了很大的变化。

统配煤矿中办起的集体企业，主要是为煤矿服务的第三产业，从业人员已经达到110万人，产值28.7亿元。

第四，煤炭战线干部作风有了较明显的转变，深入基层，深入井下的多了，实实在在抓工作的多了。

第五，一手抓改革，一手抓党风，端正党风推动了煤炭工业各项工作的发展。

第二部分　积极行动起来，争取“七五”建成一批现代化煤矿

部党组作出建设现代化煤矿的决定，得到了煤炭工业各条战线和各单位的积极响应。本着条件好、投入少、产出多、经济效益好、优中择优的原则，选出62处矿，列为部重点掌握建设的现代化煤矿。这62处矿占全国统配矿总数的11.4%；占统配矿目前总产量的20.2%。各省局、矿务局也根据实际情况，掌握一批重点矿进行现代化建设。

部重点掌握的62处矿，按类型划分，属于一类矿井38处，二类矿井19处，三类矿井5处。1986年起步45处，1987年起步16处，1988年起步1处。达标时间：1988年20处，1989年20处，1990年22处。从地区分布看，东北地区15处，华北地区18处，华东地区11处，中南地区9处，西南地区2处，西北地区7处。

这批现代化煤矿建成以后，将在下列 7 个方面取得明显的效益：

1）产量有较大幅度地增长。62处矿1990年规划产量将比1985年净增产量3776万吨，比这些矿 5 年承包总产量提高16%。

2）较大幅度地增盈减亏。列入部重点掌握的62处现代化煤矿，“七五”期间可以把国家投入的资金基本上收回，经济上是合算的。

3）投资少，见效快。这62处矿搞现代化煤矿建设净增产量与所需国补资金比，折合吨煤投资为16.02元。当然，各局矿也要自筹一大笔资金。

4）提高采煤机械化程度，达到减少工作面，集中生产，提高单产的目的。62处矿1990年采煤机械化程度将达到91%，其中，综采机械化程度将达到66%，采煤工作面单产将提高66.64%。

5）提高掘进机械化程度，取得提高单进，保采掘平衡的效果。1990年掘进机械化程度将达到85%。其中，综掘机械化程度1990年上升到27%。掘进工作面平均月进将达到157米，提高42.92%。

6）提高矿井抗灾能力，实现安全生产。

7）减少原煤生产人员，提高全员效率。这62处矿，1990年全员效率规划将达到2.325吨/工，其中，全员效率达到3吨/工以上的有17处矿。原煤生产人员规划将减少20%。

建设现代化煤矿，是推进整个煤炭工业现代化进程的一项长远的、具有战略意义的决策。为使这个决策得到正确的、全面的贯彻和实施，必须有正确的指导思想和方针，主要包括 4 个方面。

1. 建设现代化煤矿，要紧紧围绕提高经济效益这个中心。

2. 从实际出发，因地制宜，采用技术上先进，经济上合理的技术装备。

3. 采用先进的技术装备和提高企业的管理水平并重。

4. 坚持以自力更生、艰苦奋斗、勤俭办企业的精神建设现代化煤矿。

建设现代化煤矿是一项新的工作。当前主要抓好以下几点：

一、要提高思想认识，树立建设现代化煤矿的决心

建设现代化煤矿，关键还是靠自力更生，靠艰苦奋斗，扎扎实实的工作。各级领导要提高对建设现代化煤矿重大意义的认识，统一思想，明确方向，才能保证建设现代化煤矿的顺利进行。

二、要加强对建设现代化煤矿的领导

列入部、省局、矿务局重点掌握的现代化煤矿的单位，矿长是第一责任者，要全力领导好现代化煤矿的建设工作。矿务局局长要及时加以指导，组织各部门从资金、物资、技术等各方面都要给予优先保证。省局、公司必须成立领导小组，切实加强对现代化煤矿建设工作的领导。

三、要抓工作计划和措施的落实

各省局、矿务局都要把现代化煤矿建设的工作计划和具体措施重新审订，制定一个从实际出发，切实可行的工作安排。每项工作都要有具体负责人，有具体时间要求，真正把规划落到实处。

四、要加强企业管理基础工作

要认真抓好质量标准化，把搞好采、掘、运、机电、通风等方面的质量标准化，作为加强基础工作，建设现代化煤矿的重要措施和步骤。部要求，在两年内列入现代化煤矿建设的单位，要率先达到部颁质量标准化的要求，成为质量标准化的样板单位。在质量标准化方面不合格的矿，将不作为现代化煤矿验收。要积极推行现代化管理方法，首先要在推行全面质量管理上做出成绩，不断提高企业管理水平。

五、要抓培训，提高职工队伍的素质

按部颁现代化煤矿标准要求，保持脱产学习人员数占职工总数的 5 %以上。综采和综掘队长要达到中专以上文化程度，矿级领导干部要达到大专文化水平或送干部管理学院培训。现有45岁以下的干部在 6 年内要达到中专和高中以上文化程度。在 3 年内，矿长、党委书记、总工程师、总会计师和总经济师要经过现代化管理知识培训。

六、要不断改善职工生活

首先要抓好生活福利管理的达标，力争在允许的条件下，尽量使职工生活好些。这里，我要强调一下重视环境保护工作，现代化煤矿要达到部颁环境保护的标准和要求。

七、要坚持“两个文明”一起抓

第三部分　继续抓好三件大事，煤炭战线各项工作下半年要上一个新台阶

今年下半年，对煤炭战线工作总的要求是：以改革为动力，继续完善落实总承包，全面完成全年各项任务；

坚定不移地继续抓好三件大事，打好三个硬仗，务求全胜，确保实现三个战役目标，为煤炭工业现代化建设奠定坚实的基础。要重点抓好以下各项工作：

一、继续保持稳定、健康发展的好势头，确保全年煤炭生产计划的完成

今年下半年，全国原煤产量计划为46158万吨，其中，统配原煤产量计划为20953万吨。统配矿全年要确保超额完成4.2亿吨，力争4.3亿吨。对国家确定的其它指令性计划，如炼焦洗精煤产量、综采产量、采区回采率、商品煤灰分和含矸率、工业产值综合能耗和企业坑木消耗等指标要确保完成。要狠抓提高单产单进，组织好采掘队创水平，抓好低产队的转化。要及时排除影响生产的不利因素，保证均衡生产。三季度要重点抓好"三防"工作；四季度要抓好矿井检修和采场接续，为明年生产做好准备。

要认真贯彻采掘并举的方针，特别注意加强开拓掘进和搞好采掘平衡。今年上半年开拓进尺比去年同期下降2.9%，有26个矿务局没有完成开拓进尺计划。在当前煤炭供求关系缓和，煤炭产量压力不大的情况下，抓好开拓延深工作，以确保统配煤矿"七五"产量增长的后劲。开拓延深费用不准挪作它用。局矿长和总工程师是负责搞好采掘关系的第一责任者。今后，凡没有完成开拓进尺计划，并因此而影响矿井正常接替，要追究局矿长的责任。

要继续大力发展采掘运机械化，确保实现今年采掘机械化程度的规划指标。要把运输机械化，特别是辅助运输机械化提到重要议事日程上来。

要切实加强现场管理，搞好标准化。下半年，要在全国煤矿更广泛地推行肥城、晋城、石炭井三矿、峰峰牛儿庄矿、徐州旗山矿、鹤岗兴安矿等单位实现标准化的先进经验。在年底评选等级队、创水平先进队组的时候，要同时评选标准化队组（科室）。部要求下半年每个矿都要抓出一个标准化采煤工作面，一个标准化掘进工作面，一条标准化运输大巷，一个标准化机电管理队组，一个标准化通风巷修队。在此基础上向全矿井标准化发展。

要加强对企业管理工作的指导。在企业整顿的基础上，把管理工作的重点转到推行现代化管理上来。下半年各煤炭企业要在推行现代化管理方面迈开新的一步。一是逐步建立领导决策体系。实行局矿长负责制的企业，要设立企业管理委员会，协助局、矿长对企业经营中的重大问题进行决策。二是逐步推行目标管理。企业在总承包的基础上要制定本企业的中长期发展目标，逐步推行局、矿长任期目标责任制。三是普遍推广全面质量管理。特别要在采掘队中推行全面质量管理，把质量标准化、正规循环作业提高一步。

根据国家经委的要求，今年起要开展企业升级活动。一级企业就要达到70年代末、80年代初的国际水平，二级企业要达到1985年全国同行业先进水平，三级企业要达到1985年全省同行业先进水平。通过开展企业升级活动，把加强企业管理的任务落实到每个企业。部打算下半年制订出煤炭企业管理等级标准，制订与落实好企业升级规划。

下半年，还要抓好15个现代化样板矿试点单位的检查、考核、验收，年底对达标的矿要正式命名、发证书、挂牌子。

二、安全工作要再创新水平

对下半年的安全工作，我强调4点：

1.重在教育；2.执行"五严"（严格要求、严肃态度、严密组织、严细作风、严明纪律）；3.务求实效；4.贵在坚持。

三、坚定不移地确保统配煤矿全员效率突破1吨/工

下半年全员效率必须超过1.03吨/工，才能保证全年实现1吨/工的目标，任务是相当重的。

提高全员效率，要从两个方面入手：一方面要提高单产单进，大力增产；一方面要精简机构，整顿劳动组织，压缩非生产人员。抓好后一方面工作更是当务之急。因此，各级领导干部一定要敢于碰硬，一鼓作气完成整顿精简和提高效率的任务。

四、加快煤矿基本建设步伐

首先要继续抓好基建项目的包建和承包责任制的落实工作。对26处（17对矿井、9座洗煤厂）尚未包建的项目，下半年要全部包完。今后新开工的项目都要包建才能开工。对已包项目，要检查执行情况。还要与施工单位签订好承包合同，层层落实承包责任制。第二，继续抓好在建、新建项目的设计和设计改革工作。在建项目要进行设计复查，还有条件修改的矿井和矿区，要下决心按现代化煤矿标准搞好原设计的修改。新建项目要坚决按现代化煤矿标准进行设计。要抓好下半年7对矿井和7座洗煤厂设计招标、评标和定标工作。第三，加强工程管理，加快掘进速度，确保全年33万米成巷计划的实现。国家确保的15个重点矿区要放在首位来抓，第四，

落实好下半年投产项目的资金、材料、设备以及其它有关方面的问题，切实保证12处新建矿井、8处改扩建矿井和7座洗煤厂按期投产。

五、开源节流，改善经营管理

把经营管理搞上去，是煤炭工业的当务之急。各单位都要努力开源节流，真正转向以提高经济效益为中心，转向生产经营型，形成以煤为主、多种经营、全面发展，效益显著的具有良性结构的经济实体。煤炭生产的各个环节，都要认真研究少投入、多产出的问题，讲求经济效益。着重内涵挖潜，推行以井区核算为重点的内部经济核算，在节约消耗、降低成本上下功夫。要狠抓资金管理。尽快缓解资金紧张局面，进一步落实经济责任盈亏包干任务。

六、加强地方煤矿的安全管理和整顿

今年下半年要狠抓各级地方煤矿安全管理机构的建立和健全。首先要解决好省（区）一级的安全管理机构，按照要求配齐人员；地（市）县一级煤矿主管部门的安全管理机构，今年下半年都要建立健全起来。要继续抓好乡镇煤矿的整顿工作。对整顿工作没有搞完的省（区），要督促继续抓好这项工作，把乡镇煤矿的管理工作理顺，坚决制止乱采滥挖的现象。根据部党组关于对全国煤炭系统开展安全大检查的决定，地方煤矿是这次安全大检查的重点之一。各级地方煤矿管理机构要抽出相当的力量，在部统一组织下进行安全大检查，在搞好安全管理和整顿的同时，下半年要继续搞好地方煤矿全面调查，切实把这件大事抓好，力争对地方煤矿的现状、发展后劲做出实事求是的反映，用以指导地方煤矿的发展。

七、加强煤炭洗选加工和综合利用工作

要进一步搞好洗煤厂的改革承包、技术改造和科学管理，努力提高煤炭质量，降低直销原煤的比重。积极抓好发热量计价试点和煤炭新的分类工作。要加快发展综合利用，重点抓好矸石水泥、煤气、矸石电站、瓦斯利用和低热值燃烧等项目的管理工作，发挥投资效益。积极开展煤矿综合利用产品出口创汇工作，做好开发伴生矿物和煤矿副产品的出口，为国家创更多的外汇。

八、加强煤炭运销工作，确保国家煤炭供应计划的完成

坚决贯彻执行三个计划“一本帐”原则，进一步加强与密切产、运、需各部门之间的协调、协作、妥善处理好产运、产需矛盾，安排落实好对上半年计划的补欠、补运和下半年计划的执行工作，努力提高合同兑现率。要提高商品煤质量，增加品种，根据用户需要，灵活调整产品结构，多生产适销对路的煤炭产品，提高竞争能力，开拓市场，扩大销路，搞活煤炭销售。要有计划、有步骤地搞好煤炭储装运设施的配套改造工作，尽快扭转矿井生产能力与储装运能力不配套的局面，为搞好运销创造必要的基本条件。

关于煤炭出口问题。扩大煤炭出口，关键在于提高煤质。这个问题希望引起大家的重视，要象抓产量、抓安全一样抓提高煤质的工作，为扩大出口创造条件。

九、搞好煤炭物资的供应和管理工作

要组织、落实好各项物资供应。特别是煤矿生产建设必需的钢材、水泥、沥青等短线物资，各级物资部门一定要做好平衡和催交、催运工作。在订货中没有订足的急需物资，一定要组织力量，采取市场采购、协作或其它办法设法解决。要适应物资流通体制的改革，进一步加强横向经济联系，采取集资联营、合作经营、补偿贸易等方式，与跨部门、跨行业企业发展协作关系。

要采用先进的科学管理方法，抓好物资的使用管理和流通管理。要重视系统工程、目标管理、ABC分析法和价值工程等现代化管理方法在物资供应管理中的应用，努力降低采购成本，合理调整库存结构，提高库存合理利用率。同时，还要坚持推行吨煤材料费包干办法，抓好物资的回收复用和修旧利废活动，实现部年初下达的吨煤材料费降低指标。

十、提高煤矿机械产品的生产能力和质量

下半年煤机制造要继续狠抓产品质量，加快开发“三机一架一装备”等方面的新产品及对引进技术的消化、吸收和国产化攻关。

要抓紧组织好采煤机、液压支架、单体液压支柱、重型刮板输送机等重点产品薄弱环节的质量攻关，提高质量和使用寿命。要抓好骨干企业的技术改造和引进技术的消化吸收，发展横向联合，加快开发适销对路的新产品，要继续抓好技术服务工作，成套技术服务工作要坚持下去。今后各地煤矿使用综采、高档普采成套设备都可以和煤机厂直接签订合同。要组织好配件，特别是综机配件的生产供应，要按期交货，信守合同。

十一、加强煤炭科学技术研究、教育、情报出版和计算机的开发应用工作

今年下半年，煤炭科技战线的任务，一是要组织起一支具有国家级水平的攻关队伍，继续抓好“六五”延

续的和“七五”期间的科研项目的攻关，对尚未落实的30余项课题，要按国家的统一要求，招标、落实。二是要加强科研机构、高等院校、制造单位和企业间的横向联系，通过举办科技攻关成果展览会等形式，大力推广科研成果。三是要推行全面质量管理，对第一批推行全面质量管理的16个大中企业要组织诊断、考核，并分批组织现代化煤矿的矿长和总工程师参加全面质量管理培训。

积极发展煤炭教育事业，重视智力开发和人才培养。同时，还应积极开展国际间的校际交流，选送优秀人员出国深造。逐步建成一个以国内培养为主、国外深造相结合的，多层次、多结构、多种办学形式的适应煤炭工业发展需要的煤炭教育体系。

要加强计算机应用和通讯建设，抓好专线通讯、微机通讯和定时数据传输工作；重点开展生产、经营、运销调度及统计信息的收集、传输，加工处理工作；开展计算机对矿井生产监督、安全监测、企业管理方面的应用。为在“七五”期间初步建成煤炭工业信息系统网，逐步实现煤炭工业管理手段现代化起好步。

下半年，要围绕三件大事，进一步加强煤矿现代化 情 报 调 研和重点图书的出版工作，扩大文献服务范围。

十二、加强煤炭工业审计工作

当前审计工作的主要任务是，形成完善的内部审计网络，全面开展各种不同形式的审计，使内部审计真正起到“查错防弊”、严肃法纪、改进管理、提高效益的作用。要提高对审计工作的认识，继续加强领导，充实力量，围绕经济体制改革，促进煤炭企业的转轨变型，开展经济效益审计和各种专项审计。要充分发挥内部审计在企业执行经济政策和制度中的监督作用，保证改革和企业经营管理工作的健康发展。

要圆满地完成今年煤炭生产、建设和多种经营等各项任务，关健在于各级领导同志要进一步转变作风。我们相信，只要整个煤炭战线干部作风有一个大转变，就一定能带领广大职工圆满地完成各项任务。

以改革为动力　以经济效益为中心
为建设现代化煤矿而努力奋斗

——陈钝同志在全国煤炭基本建设工作会议上的讲话(摘 要)

1 9 8 6 年 5 月 20 日

这次会议的中心议题有两个，一个是改革，一个是现代化煤矿，解决好这些问题，不仅对指导当前工作，更重要的是对于90年代煤炭工业的发展和实现煤炭工业“一番保两番”的战略目标，都具有决定性的作用和影响。

一、煤炭基本建设的大好形势

煤炭工业同全国其他行业一样，“六五”时期也取得了很大成绩。原煤产量出现了持续大幅度增长。煤炭生产开始出现持续、稳定、健康发展的大好局面。煤炭作为我国的主要能源，基本满足了国民经济发展的需要。

“六五”时期是煤炭基本建设发展步伐加大的时期，也是煤炭基本建设改革起步的时期。基本建设主要经济技术指标比“五五”期间有较大增长，为“七五”煤炭工业发展和今后经济振兴增加了后劲。

1）“六五”期间的煤炭基本建设投资是建国以来几个五年计划中最多的一个五年。

2）部直属直供矿井(露天)项目开工108处，能力9454万吨，完成了任务。

3）过去5年部直属直供矿井项目投产86处，能力6309万吨，完成了任务。

4）部直属直供选煤厂项目投产15处，入洗能力2145万吨，比“五五”时期增长近4倍。

5）新煤田探明储量1114亿吨，提前3年完成“六五”计划指标。

6）部属及省属设计院提出矿区总体设计30处，能力3.15亿吨；矿井设计230处，能力2.16亿吨；洗煤厂设计82处，能力1.36亿吨，都比“五五”期间有很大增长。

7）施工企业的经济效益有了明显提高。“六五”期间施工比预算降低2.67%，实现利润2.78元。

党的十一届三中全会以来，经过几年的努力，管理混乱的局面开始得到扭转，企业面貌有了很大改观，整个煤炭基本建设在持续发展的道路上迈开了步伐。主要做了以下几方面的工作：

1）通过调整、整顿和加强管理，为煤炭基本建设持续、健康发展打下了基础。

2）根据长远目标和发展煤炭工业新路子的要求，确定了煤炭基本建设的指导思想和“三上两下”等建设方针，统一了思想，明确了方向。

3）“六五”期间煤炭基本建设改革开始起步，收到了明显的效果。

4）开拓视野，打开思路，按照现代化建设的要求，进行设计改革，积累了初步经验。

5）坚持对外开放，利用外资，引进先进技术开发煤矿。

6）集中力量保证重点项目建设和老矿井改造扩建，尽快形成后续生产能力。

7）依靠科学技术进步，使基本建设队伍技术装备落后的状况有所改善。

通过对“六五”时期的工作和取得成绩的回顾，使我们感到，在党的十一届三中全会以来的路线、方针、政策指引下，煤炭基本建设的方针是正确的，我们的地质、设计、施工等各路基本建设大军，队伍是好的，是能够打硬仗的，煤炭基本建设的大好形势是前所未有的。随着社会主义现代化建设的发展，广大干部和职工的经验日益丰富，对规律性的认识逐步加深，尤其是对改革的必要性和迫切性有了更深刻的理解和认识。这些都使我们对完成今后更加繁重的基本建设任务，保证实现煤炭工业的战略目标，充满了信心。我们一定能够在已经取得成绩的基础上，乘胜前进，夺取更大的胜利。

当然，我们也必须清醒地认识到，继续前进中也存在着困难和矛盾，我们的工作还有一些缺点和问题。总的说，煤炭基本建设周期长、速度慢、造价高，投资效益差的状况还没有根本扭转。在如何更好地使用有限的投资上，还缺乏科学的分析和统筹安排，按合理工期组织施工提高投资效益的要求，差距还较大。基本建设的改革仅仅是起步，关系还没有完全理顺，许多改革措施还不完善，对新旧体制交叉过程中出现的种种矛盾和问题，往往缺乏恰当的对策。今后改革的任务还很艰巨。基本建设队伍存在着机构臃肿，二、三线人员比例过大，结构很不合理等问题，还不能适应新形势的要求。这些问题的解决，还需要我们认真领会中央的方针政策，结合煤炭基本建设的实际，一个问题一个问题地去分析研究，拿出办法。我们相信依靠基建战线的广大干部和群众，困难是挡不住我们的。

二、“七五”期间煤炭基本建设的任务和主要方针

“七五”时期是煤炭工业发展的关键时期。在这5年中，不仅要继续保持煤炭的稳定增长，以满足国民经济发展的需要，而且要为完成80年代打好基础，保证90年代经济振兴这一战略任务。

根据“七五”计划总的要求和我们的实际，煤炭基本建设在“七五”时期的主要任务是：

1）坚持把改革放在首位，进一步实施和完善地质、设计、施工方面的配套改革方案，基本上奠定适合煤炭基本建设特点的新型经济体制的基础。

2）依靠科学技术进步和科学管理，提高地质勘探水平、设计水平和施工水平，在建设现代化煤矿的同时，造就出适应现代化建设的煤炭基本建设队伍。

3）以提高经济效益为中心，奋发努力，完成煤炭总承包所规定的基本建设任务，为90年代煤炭工业的持续健康发展准备后续能力。

“七五”工作的指导思想是：坚持改革，勇于创新，勤俭节约，艰苦奋斗，依靠广大职工的社会主义积极性和创造性，依靠科学技术进步，以提高经济效益为中心，以周期短、质量高、投资省、安全好为目标，建设现代化煤矿。

在这个思想指导下，我们的主要方针是：

1．把改革放在首位，积极、稳妥地推进以承包为中心，以设计改革为突破口的煤炭基本建设配套改革。

通过改革要达到的目的，一是把煤炭基本建设各方面的关系进一步理顺，充分调动各方面的积极性，集中力量，协调行动；二是明确建设过程中企业各自承担的经济责任，促使企业面向内部，加强管理，提高水平、挖掘潜力。向改革要投资，向改革要效益；三是少投入多产出，把国家有限的投资用好用活，保证建设现代化煤矿，发挥更大的经济效益。

改革的方向是：进一步增强地质、设计、施工单位的活力，逐步使它们成为相对独立、自主经营、自负盈亏的经济实体，在竞争中求生存，求发展。同时，通过完善各种经济的、法律的手段，辅之必要的行政手段，来控制和完善对煤炭基本建设的宏观管理，使企业的活动更好地符合国家对煤炭工业发展总的要求。

煤炭基本建设改革内容很广。首先，要走好煤炭总承包这个改革的第一步，在国家确保投资的情况下，保证按计划交能力，以保持90年代煤炭工业持续发展必要的后劲。其次，在煤炭基本建设内部，要进行地质、设计、施工队伍管理体制的改革；继续深入设计改革，全面实行项目包建责任制；逐步推行地质、设计和施工项目的招标投标；进一步完善利润包干、百元产值工资含量包干等经济管理方面的改革；企业内部广泛推行经济承包责任制；以煤为主，开展多种经营、面向社会，发展第三产业，把企业搞活。此外，还要有计划、有步骤地进行工资分配制度的改革，用工制度的改革，设备管理体制的改革和企业领导制度的改革等。

在这一系列改革中，设计改革是突破口，承包是配套改革的中心。在改革的实践中，要坚定方向，大胆实践，逐步完善、配套，形成煤炭基本建设经济体制新模式的轮廓。

2. 科学安排投资的使用，逐步转上按合理工期组织建设的轨道，提高投资效益

"七五"期间，国家安排的煤炭工业基建投资比"六五"增加了近一倍，这是很不容易的。形势要求我们要科学合理地使用投资，发扬艰苦奋斗、勤俭节约的精神，使投资发挥更大的作用。

煤炭基本建设存在的建设周期长，投资效益差的状况，在"七五"期间必须下决心扭转。

在"七五"投资的使用上，要增强时间观念、利息观念和资金周转观念，保证国家重点建设项目按合理工期组织施工，逐步使全部包建项目走上按合理工期组织施工的轨道。

在建设规模上，也要注意防止盲目上项目，铺摊子，建设规模过于膨胀，超过投资允许范围的倾向。"七五"期间，煤炭基本建设要把重点转到科学组织建设，加快施工速度，缩短建设周期，努力降低非生产性的投资消耗上来，也就是说，从思想到工作都切实转向以经济效益为中心的轨道上来，把资金用好。

赵紫阳总理还提出，从"七五"开始，新上的大中型项目都必须能按合理工期组织施工。为使今后新开工的煤炭建设项目做到这一点，除资金、材料、设备落实外，还须做好建设前期的准备工作。

要以少投入、多产出、见效快为原则，合理安排投资结构。继续本着首先安排内涵扩大再生产，然后安排外延的扩大再生产这个原则，优先安排老矿区项目，优先安排改扩建项目，优先安排在建项目，优先安排重点项目。同时，矿井（露天）及其配套工程要保证同步建设，建成就能形成综合生产能力。在"七五"的投资安排顺序上，一是保证老井改扩建所需的资金，增加生产能力6000万吨；二是保证"七五"期间开工3000万吨小型矿井，少投资，早见效；三是保证在建的国家重点建设项目按合理工期组织建设，并保证涉外建设项目配套所需的投资；四是千方百计再开工建设一批大型骨干项目，保证90年代及下一世纪煤炭发展的后劲。

3. 在开发方针上，要合理布局，择优选点，按东、中、西3个地带安排建设

"七五"期间，要重点安排东北、华北、华东地区的地质勘探和煤矿建设。除提高老矿区的生产能力外，还要建设一批新井，使这个地区尽量减少煤炭调入量。

在山西，要加快在建项目的建设速度，尽快形成能力；因受运输条件的限制，新开工规模要适当控制。

在西部地区，"七五"期间主要是做好开发前期的准备，为以后的战略转移做好准备。为满足陕西、宁夏、甘肃和新疆等省区及临近省区的需要，也可适当安排开发。

总之，在"七五"的布局上是东部重点开发，中部保持适当开发强度，西部做好前期准备。

4. 下决心建设出效率高、效益好的现代化矿井

部党组提出到本世纪末要有2/3的统配矿达到现代化矿井的标准。基本建设决定着煤炭工业的未来。老井要改造成现代化矿井，新建矿井更要用先进的技术、装备来武装，一建成就达到先进的水平。还要有一部分大中型矿井在建成时就达到国际上80年代以至当时的现代化水平。如果"七五"期间投产的生产能力1.67亿吨矿井一建成即达到现代化矿井标准，部党组提出的目标就完成一半。因此，建设现代化矿井不仅是生产战线，也是基本建设战线一项光荣的任务，必须作为工作中的一件大事认真落实。

部里制定的现代化矿井的标准，同样适用于新建的矿井。所有在建井和正设计的矿井都要按这个要求来设计和安排建设。现代化矿井既要用先进的技术、装备武装，又要有管理的现代化和人员素质的现代化。具体说，不仅从井下到井上整个矿井生产技术的面貌要现代化，而且企业的各项技术经济指标都要达到与其技术装备程度相应的现代化水平。因此，现代化矿井的概念应当是物的现代化与人的现代化的统一，技术装备现代化与管理现代化的统一，生产技术面貌现代化与技术经济效果的现代化的统一。这几方面缺一不可。

现代化矿井最终还要表现出效率高、效益好。对基本建设来说，首先，从选点开始就要考虑社会效益要好，在建设中投资效益要好，建成的矿井效率要高，经济效益要好。其次，矿井的主要生产环节都要机械化，尽量采用综采和高档普采，有条件的采用连续采煤机。同时配套环节的技术装备水平也要跟上来，保证先进装备充分发挥生产能力。建设现代化矿井，要注意防止与现代化要求不相符合的某些倾向，决不能搞形式主义的东西，决不能忽视经济效益。

5. 进一步搞好对外开放，继续利用外资和引进先进技术设备

“七五”期间，要继续采取多种形式多吸收一些外资，扩大建设规模。首先要保证“六五”结转的涉外项目的正常建设，确保按期建成投产。还要选择一批条件好的大中型项目，寻找更有效的利用外资方式扩大对外合作。在利用外资方面要强调做好经济分析和测算工作，特别要增强时间观念和利息观念，提高利用外资的效益。

要加强对引进技术的消化工作。更好地学习和吸取引进设备以及外委咨询、涉外工程项目中先进的管理和技术；组织好国内技术人员出国考察后的技术交流；搞好与外国专家、学者的技术合作，切实把外国的先进技术运用到我们的建设中。

要把引进重点放在软件、先进技术和关键设备上。主要是引进国内暂时不能生产的大型矿井（露天）设备以及先进施工设备等。防止重复引进。对引进设备要管理好，使用好。

我们也要积极开展对外工作，发挥自己的优势，利用各种方式，承包发展中国家的工程，逐步提高在国际市场上的竞争能力。

6．继续搞好企业整顿，实行科学管理，提高施工技术水平，建设一支现代化的基本建设队伍。

“七五”期间，我们要继续整顿基建队伍，实行科学管理，提高施工装备技术水平，把劳动效率大大提高一步。

7．加强思想政治工作，广泛开展“四有”教育，坚持两个文明一起抓

建设现代化基本建设队伍，不能离开精神文明的建设。我们要使基本建设队伍成为有理想、有道德、有文化、有纪律的队伍，就必须按照1985年劳模会议上部党组提出的5种精神来培养和要求。要广泛进行热爱煤矿建设，献身煤炭事业的教育，使广大职工树立起艰苦为荣、当基建工人为荣和为人民服务的思想，使我们的队伍成为“四有”的新型煤矿建设大军。

三、关于煤炭基本建设改革的几个问题

1．关于煤炭基本建设队伍管理体制的改革

施工队伍，除个别的以外，将逐步实行矿务局领导的独立核算的承包体制。工程处要扩大企业自主权，实行自主经营，自负盈亏，成为内部独立核算的施工企业，在行政隶属关系上划归矿务局领导，逐步撤销一些单纯管工程处的行政管理机关。

这一改革的目的面向扩大企业自主权，使企业在竞争和施工过程中充分施展能力，求得自我完善和自我发展。工程处划归矿务局领导，有利于减少层次，精简管理机构，节省管理费用；有利于施工队伍相对稳定，面向社会，把企业搞活；有利于基建和生产的合理衔接，加快投产和后期工程的建设速度；有利于劳动力的统一安排使用；有利于施工队伍的精干和更新。我们有一些工程处多年来在矿务局领导下，既承担新井建设任务，又承担老井改扩建工程，有的在当地还面向社会承揽工程，各方面的关系都容易理顺，为我们提供了有益的经验。

煤矿设计院要按行政大区以骨干设计院为核心，逐步集中设计力量，集中武装先进的设计装备和手段，提高设计质量和效率。同时，也要精简机构，减少辅助人员比例。有些设计院要实行联合、合并或作为分院逐步过渡。今后，对煤矿设计院要进行资格审查，设计任务要有所划分。投标招标过程中也要审查投标单位的设计资格，大型矿井的设计只能由骨干设计院承担。设计院富余的辅助人员应面向社会，开展多种经营。

2．关于设计改革问题

“七五”期间，设计改革要向深度和广度发展，要以现代化为目标，体现先进的设计思想，采用先进的工艺技术，提高设计水平，而改革的中心是矿井工艺技术的改革。

为搞好设计改革，以提高设计水平，首先设计思想必须改革。此外，还要进行设计院管理体制的改革和设计手段的改革等。设计院要从事业单位向企业化过渡，随着设计产品商品化的实现，设计院逐步成为完全企业性质的机构。当前要进一步完善设计取费制度。设计院内部要全面推行技术岗位经济责任制，进行设计手段的改革，广泛使用电子计算机，提高工效、提高质量。同时，还要推行全面质量管理，加强设计应用技术的研究，加强情报交流，建立设计情报交流系统。今后，凡是从国外引进的技术和情报要在各设计院中公开，成为全体设计人员的财富，不允许互相封锁，互相保密。

3．全面推行项目包建责任制，设计和施工项目要逐步推广招标投标

“六五”以来，大包体制已经逐步扭转，施工单位正在向自主经营的施工企业转变。从中小型矿井实行“三包三保”开始，逐步扩展到大型矿井也实行了包建，初步摸索了一些经验。实行包建以后，明确了建设单位对国家应负的责任，发挥了建设单位的主动性和积极性；施工企业与建设单位通过签订合同，建立了紧密的

经济联系。经济责任制使各方面都关心项目节省投资、缩短工期、提高质量，同时也增加企业收入。因此比较好地解决了国家、企业、个人3者利益的关系。

“七五”期间，要全面推行项目包建责任制，从今年开始，部对在建的矿井和选煤厂要全部实行包建，签订包建协议。其他单项工程有条件的也要实行包建。今后新开项目，都必须先签包建协议后开工，包建投资按核定的概算和费用一次包死。通过包建，逐步走上按合理工期组织施工的轨道。包建合同具有法律约束力，必须严格执行。对“七五”期间将要投产的已实行“三包三保”或“包建”的矿井，要检查进展情况，解决施工中存在的问题，保证按包建协议完成。

建设单位向国家包建以后，可按单项工程或单位工程分包给设计、施工单位。设计和施工单位也可以横向联合，组成承包公司向建设单位承包。拟先选试点，采取“交钥匙”的方式进行。

为降低工程造价，优选设计方案，优选施工企业，在竞争中提高设计、施工企业的水平，还要逐步推广建设项目的招标投标。在这方面，准备以“七五”期间开工的3000万吨小井项目为试点，进一步摸索经验，完善招标评标办法，然后逐步推广到矿区大中型建设项目的招标，也就是说项目上不上，不仅要进行可行性研究，还要通过招标进行一定的竞争，根据国民经济和煤炭发展的总布局来择优选项，改变上项目存在的盲目性。

通过项目包建责任制和招标投标，要体现出对企业的奖优罚劣。如设计、施工企业真正通过自己的努力和工作节省了投资，缩短了工期，就要使它获得相应的经济利益。对节省的投资规定出分配和使用办法，即用于企业的技术更新和改造，也要允许有一定部分用于改善职工的生活福利条件。但不允许搞超标准住宅和购买高级日用消费品。

地质勘探从1985年开始已实行3年承包。今后将改变过去按年度拨款的办法，实行项目包干。项目实行招标投标。中标以后按项目拨给地质事业费。

4．施工企业推行百元产值工资含量包干和利润包干，企业内部实行经济承包责任制

实行百元产值工资含量包干，是国家对建筑施工企业实行的分配制度的改革。

“七五”期间，我们要继续坚持和完善这项改革，进一步研究使工资含量的包干系数更科学、更合理。要防止只愿干产值高的活，不愿干费力大、产值低的活，或片面争提高包干系数的不正确做法。还要把包干系数同企业完成的各项技术经济指标（如工程量、工程质量、工期、安全、利润等）挂起钩来。特别是质量一定要明确标准，达不到标准不能报工作量。这一改革也要不断发展，逐步过渡到按预算定额的工资含量来核定企业的工资总额。还应明确百元产值工资含量不是企业对职工或班组进行分配的依据。企业内部分配还应按实物工作量实行计件工资。

施工企业还要实行按百元产值利润率进行的利润包干。超过百元产值利润率的超计划利润全部留给企业。要求全面完成计划工作量、工程量、劳动效率、质量和安全5项指标；除安全外，其他4项每少完成一项要减少企业留利的10％，以此来鼓励和鞭策施工企业全面完成各项任务，提高经济效益。

施工企业内部也要实行经济承包责任制。把各项技术经济指标分解下去，层层承包。实行目标成本管理，以保证整个企业降低消耗，提高质量，完成任务，增加利润。

5．发展第三产业，开展多种经营，把企业搞活

目前，多种经营已成为煤炭工业内部与生产、基本建设并列的第三个主体。举办集体经济，开展经营的人数已达110多万人。

基本建设队伍普遍存在人员过多、效率低、企业负担重的状况。仅靠吃国家投资，很难维持，也不利于企业搞活。经过整顿，将有部分职工列为富余人员。同时还有职工子女就业问题有待解决。因此，面向社会，发展以煤为主多种经营，广开生产门路，使企业从长期以来形成的封闭型向开放型转变，不仅是大势所趋，而且也是当务之急。

多种经营门路很多，各地、各企业条件不同，情况各异，但都要从实际出发，发挥自己的优势。既可面向本企业为生产、生活服务，也要面向社会，发展第三产业；既要安排劳动力，又要多盈利；不仅自己养活自己，而且做到积累资金，发展壮大。

多种经营多属集体经济性质，一定要独立核算，自负盈亏。初办时资金可以自筹、集资，全民企业从人力、物力、财力上给予适当扶持也是必要的。但经济往来要清楚，要单立帐户，不能一笔糊涂帐，长期依赖全民企业养活，更不能化大公为小公，损害国家利益。

地质、设计和施工企业都可以发挥自己的技术专长和设备实力，对内对外承包各种工程。对外开放，对内搞活的新形势已经为我们开辟了比过去广阔得多的生产发展天地。我们要解放思想，敢于开拓，创建新的

业绩。

四、对1986年工作的要求

1986年是“七五”计划的第一年，5年看头一年，今年工作做得好不好，能否达到预定目标，对整个“七五”计划的实现有重要影响。

今年国家下达给煤炭工业的基建投资大体维持了1985年的水平，共安排矿井（露天）建设总规模108处，能力12956万吨。今年计划投产24处矿井、能力1596万吨。选煤厂建设规模25处，能力4435万吨，其中投产7处，能力1275万吨。提交地质报告118件，其中新探明储量34亿吨，提交设计文件47部，其中，矿区总体设计5部，矿井初步设计30部，选煤厂初步设计12部。

关于完成1986年任务的措施和工作，我在这里提出几点原则要求：

1．认真学习六届人大四次会议精神，正确认识形势和任务，统一思想，明确方向。

2．狠抓安全质量，切实抓好重点矿区和投产项目的工作，保证完成今年各项建设任务。

今年15个重点矿区的建设任务占部直属直供项目的比重很大，投资接近一半，建设规模占60%，矿井投产能力占40%，是今年任务的重点。还有今年计划投产的24处矿井和7处选煤厂也是重点。在工作安排上，一是要从财力物力上保证重点。二是要加强领导和指挥。

在施工生产中，要把安全工作摆在首位。今年提出的安全目标是井下人身伤亡事故比去年下降10%以上，地面无重伤。这个目标是可以达到的。

工程质量对基本建设就是命根子。必须加强质量管理，建立健全管理制度，严格执行质量标准。要把质量要求规定在各种经济责任制里，把质量的好坏同职工的经济利益挂起钩来，做到好的奖，差的罚，严重的质量问题必须追究责任，通报批评，共同吸取教训。

完成今年的各项任务，要求各单位都要面向自己，面向内部，挖掘潜力，增产节约。从“七五”第一年开始，各基本建设单位都要认真清理一下自己的人、财、物家底，有步骤有目标地挖掘内部潜力，进一步提高企业管理水平。

3．积极稳妥地抓好改革

关于企业管理体制的改革，要强调积极而又稳妥地、一个单位一个单位地解决问题。今年要做的，一是加强宣传教育，使广大干部、职工充分认识到改革现行体制的必要性，以及实行新体制的优越性。二是制定实施方案。三是加强领导。具体实施要根据部里统一部署进行，在变动的过程中，各级领导都必须坚守岗位，坚持工作，带好队伍，不能影响各项任务的完成。

今年还要继续抓好包建和承包责任制的落实工作。

设计改革，步子还要迈得更大一些。从今年起抓一批现代化矿井建设的样板项目，作为设计改革样板的是屯兰，济宁二、三号矿井和永城矿区、济宁东区、黄陵矿区。

今年还要抓设计规范的修订。新规范要体现改革精神和现代化的要求，争取明年下发执行。各设计单位在新规范未下发之前，可以突破老规范的一些不适当的规定，按改革的精神进行设计。设计审查，要严格把关。

4．落实前期准备工作

为使今后新开项目上马以后能顺利施工，按合理工期组织建设，必须落实前期各项准备工作。前期准备工作的项目已经定了，关键是下一步抓落实。会议以后，担负前期准备项目的单位，要根据国家的要求和前期准备的程序做出具体安排，每个阶段的时间要求和完成程度都要有详细的计划和部署，同时确定项目经理和技术负责人，从现在起就要抓紧工作。凡是“七五”期间要开工的项目，今年底以前要完成可行性研究及设计任务书的补编、补报、补批工作。今年要重点抓好东欢坨、成庄、济宁二号等8处矿井的施工准备。筹建工作要吸取过去的教训，人员要精干，不能铺大摊子，盲目上人。对地质、设计资料要进行检查核实。开工前一定要做到“四通一平”，特别是道路要畅通。同时，要做好利用永久建筑和设施的规划工作。

5．严肃认真地抓端正党风、抓转变领导作风

基本建设行业的全体党员，尤其是党员干部要站在党和国家的利益上来纠正不正之风，正确处理国家、集体、个人三者的利益，树立全心全意为人民服务的思想。

要完成今年的任务，各级领导干部必须转变工作作风，深入基层，深入实际，调查研究，发现问题，解决问题。建设单位要加强对基本建设的领导，认真履行甲方的职责，主动征求施工单位的意见，支持和帮助施工单位解决实际问题。设计院要落实院长巡回检查制度和设计代表驻工地制度，主管业务技术的设计院长要经常下施工现场，也要下井。地质、施工单位领导干部要把主要精力放在基层，坚持办公到现场，指挥到现场，解

决问题在现场。要精简会议，少发文件，做到面对面指挥。部党组对干部下井已有规定和要求，要坚决执行，各级干部每月下井情况要统计上报。只要我们领导干部转变了工作作风，就能带领群众去完成今年的施工生产任务。

坚持改革　加快发展
把煤炭多种经营集体经济推向一个新的阶段

——张宝明同志在全国煤矿多种经营集体经济工作会议上的讲话(摘要)

1986年10月23日

这次会议的中心议题是统一思想，提高认识，讨论、研究在“七五”期间如何进一步搞活煤炭企业，使全民多种经营和集体经济协调发展，把煤炭企业多种经营集体经济推向一个新的发展阶段。

一、“六五”期间煤炭多种经营集体经济的发展状况

煤炭工业多种经营集体经济是从60年代后期职工家属走上社会开始，在极其困难的条件下，发展起来的。它大体上经历了3个阶段：第一阶段，1980年以前，主要是从改善职工生活出发，以农牧副业为主；第二阶段，从1981年到1983年，是农副业与工副业并举的阶段，集体企业面临着既要担负安排待业青年，又要广开生产门路，提高经济效益的繁重任务；第三阶段，从1984年到现在，是煤炭集体经济转入了以工为主，工、农、商、服务行业全面发展的阶段。1984年，部党组根据国务院《关于城镇集体所有制经济若干政策问题的暂行规定》精神，结合煤炭工业实际，制定了发展集体经济的“十条”规定，并提出“放宽政策，放手发展”的方针。这个阶段是煤炭多种经营集体经济的迅速发展时期。“六五”期间，全国煤矿县团级以上单位主办的集体企业已发展到2000多个，共建立商、饮、服务网点4500多个，从业人员已达110万人。5年累计留利达5亿元，除搞点集体福利事业外，几乎都用于发展生产。

煤炭多种经营已成为与煤炭生产、基本建设并驾齐驱的第三个主体，它对搞活煤炭工业发挥了越来越明显的作用。主要表现在以下4方面：

第一，由于贯彻了“以煤为主，多种经营”的方针，促进了煤炭工业的产业结构和所有制结构的改革。

煤炭多种经营集体经济的发展，大大改变了产业结构单一的状况。除煤炭生产外，还发展了煤炭加工、建材、机械、轻工、化工、冶金、纺织、木材加工、食品、农牧、商业和服务等12个行业，产品上万种之多。根据中央关于“解放劳动就业问题，必须在调整产业结构的同时，着重开辟在集体经济和个体经济中的就业渠道，实行多种经济形式和多种就业方式长期并存”的指示精神，近几年，煤炭企业在改革中已经出现了多种经济形式和多种经营方式并存的局面，主要方式有：

1）全民所有，全民经营，由集体企业承担劳务或向集体企业承包、租赁一些生产经营项目和设备；

2）集体所有，集体经营，独立核算，自负盈亏；

3）全民与集体联营，分别核算，收益分成；

4）全民向经济联系；

5）跨地区、跨行业横向经济联系；

6）个体经营或个体联营，等等。

第二，开辟了多种就业渠道，解除了职工的后顾之忧，减轻了企业负担。

“六五”期间，仅煤炭集体企业就安置了70多万待业子女，12万企业富余人员。目前，大同、阳泉、鹤岗、焦作、平庄、通化、新密和乐平等矿务局的安置率都达到90％以上，基本上实现了“无待业局”的奋斗目标。

第三，工副业生产的发展，有力地支援了煤矿生产建设。

“六五”期间，仅煤炭集体企业就生产煤炭4800多万吨，大部分纳入统配计划；共制砖49.6亿块，生产水泥100多万吨，大多数供给煤炭企业，有力地支援了煤矿生产建设。

第四，兴办农牧业、商业和各种服务行业，大大改善和方便了职工生活。

“六五”期间，全国煤矿集体经济总计生产粮食1.65亿公斤、蔬菜4.55亿公斤、肉类900多万公斤。到目前，全国煤炭集体企业，共开办大小商店3000多个、饭店1300多个，还有数以千计的服装加工、修理、搬运和理发等服务网点，大大方便了职工生活。

“六五”期间，随着煤炭多种经营集体经济的发展，全国煤矿还涌现出一大批先进集体企业和发展集体经济的先进局、矿。他们都积累了比较丰富的经验，概括起来，有以下几个基本方面：

1）积极创造条件，大力扶持，实行统一领导，统筹兼顾，是煤炭集体经济得以迅速发展的一个重要条件。

2）因地制宜，发挥优势，广开生产门路，扩大就业能力，是煤炭企业能否承担“两个安置”繁重任务的关键。

3）自力更生，艰苦创业，奋发图强，是集体经济求生存，谋发展，开拓前进的一种很可贵的精神。

4）提高经济效益，增强自我发展能力，是巩固和发展集体经济的根本途径。

二、“七五”期间发展煤炭多种经营集体经济的主要任务和具体政策

第一，“七五”期间发展煤炭多种经营集体经济面临的新形势。

“七五”期间，我们发展多种经营集体经济的有利因素是很多的。一是中央和国务院关于解决城镇就业和发展集体经济制定了一系列的方针政策，在1985年党中央又把发展第三产业和集体经济列为制定“七五”计划的一条重要方针。二是煤炭部党组已把发展多种经营集体经济列为煤炭工业经济体制改革的一项重要内容，作为“三个主体”之一的一项重要发展方针。三是煤炭多种经营集体经济经过几年的发展，已经有了一定的物质力量，积累了许多经验，为进一步发展奠定了基础。四是我们煤炭工业分布在大江南北，有比较丰富的资源优势、地理优势和广阔的内外市场。五是大多数煤炭多种经营单位和集体企业都是在“六五”期间兴办起来的，正处在上升阶段，潜力很大。

当前在煤炭企业发展多种经营集体经济中还存在许多困难和问题，突出表现在以下5方面：一是全民多种经营与集体经济缺乏统筹协调，互相影响；二是生产经营门路不广，安置就业有困难，已经就业的也可能出现第二次待业的危险；三是没有固定的资金来源；四是原材料无计划，供销渠道不畅通，多数靠市场调节，成本高，效益低；五是集体企业税收过重，绝大多数单位3年免税期已过，而仍继续承担着繁重的安置任务。所以整个“七五”期间，煤炭工业多种经营集体经济面临严峻的考验。我们一定要认清形势，充分发挥有利条件，克服不利因素，努力在“七五”期间把煤炭多种经营集体经济推向一个新的阶段。

第二，“七五”期间发展煤炭多种经营集体经济的主要任务。

“七五”期间发展煤炭多种经营集体经济的主要任务是：坚持把改革放在首位，搞好煤炭工业产业结构、产品结构和所有制结构的改革，探索建立与煤炭生产、基本建设相适应的、协调发展的煤炭多种经营集体经济体系，坚持“以煤为主、多种经营”的方针，在搞好煤炭生产建设的同时，大力发展多种经营集体经济，广开生产经营门路，搞好“两个安置”，提高煤炭企业的经济效益，增强企业的生机和活力；坚持“两个文明”一起抓的方针，加强思想政治工作，搞好职工队伍建设，为煤炭生产建设服务，为职工生活服务，为社会服务。

第三，“七五”期间发展煤炭多种经营集体经济的具体政策。

煤炭部起草了《关于煤炭工业发展多种经营集体经济若干政策的暂行规定》，进一步征求大家的意见。现就8个方面的具体政策，讲几点意见。

1）全面规划，统筹兼顾，合理安排。为使煤炭生产、基本建设和多种经营集体经济“三个主体”工作得到协调发展，各煤炭企业在考虑矿区总体规划时，要充分利用矿区的有利条件，既考虑到当前，也要考虑长远，做到全面规划、统筹兼顾、合理安排。要统筹规划煤炭生产、基本建设和多种经营集体经济的发展；要统一安排全民多种经营和集体经济的生产经营项目，合理安置职工子女就业和企业富余人员，统一管理多种经营和集体经济工作。要处理好全民多种经营与集体经济的关系。对确有发展潜力的项目，提倡全民和集体联合经营，在互惠互利的原则下，实行收益分收，以巩固集体经济的发展。

2）实行全民、集体、个人多渠道多形式就业。其主要就业渠道有：

（1）全民企业招工时，应按照招工条件，经过考核，优先录用本企业职工子女。

（2）全民多种经营单位要以安置企业富余人员为主，同时采取由集体企业承担劳务或承包生产经营项目等形式，安置职工子女就业。

（3）煤炭集体企业和实行全民所有、集体经营的单位，主要安置职工子女就业。有条件、有能力的也要承担安置企业富余人员的任务，但全民企业必须从资金、设备、场地等方面给予大力扶持，以保证集体经济不断巩固和发展。

（4）全民和集体联合经营的单位，也要负责“两个安置”的任务，双方在资产（投资）和利润分配上要按集体经济的有关规定分别核算。在收益分配上要注意集体企业职工和全民企业富余人员同工同酬。

（5）煤炭企业要积极开辟个体联营就业渠道，就业人员的收益分成可采取入股分红的办法。

3）挖掘潜力，为集体企业开辟生产经营门路。各煤炭企业要充分发挥矿区资源、人才、技术和设备等优势，采取多种形式，广开生产经营门路。要将为煤炭生产建设服务的土建工程、建筑材料、煤矸石利用和矿用产品的生产维修等中小型厂点，采取全民所有、集体经营的形式，交由集体企业生产经营。要在统一规划下，划出一部分煤炭资源，由集体企业开发经营。还可将接近报废的矿井或尚可残采复采的采区，交由集体企业生产经营。有条件的单位可将现有的林场以及造林经费，采取全民所有、集体经营的形式，划归集体企业经营管理。要积极支持集体企业承包外委工程和外购产品的生产。凡是集体企业能够承担的，在保证质量和价格合理的前提下，一律不得外委外购。集体企业要积极发展为矿区和社会生产、生活服务的各种产业，要生产市场适销对路的产品。

4）多方面开辟资金来源。

（1）实行群众集资。吸收职工投资入股，从企业税后利润中分期偿还。还本之前，可从税后利润中按每年不超过投资额的15%提取一部分用于股金分红；对有待业子女职工的集资，从企业收益中分期偿还，但只还本不付息。

（2）向银行申请贷款。集体企业自有资金不足时，可按国家有关规定，向银行申请短期贷款，从企业收益中分期还本付息。

（3）建立集体经济的发展基金。各矿务局要根据本单位的实际情况，从利润（减亏）留成中提取15～20%；超产煤加价中提取10～15%；在保证维持简单再生产的前提下，从吨煤维简费中提取一定的比例，以无息或低息的内部贷款形式，作为扶持集体经济的发展基金。

（4）各省（区）煤炭厅（局）、煤炭工业公司，凡有集中资金的单位可从中拨出一定比例的资金；没有集中资金的单位，要积极向省（区）人民政府申请统筹一定比例的资金，采取内部贷款的形式，作为扶持本省（区）安置就业任务重、困难大的煤炭集体企业的发展基金。

（5）煤炭部在“七五”期间每年都有用于发展多种经营项目的投资。这些项目有的是全民经营，有的可以采取全民所有、集体经营的形式，由集体企业管理。每年还要筹集一定的资金，以内部贷款的形式，用于扶持偏僻地区就业任务重、安置困难大的煤炭企业发展集体经济和支援一些煤炭集体企业安置就业人数多、投资大、见效快的重点骨干项目。

（6）煤炭集体企业新开发的纳入统配产量的小煤窑，可列入国家计划，由部统一安排投资。

5）建立和疏通供销渠道。各煤炭企业要建立正常的供销渠道和协作关系，本着市场调节为主、计划供应为辅的原则，积极捕捉信息、扩大市场、沟通渠道、广开材料来源。凡列入国家计划投资的项目，应按计划供应原材料。部每年还从国家计划钢材中拨出一部分用于扶持集体企业开发的重点骨干项目。集体企业生产的矿用产品，应列入煤炭企业物资供应计划；开发面向社会的生产项目，煤炭企业的供应部门应积极协调解决原材料。集体企业生产并纳入统配计划的煤炭，应列入局、矿运销计划，积极保证运输。对于集体企业自行销售的煤炭，运销部门也应积极协助解决运输问题。

6）划清两种所有制界限，搞好经济核算。要严格划清全民和集体两种不同所有制的经济界限，本着互利互惠、互相支持的原则，进行经济往来。集体企业要坚持独立核算、自负盈亏的方针。实行各种联合经济形式的，双方在资产（投资）和利润分配上要分别核算，不得混淆。在税收方面，要按国家经委（1985）117号文规定，对利用“三废”作原料的产品和因安置任务重而造成严重亏损的集体企业，要积极向当地税务部门申请减免税收。对所安置的待业职工子女，也应按其增加的比例，申请减免税收。

7）健全集体企业的劳动人事制度。煤炭集体企业要逐步实行经理（厂长）负责制，干部实行聘任制，工人实行劳动合同制，同时要建立社会劳动保险制度。要采取多渠道、多层次的办法，开展集体职工技术业务培训。各煤炭企业要选派一定数量的管理干部和技术人员支援集体企业；部每年要分配适当数量的大、中专毕业生到集体企业工作。

8）积极开展集体经济的科研工作。煤炭系统各级科研部门要加强对集体经济科研工作的指导，将重点科研项目纳入计划，给予积极扶持。集体企业开展科研工作，有条件的可以自设机构，也可以同有关科研部门或高等院校签定科技协作合同，建立协作关系，试验和生产有竞争力的产品和拳头产品。

三、1987年煤炭多种经营集体经济工作的安排意见

1987年是“七五”的第二个年头，是对完成整个“七五”计划起重要作用的一年。1987年我们计划安置待业青年和企业富余人员22万人，其中集体企业要安置12万人，集体企业总产值要达到37亿元。为了实现上述任务，对1987年的工作安排，提出以下几点意见：

第一，坚持把改革放在首位，搞好多种经营集体经济工作的改革。

1）改革经营管理体制，扩大集体企业的经营自主权。煤炭集体企业要在主办单位的领导下，实行“条块结合，以块为主”的领导体制。要简政放权，使集体企业有权起用集体职工中涌现出来的各类人才；有权招收录用、解除合同和辞退工人；有权安排集体经济的生产经营项目；有权与全民、集体、个人进行跨地区、跨行业的横向联合；有权制定适合自己特点的多种分配形式；有权安排集体职工的各项福利事业等等。还要在集体企业里扩大民主管理的范围，充分发挥广大集体职工的聪明才智和主人翁作用。

2）改革经营方式，搞活煤炭企业。煤矿多种经营集体经济要坚持放开搞活，大力发展多层次、多形式、多渠道的横向经济联合。在联合的结构上，可实行全民与集体联合、集体与集体联合、集体与个体联合、跨地区联合；在联合的形式上，可搞产品加工联合、技术联合、产销联合、资金联合。还要根据多种经营集体经济的特点，改革核算体制，划小核算单位，多搞小而精、小而专的承包、租赁等形式。

3）改革分配制度，调动职工劳动积极性。煤炭集体企业必须坚持不端“铁饭碗”，不吃“大锅饭”认真贯彻按劳分配原则，建立和完善多种形式的经济承包责任制。在正确处理国家、集体、个人三者利益关系的前提下，可以选择和实施多种不同的工资分配形式和奖励办法，打破“不准超过全民”或“参照全民”的框框。

第二，认真组织编制好煤炭多种经营集体经济的发展规划。

各单位要着重编好“七五”期间发展全民多种经营和集体经济两个方面的规划，并提出“八五”到2000年的规划设想。“七五”规划的内容：一要有明确的奋斗目标，包括分年度的安置任务、总产值、税利、主要产品产量等主要经济技术指标和职工生活福利等；二要明确发展方向，包括产业结构和企业布局及产品方向、产品质量要求；三要有切实可行的主要措施，保证规划的实现。

第三，进一步加强煤炭集体企业的基础工作。

要突出抓好以下几项基础工作：一是进一步完善经济承包责任制。二是全面实行经济核算，加强财务管理。要严格划清全民所有制和集体所有制两种经济界限。三是搞好质量管理工作，提高产品质量。部从明年起开始评比部的优质产品，也准备明年举办煤炭工业多种经营集体经济产品展销会。四是要注意搞好安全生产，关心职工健康。

第四，抓好新生产项目的开发工作。

1987年要上一批投资少、见效快的新项目。要走科研与生产相结合的道路，加速产品的更新换代，提高企业的应变能力。每个企业都要有一批骨干重点厂，生产自己的“拳头”产品，以形成自己的优势。

第五，搞好精神文明建设。

第六，加强对多种经营集体经济的领导。

方针、政策性文件

煤炭系统专业技术人员合理流动的暂行规定
煤炭部直属单位吸收和录用干部的暂行规定

为加强干部队伍的管理，适应经济体制、科技体制改革和煤炭生产建设发展的需要，根据《国务院关于科技人员合理流动的若干规定》（国发〔1983〕111号文）和劳动人事部《吸收录用干部问题的若干规定》（劳人干〔1982〕147号文）精神，结合煤炭战线实际情况，煤炭部研究制定了《煤炭系统专业技术人员合理流动的暂行规定》和《煤炭部直属单位吸收录用干部的暂行规定》，并于1986年1月15日以（86）煤干字第13号文，印发部直属各单位。

《煤炭系统专业技术人员合理流动的暂行规定》共6条。

《规定》强调，人才的合理流动旨在调剂人才的合理分布，解决人才积压和浪费，充分发挥专业技术人员的作用，使智能转化为最好的经济和社会效益，为我国煤炭工业现代化建设服务。人才流动要有领导、有计划地进行，既要坚决地支持和鼓励人才的合理流动，又要注意防止出现无政府状态。首先要保证国家重点建设项目、科技攻关、教学及新建、扩建单位对各种专业技术人才的需要。在确保重点的前提下，人才流动要严格按照从城市到矿区，从大城市到中小城市，从沿海地区到内地，从内地到边远艰苦地区，从领导机关到基层单位，从科技人员比较富余的单位到科技力量薄弱又急需加强的单位的合理流向进行流动。

《规定》要求，科研设计单位和高等院校应按照人员结构合理的原则，实行定编、定员，逐步确定各类人员限额和职务的比例，有步骤地实行专业技术职务聘任制。对超过限额未被聘任的人员，可根据工作需要和本人专长向系统内其它单位输送，或组织他们从事其它工作。鉴于煤炭是国家的重要能源，而目前煤炭系统科技力量薄弱，各类专业技术人员不足，有些门类奇缺，因此，各类专业技术人员的流动，一般均应在本系统内进行，出系统的要从严掌握。

《规定》提出，在坚持人才合理流动的原则下，人才流动的方式可采取招聘借用、技术承包、智力交流、辞职流动等方式。对要求辞职流动的人员，应提前3个月向所在单位递交辞职报告。专业技术人员不辞而别的，按自动离职处理。擅自离职人员，重新参加全民或集体所有制单位工作的，其工龄不能连续计算。对国家统一分配的各类毕业生，任何单位不得截留。所有流动人员，要办理好工作交接手续。

《规定》还提出，鼓励和支持专业技术人员到边远艰苦地区和基层生产第一线工作，并在政治、工作、生活条件上给予优惠待遇。需要人才的单位，应首先在内部挖掘人才潜力，必须跨地区、跨部门招聘的，要严格按照劳动人事部人干〔1984〕8号文《关于做好招聘工作的通知》办理，不得采取不要户粮关系，不要党团、行政关系，不要人事档案等不正当的手段搞逆向流动。严格专业技术人员流动的审批手续，高级专业技术人员和出国进修生、研究生调出煤炭系统，必须报部审批；在系统内流动，由煤炭局（公司）、院、所审批，报部备案。中级、初级专业技术人员流动的审批权限由各单位自行制定。

《煤炭部直属单位吸收录用干部的暂行规定》有5条。

《规定》指出，吸收录用干部必须在本单位干部编制定员允许的情况下，按照人员结构合理的原则，有计划、按比例地进行。干部的编制定员按占部下达的单位固定职工总编制数的百分比掌握。各单位在编制定员内需要补充干部，应首先从国家统一分配的大中专毕业生和军队转业干部中调配解决。解决不了的，可以从本单位工人或城镇知识青年中吸收录用。现有生产建设规模、人员编制不扩增的单位，一般只能在编制定员内利用干部自然减员指标吸收录用干部。干部超编的单位不能吸收录用干部。新建、扩建单位按部下达的干部编制定员指标或增人指标调配和吸收录用干部。

《规定》要求，吸收录用干部的重点是：1）经省、自治区、直辖市或国务院有关部委批准，国家教育委员会同意备案的电大、夜大、职大、业大、函大毕业生，通过高等自学考试取得大专学历的人员；2）职业高中毕业生和中专毕业生；3)在生产第一线担任过队长和班组长的工人。条件必须是：1)拥护党的路线、方针、政策，坚持四项基本原则；2)具有革命事业心和政治责任感，好学上进，热爱煤炭事业；3)政治历史清楚，思想品质好，作风正派，遵纪守法，能联系群众；4）具有高中毕业以上学历或同等文化程度，或具有所需要的专业技术知识和业务能力；5)身体健康，年龄一般在25岁左右。从井下工人中录用的，年龄可适当放宽，但不得超过35岁。

《规定》还对吸收录用干部的办法和手续、录用人员的使用和待遇作了详细规定。主要有：各单位需要吸收录用干部（包括利用干部自然减员指标和新增干部指标），应在每年一季度前向部申报计划。部审核同意后，下达执行。在部下达的增干指标内，录用单位应采用公开招考的办法吸收。经考核合格者，录用单位按规定办理申报手续。招聘干部实行合同制，发给聘书，有关聘期、职责、待遇等，按合同办理。新吸收录用的干部要有试用期，其工资待遇按国家现行有关规定办理。从工人中选拔的干部，在任职期间享受同级干部待遇，不担任干部职务时仍当工人，不再保留干部待遇。

关于在全国统配煤矿全面整顿劳动组织使全员效率突破一吨的决定

煤炭部根据中央提出的“一切都要讲效率”的精神，针对煤炭工业的现状，决定把整顿劳动组织提高效率作为1986年的重点工作之一。为此，于1986年1月29日以（86）煤劳字第62号文作出《关于在全国统配煤矿全面整顿劳动组织使全员效率突破一吨的决定》。

《决定》提出，全国统配煤矿1986年要精简9万人，使全员效率在去年的基础上再提高6.3%，突破一吨。全面整顿劳动组织的重点，是精简原煤生产人员，提高全员效率。做到井下要精干，井上要定编。

《决定》对整顿劳动组织的有关经济政策作了规定：一是实行效率同吨煤工资单价挂钩，按计划效率完成情况加减价的办法，即全员效率达到2吨以上的矿务局，在2吨的基础上，每提高1%，允许增加吨煤工资单价1%；全员效率在2吨以下，1.5吨以上的矿务局，每超过年度国家计划1%，允许吨煤工资单价增加0.7%；全员效率在1.5吨以下，1吨以上的矿务局，每超过年度国家计划1%，允许吨煤工资单价增加0.5%；全员效率在1吨以下的矿务局，每超过年度国家计划1%，允许提高吨煤工资单价0.3%。对完不成计划效率的矿务局，相应实行减价的办法，减价比例为各档次相应加价比例的70%。对全员效率超过2.5吨以上的矿务局，由煤炭部给予特殊嘉奖。二是以区、队为单位，根据多劳多得的原则，实行减人保留部分工资的政策，即以在册人数为基础计算〔（86）煤劳字第254号文《关于全国统配煤矿全面整顿劳动组织使全员效率突破一吨的若干具体规定》中，将此处改为“以定员标准规定的人数为计算基础。”〕，采掘单位按所减人员实际工资总额（不包括入井津贴、班中餐、保健津贴，下同）的70%、井下生产辅助按所减人员实际工资总额的50%、地面生产辅助按所减人员实际工资总额的30%奖励给原单位的职工，多劳多得。精简科室干部时不实行这个政策。

《决定》还对严格控制增加职工人数、精简出来的富余人员的安置、组织领导等工作提出了要求。

1986年4月14日，煤炭部又以（86）煤劳字第254号文发出《关于全国统配煤矿全面整顿劳动组织使全员效率突破一吨的若干具体规定》。就整顿劳动组织的原则和具体政策、任务和要求、企业机构设置和定员编制、整顿下来的富余人员的安置、整顿出来的人员的工资待遇、原煤效率的计算口径及组织领导等问题，作出了明确、具体的规定。过去下发的关于机构设置和人员配备的文件及规定，凡与本规定有抵触的，一律按本规定执行。

关于印发《煤炭工业部贯彻〈中共中央关于教育体制改革的决定〉的意见》和《煤炭教育事业“七五”计划》的通知

1986年1月29日，煤炭部以（86）煤教字第33号文，印发了《煤炭工业部贯彻〈中共中央关于教育体制改革的决定〉的意见》和《煤炭教育事业“七五”计划》。

《意见》内容包括9个方面：

1. 把煤炭战线各级领导对教育的认识统一到《决定》上来。

2. 搞好煤炭高等教育体制改革，增强高校培养人才的活力。

3. 大力发展职业技术教育。

4. 加强成人教育，努力搞好干部和科技人员的培训。

5. 加强对矿区中小学的指导，着重提高教育质量。

6. 改革陈腐的传统教育思想、教育内容和教育方法。

7. 改善办学条件，提高办学效益。

8. 加强和改进思想政治工作。

9. 加强对教育体制改革的领导。

《煤炭教育事业“七五”计划》的内容分3大部分：第一部分是基本现状和人才需求；第二部分是“七五”计划与目标；第三部分是主要措施。

煤炭教育事业“七五”期间的奋斗目标是：1)到1990年，各类学校在校生的总规模要达到129577人。比1985年增加78.83%，平均每年增加15.7%。2)“七五”期间计划培养各类专门人才189339人，比“六五”增加204.2%，平均每年增加42.84%。3)“七五”期间要完成在职专门培训10万人。4）积极配合地方对矿区实施9年义务制教育。争取到1990年前后，使经济发达地区的局（公司）和年产煤500万吨以上的、基础条件较好的矿务局，普及初级中学教育；边远地区教育基础较差的局（公司）要普及小学教育。5)“七五”期间，煤炭教育系统要有计划地建设成实验研究中心、计算机中心、电化教育中心、外语培训中心和教师培训中心；基本建成矿区电化教育网，努力实现教学手段现代化，形成多功能、高效率、高质量的教育培训体系。6）要集中力量办好重点专业、重点学科，发挥优势，办出特色，争取达到国内外先进水平。同时，要适当增加主体专业的比重；扩大经济管理类、师范类、土建类等短线专业人才的培养能力；注意对新兴学科和专业的建设，如计算机应用、信息处理、环保工程等专业，以适应煤炭工业现代化对各类人才的需要。

为实现以上奋斗目标，《计划》提出了10项主要措施。

煤炭工业基本建设质量监督条例(试行)

为了加强煤炭工业基本建设工程质量管理，做好质量监督工作，促进工程质量的提高，煤炭部于1986年2月20日以（86）煤基字第100号文颁发了《煤炭工业基本建设质量条例（试行)》。《条例》共4章15条。

《条例》规定，煤炭部设工程质量监督总站，负责全国煤炭系统工程建设质量监督立法工作。各省煤炭厅（局、总公司）设质量监督中心站，负责本地区工程建设质量监督检查和管理工作。各级质量监督站分别对本系统、本矿区大中型项目内的煤矿建设，包括地面建筑工程和矿区附属配套工程的勘察设计、建筑构配件、建材质量和施工质量进行全面监督。建设项目开工前，建设单位必须向质量监督中心站办理委托监督手续，中心站根据工程建设的规模、专业特点，在矿区设质量监督站，实行现场监督。

《条例》对质量监督中心站和质量监督站的任务、权限作了明确规定，指出：凡投产竣工的大中型建设项目，必须经质量监督站检验签证；单位工程交付使用，必须经矿区监督站检验签证，否则不准交付使用。对忽视工程、产品质量造成质量低劣的设计和施工单位、建材和建筑制品企业，监督站有权根据情节轻重分别按以下规定处理：1)对违反工程质量标准和技术规程的工程有权停止施工，经采取措施后方可复工。2)对质量低劣的企业和事业单位，有权责令限期停产整顿，如仍无改进和提高，有权建议有关部门吊销营业执照，废除承发包合同，并根据情节轻重，对单位或个人给予通报批评、警告、罚款等处分。3)对抽查不合格工程，有权根据情节轻重，对企业处以5万元以下的罚款，对责任者及单位负责人处以300元以下的罚款。所造成的反工损失由施工单位自负。4)对因重大工程质量、事故造成重大经济损失的施工企业，有权提请有关部门追究领导和有关人员的经济和法律责任。《条例》还提出，对提高工程质量有突出贡献的企业和个人，有权提请有关部门给予表彰和奖励。

《条例》还规定，建设单位和建筑构配件生产企业，应向监督中心站交纳监督费，费率标准为：建筑安装工作量的1.5‰，由项目概算建设单位管理费中支出。没有建设管理费的在投资中其他基本建设费用支出。混凝土预制件生产等单位由生产成本中支出。

1986年4月1日，煤炭部还以(86）煤基字第220号文，转发了国家计委、中国人民建设银行计施〔1986〕307号文《关于工程质量监督机构监督范围和取费标准的通知》。

《通知》规定，民用建设项目和市政工程建设项目由地方质量监督机构负责监督检查；工业交通建设项目及其配套、辅助（含住宅与文化卫生设施）和附属工程，按项目隶属关系由国务院有关工交主管部门的质量监督机构负责监督检查。建立工程质量监督机构有困难的部门，可按建设项目的专业性质，由建设单位委托有关的质量监督机构监督检查。关于取费标准，《通知》规定，监督和检测费用暂按不超过委托监督工程的建筑安装工作量的0.5～1.5‰收取。该项费用从建设单位管理费中支付，但不得因此而提高建设单位管理费在总概算中的比例。目前建设单位有能力承担质量监督任务的，也可不委托。不委托监督的项目不交费。质量监督机构要认真履行监督职责，对玩忽职守、违法乱纪而造成重大损失的监督员和监督机构负责人，要根据情节轻重，分别给予经济、行政处分，以至追究法律责任。《通知》强调指出，在建立质量监督机构的同时，要强化施工企业内部的质量管理和检验机构，并保证质检机构的相对独立性和权威性。企业内部的质检机构应接受质量监督部门的业务指导。

转发国家经委、财政部《对〈关于开展资源综合利用若干问题的暂行规定〉中几个具体问题的说明》的通知

国务院于1985年9月30日批转了国家经委《关于开展资源综合利用若干问题的暂行规定》，各地区、各部门和企业在贯彻执行中提出了一些具体问题。为此，国家经委、财政部对这些具体问题作了说明。1986年5月16日，煤炭部以（86）煤加字第333号文转发了这一《说明》。主要内容如下：

一、《暂行规定》中关于资源综合利用的优惠政策，适用范围主要是企业利用自有资金（包括社会集资）兴办的综合利用项目。关于企业利用银行贷款建设的综合利用项目可按以下3种情况处理。

1．按照《中华人民共和国产品税条例（草案）》的规定，由省、自治区、直辖市税务局批准，给予定期减免产品税。

2．国家企业在项目投产后，可以用该项目新增利润归还贷款（税前还款）。对于那些既有贷款又有自筹资金搞的“拼盘”项目，其新增利润首先用于归还贷款；如还款期超过5年，其项目新增利润在还清贷款后，应按规定上缴税利。5年内还清贷款的，其项目新增利润可对自筹资金部分按其在项目总投资中所占比例继续减免所得税、调节税，直到5年期满为止。

3．除《暂行规定》第九条关于减免税的规定外，利用银行贷款建设的综合利用项目可以享受《暂行规定》其它条所规定的产品价格、物资分配等方面的优惠条件。

二、《暂行规定》第七条规定，综合利用项目的折旧基金全部留给企业。这不仅包括企业利用自筹资金建设的项目，也包括国家投资、银行贷款等建设的项目。这些项目的折旧基金，请各地区、各部门不要再集中，全部留给企业，专项用于综合利用设施的更新改造，不得挪作他用。

三、《暂行规定》自1985年9月30日起执行。在此之前建设投产的综合利用项目，贷款尚未还清的，是否需要给予定期减免产品税的照顾，以及如何照顾，由各省、自治区、直辖市税务部门确定；利润过去已纳入财政预算的，不再变动，也不再划出来留给企业。使用银行贷款建设的综合利用项目，到1985年9月30日还未还清贷款的，未还部分在还款期限内，可用项目新增利润归还。

四、综合利用项目享受《暂行规定》的优惠政策由谁审批？定期减免产品税，由各省、自治区、直辖市税务部门审批；减免所得税、调节税和用项目新增利润归还贷款，中央企业由财政部审批，地方企业由省、自治区、直辖市财政厅（局）或税务局审批；综合利用项目的技术引进和进口设备减免关税，比照引进技术改造现有企业项目的管理和优惠办法执行；企业综合利用生产的出口商品按规定享受外汇分成；综合利用产品的分配和价格，按管理权限由各级物资和物价部门审批。如有关部门对应给予优惠政策的综合利用项目有不同意见，可由同级经委与上述部门协商提出处理意见。

五、《暂行规定》的适用范围，目前暂按所附《资源综合利用目录》掌握。但对于那些没有列入《资源综合利用目录》的综合利用项目和产品，各地区、各部门和有关企业仍应积极开展工作，并做好准备，待《资源综合利用目录》执行1年后，由国家经委一并考虑调整。

煤炭部在转发上述《说明》时，要求各单位认真研究各自所属综合利用项目的实际情况，向本省（区、市）经委汇报，向本省（区、市）税务局申请，使所属综合利用项目都能享受《暂行规定》的优惠政策。

关于矿务局内部对选煤厂经济承包责任制的规定

为调动选煤厂生产发展的积极性，提高企业的管理水平和技术水平，使选煤厂由生产型变为生产经营型，增加企业和社会的经济效益，全面推行经济承包责任制，煤炭部于1986年6月24日以（86）煤加字第444号文印发了《关于矿务局内部对选煤厂经济承包责任制的规定》。

一、选煤厂实行经济承包责任制应遵循的原则

1. 坚持社会主义方向，经营作风端正，厂风好；

2. 产品质量好，效率高，消耗低，技术开发能力较强，适应用户需要；

3. 企业经济效益好，对社会贡献大，安全生产好；

4. 企业具有一定自我改造、自我发展能力，有后劲；

5. 在生产发展、提高经济效益的基础上，职工生活也应得到相应的改善；

6. 环境状况逐年有所提高；

7. 选煤厂是矿务局内部的经济核算单位。

二、选煤厂经济承包应实事求是地确定承包指标，做到既要先进合理，又要留有余地，而不“鞭打快牛”，以便充分调动选煤厂职工的积极性。推荐的经济承包形式为：

1. 按选煤厂总利润或按入洗吨原煤利润进行经济承包；

2. 矿务局在吨煤工资包干以内，可以对厂按吨精煤或各种品种煤工资含量进行经济承包。

经济承包合同签字后，必须严格履行，在遇到人力不可抗拒的自然灾害或有关政策改变对经济承包有较大影响时，可以根据情况修订合同条件。

三、选煤厂实行经济承包责任制应全面完成的技术经济指标

1. 洗精煤和其它主要产品产量指标；

2. 洗精煤产品目录规定的灰分、水分指标，各品种煤要完成灰分指标；

3. 洗精煤回收率指标；

4. 洗水闭路循环或达到环保规定的指标；

5. 上缴利润指标。

四、选煤厂实行经济承包责任制的同时，应加强管理，搞好企业内部的经济核算

1. 按经济承包合同规定，实行超额利润分成，选煤厂分到的超额利润分成资金，可用于发展生产、职工福利等项，但发放职工奖金不得超过分成得到资金的20%；

2. 选煤厂全年发放奖金总额，一般人均不超过4个月标准工资；

3. 按有关规定提取燃料和原材料节约等单项奖。

五、选煤厂实行经济承包责任制后，要加强资金使用管理

1. 上级对选煤厂扩建、技术改造等专项贷款，应由矿务局主管部门按规定拨给选煤厂专款专用。要组织好设计、施工，按期投产。选煤厂要指定专人参与工作，贷款的本息，在工程投产后，应按计划偿还。

2. 选煤厂按《国营企业固定资产折旧试行条例》提取的折旧资金，应由选煤厂使用，主要应用于：1)机器设备的更新和厂房建筑物的重建；2)为提高产品质量，增加产品品种，降低能源和原材料消耗，对原有固定资产进行技术改造；3)试制新产品措施；4)综合利用和治理“三废”措施；5)劳动安全保护措施；6)零星固定资产购置。

企业固定资产更新改造计划中的重大项目，应按规定的审批程序，报矿、矿务局批准。

3. 按矿务局、矿规定留选煤厂使用的大修理基金，老厂不足部分，矿务局、矿应酌情补足。

4. 选煤厂折旧基金、大修理基金和超额利润分成用于生产部分等项资金，可由选煤厂统筹安排，调剂使用，安排计划要量入为出，先提后用。

六、矿务局、矿要为选煤厂实行经济承包责任制创造必要条件

1. 按年、季、月度计划供应洗原煤。原煤数量是经济承包的基础，是计算选煤厂各种经济技术指标的前提，要严格以计量衡器计量，定期校正，做到真实准确。

2. 按入洗原煤灰分、水分、含矸率计划指标供给原煤，实行超灰扣产，做到质量与计划相符，质量与价格统一，参照国家统一规定的价格、原则进行内部核算。选煤厂入洗多煤层、多矿井的原煤时，要基本做到按计划比例供煤，使入洗原煤质量均匀稳定。

3. 按年、季、月度计划安排用电指标和运输计划，保证选煤厂生产正常进行。

七、选煤厂实行经济承包责任制，在年终要认真进行考核

1. 合同条件要全部完成，要兑现合同规定条件，矿务局、矿不应截留扣取。合同没到期不能改变合同条件。

2. 因选煤厂经营管理不善，完不成合同规定条件，或按客观因素调整指标后，仍完不成合同规定条件时，应按合同规定减发利润分成比例。

煤矿机械制造企业百元销售额工资含量包干办法（试 行）

为增强煤矿机械制造企业的活力，充分调动企业和职工的积极性和创造性，进一步贯彻按劳分配的原则，正确处理国家、企业和职工个人3者的利益关系，促进生产的发展，更好地为煤矿生产建设服务，煤炭部于1986年7月5日以（86）煤劳字第466号文印发了《煤矿机械制造企业百元销售额工资含量包干办法（试行）》，并于1986年1月1日正式执行。

《办法》规定：提取工资总额要按当年实际完成的销售额与核定批准的工资含量提取，并随主要经济指标完成的好坏浮动。百元销售额基数的核定，以1985年实际发生的工资总额和按煤炭部规定的1980年不变价格计算的1983～1985年实际平均销售额为基数，并根据各厂实际情况，分别提高5%、10%、15%、20%以上核定。核定销售额工资含量后，应以人均占有固定资产净值适当分档次加价。百元销售额工资含量单价核定后，一般不予调整，如遇特殊情况需要调整时，企业根据实际情况报部审批。

百元销售额工资含量提取工资额，实行以年计划为基础算出月平均计划销售额，按月提取、年终结算的办法。具体规定如下：

1. 当月实际完成年销售计划的月平均销售额，按月实际完成销售额提取工资总额；

2. 当月实际销售额未达到月平均销售额时，按月计划销售额的90%提取；

3. 当月销售额超过月计划销售额并已补足上月欠的销售额时，除当月按计划销售额提取工资总额外，也可提取上月未提的10%销售额工资额；

4. 年终按实际完成销售额和厂指标完成情况一次考核，核增核减工资总额，具体挂钩办法是：

1）企业未完成当年利润计划时，全年的工资总额按核定含量的95%结算提取；

2）产品质量的综合合格率低于规定指标时，减发全年工资总额的1%；造成退货、返修的产品按该产品的销售额减罚工资，最多不超过5%；

3）年人均产值效率比当年计划提高时，实行分档次加价办法：年人均产值效率分2万元以上、1.5万元以上、1万元以上和1万元以下4个档次，每提高1%，分别按0.5%、0.4%、0.3%和0.2%加价。

《办法》还规定：企业所提取的工资总额应全部列入当月、当年成本。在使用时必须按国家和煤炭部规定的政策合理使用，并留有余地，以丰补欠，不得突击花钱和滥发奖金、补贴。当年结余的工资，允许结转到下年使用，也允许用于开办集体福利事业。

煤炭工业基本建设施工企业实行百元产值工资含量包干的实施办法

根据国发（1985）2号文件《国务院关于企业工资改革问题的通知》精神和国务院批转国家计委等5个部门关于制定《国营建筑施工企业百元产值工资含量包干试行办法》的要求，煤炭部制定了《煤炭工业基本建设施工企业实行百元产值工资含量包干的实施办法》，并于1986年7月5日以（86）煤劳字第467号文件予以颁布。主要内容如下：

一、实行百元产值工资含量包干的原则和前提

1. 百元产值工资含量包干是国家按产值确定施工企业工资基金总额的办法。

2. 确定百元产值工资含量系数必须从国民经济的全局出发，兼顾国家、企业、职工3者利益。

3. 施工企业必须在国家政策的指导下，努力把企业搞活，要明确企业对国家的经济责任和企业应有权利及其应得的利益。

4. 实行工资含量包干的单位，必须是经过整顿验收合格，领导班子健全，经营思想端正，管理基础较好，考核制度比较严格的施工企业。

二、实行范围及审批管理权限

1. 所有煤炭系统基本建设施工企业（包括统配矿务局在吨煤工资包干范围以外的自营工程处），凡是符合本办法上述原则、属于直接从事建筑安装生产活动，自主经营、内部独立核算、自负盈亏的单位，经过批准，均可实行百元产值工资含量包干办法。

2. 百元产值工资含量包干的审批权限按施工企业隶属关系管理。

三、核定百元产值工资含量的计算口径和范围

1. 施工企业总产值的计算范围

1）施工产值　施工企业自行完成的按工程进度计算的井上、下建筑安装生产总值。

2）建筑安装附属辅助生产产值　内部核算、直接为建筑安装服务的附属辅助单位完成的为外单位提供的建筑材料、建筑制品、非标准设备产值和工业性作业产值。

3）建筑运输产值　为外单位运送原材料、半成品、建筑制品、建筑机具等而完成的属于流通领域的运输产值和为外单位提供劳务的施工机械台班收入。

4）其它产值　企业内部的勘察设计机构等向外单位提供科研和技术等劳务的收入。

5）外包工完成的属于应计算自行完成工作量的产值。

6）其它　与完成建筑安装工程直接有关的产值或收入。

在计提含量工资时，产值应按预算价格计算，其材料价差、法定利润等应从产值中剔除。

2．工资总额的计算范围

工资总额计算范围，按国家统计局的规定执行，包括标准工资、附加工资、保留工资、计件超额工资、生产性奖金和工资性津贴等。

3．预算工资组成和预算工资含量的计算

根据现行施工图预算的规定，包括直接定额费，其他直接费（井巷工程辅助费）、间直费、预算包干费等内容，各费用项目中均含有工资。为计算方便和统一口径，部对各项费用中工资的计算办法和费率作了明确规定。

四、工资含量外人员及工资

对施工企业内部与产值无直接联系的人员，不实行百元产值工资含量包干。各企业对这部分人员要进行认真整顿、合理定员，并在此基础上，另行核定工资基金计划。这类人员范围包括：

1．工程处的上级管理部门的人员；

2．医院、学校、托儿所、幼儿园的人员；

3．带薪学习半年以上和病假6个月以上的人员；

4．工程处留守处人员；

5．劳动服务公司及第三产业人员；

6．根据上级主管部门或地方政府要求，行政上由企业代管、业务上为其他部门服务，经费另有来源的部门或单位的人员。

对企业所属的一些独立核算的附属厂、矿，可以实行含量包干，也可以采用核定工资基金总额的办法。

五、百元产值工资含量的核定

实行百元产值工资含量包干的关键，在于科学地核定工资含量包干系数。结合煤矿的实际情况及特点，百元产值工资含量的核定应以预算定额和收费标准中的工资费用为主要依据，并适当考虑为本单位生产建材、运输服务（未计产值部门）的附属辅助生产部门生产工人的工资，以及国家规定的调整工资、增加流动施工津贴和副食品调价补贴等增减因素。

六、百元产值工资含量包干的考核

1．未完成年工程量计划指标（井巷工程以成巷衡量，土建、安装以开竣工工程量衡量）按0.97系数调整工资含量；

2．未完成规定质量指标以0.97系数调整工资含量；

3．未完成规定利润指标以0.97系数调整工资含量；

4．安全状况不好，未完成规定安全考核指标时，按照部有关规定罚款。

七、工资含量的调整和工资总额的结算

百元产值工资含量每年核定一次，在包干期内，原则上不再变动，但属于下列情况者，可适当调整：

1．国家统一安排的调改工资、建立和提高的津贴、补贴及调整地区类别；

2．成建制调入、调出、划转及机构、体制变动引起产值、人员结构比例有较大变化时；

3．实行百元产值工资含量包干的施工企业，每月按批准的工资含量，计算含量包干工资（设含量指标备查簿），用来控制工资实际支出。每年末要按核定的工资含量和挂钩指标完成情况，进行一次工资清算。在报审财务决算前要向主管上级报审工资结算单。上报的工资结算单应经当地建设银行审核签证，主管上级审查后，正式下达批准的结算工资含量系数和工资总额；节余的工资额允许从企业利润中划出，存入专户，跨年度使用，以丰补欠。

八、实行百元产值工资含量包干的施工企业纳奖金税的办法，仍按国务院国发（1985）86号文件颁发的《国营企业奖金税暂行规定》执行，发给建筑安装工人的奖金免征奖金税。

九、实行百元产值工资含量包干的企业，要加强思想政治工作，发扬职工的主人翁精神，端正经营作风，加强经济核算工作，严格各项考核制度和财经纪律，不得弄虚作假，高估多算。对违犯规定的要追究领导和经办人的经济和法律责任。

十、过去有关规定与本办法有抵触时，以本办法为准。

十一、本办法自1986年1月1日起执行。

煤炭部贯彻《国务院关于抓紧增收节支、确保今年财政收支平衡的紧急通知》的几项措施

为改善经营，增产增收，压缩开支，降低成本，确保全年财政收支平衡，1986年7月17日煤炭部以（86）煤财字第508号文提出贯彻《国务院关于抓紧增收节支、确保今年财政收支平衡的紧急通知》的几项措施，要求各企事业单位遵照执行。主要内容如下：

一、认真贯彻执行《通知》精神。各单位要打消一切不切实际的想法，调动广大职工的积极性，千方百计挖掘内部潜力，坚定实施总承包的信心，抓紧工作，迅速打开增收节支的新局面。各单位要对上半年的盈亏情况进行一次全面的分析，在确保完成全年承包任务的前提下，修订和重新下达下半年的盈亏指标。要层层分解，落实到基层，实行目标控制，明确经济责任。各月的指标要与奖惩挂钩，并由劳资、审计、财务部门严格把关。

二、要抓销售，抓运输，搞活流通，实现增产增收。铁路运输紧张，再加上部分地区出现买方市场，有些煤质差的煤炭卖不出去，给煤炭企业的经济带来了困难。所以，要求各煤炭企业必须增强商品观念，切实加强运销工作，面向市场，研究市场，逐步做到按市场需求组织生产，在提高质量的情况下，增产适销对路产品。在对路加工、提质增收上做文章。特别要保证出口煤炭的质量。同时搞好路矿协作，短途公路、铁路分流工作，解决好煤炭的水陆联运等方面的问题，把增产和积压的煤炭销出去，运出去。

三、坚持开源与节流并重，切实加强成本管理，节约支出。为迅速扭转成本上升的局面，各单位要通过承包，落实经济责任制，对各种消耗实行定额、定量和限量管理。要挖掘在用物资的潜力，实行以旧换新，修旧利废，实行牌板和立卷管理。严格掌握成本费用和各种价格补贴的开支范围和开支标准，任何单位都不得随意扩大。在材料费总支出中，除水泥因调价增加一些支出外，一律不准超过去年实际支出水平；工资支出也要严格按规定掌握；在其它支出上，要严格控制计划外用工、计划外汽马车和外委加工。

四、抽调人员，并与银行配合，催收积压货款，缓解资金紧张局面。要切实加强对流动资金的管理工作，重点是储备资金。在充分利用库存物资的基础上，加强对订货合同的管理。到年末，力争储备资金占用额比年初压缩5～10%，非定额资金占用额比年初压缩50%。要建立严格的财务收支预算制度，做到一支笔批钱。

五、按照国务院《通知》的要求，对已经安排的项目全部进行一次清理，凡是资金、材料不落实，建设条件不具备、不配套、投资效益差、技术工艺落后，以及不必要的重复建设项目，都应停建或缓建。对所有批准的建设工程，要严格执行计划。对专用基金工程切实加强管理，本着“先筹后用，量入为出”的原则，把专用基金用到效益好的工程上去。用维简费兴建的非生产性工程一律停建。凡是计划外的工程要一律停下来。

六、坚决节减行政事业经费，严格控制社会集团购买力。各煤炭企事业单位要严格控制增加机构和人员，严格控制管理机关的管理费用，力争比去年实际支出降低10%。各事业单位的经费一律控制在计划以内，做到收支平衡，要严格按照国家的规定控制营业外支出。对国家专控商品严格执行审批手续，不得任意购买。超过配车标准的现有车辆，一律封存，不得动用。各种学会、研究会和事业单位的专用经费，都要认真压缩。要精减各种会议，整顿收费标准过高的公用事业，不得提高劳保用品的标准。

七、各煤炭企事业单位要严格执行财经纪律，并组织力量对截留国家收入、偷税、漏税、乱摊派和各个领域里的严重损失浪费等问题进行财务大检查。在检查中，要正确掌握政策，对检查出来的问题，按国务院紧急通知中的要求进行处理。

（86）煤财字第508号文还转发了国务院的紧急通知。

关于明确煤炭产品质量责任和严格煤质管理的若干规定

为了贯彻国务院《工业产品质量责任条例》，明确煤炭产品质量责任，严格质量监督检查和管理，确保按国家有关法规、标准以及产需双方签订的合同要求，生产质量合格、适销对路的产品，煤炭部于1986年11月24日以〔86〕煤加字第829号文，印发了《关于明确煤炭产品质量责任和严格煤质管理的若干规定》。

《规定》共8条。

一、建立健全产品质量责任制

各煤炭生产企业都要以生产和销售质量符合标准的产品为宗旨，建立健全各级领导、职能部门和生产岗位的质量责任制，形成完整、协调、有效的质量保证体系。

各局、矿、厂长对企业产品质量要负全面领导责任；分管生产或经营的局、矿、厂长对产品质量负直接领导责任；局、矿、厂总工程师（主任工程师）对产品质量负全面技术责任。矿井的计划、设计、生产、调度部门对企业目标、计划平衡、开拓设计、生产组织指挥中的煤炭质量保证措施负责；采掘区队对毛煤生产质量负直接责任；机电运输部门对毛煤转运过程的质量负责任；洗选加工部门对出厂（车间）产品质量负直接责任；销售调运部门对产品的销售发运质量负责任；煤质部门对质量管理、检查、预测和商品煤出矿（厂）的质量检验负直接责任。生产岗位职工必须明确本岗位的质量标准和质量责任，对本工序和本岗位产品质量负直接责任。凡中间产品和最终产品出现质量问题，要按生产工艺、环节追查有关领导、部门和岗位的质量责任。

二、煤炭生产、销售必须坚持“五不准”

各局、矿、厂不准销售未经拣选加工的毛煤；不准发运未经检验签证的产品；不准销售掺假产品和未经加工的赃杂煤；不准自行变更煤质牌号和产品品种；不准在采样、制样、化验工作中弄虚作假，质级不符。凡违反上述规定者，要根据情节轻重，对企业负责人和直接责任者以通报批评或行政处分，并令其停止销售，严重者要追究经济和法律责任。

三、各项生产活动和建设工程都必须有质量保证措施

各局、矿、厂的工程设计、生产计划、作业规程等技术文件均须提出保证和提高煤炭质量的措施。老井改造和新井建设项目中，必须有配套的保证产品质量的筛选或洗选工程，并与主体工程同时设计，同时施工。所有煤矿都要开展全面质量标准化工作，推行全面质量管理；各项生产竞赛活动均要把产品质量作为主要内容之一进行评比。凡没有质量保证措施的工程不予审批；产品质量达不到要求和没有推行全面质量管理的不得评为先进单位。

四、严格执行超灰扣产制度

各局、矿要严格煤炭数量、质量管理，实行超灰扣产制度。凡煤炭灰分超过计划指标，要实行超灰扣产，并按扣产后的煤炭数量提取吨煤工资和奖金。煤炭质量完成计划指标，实现提质增收，以及在提高质量的合理化建议和技术革新活动中做出贡献的单位和个人，要给予表彰和奖励。奖金在吨煤工资中列支。

五、控制和减少劣质煤的生产

各局、矿要根据技术政策、生产加工能力和市场需求情况，制定切实可行的煤炭资源合理开采方案，控制和逐步减少高灰分煤的生产比重。对煤质虽差，但有销路的应根据需要组织生产，尽量减少长途运输；对无销路又无经济效益的劣质煤层，应限产或停产。

六、严格把好出口煤的质量关

有出口煤生产任务的局、矿、厂，应拥有保证产品质量所必需的技术装备和具有较高的管理水平，严格按合同要求的质量规格组织生产，确保产品信誉。经检验达不到质量标准的煤炭产品，不准出口外销，应按质论价就地转为内销。出口煤质量问题严重的煤矿，要立即停止出口，进行检查整顿，并追究企业领导和直接责任者的责任。

七、加强产品质量的检验和抽查

各级质量检验机构要配齐专业人员，完善检测手段，提高装备水平，严格执行国家（部）标准和《煤矿采样、制样、化验管理暂行办法》，及时、准确地完成产品质量检验任务。检验机构负责人的任免，要征得上一级煤质管理部门的同意。采样、制样、化验人员都必须经过培训考核，取得上一级检验部门颁发的合格证后方准上岗。质检人员的奖惩要与产品质量指标脱钩。

各级质量管理部门，在加强日常管理工作的同时，要对产品质量进行定期抽查。

八、建立产品质量监督制度

各省局、矿务局质量管理部门要对下属企业设产品质量监督小组或质量监督员，代表上级机关对企业的产品质量行使监督职能。质量监督小组和质量监督员有权对违反产品质量的有关规定和办法的单位和个人提出处理意见；有权对提高产品质量、增加品种做出贡献的单位、个人提出表彰和奖励的建议；有权向上级主管部门如实反映产品质量情况。对企业产品质量问题严重、且长期不予解决的单位，质量监督小组或质量监督员要进驻，以监督各该单位贯彻执行质量法规和质量措施。

要树立质量监督人员的威信，对打击、压制质量监督人员的行为必须严肃处理。

关于煤炭工业发展多种经营集体经济若干政策的暂行规定

1986年12月22日，煤炭部以（86）煤劳字第914号文颁布了《关于煤炭工业发展多种经营集体经济若干政策的暂行规定》。规定共10个问题、47条。

《规定》指出，为贯彻落实中央和国务院关于改革的指示精神，推动煤炭工业多种经营集体经济更大的发展，煤炭部党组决定，把发展多种经营集体经济作为煤炭工业经济体制改革的重要内容，摆在与煤炭生产、基本建设同等重要的位置，并列为三个主体工作来抓，这是“七五”期间发展煤炭工业的一项重要方针政策。

《规定》要求，煤炭企业必须坚持“以煤为主、多种经营”的方针，在搞好煤炭生产建设的同时，大力发展多种经营集体经济，广开生产经营门路，解决职工子女就业，安置企业富余人员，提高企业的经济效益，增强企业的生机和活力，使煤炭企业真正从单一生产型走向生产经营型和经营开拓型。

《规定》强调，煤炭企业扶持集体经济是长期的义不容辞的责任，是搞好“两个安置”、减少企业负担的重要途径，要充分发挥集体经济点多面广、经营灵活、投资少、见效快、容纳劳动力多的优点，凡是有利于集体经济发展的项目，要优先安排给集体企业去生产经营，要积极鼓励、扶持和帮助集体经济的发展。

针对煤炭工业安置职工子女就业和企业富余人员任务繁重的实际情况，《规定》提出，必须实行全民、集体、个体多渠道和多种形式的就业方针。煤炭企业招收工人时，应按照招工条件，经过考核，优先录用本企业职工子女。煤炭企业兴办的全民多种经营单位，要以安置企业富余人员为主，同时也要安排职工子女就业。安排职工子女就业可采取两种方式：一是由集体企业提供劳务；二是由集体企业承包生产经营项目。煤炭企业兴办的集体企业，要以安置职工子女就业为主，有条件、有能力的也要承担安置富余人员的任务。煤炭企业兴办的全民和集体联合经营的单位，既要安置职工子女就业，也要安置企业富余人员，双方在资产（投资）和利润分配上要分别核算，在工资分配上要注意集体职工和全民企业富余人员同工同酬。煤炭企业兴办的全民所有集体经营的单位，要按照集体企业的规定管理，作为企业内部的一种承包形式，应以安置职工子女就业为主，同时也要安置企业富余人员。还可采取入股分红的办法，积极开辟个体联营就业渠道。

关于生产经营门路，《规定》提出，要因地制宜，扬长避短，充分利用矿区资源、人才、技术、装备等优势，采取多种方式，广开生产经营门路。为煤炭生产建设服务的土建工程以及建筑材料、煤矸石利用、矿用产品的生产维修等中小型厂点，可采取全民所有、集体经营的方式，由集体企业生产经营。各矿务局在统一规划下，可划出一部分资源或将接近报废但尚可残采复采的采区，由集体企业开发经营。还可承包外委工程和外购产品的生产。各煤炭企业要积极发展为矿区和社会生产、生活服务的各种产业，生产和经营市场适销对路的产品，不断提高集体企业的经济效益，逐步扩大安置就业的能力。

关于资金来源，《规定》要求，应坚持自力更生为主、国家支援为辅的原则，主要靠自己筹集，充分利用好自身积累，发展生产，提高经济效益。还可实行群众集资的办法，用于开辟新的生产项目。自有资金不足时，可按国家有关规定向银行申请中短期贷款。煤炭企业根据本单位的实际情况，可从利润（减亏）留成中提取15～20%；超产煤加价中提取10～15%；在保证完成简单再生产的前提下，从吨煤维简费中提取一定比例，以内部贷款形式，作为扶持集体经济的发展基金。煤炭部在“七五”期间，每年要筹集一定数额的资金，用于发展多种经营项目的投资，还要筹集一定数额的资金，以内部贷款的形式，用于扶持偏僻地区、就业任务重、安置困难大的煤炭企业发展集体经济和支援一些煤炭集体企业开发安置就业人数多、投资大的重点骨干项目。新开发的纳入统配产量的小煤窑，可列入国家计划，由部统一安排投资。

关于供销渠道，《规定》要求建立正常的供销渠道和协作关系。所需的原材料，要本着市场调节为主、计划供应为辅的原则，广开材料来源。凡列入国家投资计划的，由部按计划供应原材料。部每年从国家计划中拨出一定数量的钢材，用于扶持煤炭集体企业开发的重点骨干项目。煤炭集体企业开发的面向社会的生产项目，所需的原材料，煤炭企业的供应部门应积极协助解决。煤炭集体企业生产的煤炭，应列入煤炭企业运销计划，对纳入统配计划的煤炭，运销部门要保证运输；对自行销售的煤炭，应积极协助解决运输问题。

关于财务管理，《规定》强调要严格划清全民和集体两种不同所有制的经济界限，本着互惠互利、互相支持的原则，进行经济往来。煤炭集体企业要坚持独立核算、自负盈亏的方针。实行各种联合经营方式的，在资产（投资）和利润分配上要分别核算，不得混淆。要认真执行国家税收政策，积极缴纳税金。煤炭集体企业税后利润的分配，应包括生产发展基金、集体福利基金和奖励基金，具体分配比例由各煤炭企业自行确定。煤炭集体企业应根据不同产品，从成本中提取设备折旧费或维简费、大修理费，用于设备更新、技术改造，发展生产。

关于劳动人事制度，《规定》提出，煤炭集体企业要逐步实行经理（厂长）负责制。实行干部选举和聘任制度。按照国家劳动制度改革的有关规定，有权招收、录用、辞退工人。坚持按劳分配的原则，职工的工资收入应随企业经济效益的高低和个人劳动成果的大小而浮动。煤炭企业向集体企业安置的富余人员必须有劳动能力，其工资福利待遇应根据集体企业承受能力大小，逐步负担，差额部分由全民企业给予补贴，并保留全民身份，退休时由全民企业负责办理手续，负担退休费用。煤炭集体企业要根据国家有关规定，建立健全社会劳动保险制度，解决集体职工老有所养问题。企业缴纳保险基金的提取比例，可按集体职工工资总额的15～20%，在征收所得税前列支，按月缴纳；职工个人缴纳的保险基金，按月从职工本人工资中扣除，其数额不超过本人标准工资的3%。为了提高集体职工的素质，要采取多渠道多层次的办法，开展职工技术业务培训，培训经费的来源，可在成本中按工资总额的1.5%提取。

《规定》还就多种经营集体经济开展科研技术协作、加强组织领导等工作作了具体明确的规定。

关于贯彻执行国务院《关于乡镇煤矿实行行业管理的通知》的通知

为了合理开发和利用国家的煤炭资源，制止争抢资源、乱采滥掘和采矿不顾后果的做法，加强对乡镇煤矿生产与安全的技术指导，改善井下工人的生产安全条件，使乡镇煤矿保持后勤，根据国家颁布的《矿产资源法》，国务院以国发〔1986〕105号文发出《关于乡镇煤矿实行行业管理的通知》，决定乡镇煤矿统一由煤炭工业部门实行行业管理。煤炭部于1986年12月30日以(86)煤地方字第942号文发出《关于贯彻执行〈国务院关于乡镇煤矿实行行业管理的通知〉的通知》。

国务院的《通知》有5条：

一、行业管理主要是负责统筹规划，组织协调，提供服务和进行检查监督。实行行业管理，不改变企业的所有制性质，乡镇煤矿的产、供、销仍由生产企业负责统一经营和管理。

二、要全面贯彻中央和国务院关于发动群众办矿采煤的方针，坚持开发与保护并重，放开与管好同步的原则，统一规划，合理布点，有计划地开发利用煤炭资源。

三、各级煤炭管理部门要在加强对国营煤矿管理的同时，切实加强对乡镇煤矿的行业管理。要在规划、技术和安全等方面对乡镇煤矿进行指导，组织好事故的预防和抢救工作。

四、认真贯彻《矿产资源法》和《矿山安全条例》，严格办矿的审批手续。如主要产煤省（自治区、直辖市）要根据《矿产资源法》和本通知的有关规定，尽快制订乡镇煤矿和个体采煤的管理办法。

五、各级人民政府对当前乡镇煤矿伤亡事故比较严重的情况，必须引起高度重视。对无证开采和不符合基本安全生产标准的煤矿要进行全面的清理和整顿，采取切实有效的措施，搞好安全生产。

煤炭部的《通知》有8条：

一、要进一步切实贯彻执行“放开、搞活、管好”和发动群众办矿采煤的方针，积极引导地方煤矿做到合理布局，改善安全状况，持续稳定、健康地发展生产。

二、要根据“统筹规划、组织协调、提供服务和进行检查监督”的要求，加强对乡镇煤矿的管理，切实担负起煤炭行业管理责任。各省、区煤炭厅（局、公司），应把乡镇煤矿管理工作纳入主要议事日程，确定一名副厅（局）长主管，并加强办事机构，明确职责范围。要结合本地实际，尽快研究制订乡镇煤矿实行行业管理的措施办法，并抓紧落实下去。

三、要切实加强乡镇煤矿的安全生产管理。各级煤炭工业部门要建立健全各级安全监察机构，有专门人员管安全。要努力改善乡镇煤矿的安全生产条件，不断提高防灾、抗灾能力。要开展多层次多渠道的技术培训工作，不断提高乡镇煤矿从业人员的素质。各级煤炭工业部门一定要把乡镇煤矿安全生产当做头等大事，切实抓紧抓好，努力杜绝重大恶性事故的发生。

四、要继续抓紧乡镇煤矿的整顿。凡没有经过整顿的地区，要在省（区）、市人民政府领导下，认真贯彻《矿产资源法》和《矿山安全条例》及煤炭部颁发的《乡镇煤矿管理办法》。对无证开采的矿点，要进行调查、清理。经过统一规划，合理定点，凡布局合理，并有一定资源的，要促其具备办矿条件，符合安全要求，尽快领证开采；凡经济技术极不合理的要调整合并；凡滥采乱挖、冒险作业的，要坚决制止。

经过整顿的地区和经过批准的乡镇煤矿，也要认真复查，按照《乡镇煤矿管理办法》的要求，进行安全补欠和装备配套。

五、要抓紧进行技术改造。各地区要在普遍改造的基础上，择优选点，进行重点改造，由浅部分散开采，逐步走向深部集中生产，建成一批小型正规矿井，以达到增强后劲，稳定增产。

乡镇煤矿进行技术改造的资金，要靠乡镇及办矿人自己积累，以矿养矿。因此，各矿一定要按政策规定，吨煤提取维简费不少于4元，并做到专款专用。办矿所得利润不能分光吃净，至少要留40%，作为发展基金，用于提高技术装备水平、改善安全条件和扩大再生产。

六、要作好产、供、销综合服务，开展横向联系，分期建立一批商品煤基地县。要求做到：布局合理，生产能力配套，技术逐步提高，具有一定后劲；矿区内外公用设施与生产能力相适应；在经营管理上，产、供、运、销要形成多层次、多形式综合服务的联合体。当前，首先要搞好重点产煤县的总体规划，量力而行地分年度安排骨干矿井的改造和矿区配套工程的同步建设。

七、要根据部（84）煤地方字第1527号文《关于积极支持群众办矿的通知》精神，组织计划、设计、安全、教育、制造、科研、地质等有关部门及统配矿、地方国营矿，采取具体措施，从多方面为乡镇煤矿服务，提倡采取多种形式与乡镇煤矿联合办矿。

八、要加强地方煤矿的法制管理工作。当前，要认真宣传和贯彻执行《矿产资源法》和《乡镇煤矿管理办法》。结合本地实际，尽快研究制定乡镇煤矿和个体煤矿的管理办法。通过加强法制管理，使乡镇煤矿走上健康发展的轨道。

人事、机构、体制

煤炭工业部机关机构序列表

煤炭工业部

- 办公厅
- 政策研究室（思想政治工作办公室）
- 生产司
- 计划司
- 财务司
- 劳资司
- 技术司
- 基建司
- 干部司
- 教育司
- 安监局
- 加工局
- 调运局
- 审计局
- 老干部局
- 直属机关党委
- 中纪委驻部纪检组

煤炭工业部在京直属单位机构序列表

煤炭工业部

- 煤炭部物资供应局
- 煤炭部外事局
- 煤炭部地质局
- 煤炭科学研究院
- 煤炭规划设计总院
- 煤炭科学技术情报研究所（煤炭工业出版社）
- 煤炭部计算中心
- 中国煤炭报社
- 北京煤炭管理干部学院
- 机械制造局
- 中国煤炭进出口总公司（中国煤炭开发总公司 中国煤炭海外开发公司）
- 中国地方煤矿联合服务公司
- 中国煤矿物资经营公司
- 煤炭部煤炭销售运输公司
- 煤炭部煤矿劳动服务公司指导中心
- 中国煤矿文工团
- 北京煤矿机械厂

煤炭工业部颁布《关于精简煤矿企业机构加强编制管理的若干规定》

为了加强对煤矿企业机构和干部队伍的宏观控制，促进煤矿加强企业管理，精简机构，提高办事效率，提高经济效益，煤炭工业部于1986年7月22日以（86）煤办字第512号文颁发了《关于精简煤矿企业机构加强编制管理的若干规定》。具体规定如下：

（一）矿务局及所属单位（不含各类学校、医院、卫生所和集体企业）的全部党群、行政、技术与服务干部占职工总数的比例不超过10％。

局、矿两级机关中党群干部（包括党委各部门、武装部、工会和团委）占干部定员的比例，一般不超过20％。

（二）矿务局机关处室干部定员按以下标准执行：

1．年产1000万吨以上（含1000万吨）的矿务局（简称一类局）定员为560～660人。

2．年产500～1000万吨（含500万吨）的矿务局（简称二类局）定员为410～510人。

3．年产200～500万吨（含200万吨）的矿务局（简称三类局）的定员为280～360人。

4．年产200万吨以下的矿务局（简称四类局）定员为200～250人。

划分矿务局类别，以现有产量为主要依据，同时考虑矿井的设计能力（核定能力）等因素，由各煤管局（公司）报部统一审定。

一般的矿务局应按下限配备，个别管辖的矿井、附属单位多而分散的矿务局可按上限配备（具体数由各煤管局、公司审定，报部备案；直管矿务局由部直接审定）。

（三）在上述定员内，矿务局有权确定局机关的机构设置和人员配备。任何部门和领导人不得干预企业机构设置，不得向企业硬性规定机构设置和人员配备比例。企业应按照有利于加强经营管理，有利于提高经济效益，力求精简的原则改革机构，科学合理地确定职责明确、运转协调、灵活高效的机构设置。一、二、三、四类局处室数（含党群部门）一般应分别控制在27、25、23、21个以内。处室一级的机构设置须报部和煤管局（公司）备案。

（四）局机关机构设置要尽量减少层次。处室下面一般不设科，可以按1:3的比例配备主任、副主任科员（即一名主任或副主任科员配3名科员、办事员）。编制超过15人的处室如确有必要，可以设科。设科的处室不再配备主任、副主任科员。

正副科长与其它人员的比例平均不超过1:3（即1名科长或副科长，配3名工作人员）。

各处室一般设正副职1～2人，编制超过15人的处室可以增设1名副职。

（五）各矿机关机构设置和定员标准，由矿务局自行确定。

（六）局、矿级机关中纪检、工会和安监部门的负责人按规定的干部级别配备，但该机构和所属中层干部的级别不能因此而升格。

纪委书记为同级党委副书记一级干部，纪委副书记为同级党委部长一级干部；矿务局纪委下设科不设处，矿纪委不设科；工会主席为同级党委副书记一级干部，副主席为同级党委部长一级干部，局工会下设科级部（室），矿工会下不设科；矿务局安监局局长为副局级干部，副局长为正处级干部，安监局下设科不设处，派驻矿的安监站站长为副矿级干部、副站长为正科级干部，站下不设科。

（七）局、矿机关可按干部定员10～15％的比例配备工勤人员（包括直接为机关服务的小车队、门卫、公务员、维修工、话务员、外收发、打字员、描图员和通讯员）。

（八）煤矿企业组织管理形式

各矿务局应从本单位实际出发，按照科学合理的原则，改革组织管理形式。管理层次不宜过多，一般可实行局、矿、队3级管理，少数较大的矿或生产井多的矿，可增设专业区或井一类的机构。条件具备的矿务局，可以进行“三条线（生产、生产服务、生活服务）管理”改革的试点，努力探索煤矿企业组织管理形式的新路子。逐步形成功能齐全、机构协调、运转灵活、效率高的行政管理体系。

（九）局、矿机关干部岗位的划分

根据国家统一规定的各类干部职务系列，结合煤矿企业实际，对矿务局、矿机关干部岗位划分如下：

1．正副局长、矿长，正副总工程师、总经济师、总会计师，调研员，正副处长，正副科长以及局、矿机关生产技术、经营管理、行政管理、监督检查等职能部门的正副主任科员、科员、办事员。

2．矿（处）级以上党委正副书记，纪委正副书记，工会正副主席，团委正副书记；党委部门正副部长（主任）；党群部门调研员、正副科长或正副主任科员、科员、办事员。

3．高级工程师、工程师、助理工程师、技术员和其他相应的专业技术职务。

4．区（井）队干部岗位暂由各矿务局自行确定。

（十）列编外的范围

干部脱产学习2年以上的人员和长期病休、经组织批准请长假、长期脱岗时间在1年以上的人员，可列编外，统计为非在职人员。

（十一）新建成投产的煤矿企业按设计定员标准配备，不能套用上述对老企业编制定员的标准。中外合营的煤矿企业，按部批准的编制定员执行。

（十二）目前一些机构改革搞得比较好的企业，应进一步巩固发展改革的成果，不要因现有机构和人员的配备未超过规定标准而增设机构，增加人员。凡超过上述编制定员标准的单位，要认真进行整顿，今明两年内务必达到要求。

（十三）部和煤管局（公司）以前颁发的有关煤矿企业机构编制的规定，与本规定不一致的，一律以本规定为准。今后煤炭部有关对企业的机构编制的规定，统一由部主管编制工作部门审核报部长或部务会议批准后下达。

（十四）以上规定自下发之日起在部直属煤矿企业试行，非部直属统配煤矿可参照执行。本规定解释权属煤炭部。

山东省统配煤矿划归煤炭部直属

根据国发（1984）126号文件的精神，煤炭工业部与山东省人民政府达成协议。将山东省内统配煤矿、省属煤矿及相应的煤炭工业总公司、基建公司、煤田地质公司、煤矿设备制造厂和科研、设计、教育等25个单位划归煤炭部直属。具体上划单位名单如下：

淄博、新汶、枣庄、肥城、兖州矿务局，坊子煤矿，临沂矿务局，龙口煤炭生产建设指挥部，兖州煤炭基本建设公司，山东煤田地质勘探公司，兖州、泰安、莱芜、济南煤矿机械厂，山东煤炭设计院，山东煤炭科学研究所，山东煤矿学校（山东煤矿干部学校，山东煤矿教育学院），山东煤矿师范学校，山东煤矿卫生学校，中国煤矿工人泰安疗养院，中国煤矿工人临沂疗养院，山东嘉祥矿柱林场，山东梁山矿柱林场，山东煤矿济南仓库。

煤炭工业部改革煤炭基本建设管理体制

为了减少管理层次，精干施工队伍，增强企业活力，全面提高投资效益，煤炭部根据中共中央关于经济体制改革的精神，决定改革现行的煤炭基本建设队伍行政管理体制。

△1986年7月5日，撤销淮南煤矿建设公司，将公司所属各单位划归淮南矿务局直接领导和管理。

△从1986年8月15日起将四川煤炭基本建设公司所属的第三、六、九、十工程处成建制地分别划归芙蓉、达竹、松藻和天府矿务局直接领导和管理。第八、十一、十二工程处及公司所属单位仍由基建公司领导。

△贵州煤炭基建局于1986年10月11日撤销。基建局所属的六十四处、九十四处成建制地划归水城矿务局；六十六处成建制地划归六枝矿务局。

△1986年11月18日撤销兖州煤炭基本建设公司。公司所属工程处及其它单位全部划归兖州矿务局。矿务局统一领导和管理兖州矿区的生产建设。

△1986年12月14日撤销河南煤炭基建公司。公司所属的一、三、五工程处由河南煤管局直接领导，其基本建设业务由管理局负责。各工程处是实行独立核算、全民所有制的经济实体。同时成立河南煤炭开发咨询服务公司；公司是独立核算的全民所有制企业，其主要任务是承揽工程任务、开展技术咨询和多种经营。

△非部直属的甘肃省煤炭基本建设工程公司于1986年12月11日撤销并入靖远矿务局，由矿务局统一领导和管理。

△为加强煤炭工程建设标准定额工作，煤炭部于1986年10月20日发文明确：煤炭部基本建设定额站设在北京，日常工作由基建司企业管理处负责。沈阳、邯郸分站分别挂靠在沈阳、邯邢煤矿设计院（其他定额站的挂靠单位不变）。定额分站是煤炭部基本建设定额站的派出机构，业务由定额站直接领导。定额分站为处级事业单位。

定额分站的主要任务是贯彻执行国家有关定额工作的方针、政策，负责煤炭部各项概预算定额（指标）的编制和管理等工作，监督检查各项概预算定额（指标）的执行情况，收集整理定额方面的资料，掌握和交流信息等。

改革煤矿机械制造企业管理体制 撤销中国煤矿机械制造公司

根据国务院关于整顿行政性公司和下放机械制造企业的指示精神，1986年12月煤炭部研究并征得国家经委同意，决定改革煤矿机械制造企业管理体制，下放部分机械制造企业，撤销中国煤矿机械制造公司，保留机械制造局。

机械制造局的主要任务是，负责编制煤矿机械制造行业的中长期发展规划和年度生产基建计划草案，并按国家批准的计划统筹安排煤矿机电产品的生产；协同有关司局组织行业新产品开发、新技术、新工艺、新材料推广，产品质量攻关和重大技术改造和技术引进；协调企业之间的横向经济联合、协作、配套，为企业提供技术、经济信息服务，促进企业管理现代化，提高经济效益，更好地为煤矿生产建设服务；负责煤矿机电产品质量检查和监督，办理产品许可证；会同有关部门搞好煤矿机电产品标准化、系列化、通用化及专利管理等工作。

下放的部分机械制造企业是：将原中国煤矿机械制造公司所属的抚顺煤矿电机厂、抚顺矿灯厂、抚顺煤矿安全仪器厂、辽源煤机厂、蛟河煤机厂、鸡西煤机厂、佳木斯煤机厂、哈尔滨煤矿机械研究所和抚顺煤矿机械制造技工学校，交由东北内蒙古煤炭工业联合公司管理，并在哈尔滨市成立东北内蒙古煤炭工业联合公司煤矿设备制造公司，直接管理上述单位。将原中国煤矿机械制造公司领导的石家庄煤机厂、峰峰金属支架厂交河北煤管局领导；将西安煤机厂、西安煤矿仪表厂、渭南煤机厂交陕西煤管局领导；将六盘水煤机厂和贵阳矿灯厂交贵州煤管局领导。

上述各企业原定的总承包办法和各项指标不变。部对这些企业实行行业管理，继续保持材料供应、设备配套、销售和协作关系等渠道。财务、人事和劳动工资关系划转时间以1987年1月1日为界。

部分煤机厂下放后，部机械制造局直接管理的企业有：北京煤机厂、张家口煤机厂、淮南煤机厂、淮南钢厂、郑州煤机厂和重庆安全仪器厂，其人事、劳动工资、财务关系直接对部有关职能司局，物资供应工作制造局负责编制申请、分配计划，供应局根据分配计划组织订货供应。

煤炭工业部调整部分事业单位管理体制

煤炭院校

为了进一步贯彻中央关于“简政放权”的指示，1986年12月8日煤炭部决定进一步下放管理权限，调整部分煤炭管理干部学院、煤炭中等专业学校的管理体制，将成都煤炭管理干部学院交由四川煤炭管理局管理；贵州、陕西煤炭工业学校分别交由贵州、陕西煤管局管理；大同煤炭工业学校交由大同矿务局管理；杭州煤炭工业学校委托浙江省煤炭工业总公司代管。

地质事业单位

为了进一步贯彻中央关于“简政放权”的指示，1986年12月12日煤炭部决定调整部分地质事业单位管理体制，将四川、贵州和陕西煤田地质勘探公司分别交由四川、贵州和陕西煤炭管理局管理；佛山煤田职工地质学院交由广东煤田地质勘探公司管理；常州、长兴煤田地质学校分别委托江苏省煤田地质勘探公司和浙江省煤炭工业总公司代管；蚌埠、重庆煤田地质技工学校交由安徽、四川煤田地质勘探公司管理；株州煤田地质技工学校委托湖南省煤田地质勘探公司代管。

科研设计单位

为便于管理，1986年12月30日煤炭部决定将杭州煤矿设计院和煤炭科学研究院杭州研究所委托浙江省煤炭工业总公司代管，其原有名称、隶属关系、级别待遇不变。

煤炭工业部直属单位的建立和调整

准格尔煤炭工业公司成立

为了统一开发建设准格尔矿区，经国务院批准，煤炭工业部准格尔煤炭工业公司于1986年12月18日成立。

准格尔煤炭工业公司是煤炭工业部直属大型煤炭企业。公司统一领导和管理准格尔矿区国营煤矿的开发建设和生产，实行煤炭、电力和铁路运输等综合经营，并按计划收购所在地方煤矿生产的煤炭，集中洗选加工，统一组织外销或为地方煤办理代销业务。公司为独立核算，自负盈亏的经济实体。

公司机关设在内蒙古自治区伊克昭盟准格尔旗准格尔矿区内，公司经理宋瀚峰。

煤炭部成立职业医学研究所

经国家科委批准，1986年7月4日煤炭部在北京门头沟矿区成立职业医学研究所。

职业医学研究所的任务是，以煤矿工人尘肺为主要课题，对煤矿职业病防治工作做综合性科学研究；结合煤炭生产特点，从病因学、流行病学、生理、病理和生化免疫等方面研究煤矿职业病的发病机理以及发生发展规律，以提出职业病发病的预测预报、预防及治疗方法，并为全国煤矿尘肺和职业病研究培训人才。

职业医学研究所直属煤炭工业部领导。

贵州煤炭工业公司改名为贵州煤炭工业管理局

1986年1月24日，根据国务院关于整顿公司的指示精神，经商得贵州省人民政府同意，煤炭部研究决定将贵州煤炭工业公司改名为煤炭工业部贵州煤炭工业管理局。贵州煤管局为部派出的管理机构，代部行使管理职权。

煤炭工业集体经济协会成立

为了进一步推动全国煤矿集体经济的发展，促进煤炭产业结构和所有制结构的改革，做好煤矿职工子女就业和企业富余人员的安置工作，经劳动人事部同意，煤炭部于1986年10月14日成立煤炭工业集体经济协会。

集体经济协会是在部党组领导下，研究集体经济科学的群众性团体，主要任务是调查研究、协调指导，促进煤炭工业集体经济的发展，搞好“两个安置”，为煤炭生产建设和职工生活服务。

*　　　*　　　*

△1986年4月1日，煤炭部成立煤炭函授总部。函授总部为部直属单位，业务上受部教育司领导，日常行政工作委托中国矿业学院负责管理。

△1986年5月16日，煤炭部建立煤炭部劳动防护用品产品质量监督检验中心站。中心站靠挂在江苏省煤矿研究所。

△1986年6月2日，淮南煤矿机械厂钢铁分厂与淮南煤矿机械厂分设，并改名为淮南煤矿钢铁厂。

△1986年6月4日，煤炭部决定成立环境保护设计评价咨询中心。咨询中心为部规划设计院和部环境监测总站的联合体，隶属规划院。

△1986年7月9日，煤炭部成立节能技术服务中心。节能中心靠挂在煤炭科学研究院煤化学研究所，业务上受部节能办公室指导。

△1986年12月5日，煤炭部成立计量培训中心。计量培训中心设在辽源矿务局煤炭科学研究所，同煤研所一套机构两块牌子，由辽源矿务局领导和管理，业务上接受部技术司和东煤公司指导。

计量培训中心担负全国煤炭系统计量检定、监督管理人员培训、考核和发证等工作。

△1986年9月5日，煤炭部成立中国煤炭进出口总公司陕西分公司，统一经办陕西省煤炭进出口业务。分公司行政关系隶属于陕西煤管局，人、财、物由煤管局统一管理，业务接受中国煤炭进出口总公司的指导。

△为加快煤炭系统计算机应用开发和通讯工作，东北内蒙古煤炭工业联合公司、河北煤炭工业管理局和河南煤炭工业管理局于1986年分别建立信息中心。

重要新闻报道和报刊评论

赵总理谈发展煤炭工业方针
利用最充足劳力资源 开发最丰富煤炭资源
关键要解决好开采和运输两个问题

新华社北京六月二十八日电 赵紫阳总理最近在国务院召开的一次会议上，就发展煤炭工业的方针问题发表了意见。他指出，要把我国最丰富的煤炭资源和最充足的劳动力资源结合起来，为加快煤炭工业的开发走出一条新路子。

赵紫阳总理最近专程到山西平朔、陕西神木、内蒙古准格尔三大煤田调查研究。回京以后，他又专门召集有关部门开会，研究了煤炭工业发展方针和战略部署。赵总理说，我国资源最丰富的是煤炭，这是我国的优势所在。这次我看过的几个煤田，储量大、煤质好。特别是神木煤田的煤，含硫低，发热量大，埋藏浅，非常适合农民开采，可以说是得天独厚的煤窝子。这些大煤田所在的农村，劳动力资源很充足。充分利用这里的劳动力开发这里最丰富的资源，不仅可以满足国内对煤炭工业的需要，而且在扩大出口、开拓国际市场上具有极大的竞争力。我们应当在"七五"和"八五"中，采取措施，充分发挥这一优势，这对经济建设的全局有利。

赵紫阳说，发挥我国煤炭优势，加快煤炭工业的发展，关键要解决好开采和运输两个问题。

在谈到煤炭的开采时，赵紫阳指出，这几年我们找到一条路，就是依靠农民采矿。这样，就把最丰富的煤炭资源和最充足的劳动力资源结合在一起了。结合的形式，一种是农民办矿，如各地兴起的乡镇煤矿，开采煤层比较浅的地方较为适合；另一种是国家办矿，招收农民采煤，实行轮换工制度。这样做，煤矿井下劳动力可以始终保持合理结构，国家可以节约大量投资，这些地区的农民也可摆脱贫困，走向富裕。

在谈到运输问题时，赵紫阳指出，煤炭工业的发展，归根结底是运输问题。运煤不作根本考虑，煤炭优势就发挥不出来。在长远规划中，要考虑修建运煤的大通道。"七五"期间，要集中力量建设好大秦线，并注意相应的配套建设，以后还要规划和开辟第二条从东到西的运煤大通道。以铁路干线为主轴，周围要修支线，修公路，形成四通八达的合理的运输网络。近几年的实践证明，国家修干线，合作修支线，群众办煤矿，这是符合我国国情的路子。当然，国家也必须办一些重点矿作为骨干。除了外运以外，还要考虑产煤地区的就地转化问题。在工业布局上，要在这些地区办火电站，办钢铁、炼铝工业和煤化工、建材业等。

赵紫阳说，煤炭的开采、运输和就地转化，要解决体制问题，要进行一些必要的改革。大家办电、办铁路，统统交给一家管，这不是好办法。电力部门要支持、鼓励各地区各单位办电，使整个电力事业发展起来。铁路也是这样，主要铁路干线应由铁道部建设和管理，但一些支线和专用线要提倡地方、部门、企业投资兴办，联合经营或自办自营。煤炭部门今后投资除主要用于采煤外，有一些投资可用于修铁路，收购煤炭往外运。开发神木煤田，可以采取股份公司的方式，发挥地方、部门、农民的积极性，做好区内煤炭开发规划、技术、培训和收购、运输、出口等方面的服务工作。总之，要采取新的方式、新的办法，把各方面搞活，加快煤炭工业发展的步伐。

（引自1986年6月29日《人民日报》）

水煤浆燃烧技术经济效益显著 赵紫阳在京考察要求加快发展

新华社北京5月31日电 赵紫阳总理昨天到北京造纸一厂，考察水煤浆燃烧技术试验现场，并与有关方面的负责人和技术专家就发展水煤浆制备与燃烧技术问题进行了座谈。

水煤浆是一种代油液体燃料，也是一种低污染的清洁燃料。水煤浆制备与燃烧技术是我国"六五"期间科技攻关的重点项目之一。这个项目由煤炭部牵头，煤炭加工利用协会承担，与八个科研、使用单位联合攻关搞成。今年1月下旬通过国家鉴定，水煤浆制备与燃烧技术达到了比较先进的水平。

昨天，北京天气炎热。下午三点多钟，赵总理一行来到工厂后，就到现场察看，询问了水煤浆制备与燃烧技术的应用等有关方面的问题。赵总理听了技术人员关于我国水煤浆制备与燃烧技术发展和使用情况的汇报非常高兴。赵总理说，这项新技术的研究和推广应用，对燃油的锅炉、炉窑、电站的改造和建设意义很大。以水煤浆代油，把节省下来的油用来搞石油化工产品，经济效益就更高了。因此，要积极支持这项试验，扩大试验规模，解决投入应用的各种问题，加快发展这项新技术的步伐。赵总理说，发展这项新技术，主要是要培养人才、加强科研、完善测试手段。赵总理在询问了进一步扩大水煤浆的科研和应用存在的困难时指出，国家计委、经委、科委和煤炭部要给予大力支持，帮助解决具体困难。

赵总理还看了水煤浆的技术录像，并亲手调试水煤浆的样品。

赵总理昨天所到的北京造纸一厂是我国第一个工业应用水煤浆的单位。这个厂近两年来进行的五次试验证明，燃烧水煤浆的经济效益显著。这个厂目前所用的燃料油每吨为二百八十元，而水煤浆每吨只需一百二十元，一点八吨水煤浆可顶替一吨杂油。这个厂年耗杂油二点二万吨，如全部改烧水煤浆，扣除燃浆所增加的各种费用，每年可节约燃料费一百零三万元。

赵总理还在北京造纸一厂参观了生产车间，询问了工人的生产和生活情况。

陪同赵总理参观的有煤炭工业部长于洪恩，中共北京市委书记李锡铭等同志。

（引自1986年6月1日《人民日报》）

开滦四十万职工家属以多种形式纪念抗震十周年

党中央国务院领导同志到唐山慰问人民和矿工，来自全国的代表与开滦职工共叙抗震救灾战斗情谊

本报讯 7月28日，开滦百里矿区的40万名职工和他们的家属，怀着激动的心情，开展多种活动纪念唐山抗震10周年。他们深切地悼念10年前遇难的亲人；感谢党中央、国务院、解放军和全国人民的关怀和支援；决心把开滦建设成一座现代化的新矿区。

当天上午八时半，河北省委和省政府在新落成的抗震纪念碑前隆重举行了唐山抗震十周年纪念大会。中共中央政治局委员、国务院副总理万里，中央和国务院各部、委，全国28个省、市、自治区以及河北省的党政领导同志出席了大会。煤炭部部长于洪恩专程赶来慰问开滦矿区职工和家属，并和开滦矿工代表一起参加了大会。

与此同时，当年曾参加过开滦抗震救灾、恢复重建的78个兄弟单位的代表重又齐聚开滦。他们异常激动地共叙10年间结下的深厚战斗友情。

大地震不但没有从地图上“消灭”开滦，而且造就了一座崭新的矿区。英雄的开滦矿工忍受着失去亲人的巨大悲痛，奋起和大自然作斗争，走过了抗灾复矿、调整生产、改革发展的三个重大历程。十年间累计产煤1.8亿吨，完成地面建筑400多万平方米，在冀东大地上，又屹立起一座崭新的大矿区。当年参加抗震救灾、恢复生产的兄弟单位的代表，目睹这些巨大变化，都感到分外惊奇，他们说：只有党的领导，社会主义制度，只有具有“特别能战斗”的开滦矿工，才能创造出人间奇迹！

纪念日的前一天，在矿区孤儿“叙十年、话成长”的座谈会上，60名孤儿代表，向团中央、全国妇联的领导同志汇报了自己的成长和进步，用饱含爱的诗和歌，表达了对党和社会主义祖国的无比感激之情，表达了全局900名地震孤儿的共同心声。

纪念日到来之际，开滦矿区各级工会组织积极开展慰问活动，把党的关怀和温暖送到震残职工家属和孤儿的家里。各单位还分别召开了茶话会、座谈会、报告会，组织孤儿到外地去旅游。

为了配合纪念10周年活动，本月的早些时候，开滦矿务局还和中央新闻纪录电影制片厂共同举办了新闻电影周。银幕上重现的那些抗震救灾、恢复矿山的矿工英姿和动人场面，进一步激发了广大职工爱祖国、爱矿山、多出煤炭做贡献的热情。进入7月份，在全局干部、工人的共同努力下，全局原煤平均日产量比6月份提高了5000多吨。

（摘自1986年7月30日《中国煤炭报》）

国务院副总理李鹏在全国煤炭工业工作会议上说

煤炭行业是我国工业系统工作最好的行业之一

本报讯 “煤炭形势很好，煤炭行业是我国工业系统工作最好的行业之一，中央、国务院对煤炭系统近几年的工作是满意的。”这是李鹏副总理12月2日在全国煤炭工业工作会议闭幕式上的讲话中，对全国煤炭职工的鼓励。他代表国务院向煤炭系统五百万职工和数以上千万计的地方煤矿和乡镇煤矿的工人、技术人员、干部和农民表示衷心的感谢。

他说，煤炭形势发生了很大变化，局部地方已经供大于求。但是，这种形势是暂时的，随着国民经济的发展和出口煤的增加，将对煤炭工业提出更多的要求，切不可麻痹松懈，应当抓住这个有利时机，进行技术改造，加强经营管理，提高煤质，搞好安全，提高经济效益。还要建设新矿井，增加生产能力。

李鹏副总理在讲话中赞扬地方和乡镇煤矿职工对改变煤炭供需形势作出了重大贡献。同时他指出，目

前小煤矿安全状况不好，技术装备很差，不能长期这样下去。他希望小煤矿不能分光吃净，要舍得花钱增加些安全设施和装备，扩大再生产，成为持久的生产力，还要立法，对发生事故，要有法律约束。地方和乡镇煤矿已经到了发展和提高并重的时候了，不但要多出煤，还要出好煤。他指出，煤炭部要加强行业管理，不但要管好统配煤矿，也要关心地方和乡镇煤矿。煤炭部应当成为国务院的行业部门。

在谈到精神文明建设时，李鹏副总理说，我很高兴看到煤炭战线有这样多端正党风的先进集体和先进个人。精神文明建设和物质文明建设是互相促进，相辅相成，互为目的的。党风搞好了将对精神文明建设起非常重要的作用，党员、党组织要起带头、模范和核心作用。

李鹏副总理在讲话中再一次提醒煤炭系统的同志注意煤炭质量，杜绝亏吨现象。他说，煤炭要出口，要开拓国外市场，必须提高质量。现在煤炭系统还存在只重产量，不重质量的现象，要从现在起引起足够的重视，要以优质煤炭去吸引用户，开拓市场。

在闭幕式上，李鹏副总理、于洪恩部长、中纪委常委王德瑛等，向全国煤炭工业端正党风工作先进单位和先进个人颁发了奖旗、奖状和奖证。向荣获“六五”期间全国技术进步全优奖的潞安矿务局、肥城矿务局、株州选煤厂，以及荣获单项奖的南桐矿务局、煤炭部特凿公司、张家口煤机厂颁发了奖状，并同他们一起照了像。会议于下午四时胜利闭幕。

（摘自1986年12月6日《中国煤炭报》）

李鹏副总理说
煤炭缓和是暂时现象

本报讯 在12月2日结束的全国煤炭工业工作会议上，国务院副总理李鹏说，今年我国煤炭供需出现缓和，全国煤矿职工要很好利用这一有利时机，改善经营管理，提高经济效益和煤炭质量。

这次会议包括计划工作、思想政治工作、安全工作和端正党风四个内容。李鹏认为，煤炭系统是我国工业系统工作最好的行业之一，党中央和国务院对煤炭战线这几年的工作是满意的。目前我国煤炭供应中，部分地区出现供大于求的情况，只是一种暂时的形势，国民经济的发展和煤炭出口的扩大，必将对煤炭工业的要求越来越高。现在有些煤炭生产单位重数量、轻质量，这个问题不解决就难以满足市场需要。煤炭工业的职工要认清形势，利用这个机会加强技术改造，提高经济效益，在提高煤炭质量上做更多工作。

李鹏对地方煤矿的工作也给予充分肯定，并要求加强对地方煤矿的管理，重视安全生产，不断提高技术装备水平，做到发展与提高并重。

（引自1986年12月3日《人民日报》）

煤炭系统33个项目参加全国计算机应用展览会

李鹏副总理说，煤矿推广使用计算机，要以满足实际需要为主

本报讯 煤炭系统从一百多项科研项目中选出来的33个项目参加了6月6日至30日在北京由国务院电子振兴领导小组主办的全国计算机应用展览会。这些项目从生产过程和环境监控、矿井设计、生产管理、地质勘探等方面反映了计算机在煤炭系统的应用情况，

6月5日的预展会上，李鹏副总理参观了煤炭行业展厅。询问了煤矿安全系统的主要功能、实际使用效益，国内研制的产品与国外引进、消化、仿制产品的性能、价格比。当他了解到国产的安监系统能基本满足用户使用要求而价格便宜时，指出：计算机的应用就是要以满足实际需要为主。

6月6日晚，陈慕华、陈锡联等领导同志也到煤炭厅参观了展览。

（引自1986年6月11日《中国煤炭报》）

中共中央书记处书记、全国人大副委员长
陈丕显视察大同矿务局

本报讯 9月16日，中共中央书记处书记、全国人民代表大会副委员长陈丕显同志视察了大同矿务局。

陈丕显同志在视察期间，详细询问了全局生产、基本建设、职工福利事业和职工收入等情况，对去年年产实现3000万吨表示祝贺。

陈丕显同志还视察了晋华宫矿。在井口，他和矿工进行了亲切交谈，对他们表示亲切慰问。视察结束时，陈丕显同志挥毫为晋华宫矿题写了“创世界先进水平”的条幅。

陪同陈丕显同志视察的有山西省副省长阎武宏、大同市委书记肖聪慈等同志。

（引自1986年9月27日《中国煤炭报》）

重要会议

全国煤矿物资工作会议

为了更好地贯彻落实1986年全国煤矿工作会议精神，保证“七五”期间煤炭工业投入产出总承包所需物资的供应，煤炭部于1986年1月10～15日在河北省涿县召开了全国煤矿物资工作会议。煤炭部直属直供单位的供应处长，各物管处、仓库主任，有关院校、科研单位的代表共250余人参加了会议。胡富国副部长到会并讲了话。

会议认为：一年来，煤炭物资工作紧紧围绕实现煤炭工业投入产出总承包的任务，认真贯彻部杨村会议精神，在指令性计划减少，市场调节比重加大，南方9省木材市场开放，生产资料和运费涨价的新情况下，依靠有关部委的支持，经过煤炭物资供应系统全体职工的共同努力，充分利用计划和市场两个渠道，国内和国外两个市场，基本上保证了生产建设计划所需物资的供应，管理工作有所加强，经济效益有了明显提高。这不仅保证了第一年总承包任务的完成，而且为完成“七五”总承包任务创造了良好的条件。

会议对1986年的物资供应形势作了分析后指出：1986年煤炭生产任务很艰巨，对物资供应工作提出了更高的要求。从预拨订货情况看，主要物资在数量上的安排还是可以的，但品种有缺口；缺口最大的是机械制造用钢材、线材、镀锌铁丝和水泥、沥青、油脂，特别是柴油和汽油。有些物资的交货时间有问题，价格也有所上升。另外，国家抽紧银根后，资金周转不开，拖欠货款，加大了利息开支，资金更加困难。为此，对1986年物资工作总的要求是：以全国煤炭工作会议精神为指导，以保证煤炭生产建设计划所需物资为出发点，继续坚持物资工作的改革，组织货源，狠抓管理，落实物资节奖超罚政策，努力降低采购成本和材料消耗，提高物资经济效益，为完成1986年煤炭生产建设计划做出贡献。具体要做好8项工作。

1. 完成各项物资经济技术指标

1）坑木万吨煤耗77立方米；

2）金属支柱、金属顶梁和金属支架丢失率分别为5‰、10‰和10‰；

3）炸药万吨煤耗3450公斤；

4）吨煤材料费比1985年实际消耗降低3～5%；

5）生产炸药24.15万吨，雷管4.64亿发，水泥260万吨，生铁5～5.5万吨，造坑木林23万亩，育苗7000亩，采伐9万立方米。

2. 千方百计落实货源，保证按计划供应

1）做好全年订货工作，按计划拿到物资指标，把货订到、运到，并力争价格合理；

2）做好平衡工作，各级物管部门都要在自己业务范围内做好物资平衡工作，对关键物资缺口，领导同志要指定专人解决；

3）提高应变能力，制订部、局两级物资储备制度；

4）积极进入市场，通过采购、协作、补偿贸易和合资经营等方式，解决缺口物资；

5）做好进出口贸易，组织好技术和商务谈判，做好中检和技术培训，特别要注意做好商检索赔工作。

3. 认真执行煤炭部《关于加强物资管理，降低消耗的若干规定》。

4. 加强物资流通领域的管理，加速周转。

1）在矿务局实行“两集中、五统一”的物资管理体制，将权集中在局供应部门。

2）企业的物资申请计划必须以部下达的计划为依据，超支不补；

3）物资储备资金要实行分口分级管理，把定额指标纵横分解，层层落实，严格考核；

4）加强仓库管理，对入库物资要进行验收，并合理调整库存结构；

5）按责、权、利相结合的原则，全面实行经济承包责任制；

6）在合理、合法原则下合理收费，也可搞多种经营，向社会开放。

5. 依靠技术进步，促进现代化建设。物资供应部门要协同有关部门做好采掘和安全设备、仪器的选型和配套，积极推进支护改革；加速火工品的更新换代。

6. 加强对水泥厂、火工厂、小钢厂和林场等多种经营的管理，努力增加产量，提高质量，降低成本，并抓好环境保护，实现文明和安全生产。

7. 加强物管处的工作，重点是坚持为煤炭生产建设服务的方向，继续落实以承包为主要内容的各项经济责任制，加强企业管理，提高经济效益，为煤矿提供优质服务。

8．要抓好物资管理现代化，应用现代化的管理理论，采用现代化的管理手段，使物管工作高效、精确，更具科学性。

会议要求各级物资部门要抓好精神文明建设，加强和充实政工、纪检和审计部门，要对职工进行形势、理想和纪律教育，使之自觉、认真执行物资政策、物资调拨计划和物价政策，并改进工作作风，树立为基层服务，为生产建设第一线服务的思想。同时要抓好职工队伍文化素质和技术素质的提高。

胡富国同志在讲话中分析了全国煤炭形势，肯定了物资供应部门在保证煤炭生产建设中的重要作用，要求各级领导充分认识物资供应工作的重要性。同时要求供应人员要以身作则，遵纪守法，坚持原则，不搞不正之风。

全国煤矿生产工作会议和整顿劳动组织现场会议

1986年3月6～11日，煤炭部在江苏大屯煤电公司召开了全国煤矿生产工作会议和整顿劳动组织现场会议。两个会议合在一起召开，其中心议题是贯彻全国经济工作会议和全国煤炭工作会议精神，动员全国煤矿职工认真抓好安全、效率和建设现代化矿井三件大事。参加会议的有煤炭部各管理局、直属公司，各省、自治区煤炭厅（局、公司）和全国统配矿务局的党政主要负责人及生产、人事、劳资处处长等共600余人。胡富国副部长出席会议并作了重要讲话（讲话摘要见本书第45页）。

会议对1986年的生产技术基础工作具体安排如下：

1．继续抓好均衡生产，努力完成今年煤炭生产计划，进一步提高经济效益。

2．抓好矿井改扩建和技改工程，加强开拓掘进，开辟广阔战场，大力发展采、掘、运机械化，并发挥其效益，努力搞好煤矿生产的物质基础。

3．突出抓好顶板管理、开拓掘进、运输、机电、防治水等项业务保安工作，降低统配煤矿的百万吨死亡率。

4．加强对建设现代化矿井工作的领导，有计划、有步骤地搞好这项工作。

5．以大搞质量标准化为中心，“严”字当头，下大功夫抓好质量管理。

6．以搞好设备租赁和检修中心为重点，切实加强机电管理。

7．继续抓好干部、职工的技术培训，进一步提高职工队伍素质。

8．继续广泛深入地开展劳动竞赛，促进煤炭生产水平不断提高。

9．加强调度部门的业务建设，加强调度工作，强化调度指挥。

会议对整顿劳动组织也提出了具体要求。

1．以整顿综采队的劳动组织为突破口，积极推广实行以吨煤工资包干为基础的经济责任制，整顿采掘队伍。

2．严格按定额、定员组织生产，定额定员的管理权集中在矿务局。

3．以改革的精神，大力精简各级管理机构，实行干部定编，精减管理人员。

4．集中生产，缩短战线，减少环节，广泛采用机械化作业。

5．严格控制职工人数的增加，不论实行哪种形式的承包，都不准自行招工。

6．妥善安置精减下来的人员，做到边整顿边安置。

会议对如何安置富余人员提出了具体意见，并制定了相应的经济政策：

1．对企业实行吨煤工资单价按效率提高幅度加价的办法和完不成效率计划相应减价的办法。

2．实行减人不减工资总额的政策。

3．对精减的采掘工人和主要技术工人组织培训，培训期间其标准工资不变，奖金以地面工的平均奖金水平作为奖学金。

4．安置到集体企业的全民职工，保留其全民身份，标准工资不降，奖金根据集体企业的效益决定，可以高于全民企业水平。退休后享受全民职工待遇。

5．集体企业接受全民职工后经济暂有困难的，可继续由原企业支付工资，但要逐步过渡到由集体企业支付。

6．经整顿精简机构后，副科级以上（含副科级）干部被安置担任较低职务的，保持原职务工资不变。

会议要求，各级领导部门必须认真转变工作作风，提高工作效率；发扬调查研究、联系实际、联系群众的优良作风，克服官僚主义；要明确职责权限，充分发挥业务部门的作用，建立工作计划和总结制度，完善会议制度，改变会风；要严肃纪律，对上级指示借口拖着不办的，要追查其责任。

会议特别强调，要加强思想政治工作，广泛宣传抓好“三件大事”的重要性，使之家喻户晓，以加快煤炭工业现代化建设的步伐。

全国地方煤矿安全工作会议

为迅速扭转地方煤矿安全状况不好的局面，1986年4月24～28日，煤炭部在河北省邯郸市召开了全国地方煤矿安全工作会议。各有关省、自治区、直辖市煤炭厅（局、公司）主管地方煤矿的厅（局）长、经理、安监局（处）长，部分重点产煤地区、市、县主管煤炭工作的负责人和地方矿矿长等共350余人参加了会议。煤炭部副部长叶青出席会议并讲了话。

会议首先回顾了近几年来地方煤矿的发展情况。“六五”期间，地方煤矿发展很快，原煤产量大幅度增长，年增长率达11.7%，1985年已占全国煤炭产量的52.3%；新增能力明显加大，上调煤量逐年增加，使煤炭供不应求的紧张局面开始有所缓和。在安全方面，随着生产建设的发展，也做了大量工作，主要是制定了《小煤矿安全生产规程》和《乡镇煤矿管理办法》等有关方针政策和具体办法；在地方国营煤矿重点开展了“五消灭”会战，并进行了安全补欠工作；部拨款近2000万元，建设了培训基地，并广泛开展技术培训工作，提高了职工队伍素质；另外，在推广应用科技成果和组织正规生产方面也做了大量工作；为了搞好事故防范和救护工作，部还投资2000多万元帮助23个省（市、自治区）建设地县救护队285个，并配备了6000余人和500多部专用车，初步形成了安全管理网。但是，总的来讲，地方煤矿的安全状况还不能适应煤炭生产、建设的要求。

会议听取了安全生产先进单位的经验，又对部分重大事故进行了分析。会议认为，造成地方煤矿事故多的主要原因是：

1．技术装备差。绝大多数地方国营煤矿达不到《煤矿安全规程》的低限要求，乡镇煤矿还差，多是土法上马，绝大多数不具备安全生产的条件，抗灾能力很弱。

2．职工队伍的文化、技术水平低，专业技术人员严重缺乏，与生产建设发展的要求极不适应。

3．管理体制混乱，安全机构很不健全，干部作风不实，法制观念淡薄。

针对以上问题，会议提出：“七五”期间，应趁煤炭供应趋向暂时缓和的大好时机，抓紧安全整顿，坚定信心，奋战5年，开创安全生产新局面。具体目标是：

1．坚决执行安全第一、预防为主、综合治理、总体推进的方针，从实行科学管理和提高装备水平入手，尽早控制住重大恶性事故的发生和职业病的蔓延。

2．从今年起，地方国营煤矿的百万吨死亡率要逐年有较大幅度地下降，并实行安全目标管理。

3．以地方煤矿为主，搞好安全基础工作，达到“六消灭”要求，大幅度减少瓦斯、煤尘爆炸，冒顶和运输3类事故，并减少粉尘危害。

为此，要求抓好以下5项工作：

1．按照谁办矿，谁管矿，谁受益的原则和隶属关系，明确各级职责，建立健全各级安全责任制，同时要加强管理机构和安全监察机构的建设。

2．深入开展文明生产矿井的建设，重点是全面推行正规生产，开展通风、顶板、机电、防尘4个会战。

3．落实有关政策，健全有关法规。主要政策包括：多层次、多渠道建立安全专用基金；更新改造资金，要在现行提取标准的基础上吨煤增提1元，专用于安全技措工程；参照统配煤矿的现行办法，提取大修理费用和单列安全补欠或技措费用，纳入承包合同，由企业支配，专款专用。主要法规有：《煤矿安全规程》和《小煤矿安全规程》；安全奖惩办法；矿山救护制度和事故处理制度。

4．开展全员培训，提高队伍素质。要求各省（市、自治区）逐级建立职工教育机构，编制“七五”职工教育规划，落实教育经费。

5．整顿乡镇煤矿，引向健康发展。一定要根据《矿产资源法》和《乡镇煤矿管理办法》及国家工商局颁布的《关于加强管理，积极支持乡镇煤矿发展的意见》进行全面整顿，重点是严肃法制。

会议要求各级国营煤矿，都要诚心诚意地帮助乡镇煤矿，积极组织技术服务队，为促进乡镇煤矿的健康发展做贡献。

全国煤炭工业财务经营工作会议

为了总结1985年煤炭工业实行总承包以来的工作，研究在新形势下如何加快企业转轨变型，开辟增产增收的新路子，煤炭工业部于1986年5月18～23日在江西省萍乡矿务局召开全国煤炭工业财务经营工作会议。部各煤管局、直属煤炭工业公司，各省、自治区煤炭工业厅（局、公司）和全国统配煤矿主管经营工作的负责同志、总经济师或总会计师、财务处长等共400余人参加了会议。叶青副部长出席会议并作了题为《开源节流，转轨变型，为全面完成总承包任务而继续奋斗》的重要讲话。

会议期间，代表们参观了萍乡矿务局的汽车改装厂和电焊条厂等多种经营和综合利用项目，并听取了萍乡、南桐和抚顺等10个单位的经验介绍。

会议对1985年总承包盈亏指标完成情况进行了估计，认为：煤炭企业通过实行投入产出总承包，落实经济责任，调动了多方面的积极因素，促进了企业向以煤为主，多种经营的方向发展，积极开展经济核算、进行现代化管理，使经营管理工作进入了一个新的阶段。同时，通过财务大检查，严肃了财经纪律，各项规章制度也得到了进一步完善，从而促进了各项承包任务的完成。会议在充分肯定总承包所取得成绩的同时，对一些基层企业强调困难、动摇观望、缺乏信心和以包代管、放松资金管理，不重视挖掘内部潜力的倾向提出了批评。

会议在分析煤炭工业面临的形势和任务时指出，随着经济体制改革的不断深入，出现了一些引人注目的新趋势。一是社会主义的商品市场将进一步发展，市场体系也逐步得到完善；二是价格、税收、财政的改革还要继续进行，其重点是有计划，有步骤地解决能源和原材料等生产资料价格偏低的问题；三是对外经济贸易规模将进一步发展扩大；四是横向经济联合正在迅猛发展。新的经济形势给我们煤炭行业带来了新的问题。一是煤炭产品出现滞销，不仅影响收入，还影响资金的周转；二是原材料提价，职工工资的调整及其他生活性支出的增加，还会使煤炭成本继续提高；三是农转非以后，职工住房，子女入学、就医、就业等问题给总承包带来新的困难。

针对以上问题，会议要求各级领导一定要提高对企业转轨变型的认识，在办企业的指导方针、经营决策、经营方式和经营手段上都应围绕经济效益这个中心来考虑，并提出了8项要求。

1. 在业务指导思想上，首先必须明确企业要以提高经济效益为中心。有一套完整的生产经营计划和明确的经营目标，并做到产量、质量、效率、消耗和成本等各项指标与盈亏指标互相衔接、互相促进、互相制约。

2. 企业必须做到面向市场，搞活流通，以销定产，产品适销对路。要变单一产品为多品种，变单一经营为多种经营，搞好综合利用，全面发展，从而增强自我改造和自我发展的能力，具备一定的活力和应变能力。

3. 煤炭企业要以提高产品质量、降低物耗为中心环节，从设计到生产的整个过程，做到技术先进，布局合理，使生产能力不断扩大，生产水平稳步增长。

4. 在管理体制上建立并落实以盈亏承包为主要内容的经济责任制，实行分级分权管理，形成改善与加强企业经营管理、提高企业素质的有机体系。

5. 推行科学的现代化管理手段，普遍应用目标管理、价值工程、量本利分析等方法，在经营的主要环节使用计算机，并开展全面计划管理，全面质量管理和全面经济核算。

6. 建立强有力的生产经营的执行和指挥系统，包括决策系统、咨询系统、信息系统和控制系统。

7. 企业的经济效益得到明显提高，实现产量、产值、销售收入和利润同步增长。

8. 遵纪守法，正确处理国家、集体（企业）和职工3者的利益关系，做到职工收入与经济效益挂钩。

根据煤炭工业实行总承包以后，所面临的新形势，叶青副部长在会议上提出了近几年内的10项重点工作。

全国煤炭基本建设工作会议

1986年5月20～27日，煤炭部在北京召开全国煤炭基本建设工作会议。参加会议的有各煤管局、直属公司、直管矿务局，各省（市、自治区）煤炭厅（局、公司）和各统配矿务局（矿）主管基本建设的厅局长，以及基建处、工程处长等共400余人。于洪恩部长和陈钝副部长出席会议并讲了话（陈钝副部长讲话摘要见本书第52页）。

会议总结了“六五”期间的基建工作。“六五”期间，煤炭基本建设战线形势很好，基本建设任务是几个五年计划完成最多的一个五年。企业的经济效益也有明显提高。建设项目工期长、浪费大、管理混乱的局面开始得到扭转，企业面貌有很大改观，整个煤炭基本建设在持续发展的道路上迈开了步伐。主要做了7方面的工作。

1. 根据煤炭工业的战略布局和长远规划，按煤炭资源分布和建设需要调整了地质勘探力量；把一些建设指挥部改为企业性的基建公司；撤销了基建工程兵，3万多人转入施工队伍；抓了基本建设前期准备和建章建制工作，初步形成比较正常的建设秩序。

2. 针对基本建设规模小、速度慢、周期长、造价高、效益差的状况，实行了生产、基建并重的方针，从抓重点建设入手，制订10个方面的30条措施。使施工速度加快，矿井规模扩大，工程质量有所提高，建设工期逐年缩短，工程造价开始得到了控制。

3. 煤炭基本建设改革开始起步，实行了包建责任制，开展了投标招标试点，普遍实行了百元产值工资含量包干，均取得显著的效果。

4. 通过广泛汲取国内外先进生产工艺和技术以及最新设计经验，在矿井设计改革方面迈出了较大的一步，使新建矿井万吨掘进率平均由206米减到168米，回采工作面由236个减到146个，单产由30万吨提高到50万吨，全员工效由1.63吨提高到2.15吨。

5. 认真执行对外开放的方针，积极利用外资，积极引进先进技术和装备，提高了煤炭基本建设的技术水平和装备水平。

6. 集中力量保证重点建设项目，老矿井改扩建及技术改造，尽快形成了后续生产能力。

7. 依靠科学技术进步，大力推广新技术、新工艺、新装备，取得了新的成果，使基本建设队伍素质有明显提高。

同时，会议也指出：煤炭基本建设周期长、速度慢、造价高，投资效益差的状况还没有根本扭转，投资方向缺乏科学分析和统筹安排，基本建设改革仅仅是起步，关系还未理顺，矛盾和问题仍很多，机构臃肿，二、三线人员比例大，结构不合理等问题还不适应新形势的要求。

针对以上问题和“七五”规划的要求，会议提出“七五”煤炭基本建设的主要任务是：坚持改革，实施和完善地质、设计、施工3方面的配套改革方案，为建立煤炭基本建设新型经济体制奠定基础；依靠科学技术进步，提高地质、设计和施工水平，造就一支适应现代化建设的煤炭基本建设队伍；以提高经济效益为中心，努力完成总承包所规定的基本建设任务，为90年代煤炭工业持续健康发展准备后续能力。

主要目标共10项，详见陈副部长讲话摘要。

为实现“七五”期间煤炭基本建设主要目标，会议确定“七五”煤炭基本建设工作的指导思想是：坚持改革，勇于创新，勤俭节约，艰苦奋斗，依靠广大职工的社会主义积极性和创造性，依靠科学技术进步，以提高经济效益为中心，以周期短，质量高，投资省，安全好为目标，建设现代化煤矿。

会议对改革中的几个问题进行了认真研究，并提出以下意见：

1. 关于煤炭基本建设队伍管理体制的改革，会议认为其核心是使工程处自主经营，增强企业活力，以适应施工项目的承包和招标投标等一系列改革的需要。设计院要按行政大区以骨干院为核心，逐步集中设计力量，集中装备，以提高设计质量和效率。

2. 关于设计改革问题，会议认为其中心是矿井工艺技术的改革。要根据条件尽量采用先进的技术装备，提高单产单进；井下开拓部署要简化生产系统和环节，实行合理集中生产；要以经济效益为出发点，大型矿井采取一次设计，分区建设，分期投产的方针；尽量减少工程量，采区前进式布置，多做煤巷，少做岩巷；地面总体布置和管理体制，要本着集中统一，专业化协作和提高管理效能的原则，按生产、生产服务、生活服务3条线安排；简化地面设施，改革机修和供应体制，集中设置工业区和生活区，发展多种经营和综合利用等。

3. 全面推行项目包建责任制，包建投资按核定的概算和费用一次包死，通过包建，逐步走上按合理工期组织施工的轨道。设计和施工项目要逐步推广招标投标。地质勘探实行项目包干，项目实行招标投标，中标后按项目拨款。

4. 继续坚持和完善施工企业百元产值工资含量包干和利润包干办法，企业内部也要实行经济承包责任制，实行目标成本管理，以保证降低消耗，提高质量，完成任务，增加利润。

5. 发展以煤为主的多种经营，广开生产门路，使企业从封闭型向开放型转变。多种经营一定要独立核算，自负盈亏。

会议还对1986年的基建工作提出了具体要求。

全国煤炭厅局长工作会议

全国煤炭厅局长工作会议，于1986年7月2～8日在山西省潞安矿务局召开。煤炭部各派出机构、直属公司，各省（市、自治区）煤炭厅(局、公司)，全国各统配矿务局的局长、安监局长及部分单位的党委书记等共200余人参加了会议。煤炭部于洪恩部长、胡富国副部长、邹桐顾问和中纪委驻部纪检组组长王玉福同志出席了会议。

会议的主要任务是：贯彻中央和国务院领导同志关于发展煤炭工业的重要指示，总结上半年的生产建设情况、安排下半年的工作，研究落实建设现代化矿井的规划，进一步完善落实总承包及其配套改革措施等。

会议认为：今年以来，在增支因素多，存煤数量大的情况下，整个煤炭战线以积极进取的精神，集中力量抓好三件大事，搞好总承包及其配套改革，抓好精神文明建设，夺得了稳步健康发展的好形势。1～6月份，统配煤矿生产实现了均衡稳定的增长，原煤产量和开拓进尺分别完成年计划的51.21%和55.29%；全员效率比去年提高2.65%；百万吨死亡率比去年同期下降；思想政治工作和精神文明建设也取得较好的成效。突出特点是：第一，抓三件大事，促进了煤炭企业管理工作的加强，第二，总承包及其配套改革方案的进一步落实，使煤炭工业稳定健康地发展；第三，把多种经营提到了与生产、建设并重的地位，煤炭企业经营思想、经营方式有了很大变化；第四，干部作风有了较明显的转变，深入基层，深入井下，实实在在抓工作的多了；第五，一手抓改革，一手抓党风，端正党风推动了各项工作的发展。

会议着重研究了建设现代化煤矿的问题。建设现代化煤矿是一项具有战略意义的重要工作。解放37年来，煤炭工业取得了突飞猛进的发展，产量已居世界第二。但在质的方面还落后于世界先进的采煤国家，与我们采煤大国的地位极不相称。此外，作为我国主要能源的煤炭，在相当长的时期内仍是我国国民经济的基础工业，要使我们的发展保持持续、健康和稳定的势头，就必须有一批骨干矿井较长时间地起到稳定产量的作用，同时对所有煤矿在技术、管理等方面起带头和示范作用。因此，本着条件好、投入少、产出多、经济效益好、优中选优的原则，选出了62个矿列为部重点掌握建设的现代化煤矿。这批矿建成后会取得明显的效益：1）产量可提高16%；2）5年内可把国家投入的资金基本上收回；3）投资少、见效快，折合吨煤投资仅为16.02元；4）采煤机械化程度将达到91%，采煤工作面单产将提高到3万多吨，提高66.64%；5）提高掘进机械化程度，取得提高单进，保证采掘平衡的效果；6）提高矿井抗灾能力，实现安全生产；7）减少原煤生产人员20%，全员效率将达到2.325吨/工。为达到此目的，必须树立正确的指导思想和方针，主要包括：1）建设现代化煤矿，要紧紧围绕提高经济效益这个中心，从加强管理和改革体制入手，尽量做到少投入、多产出、见效快。2）从实际出发，因地制宜，采用技术上先进，经济上合理的技术装备。3）使用先进的技术装备和提高企业的管理水平并重。4）坚持以自力更生、艰苦奋斗、勤俭办企业的精神建设现代化煤矿。

会议指出：建设现代化煤矿是一项新的工作，必须扎扎实实工作，采取切实可行的措施，按照现代化煤矿的规划，一步一步抓落实，当前主要抓以下几点：

一、要提高认识，树立建设现代化煤矿的决心。克服依赖国家，伸手要钱，图形式、图外表，搞花架子和只着眼装备现代化，不重视管理现代化的错误倾向。

二、要加强领导。矿长是第一责任者，要全力领导；局长要及时加以指导，并在资金、物资和技术等方面给予优先保证；省局必须成立领导小组，经常检查、研究、解决建设现代化煤矿中出现的问题，总结交流经验，切实加强领导。

三、要抓工作计划和措施的落实。各省局、矿务局都要重新审订建设现代化矿井的工作计划和措施，每项工作都要有专人负责并有时间要求。

四、要加强企业管理基础工作，当前要认真抓好质量标准化。

五、要抓培训，提高职工队伍的素质。

六、从抓生活福利管理达标入手，不断改善职工生活。重视环保工作，现代化煤矿要达部颁环保标准。

七、要坚持“两个文明”一起抓，培养一支有理想、有道德、有文化、有纪律的特别能战斗的队伍。

会议要求：下半年要继续抓好三件大事，各项工作要上一个新台阶。重点抓好以下工作：

一、认真贯彻采掘并举的方针，切实加强现场管理和对企业管理工作的指导，继续保持稳定、健康发展的好势头，确保全年煤炭生产任务的完成。

二、抓好安全教育，坚持“严”字当头，扎扎实实抓安全基础工作，使安全工作再创新水平。

三、进一步精简机构，整顿劳动组织，压缩非生产人员，大力增加生产，坚定不移地确保统配煤矿全员效率突破1吨。

四、继续抓好基建项目的包建和承包责任制的落实工作和在建、新建项目的设计及设计改革，加强工程管理，加快掘进速度，确保全年33万米成巷计划的完成和12处新建矿井、8处改扩建矿井、7座选煤厂按期投产。

五、努力开源节流，加强经营管理，继续大力发展多种经营集体经济，形成以煤为主、多种经营、全面发展、效益显著的经济实体。

六、狠抓各级地方煤矿安全管理机构的建立和健全，并继续抓好乡镇煤矿的整顿工作，坚决制止乱采滥挖的现象。

七、进一步搞好选煤厂的改革承包、技术改造和科学管理，努力提高煤质，降低直销原煤比重；积极抓好发热量计价试点和煤炭新的分类工作，提高经济效益；加快发展综合利用和开展综合利用产品出口创汇工作。

八、认真研究市场，搞活流通，坚持“一本帐”原则，进一步密切产、运、需部门之间关系，确保完成煤炭供应计划。

九、加强横向联系，采用科学管理手段，抓好物资的供应和管理。

十、继续狠抓机电产品质量。加快“三机一架一装备”等新产品的消化、吸收和国产化攻关；加强生产经营管理、提高经济效益，抓好技术服务工作。

十一、加强煤炭科学技术研究、教育、情报出版和计算机的开发应用工作。

十二、完善内部审计网络，充分发挥内部审计在企业执行经济政策和制度中的监督作用，保证改革和企业经营管理工作的健康发展。

会议还就继续抓好统配煤矿总承包及其配套改革等问题进行了研究。要求用新的眼光重新看企业的潜力和消在能力，用进取的精神，战胜困难，挖掘潜力，疏通流通渠道，抓好资金管理，降低材料消耗，落实财务指标，努力提高经济效益，并要求进一步完善吨煤工资包干办法，坚定不移地推行农民轮换工制度，继续搞好矿井包建、招标投标、百元产值工资含量包干等改革。

为了扎扎实实搞好现代化矿井建设，会议规定：1）不准借建设现代化矿井为名，铺张浪费，乱花钱；2）不准追求形式，搞花架子，做表面文章；3）严格执行部制定的《煤矿地面建筑装修标准》，不准突破；4）现有生产矿井不准擅自新建、扩建办公楼；5）不准擅自修建高级招待所；6）不准违反规定购买小汽车、录相机、高级家具等高档消费品；7）不准脱离群众为领导干部修建超标准住宅。

会议要求各级领导干部要端正领导思想，改进领导作风，深入井下、深入基层、深入群众，坚持“两个文明”一起抓。

于洪恩部长在讲话中传达了中央和国务院领导同志近半年来对发展煤炭工业的讲话精神，并根据讲话精神和煤炭工业的实际情况提出了今后发展煤炭工业的方针（详见本书第39页）。

全国煤矿煤质工作紧急会议

继肥城全国煤矿质量标准化会议之后，9月25～26日煤炭部又在山东泰安召开了全国煤矿煤质工作紧急会议。各煤管局，直属公司、直管矿务局和各省（市、自治区）煤炭厅（局、公司）的厅局长、经理，主管煤质工作的处长和部分主管运销工作的处长共300余人参加了会议。张宝明副部长出席会议并讲了话。

会议首先学习了中央和国务院领导同志关于产品质量问题的讲话和批示，并在此基础上分析了当前煤矿煤质工作的情况、存在的问题及改进的措施。

会议认为，自1985年全国煤质工作会议以来，煤质工作取得了一定的进展。主要表现在：

1．通过贯彻部《关于在煤矿经济承包中加强煤质管理工作的规定》，商品煤质量有所提高。灰分由1984年的20.05％下降到19.86％；含矸率由0.39％下降到0.27％，创历史最好水平；洗精煤质量也有所好转。

2．企业增强了发展煤炭洗选加工的积极性，产品结构发生了显著变化。直销原煤由1984年的41.97％降到15％，筛选煤比重由31.32％提高到59.46％，从而提高了吨煤售价，增加了企业经济效益。

3．通过组织统配局化验室的统检工作，重新标定煤质牌号工作和为动力煤按发热量计价、按商品煤计量的改革做准备，加强了煤质基础工作和业务建设，培训了队伍，装备了仪器。

同时，会议也指出，当前煤质工作还存在问题，其中反映比较普遍的是煤炭含矸高、杂物多；水分高；

质级不符、规格不符和出口煤质量差，索赔金额高，影响国家声誉，缺乏竞争力。

会议要求，要认真贯彻中央和国务院领导同志有关质量问题的指示，树立商品经济观念，端正业务指导思想；大力开展全面质量管理，加强对煤质工作的技术管理和综合治理；认真执行国务院颁发的《工业产品质量责任条例》和部关于煤炭产品质量责任的8条规定；完善质量检测手段，建立质量监督抽查制度；积极发展洗选加工，逐步完善加工手段；注意运用经济手段，严格产品质量验收。切实认真地抓紧抓好煤质工作。为此，会议制定了4条紧急措施：

1. 下决心把超灰扣产制度建立健全起来。根据部《关于在煤矿经济承包中加强煤质管理工作的规定》，各单位要立即拟定实行超灰扣产的实施细则。

2. 生产矿井要立即建立健全煤质专职机构，年内一律建立并配齐专职技术人员。

3. 要立即建立煤质监督检查制度。

4. 要立即组织有专业人员和群众参加的煤质大检查，并要求将检查结果、采取的措施和限期解决的时间及时报部。

全国第二次安全生产现场会议

全国安全生产委员会于1986年10月10～13日在山东肥城矿务局召开了全国第二次安全生产现场会议。国务院有关部委和部分省(自治区)、直辖市政府的负责同志及其经委、劳动人事局、煤炭厅、工会、乡镇企业局的负责同志或有关业务处长等共300余人参加了会议。国务委员、全国安全生产委员会主任张劲夫，国家经委副主任、全国安全生产委员会副主任袁宝华，全国安全生产委员会副主任何光出席会议并讲了话。煤炭部部长于洪恩和山东省副省长马世忠作为东道主分别代表煤炭部和山东省讲了话。

会议期间，与会代表参观了肥城矿务局所属统配矿及地方矿、乡镇矿的安全生产情况，听取了肥城矿务局和山东省、泰安市等单位的经验介绍，分析了一些地方煤矿的典型事故；着重研究了如何解决煤矿，特别是乡镇煤矿的安全生产问题，并讨论了《关于加强地方煤矿安全生产的几项规定（草稿）》。

张劲夫同志在讲话中指出：乡镇煤矿的发展，对于缓解我国能源紧缺的状况作出了重要贡献，对安排农村剩余劳动力，增加农民收入，起着重要作用。但是，随着乡镇煤矿的迅速发展，生产中的安全问题日益尖锐和突出。为此，要求：

一、各级政府和煤矿主管部门，必须认真贯彻安全生产方针，牢固树立“安全第一，预防为主”的指导思想、摆正安全与产量、安全与利润的关系。

二、要明确各级领导的责任，实行安全目标管理。各级政府在乡镇煤矿的安全上，负有重要的领导责任。要区别情况，分类指导，分级管理，坚决改变无证乱挖现象。要明确第一责任者，建立必要的规章制度。对不安全因素要层层设防，严字当头，从严治矿。各地行政负责人和企业主管负责人要定期下井，亲身体验，对今后发生的责任事故，要负失职的责任，以至追究刑事责任。

三、创造必要的物质条件，提高地方煤矿的抗灾能力。

1. 乡镇矿在利润留成中要提留一定比例作为生产发展基金；

2. 所有地方矿均应提取一定的维简费，并从中提留一定比例用于安全技措，不得挪作它用；

3. 对贫困地区的地方煤矿，研究和采取适当的扶持措施；

4. 各级政府从物资供应上支持地方煤矿的发展。

四、对矿长和特殊工种的工人，要分期分批进行安全技术培训，经考核合格后方能上岗。今后要逐步建立国家对矿长资格的审查制度。

五、在各级政府统一指挥下，明确归口部门，加强有关部门的分工协作，进一步落实各项安全管理制度，尽快扭转地方煤矿、乡镇煤矿安全工作的被动局面，保证职工的安全与健康。

于洪恩部长在会上作了《为开创煤矿安全生产新局面而努力》的发言。他说，第二次全国安全生产现场会在我们煤矿召开，这是党和国家对煤炭工业的重视，是对广大矿工安全和健康的关怀，也是对我们煤炭系统进一步抓好安全生产的极大支持和鼓舞。我们煤炭部一定要把安全工作抓好。总的目标是：全国煤矿百万吨死亡率从今年起，每年要以10%的递减率下降，并基本控制住瓦斯、煤尘、火灾等重大恶性事故。为此，我们的方针是安全第一，预防为主，综合治理，总体推进，管理和装备并重，以管理为主。他提出了煤矿安全生产的5项具体措施。

国家经委副主任、全国安全生产委员会副主任袁宝华、劳动人事部副部长李伯勇、农牧渔业部副部长陈耀邦和全国总工会书记处书记王珣等同志分别从不同角度对加强地方煤矿，特别是乡镇煤矿的安全工作提出了具体意见。

全国煤矿多种经营集体经济工作会议

为了适应社会主义有计划商品经济发展的要求和煤炭工业经济体制改革的需要，进一步推动煤炭工业集体经济更大发展，煤炭部于1986年10月20～26日在辽宁抚顺矿务局召开全国煤矿多种经营集体经济工作会议。参加会议的有各煤管局、直属公司、直管矿务局、基建公司和各省（市、自治区）煤炭厅（局、公司），统配矿务局主要负责同志和集体服务公司经理、书记等共500余人。于洪恩部长和张宝明副部长出席会议并讲了话，讲话摘要见本书第58页。

会议首先回顾了煤炭企业多种经营集体经济发展

的过程及所取得的成绩。煤炭工业多种经营集体经济是从60年代后期开始，在极其困难的条件下，从无到有，从小到大，一步一步地发展壮大起来。到1985年底，全国煤矿集体企业的年产总值已达28亿元，人均产值达2700多元，实现税利共2.6亿元。已成为与煤炭生产、基本建设并驾齐驱的第三大主体。由于煤矿多种经营集体经济的发展，促进了煤炭工业产业结构和所有制结构的改革，广开了就业门路，解除了职工的后顾之忧，减轻了企业负担。同时，由于矿区工副业和农牧业、商业、服务业的兴办，不仅有力地支援了煤矿的生产建设，而且大大改善和方便了矿区生活。

会议总结了多种经营集体经济工作的经验，概括为以下几条：

1. 领导重视并积极创造条件予以扶持，实行统一领导，统筹兼顾，是煤炭集体经济得以迅速发展的一个重要条件；

2. 因地制宜，发挥优势，广开生产门路，扩大就业能力，是煤炭企业能否承担“两个安置”繁重任务的关键；

3. 自力更生，艰苦奋斗，奋发图强，是集体经济求生存，谋发展，开拓前进的一种很可贵的精神；

4. 提高经济效益，增强自我发展能力，是巩固和发展集体经济的根本途径。

同时，会议也指出：目前有些单位在认识上，思想观念上还跟不上形势；一些集体企业经营不够灵活，经济效益差，缺乏自我发展能力；还有17%的企业亏损；基础管理工作很薄弱，职工队伍素质也需进一步提高。

会议研究了发展煤炭集体经济的有利因素及存在的困难和问题后提出，“七五”期间发展煤炭多种经营集体经济的主要任务是：坚持把改革放在首位，搞好煤炭工业产业结构、产品结构和所有制结构的改革，探索建立与煤炭生产、基本建设相适应的、协调发展的煤炭多种经营集体经济体系；坚持“以煤为主，多种经营”的方针，在搞好煤炭生产建设的同时，大力发展多种经营集体经济，广开生产经营门路，搞好“两个安置”，提高煤炭企业的经济效益，增强企业的生机和活力；坚持“两个文明”一起抓的方针，加强思想政治工作，搞好职工队伍建设，为煤炭生产建设服务，为职工生活服务，为社会服务。主要目标是：

1. 通过发展多种经营和集体经济，5年共安置待业子女和企业富余人员100万人，其中集体企业要安置50万人；

2. 总产值要以平均每年4.4亿元的幅度增长，1990年达50亿元，比1985年增长78.6%；

3. 劳动生产率到1990年达到人均产值3300元，比1985年增长22.2%；

4. 利税要以平均每年3000万元的幅度增长，到1990年实现4亿元，比1985年增长53.8%；

5. 工业、农牧业和商饮服务业产值到1990年分别要达到38亿元、5000万元和10亿元，分别比1985年增长66.8%、42.8%和75.4%；

6. 职工收入要有较大幅度的增长，集体福利事业要有较大改观。

会议对1987年煤炭多种经营集体经济工作提出以下要求：

坚持把改革放在首位，改革经营管理体制、经营方式和分配制度；认真组织编制发展规划；进一步完善经济承包责任制，全面实行经济核算，加强财务管理，搞好质量管理，提高产品质量；抓好新项目的开发；搞好精神文明建设，加强对集体企业的领导。

为使煤矿集体经济健康而迅速地发展，会议期间研究制定了《关于煤炭工业发展多种经营集体经济若干政策的暂行规定》。

会议表彰了一批在发展煤炭工业集体经济方面做出突出成绩的先进单位，并请部分先进单位介绍了经验。

会议期间，煤炭工业集体经济协会举行了第一次会议。协会是由煤炭部筹建，经劳动人事部批准的，其任务是：宣传贯彻党中央和国务院有关发展集体经济的方针、政策和法令，维护集体企业的合法权益，调查研究，探索发展集体经济的方向，研究有关经济政策；研究正确处理集体企业和全民企业的经济关系，促进集体经济和全民经济的共同发展；协助主管部门，总结、交流、推广集体经济工作经验。

会议通过了协会章程，选举产生了协会会长、顾问、副会长、秘书长、常务委员和委员。第一任会长由张宝明副部长兼任。

专文和专论

我国统配煤矿采掘机械化的发展

王焕文

一

建国以来，我国煤炭工业发展迅速，原煤产量由1949年的3243万吨提高到1986年的8.7亿吨。煤炭产量的大幅度增长，是与依靠技术进步分不开的，其中采掘机械化的发展起了重要作用。特别是1974年我国统配煤矿开始使用综采以来，采掘机械化发展较快，取得了显著成绩，主要表现在5个方面。

1. 采掘机械化程度有了较大幅度的提高

“五五”期间采煤机械化程度平均每年递增1.86%；“六五”期间平均每年递增1.58%。到1986年，全国统配煤矿采煤机械化程度达到49.74%，其中综采25.65%，高档普采11.25%；掘进装载机械化程度达到48.08%，其中综掘为3.4%。

2. 采掘机械化已成为统配煤矿产量增长的主要手段

“五五”至“六五”的10年间，全国统配煤矿回采产量增长近1亿吨，其中80%以上是靠机械化实现的。回采工作面单产提高2564吨，按1976年单产水平计算，相当于减少610个回采工作面，少用回采工人8万人。统配煤炭生产已经改变过去靠增人增工作面来增产的方式，现在靠机械化与技术改造，合理集中生产，减人减工作面，提高单产，使增加煤炭总产量，提高经济效益已成为普遍趋势。

3. 初步改变了煤矿技术落后的面貌，出现了一批机械化、现代化矿井

目前，全国统配煤矿中，74个矿务局有机械化采煤，其中有48个矿务局131个矿有综采；41个矿务局142个矿有综掘。采煤机械化程度达到70%以上的有13个矿务局。综采综掘单产单进高、安全好、效率高、用人少、消耗低，而且解决了很多技术难题：如过去2.5～3.5米厚的煤层为难采煤层，现在用综采已成为易采的高产煤层了。由于综采、高档普采和综掘的发展，促进了煤矿技术水平的提高，加快了现代化矿井建设。潞安和晋城矿务局全员效率都达到3吨以上，王庄矿全员效率超过4吨/工，代表了全国煤矿今后的发展方向。

4. 培养锻炼了队伍，积累了管理使用综采、高档普采、综掘的经验

在设备选型、队伍技术培训、加强生产管理、严格设备维修和大修、备品配件供应等方面，都积累了许多成功的经验，有了一批生产技术水平较高、素质较好、达到了世界先进水平的综采综掘队。1981～1986年，已经有40个综采队次取得年产百万吨以上的好成绩。

5. 初步形成了具有我国特色的采掘机械化的科研、设计、制造体系

在先进技术的引进、消化、吸收、仿制以及国产化方面有重大进展，采掘设备年制造能力可以基本满足国内采掘机械化装备和更新的需要。

二

回顾我国统配煤矿采掘机械化的发展历程，主要经验有以下几点：

1. 搞好矿井的技术改造，实行合理集中生产，建立与采掘机械化发展相适应的生产体系

实践证明，矿井的环节能力配套，是充分发挥综采综掘优势的重要条件。凡是综采综掘使用得好的，大都在大型矿井。据统计，综采年产50万吨以上的队，90%是在年产100万吨以上的大型矿井。这说明，采掘机械化已使煤炭的开采工艺纳入大规模的连续化生产之中，因此，必须建立大规模的并与采掘机械化能力相适应和匹配的生产系统，即合理的开拓、巷道布置系统，新的采煤方法、回采工艺和配套技术，大能力高效能的提升运输系统，可靠的通风防尘及安全监测系统，供电、供风、供液、供水系统和现代化通讯指挥系统，准确的地测预报系统等。

2. 建立严格的科学的生产管理体系

综合机械化采煤的发展，已使煤矿成为一座连续机械化的地下工厂，传统的、分散的、适应小生产的

管理方法再也不能适应。实践证明，哪个矿务局在管理上抓得严，有一套好办法，哪个矿务局采掘机械化效能就发挥得好。多年来，在采掘机械化的使用管理上，有几个比较肯定的作法：一是合理选型，根据地质条件和储量选择合理的架型；二是合理的定员定额，建立科学的劳动组织，实现增产减人；三是4班作业制和正规循环作业，提高开机率和工时利用率；四是采掘设备的租赁制、集中管理和集中检修，提高使用率；五是质量标准化。这些管理方法的普遍推广，取得了显著的经济效益。

3．狠抓技术培训工作，不断提高干部的管理水平和工人的技术操作水平

实践证明，凡是综采、高档普采、综掘使用得好的单位，大都在培训上下了真功夫。各局矿对综采综掘队定期考核，严格验收，初步形成了制度。

当然，在采掘机械化发展历程中，也有不少教训和问题。最突出的是设备使用率低、平均年套产低、平均单产低、设备维修差，也就是说，还有很大潜力没有发挥出来；如果加强这方面的管理工作，不需要增加多少投资，采掘机械化的综合效益就能更好地体现出来。

三

今后采掘机械化的发展，必须坚持正确的指导思想、制订符合实际、切实可行的技术政策和经济政策。

1．在指导思想上，要坚持艰苦奋斗，勤俭办企业的光荣传统，立足于采掘机械化的现有基础，管好用好现有采掘设备，提高使用率。坚持技术与经济统一的原则，每上一套新设备就要收到预期的效益。

2．在技术政策上，要根据当前与长远的需要与可能，因地制宜，不一刀切，能上综采的上综采，能上高档普采的上高档普采，建立起多层次、多形式的采煤技术结构。坚持技术装备基本上立足国内的方针。坚持标准化、系列化的原则；坚持采掘机械化同步发展的原则等。在安排重点上，缓倾斜厚和中厚煤层优先上综采；大型矿井优先上综采和高档普采；新建矿井和改扩建矿井，凡是地质条件允许的，都优先按照现代化矿井标准装备综采、综掘、高档普采。对大倾角（≥25°）和薄煤层采煤设备要重点安排科研攻关。

3．在经济政策上，一是发展采掘机械化的维简资金不准挪作他用；二是采掘设备的折旧费专款专用；三是大修理基金专款专用；四是多方面、多渠道筹集发展采掘机械化的基金。

今后明确规定，凡是闲置的设备，凡一年内不能使用的一律调出。低产队年产小于30万吨的设备，短期内不能改变面貌的也要调出。对发展采掘机械化的速度，作为考核局矿长任期目标的一项重要内容，每年考核一次，任期终结予以审计。

为使采掘机械化生产在“七五”后期保持持续、稳定、健康地发展，从今年起开展综采、高档普采、综掘设备的修复、更新、改造会战。要从多方面努力做好工作，提高设备使用率和企业的经济效益。要按照这个精神重新修订采掘机械化发展规划，保证全国统配煤矿1988～2000年采掘机械化程度以每年递增2％的速度为目标早日实现。

坚持改革方向，发展煤炭基建工作好形势

煤炭工业部基本建设司

1986年是“七五”计划的第一年。在中央改革经济体制，开放搞活的方针指引下，煤炭基本建设紧紧抓住改革这个突破口，以改革促建设，从改革中求效益，使煤炭基本建设取得了可喜的进步和成绩。全年完成井巷总进尺35.58万米，超计划7.85％；投产矿井23处，能力1761万吨；投产选煤厂6处，能力1155万吨，是“六五”以来选煤厂投产最多的一年。大中型矿井的建设工期已由80年代初的100个月降到1986年的64个月。提交矿区总体设计5部，能力3166万吨；提交矿井初步设计46部，能力6946万吨；提交选煤厂初步设计19部，能力4855万吨。设计水平也有了新的提高，基本满足施工需要。施工企业经济效益有了提高，成本比预算有所降低。

按照部党组的统一部署，煤炭基本建设工作这几年调整体制，建立健全各种经济责任制，促使企业加强内部管理，提高自身素质，深入进行设计改革，狠抓安全质量工作，提高经济效益，初步扭转了建设项目工期长、浪费大、管理混乱的局面，使煤炭基本建设工作开始走上了健康稳定发展的轨道。

一、明确了煤炭基本建设工作的指导思想和建设方针

“七五”期间是煤炭工业发展的关键时期，煤炭基本建设工作是关系煤炭产量能否持续稳定增长的基础工作，是决定煤炭工业发展有没有后劲，后劲大不大的关键。1986年5月，部党组重新确定了煤炭基本建设的指导思想和建设方针，强调要把改革放在首位，积极稳妥地推进以承包为中心，以设计改革为突破口的煤炭基本建设配套改革；科学地安排使用投资，逐步转上按合理工期组织建设的轨道，提高投资效益；搞好企业整顿，实行科学管理，提高施工技术水平，建设效率高、效益好的现代化矿井。1986年部直属直供矿井在建规划1.3亿吨，虽比1985年减少，

但投产规模有提高，1986年投产23处，能力1761万吨，比1985年增长8.81%；施工速度加快，各类井巷施工平均月进度呈上升的趋势；工程质量得到提高，1986年工程优良品率都超过部提出的要求；建设工期逐渐缩短，在平均井型加大的情况下，平均工期已由1985年的72个月下降到1986年的55个月；工程造价初步得到控制，也有不同程度的降低。

二、理顺关系，实行配套改革

煤炭基本建设的改革在"六五"期间已经开始起步。针对基本建设长期以来主要以行政手段管理，以国家计划加以控制，出现政出多门，管理分散，吃国家投资的"大锅饭"，经济效益不好等状况。我们从地质、设计和施工各个环节以及计划体制、管理体制、经营方式和分配方式等方面进行了改革，理顺关系，获得初步成效。

施工队伍改革的核心是使工程处自主经营，增强企业活力，适应施工项目的承包和招标投标等一系列改革的需要，使企业在竞争中和施工过程中充分施展能力，求得自我完善和自我发展。1986年我们对基建队伍进一步做了调整，除个别队伍以外，逐步实行矿务局领导独立核算的工程处承包实体，精减了基建管理体制，撤消了中间一级的基建公司，逐步精干施工队伍，使基建与生产衔接更加合理。到1986年底，已撤消10个基建公司，划转53个工程处，共计12.67万人，同时压缩了一批管理机关工作人员。这项工作获得国家计委的好评。

以设计为主体的承包公司在煤炭系统也开始试验。煤矿设计改革已经进行5～6年，取得了较明显的效果。1986年我们本着设计改革要向深度和广度发展，要以现代化为目标，体现先进的设计思想，采用先进的技术，提高设计水平的指导思想，对设计进一步实行改革。按照设计改革精神，经过复查，"七五"期间投产的能力8793万吨的73处矿井，已经有88%符合现代化矿井标准的要求。按照新设计思想进行的山西屯兰矿井设计，采用连续采煤机采煤工艺，走以矿养矿的路子，逐步建设成高效率的现代化矿井。山东济宁东区和河南永城矿区按生产、生产服务和生活服务3条线布局，合理集中，简化层次，改革传统的布局方式，也收到了好的效果。在1986年的56项设计审查中，通过依靠老矿区减少重复建设，按3条线布置地面设施，适当集中，少铺摊子，削减部分标准过高的设计，部分设备由引进改为用国产设备等办法，消减总概算投资达14.89亿元，占原概算的10.5%，体现了设计改革的效益。

三、加强经济责任制，促进企业面向内部，挖掘潜力，提高管理素质

全面推行项目包建责任制，是煤炭部对基本建设工作提出的改革要求。建设单位对项目建设全过程向国家负责，施工单位通过经济合同方式向建设单位承包施工任务，煤炭部对国家"七五"任务进行总承包。从"六五"初期中小型矿井"三包三保"开始，逐步扩展到大型矿井的包建经济责任制，扩大到施工企业内部经济承包责任制和招标投标的经济合同制，以及现在试行的以设计为主体的联合承包制，逐步建立起煤炭基本建设经济体制的模式。

自实行"三包三保"和包建制以来，共包建矿井89处，能力9038万吨（"三包三保"51处1813万吨），1986年全部在建矿井的70%已实行了包建。在这批包建的矿井中已有40处2530万吨的矿井陆续投入生产。这批矿井与同期相类似的矿井比较，建设工期普遍缩短，建设造价有所降低。

经济承包责任制促进了企业面向内部，挖掘潜力，提高管理素质。这几年煤炭基本建设队伍招标投标进展较快，1986年仅23个企业就在煤炭系统内承包了219项，计5.67亿元的工作量，向系统外投标承包96项，完成9345万元的工作量，解决了系统内1.5万多人的施工任务。甘煤一处中标承包的大同四老沟通风立井，标价比标底低10.48%，施工中平均月进达51.2米，缩短工期3个月，降低工程成本2.7%，实现利润5.6万元，为立井施工少投入多产出开了好头。鸡西杏花矿井，包建工期60个月，实际51个月建成。包建投资17205万元，吨煤143元，由于三材、设备价格上涨10%以上及政策性调整等合理因素，应调整为19455万元，吨煤162.1元。在施工中，他们自行消化解决了物价上涨、安全环保补套等投资874万元，实际需用投资18892万元，吨煤157.4元，建设期间出煤300万吨，投产后第一年出煤90万吨，第二年即可达产。真正做到了速度快、投资省、达产早、效益好，为煤炭基本建设树立了一个好典型。

四、抓等级队、抓重点项目、促进建设速度的提高

为加快建设速度，几年来我们通过抓等级队来加快施工速度，见到了成效。1986年全国共有478个掘进队，其中有151个上了等级（部级16个、省级56个、企业级79个）占31.6%。1986年完成的总进尺35.69万米中，等级队完成13.14万米，占总量的37%，发挥了骨干作用。

列为国家重点项目的15个重点矿区，工程进展顺利。1986年各矿区都按时或提前完成建设任务，建设投资实际完成27.29亿元，比1985年增长21.25%，井巷成巷进尺实际完成19.4万米，比1985年增长6.6%，实际建成投产7处，能力930万吨，比1985年增长77.1%。1984年以来，大同燕子山矿井连续3年进尺超过万米；古交矿区马兰矿井和兖州矿区东滩矿井1986年进尺也都超过万米；古交矿区镇城底矿井首次同步建成选煤厂和环保工程，做到"三同时"，使矿区能尽快发挥好的经济效益。平朔露天矿1986年完成的剥离量比计划多完成13.9%，预计可以实现两年投产的目标，1987年"七一"正式投产。重点矿区的其它投产矿井也都按期或提前投入生产。

几年来，通过抓建设速度，投产矿井的平均建设工期逐年缩短。1981年平均建设工期93个月，1982年86个月，1983年88个月，1984年77个月，1985年降到72个月，1986年在平均井型加大的情况下，平均建井工期进一步下降到55个月，实现了建设工期逐年下降的目标。1986年投产的矿井中，除鸡西杏花矿井速度快、工期短以外，七台河富强矿井年产90万吨，建设工期仅用37个月，比包建工期提前12个月建成投产。山西镇城底矿设计能力年150万吨，用47个月与选煤厂同步建成投产。这些矿井的建设速度都是比较快的。

五、狠抓安全管理，使煤炭基建安全状况改观

安全第一，是施工的第一大事。1986年我们遵循部关于安全工作的方针和有关指示精神，坚持安全第一，实现目标管理，把安全工作当成系统工程来抓。首先抓了树立牢固的安全第一思想，从组织上加强领导，加强对职工的安全思想教育和技术知识教育，在安全工作上推行全面质量管理的方法，加强业务保安工作，建立安全信息反馈制度，严格执行煤矿基本建设安全规定等有关文件。由于措施得力，上下齐心努力，使煤炭基建安全状况有所改观。1986年共有21个单位未发生死亡事故；1986年万米死亡率比1985年降低，是1975年以来最低的一年，胜利完成了部确定的安全工作奋斗目标。

六、建立健全各项管理制度

为适应改革的深入发展和巩固已经改革的成果，进一步理顺关系，建立正常的生产建设秩序，1986年我们在深入调查研究的基础上，组织编修各种规范、条例、标准和定额。开始组织编制国家计委布置的“七五”期间完成的8项国家标准、规范(矿山工程制图标准、矿业工程名词术语标准、矿山井巷工程施工及验收规范、矿山电力装置设计规范、露天煤矿工程地质勘探规范、煤炭矿山工程设计规范、露天煤矿工程设计规范、露天煤矿工程施工及验收规范；编制3项条例、设计管理条例、露天矿设备管理条例和煤矿建设条例）；编制建筑装修标准；修订制订5项定额（矿井建设工程预算定额、矿井建设工程辅助费定额、矿井冻结工程预算定额、矿井专用机电安装预算定额和露天矿剥离工程预算定额）。此外，还先后颁发实行了有关《项目包建补充规定》、《关于加快煤炭基本建设的几点意见》、《关于设计改革工作的若干规定》和《项目承包试行办法》等有关文件。

1986年煤炭基本建设注意向管理要速度、向管理要效益，建立健全各项管理制度，进一步加强和完善了煤炭基本建设立法工作，使之逐步走上了正轨。但是，这方面的工作还很多，而且政策性、技术性较强，需要我们再接再励，继续努力，把这项工作做好。

全国地方煤矿高速度发展

煤炭工业部地方煤炭管理局

一、“六五”期间发展的基本估价

我国的地方煤矿由多体制、多层次、多行业办的煤矿组成。按两大部分划分：一是地方国营煤矿，包括省（市、自治区）、地、县和各行各业办的全民所有制煤矿；二是乡镇煤矿，包括乡村办、城镇办、集资合股办的集体所有制以及个体户办的煤矿。

党的十一届三中全会以来，随着各项经济政策的放宽，中央把发展地方煤矿作为重要的战略方针，明确提出：“国家、集体、个体一起上，大、中、小煤矿一起搞”，充分地调动了各地、各级、各行业和广大群众办矿的积极性，开创了全国地方煤矿大发展的新局面。到1985年末，全国已有各种体制的地方煤矿6.5万多处，原煤年产达到45,595万吨，比1980年净增19,517万吨，占全国煤炭总增长量的77.4%，超过地方煤矿1965～1980年15年增长总量，年均增长3903万吨，年均递增速度11.8%，这是前所未有的。

“六五”期间，地方煤矿高速度发展，主要靠乡镇煤矿。1985年乡镇煤矿的产量已达27317万吨，比1980年增产15955万吨，5年翻了一番半，占同期全国煤炭总增长量的63%，占同期全国地方煤矿总增长量的81.7%，年均递增速度为19.2%。尤其是“六五”后3年，增长幅度之大，出乎意料。1983～1985年共增产12701万吨，占“六五”期间总增长量的91.2%，平均每年增产4237万吨，相当于前两年增产量的2.6倍。

“六五”期间，地方国营煤矿是在矿井严重失调，投资一度中断，1979～1981年产量连续3年减产的情况下，靠政策扶持，靠技术进步，靠企业改革，稳住了阵地，也有了一定的发展。1985年实产原煤18278万吨，比1980年净增3562万吨，平均每年增产712万吨，年均递增速度为4.4%。

“六五”期间，全国地方煤矿普遍增产。主要产煤基地和调出商品煤的山西、河南、河北、内蒙古以及陕西、黑龙江等省（自治区）增产1.2亿多吨，占总增量的62%。地方煤炭基本自给，品种调剂的江西、湖南、四川（含重庆）、广西等省（自治区）增产2800多万吨，进一步提高了自给率。经济比较发达，煤炭长期调入的江苏、广东、湖北、浙江、吉林、辽宁以及山东、安徽等省增产2300万吨，减少了统配煤调入量，也减轻了铁路运煤压力。西部边疆地区的贵州、云南、甘肃、青海、宁夏、新疆等省（自治区）也增产2200万吨，基本满足了当地用煤的需要。1985年地方煤矿年产量超过1000万吨的省（自治区）有13个（山西、河南、四川、湖南、山东、河北、贵州、云南、陕西、黑龙江、江西、内蒙古和新疆）；年产800～1000万吨的省有4个（辽宁、吉林湖北和广东）。

“六五”期间，地方煤矿大发展主要成果是：

5年来，全国地方煤矿共生产煤炭18亿多吨，在满足当地工农业生产和人民生活需要的同时，上调给国家统配的商品煤3.5亿多吨，保证了部分中央企业用煤。

5年来，全国地方煤矿新建、扩建开工规模1.9亿吨，建成投产新增生产能力1亿多吨，其中国营煤矿新增生产能力4578万吨，比“五五”期间提高了一倍多；乡镇煤矿新增能力5600多万吨。

总的来说，“六五”期间，全国地方煤矿发展快、贡献大、经验丰富。主要表现在以下6点：

1. 两条腿走路的方针，变成了广大群众的实践，调整了煤炭工业的布局和结构，地方煤矿已成为名副其实的“一条腿”。

2. 走出了一条由小到大、由土到洋、以矿养矿、改造配套、不断扩大的办矿路子。

3. 地方煤矿对缓解整个煤炭供需紧张局面，发挥重要作用。

4. 充分发挥了煤炭资源和农村劳动力两大优势，推动了农村商品经济的发展，成为办矿乡村农民逐步走向脱贫致富的一条重要途径。

5. 形成了一定的生产基础和保持“后劲”的条件。

6. 地方煤矿，尤其是乡镇煤矿发展已进入全面整顿，进行大规模技术改造，推进各种联合，向正规化进军的新阶段。

但地方煤矿的发展还不平衡。当前，直接影响生产发展的突出问题有四：

一是分配上的“大锅饭”还没有打破，影响地方投资办矿的积极性；

二是产、运、销环节缺乏协调，影响煤矿的效益和活力；

三是有些小煤矿任意布点，破坏大矿生产；

四是安全状况还不够好。

二、“七五”展望

全国地方煤矿今后有没有后劲？可从矿井生产、建设情况来分析。

乡镇煤矿主要有3大项：

一是经过“六五”期间重点改造的矿井4300多处，占有可采储量50亿吨，1985年产煤5500多万吨，能力尚未发挥出来，1990年可产煤7000万吨以上。

二是正在改造和可供改造矿井5100多处，占有可采储量135亿吨，1985年产煤4500多万吨，改后能力17300多万吨，净增12800多万吨。1990年可产煤1.3亿吨。

三是有计划地打开新区和建设一批重点产煤县。“七五”期间在抓好200个重点产煤县建设的同时，还要根据运输条件的改善情况，重点开发陕西的神木、黄陵，内蒙古的准格尔、东胜，甘肃的华亭和河北的蔚县等6个新区，到1990年可采煤炭1500～2000万吨，比1985年增产1000～1500万吨。

以上3项可增产1.1～1.25亿吨，抵减自然衰退后可保规划增产8000万吨左右，平均每年递增产1600多万吨，到1990年可产3.4亿吨。

地方国营煤矿主要有两项：

一是尚未达到设计能力的矿井有983处，能力为10743万吨，1985年产煤6961万吨，尚有明力3782万吨。经过对多数矿井环节配套改善外运条件，到1990年可增产2500～3000万吨。

二是“六五”转入“七五”的续建和改造矿井341处，新增能力4459万吨，力争“七五”期间全部建成投产，到1990年可增产2500～3000万吨。

以上两项，可增产5000～6000万吨，抵减同期衰老报废井减产2500万吨后，可净增2500～3500万吨，平均每年增产500～700万吨。到1990年可产2.1亿吨左右。

综上分析，全国地方煤矿1990年规划产煤5.5亿吨左右是有条件、有基础、也有一些余地的。“七五”期间全国煤炭总产量规划平均每年增长4000万吨，其中地方煤矿可承担一半，即平均每年增长2000万吨，年平均递增速度为4.1%，其中乡镇煤矿平均年增1400万吨，国营煤矿平均年增600万吨。

根据发展规划要求，“七五”期间全国地方煤矿的主要奋斗目标是：

（1）每年增产2000万吨以上，保证国家上调1000万吨；

（2）百万吨死亡率要逐年下降；

（3）建设重点产煤县200个，地方国营矿井质量达标500处；

（4）全国地方国营煤矿全员效率每工日达到0.8吨，减员35万人。

为了实现地方煤矿“七五”发展规划和奋斗目标，除各级煤炭管理部门切实加强行业管理、努力建设一批重点产煤县、大力深化企业改革和开展增产节约运动、下决心争取安全状况有明显好转等自身努力外，需要国家给予一定的扶持，同时，因为地方煤矿主要由地方办，许多行业政策，需要国家明确和各级政府的支持的项目如下：

1. 改变现行煤炭分配办法

要实行统配煤和计划调用的地方煤，综合平衡，统一分配，纳入国家调运计划。对各省、市、自治区统配煤（包括计划调用的地方煤）的分配，要核定基数，定额分配，超用加价，5年不变。本省多产不减少调入量，本省少产也不增加调入量。

2. 固定专项扶持资金

要将国家现行的每年专项补助的资金固定渠道，纳入年度计划，由煤炭部掌握，实行有偿使用，按批准项目下达。要恢复1984年低息贷款（建行贷款2亿元用于地方国营煤矿，农行贷款2亿元用于扶持乡镇煤矿），连贷5年，周转使用。

3. 建立开发基金

地方煤矿的建设资金，需要有稳定来源，避免受年度财政状况影响而忽有忽无、忽多忽少。各地应采取不同措施，建立地方煤矿开发基金。基金来源，可以象山东、福建那样，采取吨煤加价6～8元的办法征集；也可从超收能源交通基金地方留成中，定额提取；还可以采取措施将中间环节截留的利润集中使用。

4．调整若干经济政策

1）在煤价没有放开的情况下，经核定有政策亏损的煤矿，建议采取承包办法，定额补亏，一定5年不变，节亏留用。补贴资金超前拨款，可用作多种经营流动资金。

2）应按各矿的生产条件，逐矿核定维简费标准。地方国营煤矿不得低于6元/吨，乡镇煤矿不得低于4元/吨，其中要有20%用于安全资金。

3）乡镇煤矿利润不得分光用净，要按4:6分成，留矿用于扩大再生产部分不得少于40%。

4）地方煤矿开发基金和维简费，均应免征能源交通基金。

5）适当减免税收。凡核定政策性亏损的煤矿，开展多种经营项目，3年内免交产品税；凡改造、扩建矿井，在改造、扩建期间和竣工投产后2年内免税；凡开采薄煤层或老区复采残煤，以及在未勘探地区边采、边探的，均免交资源税。

5．解决产、运、销严重脱节的问题

目前，有相当一部分地区地方煤矿的产、运、销分管，弊病很多；有的经销部门没有生产部门的切肤之感，对煤矿克扣、压价，从中渔利；有的运销部门利用运销手段，中间“卡脖”，变相取利。因此，各级煤炭主管部门对各类体制的地方煤矿实行产、运、销统一管理、协调服务，是促进地方煤矿增强活力、提高效益的重要环节。要给运销部门规定合理的收费标准，纠正产、销脱节的不正之风。

加速煤炭综合利用发展　提高煤炭企业经济效益

煤炭工业部加工利用局

1986年是“七五”计划的第一年。在发展煤炭生产建设的同时，煤炭综合利用有了较快的发展，取得了比较显著的经济效益。

（一）

1．综合利用基本建设发展快，效果好

1986年，通过多种渠道，多种途径，全年综合利用和节能共完成国家投资和自筹资金2亿元。在加强计划工程管理上，根据国家关于计划体制改革的有关规定，制定了工程项目改革管理办法，推行了工程投资承包和工程项目招标承包，从而节省了投资，加快了工程进度，促进了综合利用的发展。发展较快的煤矸石电站，1986年建设规模达7.5万千瓦，接近全国煤矿现有矸石电站的装机总容量，其中有3万千瓦的装机能力竣工投产。矸石水泥建设规模达57.4万吨，投产能力达到19.2万吨，规模之大，发展之快，是前所未有的。瓦斯利用新增能力日供气达4.61万米^3，气化户数为2.56万户，比1985年分别提高了86.6%和44.6%。煤炭气化、矸石新型建材和煤化工等工程建设也都有较大进展。煤代油节约自用煤工程，重点安排了节煤效果显著和综合效益好的集中供热、低效锅炉改造、矸石中回收煤和型煤加工等工程项目共118项，其中从矸石中回收煤的能力达到146万吨，比1984和1985两年总能力提高了94.6%。这类工程投资省、见效快，一般都可实现当年投资、当年收回。据山东各局统计，近3年投资450万元，建成12处矸石中回收煤工程，年回收低热值煤炭120多万吨，年经济收益1124.6万元，0.4年就可收回全部投资。

2．综合利用产品生产有了较大幅度的持续增长

根据综合利用特点和市场变化，从提高经济效益和产品质量入手，积极开发新产品，努力提高产品数量，综合利用产品生产有了大幅度增长和提高。全国煤矸石发电量创造43374万度历史最好水平，比1985年增长40%。矸石水泥产量达100多万吨，比1985年增长30%，约占统配煤矿年用水泥量的20%。釉面砖、空心砖、陶管和大理石等新型建材生产，有的开始起步，有的已批量生产投放市场。有的化工产品由滞销变紧俏，出现新的景象。1985年，硫精砂市场供大于求，产量只有4万多吨，1986年形势好转，产量提高到10万多吨。前几年，重庆3座炭黑厂一直不能正常生产，1986年市场发生了变化，全部恢复生产后，年产量达到1400多吨，平均吨盈利1000元以上。枣庄矿务局利用天然焦制取活性炭技术，填补了我国空白，1986年通过技术鉴定，并建成年能力500吨的生产厂。

3．经济效益和节能效益有了显著提高

随着国民经济的深化改革和煤炭工业的总承包，综合利用企业进行了改革，推行了经济承包，采取了一些鼓励政策和积极措施，调动了企业和职工的积极性，取得了明显的经济效益和社会效益。据矸石电站、矸石建材和硫铁回收3项综合利用产品统计，全年共实现总产值2亿多元，实现利润比1985年增加1791万元，利用煤矸石640万吨，节约优质煤近100万吨。节约自用煤工作，由于领导重视，方向明确，重点突出，3年用于节约自用煤工程的总投资33470万元，形成节煤能力250万吨，年增加经济效益11163万元，安置就业人员4910多人。

4．出口创汇取得新的进展

1986年，在积极开辟货源、努力提高质量的基础上，通过积极与外商洽谈和国际市场调查，扩大了五氧化二钒、聚合铝、氯化铝和膨润土等出口产品，共实现创汇比1985年增长了1.4倍。

（二）

1987年是煤炭综合利用继续前进的一年，在新的一年里，我们工作的基本指导思想是：深化改革，搞活企业，提高经济效益；发扬艰苦奋斗，勤俭办企业的精神，广泛开展增产节约运动，使煤炭综合利用与煤炭生产、建设一样，成为煤炭工业的三大主体之一，取得更好的经济效益和社会效益。

1987年对煤炭综合利用总的要求是：全年力争完成煤矸石发电5亿千瓦·小时，矸石水泥150万吨，矸石砖15亿块，硫精砂15万吨，焦炭50万吨，型煤57万吨，矸石中回收煤250万吨，瓦斯、煤气23830万米^3，以及煤化工及建材任务；综合利用总产值达到5亿元，实现利润比1986年增加1亿元；出口创汇比1986年增加400万美元。

为了实现上述任务，主要的措施是：

1．努力加快综合利用的发展

首先，要认真抓好16处、总装机容量15.35万千瓦的煤矸石电站工程建设，争取1987年投产6处，总装机5.1万千瓦；其次，要抓好12处，能力65.2万吨的矸石水泥厂的建设，争取1987年投产9处，能力49.2万吨。此外，要抓好煤气化、新型建材和水煤浆等工程建设。

2．进一步深化改革，增强综合利用企业的活力

综合利用企业都要积极推行厂长任期经济效益目标责任制。按照企业所有权和经营权分离的原则，要有选择地把一些全民所有制企业承包给集体经营，首先是煤矸石砖厂，要有计划地承包给劳动服务公司经营，要包产量、包质量、包效益。同时，要进一步加强综合利用企业的管理工作，按生产计划和效益计划进行经济承包，对企业实行内部核算和自负盈亏，提高企业的经济效益。

3．进一步贯彻国务院117号文件，按照管好、搞活的精神，落实矸石电厂联网、电价和综合利用产品减免税收的问题，增强企业活力，增加经济收益，提高企业的自我发展能力。

4．对技术不完善、设备不配套的褐煤蜡厂、水泥厂和矸石砖厂等综合利用企业，要根据需要和可能，把技术改造作为提高经济效益的重要措施，加快改造步伐，向技术进步要效益，要质量。

5．继续抓好综合利用产品的出口创汇和利用外资的工作

今年要抓好以补偿贸易方式进行的两个出口产品基地的建设，即以法国班纳特公司资金建设的海南长昌煤矿花岗石加工厂和利用比利时梭盖姆公司资金建设的湖北崇阳石煤钒厂。此外，今年争取出口五氧化二钒450吨，焦炭6万吨，活性炭70吨，焦宝石4万吨，高铝粘土2万吨，膨润土2万吨和煅烧高岭土0.5万吨，以增加创汇收入。

全国煤矿集体经济前途广阔

煤炭工业部劳动工资司

在党中央和国务院《关于广开门路，搞活经济，解决城镇就业问题的若干决定》和煤炭部提出的“以煤为主，多种经营”方针指引下，到“六五”后期，煤矿多种经营集体经济已形成与煤炭生产、基本建设并驾齐驱的第三个主体。他的历史，是从60年代后期职工家属走出家门走上社会开始，在极其困难的条件下，从无到有，从小到大，逐步发展壮大起来的。发展过程大体上分3个阶段：1980年前为第一个阶段，当时主要是从改善职工生活出发，以从事农牧副业为主，搞多种经营。1981～1983年，即“六五”计划的前3年，为第二个阶段。这是农副业与工副业并举的阶段。在这期间，各单位知识青年大批返城，职工子女待业率聚增，煤矿集体经济面临安置待业青年就业的繁重任务。因此，煤矿集体经济的职工成分就由以职工家属为主逐步转化为以知识青年为主。据1983年底统计，当时全国煤矿集体企业，共安置待业青年达57万多人。第三个阶段从1984年开始，这是煤矿集体经济转入以工为主，工、农、商、服全面发展的阶段。

进入我国第七个五年计划第一年的1986年，煤矿多种经营集体经济又得到了进一步的发展。集体经济的从业人员已达114万多人，比1985年增加11％。1986年生产经营总金额为31亿多元，比1985年增长13％，已初步形成了以工为主，生产各类产品近万种，工农商服同步发展的经济体系。

一、1986年煤矿集体经济的发展状况

1．1986年煤矿集体经济进一步贯彻了“以煤为主，多种经营”的方针，增强了煤矿企业改革的活力

许多煤炭企业在保证完成国家生产计划的基础上，充分利用自然资源、人力资源和技术条件的优势，广开生产门路，在煤炭加工、建材、机械加工、轻工、化工、冶金、纺织、木材加工、食品、农牧、商业和服务业等12个行业中，进一步壮大了煤矿集体经济。部分产品，如服装、工艺品、机加工产品、电器产品、矿产品和土特产品等，已开始通过各地外贸部门出口欧美、日本，为国家增创了外汇。

2．进一步开辟了多种就业渠道，减轻了煤炭企

业负担。

1986年又有11万3千多待业青年和企业富余人员得到了安置，走上了多种经营集体经济的工作岗位，象大同、鹤岗、焦作、平庄、通化、新密和乐平等矿务局，就业安置率都已超过90%，基本上实现了“无待业局”。

3．多种经营集体经济的工副业，大力支援了煤矿生产建设

1986年煤矿集体经济的工业产值比1985年增长20%，已达19.95亿元。仅各地煤矿集体企业兴办的小煤窑，1986年就产煤1966万多吨，相当于两个千万吨大型矿务局的产量。1986年煤矿集体企业生产水泥66.8万吨，生产青红砖和矸石砖13.73亿块，完成房屋建筑面积134.4万平方米，有力支援了煤矿的生产建设。在双增双节方面，也为国家做出了贡献。如淮南矿务局多种经营总公司所生产的工矿产品，有70%都是直接供给本局生产、建设使用，仅运输费一项，一年就为国家节省1200万元。

4．煤矿多种经营集体经济兴办的农牧业和商饮服务行业，又有了进一步的发展，大大改善和方便了矿区职工生活。1986年产粮2430万公斤，产菜5.66万吨，各种油料6980吨，产肉470吨，产奶1260吨，产蛋815吨，产鱼2295吨。1986年全国煤矿集体企业开办的大小商店和饭店等多种服务网点已达4500多个，商饮服务行业的营业额已达6.27亿元，比1985年增长48%。这些网点分布在矿区的各个角落，既安排了青年就业，又方便了职工生活。

回顾1986年，煤炭集体经济所以能够有较大发展，主要原因有四：一是各级煤矿主管部门大力扶持，积极为集体经济创造条件；二是因地制宜，发挥优势，广开了生产门路；三是坚持了自力更生、艰苦创业精神；四是抓住了提高经济效益这个主要环节，使集体企业不断增强了自我发展能力。

二、抚顺会议为煤矿集体经济在“七五”期间的大发展，指出了明确方向

1986年10月份，煤炭部在抚顺矿务局召开了全国煤矿多种经营集体经济工作会议。确定了“七五”期间整个煤炭工业要以煤炭生产、基本建设、多种经营集体经济三个主体同步发展的方针。制订了扶持煤矿集体经济发展的“四十七条”政策。

“七五”期间的主要任务是，5年共安置待业青年就业和企业富余人员100万人，其中集体企业要安置50万人；集体企业的总产值要以平均每年4.4亿元的幅度增长，到1990年要达到50亿元，比1985年增长78.6%；集体企业的劳动生产率到1990年要达到人均330元，比1985年增长22.2%；集体企业的工业产值到1990年要达到38亿元，比1985年增长66.8%；商饮服务行业的营业额到1990年要达到10亿元以上，比1985年增长75.4%；农牧业产值到1990年要达到5000万元以上。其中，1987年要上一个大的台阶，一年内要安置22万人（集体企业要安置12万人），集体企业总产值要达到30亿元。

煤炭科学研究成果喜人

煤炭科学研究院

1987年，煤炭科学研究院建院已30周年。

30年来，煤炭科学研究院在煤炭工业部的领导和部各司局的支持下，全院职工艰苦奋斗，历经建院创业，成长壮大，至今已初步建设成为一个门类齐全，专业配套，拥有一支高技术水平科研队伍和比较完善科研设施的煤炭科研单位。

目前，煤科院已经形成研究专业比较齐全的煤炭科研体系，共有15个研究分院、一个计算研究中心和一个科研试制中心。全院现有职工8038人，其中专业技术人员3563人。30年共取得科研成果1600多项，其中较重大的有1100项，获国家创造发明奖6项，获国家科学技术进步奖15项，获国家科技攻关奖3项，获全国科学大会奖110项，获煤炭部科学技术进步奖145项。自从改革开放以来，煤科院积极开展对外科技交流与合作，已同美国、联邦德国、日本和波兰等14个国家的煤炭科研机构进行技术交流并建立了合作研究关系，参加了9种国际学术性组织，在国际各种学术会议上发表了100多篇学术论文。现在，煤炭科学研究院已成为世界煤炭科研机构重要的一员。

一、主要科研成就

经过30年的努力，煤科院各研究专业都取得大量成果，为煤炭生产建设的发展做出了重大的贡献。

（一）煤田地质勘探

在煤田地质学和基础研究中作了大量工作。如含煤地层划分对比、沉积古地理、构造控煤、煤系、煤层的形成及分布规律、煤田预测、以及煤中伴生元素等方面的研究均取得了可喜的成果。共参与了3次全国煤田预测，为编制煤炭工业发展规划提供了依据。

在煤的变质、煤岩学以及早古生代煤的性质及成因等煤田地质基础理论研究方面，也取得了有创见性的研究成果。近几年来在新技术、新方法方面也有较大发展，已将遥感地质、数学地质、地质统计学等技术和理论应用于煤炭生产和煤田地质中。先进的测试技术也已应用于煤田地质的微观研究之中。

在勘探设备和方法方面，研制了多种新型钻机以及硬质合金钻头、人造金刚石钻头、绳索取芯成套技术和设备。煤田地球物理勘探已重点发展了频率测深

技术和地震勘探技术。地震勘探已由光点记录发展到数字地震勘探。

矿井水的防治在技术上有了重大发展，经济上取得了显著的效益。应用综合防治水措施和承压开采方法解决了一些矿井的水患，解放了大批煤炭资源，为恢复重大淹井事故做出了重要的贡献。目前，这项技术已达到国际先进水平。

（二）井巷施工

井筒施工的重点是研究厚冲积层和大含水层条件下的特殊凿井技术。主要研究了冻结、钻井、注浆等特殊凿井方法。

冻结法凿井技术，从50年代中期开始不断改进提高。冻结深度最初只有22.5米，现在已能解决400多米深井冻结的一系列技术问题。20多年来用冻结法开凿了250个井筒，对冻结壁应力状况、温度场分布、井壁结构、冻结钻机和冻结孔测斜等方面研究，都取得重要成果。

钻井法凿井技术，从1969年试验成功后，陆续研制出5种型式的钻机和成套的综合机械化钻井施工方法。用这些设备和方法，已成功地钻成36个井筒，其中最深井为508.2米，钻井直径9米，是目前世界上用钻井法凿井成功的直径最大的井筒。

注浆法凿井及堵水技术，已研究成功多种含有新添加剂的水泥、化学注浆材料以及成套的地面预注浆、井筒工作面快速预注浆、井壁壁后注浆的工艺和设备。用预注浆方法对70个井筒进行了处理，地面预注浆深度最深达690米；用壁后注浆法对近100个井筒进行了处理，取得了很好的技术经济效果。

此外，还研究并应用了沉井法和帷幕法等特殊凿井方法，解决浅层和不太厚的冲积层条件下的凿井问题。

特殊凿井技术的研究成功和广泛在煤炭矿井建设中应用，对保证煤炭基地建设，特别是华东等地区厚冲积层条件下的煤炭基地建设起了十分重要的作用。

在井巷施工机械化方面，50年代就对立井施工作业方式、砌壁工艺、设备、无壁座砌井、翻矸等工艺方式进行了研究。70年代初又研制了环形轨道大型抓岩机等新型打井设备。巷道掘进机械化程度不断提高，由单机发展到机械化作业线。先后研制、配套了以耙斗装岩机、侧卸式装岩机、钻装机、液压凿岩台车或岩石电钻为主的岩巷掘进机械化作业线，以煤巷掘进机为主的煤巷综掘机械化作业线，并在煤炭生产建设中已推广使用，加快了掘进速度，减轻了劳动强度。直径3.2米和5米的全断面岩石掘进机已研制成功，在使用中取得了良好的技术效果。

在施工工艺方面，还研究成功钻爆法掘进爆破工艺、材料和设备等，如螺旋掏槽、深孔光面爆破、毫秒爆破、水胶炸药、岩石乳化炸药、树脂锚杆、速凝早强改性普通水泥锚杆、锚杆打眼安装机、锚喷支护、激光指向仪以及钻眼布孔仪。

（三）采煤机械化

30年来，围绕采煤机械化作了大量的研究设计工作，为我国煤矿采煤机械化的发展作出了重要的贡献。在50年代，为炮采工作面研制煤电钻、小型刮板输送机和矿灯等设备，并不断更新换代，使炮采设备配套，达到了较高的水平。60年代，研制成普通机械化开采的成套设备，采煤工艺进入到机械化采煤阶段。此后，不断改进提高，已完善配套。在70年代，将采煤机、刮板输送机和单体液压支柱等新成果配套，发展成高档普采设备，使普采机械化大大提高一步，在煤炭生产中，取得了很好的经济效益。与此同时，还研制成功综合机械化采煤成套设备，我国的采煤工艺进入到新的阶段。80年代又不断完善提高，发展新的品种系列，扩大使用范围，先后研制成功垛式以及支撑掩护式、掩护式两大系列十多个品种规格的液压支架，多种型式和功率的双滚筒采煤机，重型工作面刮板输送机、可伸缩胶带输送机、乳化液泵站、液压安全绞车和乳化油等。

对综采设备的主要元部件做了大量的工作，大大提高了设备的质量、寿命和可靠性。建成了采煤机刮板输送机、液压支架和电气等10个具有国内外先进水平的实验室或检测中心。目前，缓倾斜中厚煤层综采设备全部可立足国内，其性能、质量、生产能力可以与引进的同类设备相比。此外，还研制成功经济型、3.5米煤层、缓倾斜特厚煤层、薄煤层、坚硬顶板煤层、急倾斜厚煤层等综采主要设备。在技术上已具备开发综采新设备和新品种的能力。

随着采掘设备的发展，供电系统已深入采区，电压已由380伏提高到660伏和1140伏。研制成功新型供电电缆、干式移动变电站、开关、真空接触器、继电器保护、电控设备和多功能井下通讯设备。

（四）开采工艺

在矿压和特殊开采工艺的研究方面，研制了各种测试仪器，为现场测试提供必要的工具。用试验室试验与现场观测相结合的方法对矿压进行综合研究，取得的研究成果为长壁式采煤顶板管理、工作面支护和采煤普通机械化提供了依据。80年代，又适时地制定了适合我国煤层特点的缓倾斜工作面顶板分类方案，对发展综采具有重要的意义。在此基础上又发展了经济型综采。在坚硬顶板条件下，研究高压注水软化顶板，采用强力液压支架、大流量安全阀等措施，在大同厚砾岩顶板条件下使用综采成功，技术经济效益显著，技术上达到先进水平，也解决了采煤工艺中的一个老大难问题。

30年来，特殊采煤有了重大发展，解放了几亿吨“三下”压煤，解决了许多矿井的生产问题，延长了矿井寿命。在覆岩破坏规律、地表移动和变形计算等理论研究方面取得有创见性和实际意义的成果。在多年的研究基础上编制了《建筑物、水体、铁路及主要井巷煤柱留设与压煤开采规程》，并已颁布试行。

在巷道支护方面，研究成功并推广使用了混凝土支架、工字钢支架、U形钢支架，节省大量坑木，取得了巨大的经济和社会效益。

露天采煤研究工作围绕开采工艺进行，研制成适合煤矿岩性的钻机，以及减少边坡破坏、提高块煤率的控制爆破技术等。针对霍林河、元宝山、伊敏河和小龙潭煤田的地质特点，进行了大量的切割阻力试验研究，为褐煤露天开采的工艺选择和轮斗挖掘机的设计提供了依据。参加研制的500～700米^3/时连续开采工艺设备已在小龙潭露天矿得到采用。防止滑坡的研究取得了多项成果。

水力采煤已发展成为我国具有特色的采煤工艺。自50年代开始试验研究以来，技术已发展到比较成熟的阶段，工艺系统日臻完善，高压大射流落煤工艺和煤水提升硐室设计具有特色，可设计全套水采所需装备，适用范围已从缓倾斜厚煤层扩大到倾斜、急倾斜和稳定性较差的不规则煤层。

（五）煤矿安全技术

抽放煤层瓦斯技术，不断改进提高。各种瓦斯抽放钻机已系列化配套。建立了比较完善的抽放管路网和泵站的密封、排水、防爆安全和监控系统。形成了系统的抽放瓦斯的技术。到1986年已有108个瓦斯抽放矿井，占全国瓦斯矿井的60%，每年抽放瓦斯量达3.4亿米^3。监测瓦斯仪器已由井下人工测定瓦斯发展到地面多点遥测、报警、自动断电。新研制的KJ1型矿井安全与生产监测系统，配有多种环境和工况传感器，实现了自动化监测，达到了80年代初的国际先进水平。

防治煤与瓦斯突出，发展了开采解放层工艺。由开采中距离解放层发展到开采近和远距离解放层，扩大了开采解放层的应用范围。对无解放层煤层，有了松动爆破，大直径钻孔，瓦斯预抽和水力冲孔等措施。建立了预测、防突措施、措施效果检验综合防突体系，目前已有20多个矿井采用。突出预测在理论和实践上都取得了重大进展，初步摸索了地勘过程中突出预测和工作面突出点预报技术。

为减少尘源，研究成功煤层预注水工艺及配套的专用注水设备，目前已广泛推广应用。采煤掘进机械灭尘喷雾装置已逐步完善。湿式煤电钻已在推广。发展了多种自动喷雾洒水系统。压抽结合的混合式掘进通风除尘方式突破了传统的压入方式正在推广使用。个体防尘用具和多种测尘仪器基本配套。已形成一套矿井综合防尘技术。为研究防治瓦斯煤尘爆炸，建立了远东地区最长的瓦斯煤尘爆炸试验巷道，在研制被动式水槽和水袋棚的基础上，建立了隔爆水槽防隔爆系统，为防止瓦斯煤尘爆炸提供了新的技术措施。

为防治矿井火灾，推广了黄泥灌浆，研究了代用黄土的煤矸石等灌浆材料。研究成功并推广阻化剂防止煤层自然发火，高倍数泡沫灭火，干粉灭火，惰气灭火及快速密闭等技术。采用均压灭火技术扑灭大面积火灾已取得成功。建立了内外因火情探测的预警和自动灭火系统。

此外，在矿井通风、救护用具、安全仪器、仪表等方面，都取得了大量成果。

（六）煤炭洗选

煤炭洗选技术有了很大的发展，50年代研究成功重介质选煤，1959年建立了第一座重介质选煤厂，为我国难选煤进行洗选开辟了途径。此后，研制了大型立轮、斜轮重介质分选新设备，三产品重介质旋流器和非磁性介质旋流器，取得了良好的经济效益。到目前已建成重介质选煤厂30多处，占全国入洗总量的20%以上。

为提高精煤回收率，改进了旧的浮选工艺，研制了两个系列的浮选机，以及多种浮选药剂和脱水设备。目前，选煤用浮选机60%以上是我国制造，生产的浮选精煤占全国洗精煤产量的20～25%。在浮选基础理论研究上也取得了有意义的成果。同时，研制了煤泥回收设备，推广了压滤机，为实现洗水闭路循环，提供了有效的设备。

跳汰选煤是传统的主要选煤方法，30年来对跳汰工艺和设备也在不断研究，研制出的24米^{2}筛下空气跳汰机以及自动排料系统、筛网和风阀等都达到了先进的水平。近几年研制的概率筛和旋转概率筛等干式筛分设备，斜槽分选机等简易洗设备，均已推广应用，取得了显著的经济效益。

（七）煤炭合理利用和综合利用

煤炭是我国最主要的一次能源。为合理利用煤炭，50年代我院就开展了煤质和煤炭分类的研究工作，建立了煤的元素分析和工业分析规范及体系，制定了分类方案。60年代又制订了工业用煤技术规范和煤炭试验标准化方法。70年代以来，制定新的标准，编制全国煤质资料汇编，建立电子计算机全国煤质资料数据库，形成了我国煤质标准化比较完整的体系。近几年会同有关部门重新制定了我国煤炭分类国家标准，有利于合理利用煤炭，为煤矿增加了收益。

从50年代起就针对我国气煤、弱粘性煤资源较多的特点，开展了炼焦研究。利用弱粘结性煤和高挥发分煤配煤炼焦技术，已达到先进水平。为宝山钢铁公司研究成功了配用弱粘结性气煤炼焦方案。提出了炼焦用煤评价方法，这对中、小焦化厂炼焦配煤起到了指导作用。在粉煤成型利用方面，研究了多种粘结剂的煤球作小化肥厂造气原料，以及多种特殊用途的煤球。煤炭气化研究已进入开发加压气化技术阶段，为国家发展城市煤气，进行了预可行性评价。煤炭直接液化技术已经起步，建成连续液化试验装置，进行了煤炭液化评价，填补了技术空白。我国已成为世界上开发煤炭液化技术的几个国家之一。在煤炭燃烧方面，重点开发了低热值煤流化床燃烧技术。

30年来，煤科院的科研工作都是在煤炭部的直接领导下，在各司局的大力支持下，大多是与煤炭工业的厂、矿、企业、院校、设计单位以及其他部门合作进行的，所取得的科研成果大多是与各个协作单位齐心努力的结果。

二、主要经验

经过30年的历程，对搞好科研工作，也有不少的经验和体会，总的说来，最主要有6点。

（一）必须坚持科研工作为煤炭工业服务的方向

煤炭科学研究院是煤炭系统的研究单位，一切工作必须面向煤炭生产建设，为它服务，这是开展科研工作的方向。

自建院以来，始终注意坚持这个大方向，50年代，科研课题都在煤矿进行。60年代初制定了《煤炭科研工作二十条》，科研工作坚持三个面向，即面向生产、面向实际、面向基层。具体说，研究课题从生产中来，研究工作到生产中去，科研成果应用于生产，定为工作条例。十一届三中全会以后，煤科院认真贯彻中央关于科学必须面向经济建设的方针，又进一步强调了科研工作必须为煤炭生产建设服务。这是全院工作的指导思想，在工作中认真贯彻。科研改革以来，进一步推动了科研与生产的结合，全院各单位与煤矿企业组织了多种形式的联合。开展了大量技术咨询和技术服务工作，为煤矿企业解决了几百项技术问题。举办各种专业的技术市场，把科研成果送到煤矿现场，使科研成果尽快在煤炭生产建设中应用，科研与生产的关系更加密切了。30年来全院的科研工作之所以能取得成绩，最根本的经验就是坚持了与生产结合的正确方向。

今后必须继续坚持和发展。

（二）科研工作必须按客观规律办事

科学研究工作有其自己的规律。例如在科研工作中就存在当前与长远，现场试验与必需的试验室试验，整机设计与元部件攻关，大胆实践与必需的科研程序，独自创新与借鉴吸收等关系问题。这些关系都是科研工作内在的规律，全院在长期的科研实践中，不断摸索、总结，逐渐认识，并用于指导科研实践，比较好地处理这些关系，使科研工作得以健康顺利发展。例如：由于在60年代对液压支架的关键元部件有一定的技术储备，在70年代初进行液压支架攻关时就能比较快地攻克技术关键；由于加强了试验室试验和元部件攻关，80年代的许多产品类成果质量比较好，在现场试验基本上能一次成功；由于加强了科研程序的管理，课题不随便上下，计划完成好；由于把自己的经验与借鉴吸收国外先进技术相结合，使许多项技术迅速达到了国际先进的水平。

（三）必须全面规划、协作攻关

科学研究有一定的周期，科研成果需要配套成龙，才能发挥综合效果。因此开展科学研究，更需要有预见的统筹安排，制定中、长期的、既能解决当前关键技术问题，又能开拓新技术领域的发展规划，科研活动才能不间断地发展，达到预期效果，产生好的效益。也只有这样，科研才能更好地为生产服务。建院以来，在不同历史时期，我们都制定了发展规划，对于促进我院各专业的协调发展，促进煤炭科学技术的进步，起了重要作用。尤其是“六五”规划完成较好，成果比较配套，在煤炭生产建设中起到了很大的作用，产生了很好的技术经济效益。

现代科学技术问题，往往需要多学科、多专业联合攻关。因此，必须充分利用部内、国内各科技制造单位的力量充分发挥各自的优势，协同攻关。这是加快科研进程十分有效的途径。30年来，许多研究课题基本上都是走协作攻关的道路。特别是牵涉面广的项目，如采煤综合机械化、井下千伏级电气设备和立井普通施工机械化等项目，在煤炭部的领导和支持下，都组织了大规模的攻关会战，参加的研究单位和厂家多达几十个。同时还充分争取了一机部、化工部和冶金部等部门的科研、制造力量的支持。

（四）必须建设一支献身煤炭科研事业，技术水平高的科研队伍

在科研活动中，人是最活跃的因素。煤炭科研工作环境艰苦、危险、责任重大，因此，没有一支有高度政治觉悟、献身煤炭科研事业的高技术水平科研队伍，是不可能取得好成绩的。自建院以来，就十分注意队伍的培养，提高政治觉悟，进行热爱煤炭事业的教育。在科研实际工作中培养、锻炼、提高科技人员的技术水平，并创造学习、进修的机会，培养出一批技术骨干和学科带头人，建立了一支能够打硬仗的科研队伍，涌现了一批优秀的科技工作者。今后，在社会主义精神文明建设中还要大力加强科研队伍的建设，培养一支具有献身、求实、创新、协作精神的又红又专的科研队伍。

（五）必须建设现代化的试验手段

进行科研工作，试验基地和先进的试验测试手段是必不可少的。在煤炭部的支持下，加强了试验手段的建设。“六五”计划以来，改造和新建了141个比较先进的试验室。其中，11个试验室已达到了80年代国际先进水平。已建成2个国家级检测中心。大大改变了试验手段落后的状况。对缩短研究周期，提高成果的质量和水平，起到了很好的作用，并为煤矿企业作了大量的检测试验和技术服务工作。初步起到了测试中心的作用。今后，还需要加强试验手段的建设。尽快实现现代化。更好地为煤炭工业服务。

（六）必须博采众长，吸收先进技术

科学技术是人类社会创造的生产力，科学技术是在继承中不断发展。必须利用、吸收先进的技术，博采众长，为我所用，这是加快煤炭科研发展有效的途径。建院以来。在发展新技术、新设备和新工艺方面，大量吸收了国内外先进技术。随着对外开放政策的贯彻执行，更加强了同国外同行的技术交流与合作，对世界煤炭工业新技术发展状况有了更多的了解，使科研工作立足于高的起点，缩小了与国外先进技术的差距。这也是很重要的一条经验。今后还需要大力发展对外技术交流与合作。

三、今后的展望

当前正处在振兴中华，建设社会主义强国的重要历史阶段。煤炭工业实现本世纪末的战略目标需要科学技术。煤科院正当“而立”之年，正好为煤炭工业科学技术进步出力，必须以只争朝夕的精神。加快科研工作的发展速度。

到1990年，全院的目标是：

要围绕煤炭工作的“三个主体”和“三件大事”进行科研攻关。拿到400项成果，建成4个国家级质量检测中心和9个部级质量检测中心，攻克一批以提高单产、单进、效率、安全、回收率为主的量大面广、生产需要又有经济效益的技术关键问题。

积极稳步地推进科技体制改革，密切科研与生产的结合，增强科研机构的活力，开拓技术市场，大力促进科研成果的商品化，使煤炭科学研究院成为一个科研、开发、经营的实体。

大力加强科研队伍的建设，改变人员结构，提高队伍的政治素质和业务素质；培养一批有为煤炭科学研究事业献身精神的高学位、高水平的人才，成为煤炭科研战线的一支实力坚强的攻关力量。

坚持四项基本原则，反对资产阶级自由化，加强思想政治工作和精神文明建设，全院各分院、所、中心都达到精神文明单位。职工的工作学习和生活条件有较明显的改善。

这基本的目标，在煤炭部的领导和支持下，在兄弟单位的大力协助下，经过我们坚持不懈的努力，这个目标是一定能够实现的。

煤炭资源丰富　出口前景广阔

卫国福

中国是一个传统的煤炭生产国，煤炭的生产和利用已有两千多年的悠久历史。中国也是一个传统的煤炭出口国，早起宋代就有煤炭销往毗邻国家的记载。明代以后，随着煤炭开采技术的发展和航海业的兴起，中国煤炭出口逐步增加，市场也不断扩大。

新中国成立后，煤炭出口开始了新的起步。1949～1975年，我国共出口煤炭5886万吨，平均每年出口210万吨，主要销往朝鲜、苏联、越南、日本和港澳地区。1976～1980年的第五个五年计划期间，共出口煤炭1897万吨，平均每年出口约380万吨。第六个五年计划期间，煤炭出口得到了较大的发展，5年共出口煤炭3411万吨，平均每年出口682万吨。这一期间，国家还对煤炭出口体制进行了改革。1982年7月，经国务院批准，成立了中国煤炭进出口总公司，实行工贸结合，统一经营全国煤炭进出口业务。中煤公司成立后，充分发挥工贸结合的优势，使煤炭出口工作出现了新的局面。在1982年出口煤炭644万吨的基础上，1983年出口煤炭655万吨，1984年为697万吨，1985年为757万吨，1986年达到962万吨，创汇额占我国外贸公司出口创汇额第十位。按照计划，1987年出口煤炭1600万吨。预计第七个五年计划期间，煤炭的累计出口量将达到1亿吨，接近1949～1984年35年我国煤炭出口的总和。

目前，我国的煤炭生产形势发展很快，1986年煤产量达8.99亿吨，成为世界第二大煤炭生产国。我国煤炭出口量占煤产量的1％多一点，仅占世界煤炭贸易总量3.2亿吨的3％。这与我煤炭生产大国的地位是很不相称的。煤炭是我国较有竞争性的大宗出口商品，尽管目前国际煤炭市场价格疲软，但多出口换取外汇在经济上仍然是合算的。因此，根据我国煤炭生产的发展与可能，中央提出了扩大中国煤炭出口的战略方针，这是极其正确的。

为了实现扩大煤炭出口这一宏伟目标，必须在煤炭资源、出口基地、铁路运输、港口建设以及价格预测、市场开拓等方面进行卓有成效的工作，以适应国际煤炭市场的需求，使中国的优质煤炭走向世界，成为世界煤炭市场的主要供应国之一。毫无疑问，我国是有条件、有能力在不久的将来做到这一点的。

我国煤田形成的地质时期早，以石炭二叠纪和侏罗纪为主要成煤期。一般地说，煤炭内在质量较好，煤田经济价值较高。从品种上来说，我国拥有丰富的动力煤、炼焦煤资源，并有驰名中外的优质无烟煤。所以说，中国煤炭的显著特点是：资源十分丰富，品种齐全，质量优良。

我国煤炭生产发展迅速，生产稳定。建国以来，煤炭产量平均每年以9.6％的速度递增，在世界主要产煤国家中发展速度是最快的。1986年原煤产量达8.7亿吨，比1949年的3243万吨增长了27倍。我国已经建成了一批年产千万吨以上的煤炭生产基地和现代化矿井；整个煤炭行业的机械化、自动化程度有了大幅度提高。这就为煤炭工业健康、持续地发展提供了可靠的基础。

为了适应工业发展和煤炭出口的需要，近年来国家花费了巨额投资增强煤炭的洗选加工能力，推行全面质量管理，完善煤炭检测手段，对采矿、筛分、洗选、化验、出厂等整个生产和运输过程严格把关和监督，取得了显著效果。国家陆续建设了一批大、中型选煤厂，预计在第七个五年计划期间，新增洗煤能力1亿吨左右。我国现已能自己设计和装备处理能力400万吨的大型选煤厂，洗选工艺（包括重介、跳汰、浮选以及分级筛选等）比较齐全。在此基础上，还规划了一批出口煤炭基地。这些基地资源丰富，煤质优良，基础设施和生产配套系统比较完善，经过改造以后，生产能力可大幅度提高。此外，这些基地内的铁路、公路均与矿区贯通，具备煤炭出运能力。这将为我国煤炭出口提供充足、稳定的优质货源。

统筹安排煤矿、铁路和港口的配套同步建设，是提高煤炭出口能力的重要环节。近年来，国家对此给予了极大的关注。铁路部门统筹规划、突出重点，对华北、东北和东部沿海等地的铁路干线进行技术改造。如大同至北京的复线电气化改造工程已竣工运营；新开辟的国家重点建设工程大同——秦皇岛的运煤专用线正在加紧施工。预计到1990年，全国煤炭运输能力将提高25%以上。

在加速铁路建设的同时，各主要运煤港口也在加紧进行新建或扩建煤炭专用码头。秦皇岛港继一期煤码头运转之后，用先进技术装备的二期码头也已建成投入使用，可停泊2～5万吨级货轮。可停泊3.5～10万吨级货轮的三期煤码头与大秦电气化铁路同步建设，现正紧张施工，预计1989年可投入使用。新开辟的山东石臼港10万吨级煤码头已正式使用。连云港庙岭煤码头也已投产。此外，大连港、青岛港、厦门港、黄埔港、汕头港和张家港等煤码头的通过能力也逐步提高，形成水陆联运、四通八达的煤炭运输网络，为我国煤炭销往五大洲铺平了道路。

煤炭是世界能源结构的重要组成部分，能源形势的变化必将对各煤炭生产国和消费国带来影响。1986年石油跌价曾使一些专家对煤炭市场的前景感到渺茫。但实践表明，煤炭消费总量仍有所增加。这是由于煤炭已成为发电和其他工业的重要燃料。近年来，核泄漏事故的教训更激发了人们对火力发电的兴趣。能源专家预测，发电和其他用户对煤炭的需求将继续增加。除动力煤以外的其他煤种，作为工业原料和民用，也有缓慢增长的趋势。根据这一预测，中国的煤炭出口贸易应该适应需要，发挥优势，开拓市场，扩大出口。

欧洲是世界煤炭贸易的最大市场，也是煤炭主要消费地区之一，每年进口动力煤占世界动力煤总贸易量的60%左右。近年来，中国煤炭已引起欧洲许多国家的兴趣。荷兰、法国、比利时、意大利、土耳其、芬兰和丹麦等国家，与我国建立了良好的煤炭贸易和友好合作关系。随着我国加速港口的改造和新码头的建设，5万吨级和10万吨级轮船均可进出港口，从而为远洋运输创造了条件。

亚洲是中国煤炭出口的传统市场。随着这一地区技术经济的发展，许多国家的煤炭需求量有所增加。中国煤对亚洲地区出口，占有地理优势。亚洲是我国煤炭出口应保持的重要市场。

北美和拉美近年来钢铁、水泥、电力工业不断发展，对煤炭有了新的需求。巴西和阿根廷等国家对中国的煤炭感到满意，已签定供煤合同。经过努力，我们有可能进入更多的拉美市场。

总之，充分发挥我国煤炭丰富的资源优势，扩大煤炭出口，在外贸出口工作中将占有越来越重要的位置。我们要在统一经营的方针下，努力做好国内工作，大力开拓煤炭的国际市场，充分发挥我国煤炭资源的优势，为国家多出口、多创汇。

专栏

全国煤炭工业工作会议

全国煤炭工业工作会议于1986年11月25日～12月2日在北京召开。各省（自治区）煤炭厅（局）、公司的厅（局）长、经理，分管思想政治工作的党委（组）副书记，各省（自治区）煤矿地质工会主席，统配矿务局长、党委书记，煤炭系统各单位纪委书记、端正党风工作先进集体代表和先进个人，以及部机关各司局和在京直属单位的主要负责同志共1,000多人出席了会议。

会议的主要任务是：认真贯彻党的十二届六中全会《关于社会主义精神文明建设指导方针的决议》和全国计划会议精神，安排落实1987年煤炭工业的各项任务，把煤炭工业的改革和现代化建设进一步引向深入。

这次会议由计划工作会议、安全工作会议、思想政治工作会议和端正党风经验交流及表彰会议4个部分组成。4个会议分别召开，交叉进行，有分有合。

计划工作会议和思想政治工作会议于11月25日召开。陈钝副部长在会上传达了全国计划会议精神，胡富国副部长作题为《巩固成果，发展大好形势，为全面地更加出色地完成1987年生产建设任务而努力》的报告。部党组成员、政策研究室兼思想政治工作办公室主任王裕桂同志作关于贯彻落实《决议》加强和改进思想政治工作的报告。

端正党风经验交流及表彰会议和安全工作会议于11月30日分别召开。

在端正党风经验交流及表彰会上，中纪委驻部纪检组组长王玉福同志作关于《认真贯彻党的十二届六中全会、中纪委第八次全会精神，学习推广端正党风先进单位先进个人的经验，发展煤炭系统全党抓党风的好形势》的报告。报告分析了今年以来煤炭系统的党风形势，总结了端正党风先进单位先进个人的典型经验，要求深入学习贯彻党的十二届六中全会和中纪委第八次全会精神，把煤炭系统端正党风的工作继续推向前进。中纪委常委王德瑛同志到会作了重要指示。

部副总工程师赵全福同志在安全会上作题为《抓基础，严管理，为实现1987年质量达标准安全再创新水平而努力奋斗》的报告。报告指出，1986年全国煤矿安全工作有了新的起步，取得了一定成绩，表现在事故减少，涌现出了一批安全生产好典型，安全管理和基础工作有了加强，积累了经验。但发展还很不平衡，特别是地方煤矿安全基础工作还不很牢固，煤矿安全生产仍然存在许多薄弱环节。1987年安全工作要更上一层楼，开创新水平，要抓基础，严管理，深入持久地开展质量标准化活动，使全国煤矿安全工作有一个较大的推进。

在思想政治工作会议上，讨论并经过部党组审定，颁发了《中共煤炭工业部党组关于"七五"期间加强社会主义精神文明建设的若干意见》。

12月2日上午，于洪恩部长在全体会上作了《用务实精神搞好两个文明建设》的报告。于部长在报告中分析了煤炭工业的大好形势，他说，1986年煤炭系统坚持四项基本原则，坚持两个文明建设一起抓，两个成果一起要，大大地推进了煤炭工业的改革，促进了煤炭生产建设的进一步发展。他指出，在大好形势面前，必须看到问题和困难，特别对新形势下出现的新问题要有充分认识和切实的对应措施。他说，1987年面临的问题是，任务重，资金紧，难度大。要把立足点放在挖掘企业内部潜力，广开财源和增强消化能力上，在增加品种、提高质量上下功夫，在竞争中去开辟和扩大市场。他希望煤炭战线明年各项工作都要充分体现务实精神，两个文明一起抓，实实在在抓出成效。

张宝明副部长作了关于总承包和有关经济政策的讲话。

12月2日下午，李鹏副总理出席了大会闭幕式，和于洪恩部长、中纪委常委王德瑛等领导同志向全国煤炭工业端正党风工作先进单位和先进个人颁发了奖旗、奖状和奖证；向荣获"六五"期间全国技术进步全优奖的潞安矿务局、肥城矿务局、株州选煤厂以及荣获单项奖的南桐矿务局、煤炭部特凿公司、张家口煤机厂颁发了奖状，并同他们一起照了像。

在闭幕会上，李鹏副总理发表了重要讲话。他说，这几年国民经济形势好，是与煤炭战线的工作分不开，煤炭行业是国务院系统工作最好的行业之一，中央、国务院对这几年煤炭战线的工作是满意的。他代表国务院向煤炭战线的全体职工表示感谢。他分析了当前煤炭工业形势，并提出了要求，特别是对地方乡镇煤矿提出要发展和提高并重，要进行技术改造，提高装备水平，形成稳定、持久的生产力。他还指出，煤炭部作为国务院的一个行业管理部门，要关心小煤矿的发展。

会议于12月2日下午胜利闭幕。

李鹏副总理的重要讲话(摘 要)

1986年12月2日

第一点，首先，我代表国务院向煤炭战线的全体职工，包括数以百万计的乡镇煤矿的干部、技术人员、工人、农民，致以崇高的敬意和感谢。中央、国务院对这几年煤炭战线的工作是满意的。煤炭工业的形势很好，今年全国原煤产量将达到8.7亿吨。按去年原煤产量算，是世界第一；按商品煤算，仅比美国少一点。这几年，国民经济形势好，是与煤炭战线的工作分不开的，煤炭行业是国务院系统工作最好的行业之一。所以，我向大家表示衷心的感谢。

现在，煤炭形势发生了变化，虽然不能说供过于求，但发生了相当大的变化，一部分地方供大于求，一部分地方供应还有一些紧张，总的看，形势是发生了变化。在这种形势下，我要提醒大家注意，这只是暂时的。随着国民经济发展和煤炭出口增加，煤炭生产任务还是很重的，切不可麻痹松懈。要利用这个机会，抓紧技术改造，加强经营管理，提高煤质，搞好安全，提高经济效益，还要建设新矿井，增加生产能力。

第二点，地方煤矿，特别是乡镇煤矿这几年贡献很大，但是，安全不好是个大问题，如果说农民办矿，刚开始时还情有可原，但长期这样下去不行。所以小煤矿不能吃光分净，要花些钱，上些安全措施，上些装备，采取些措施，还要立法，对发生事故要有法律约束。因为我们的政府是为人民服务的政府，对人民要爱护。目前小煤矿技术装备差，开始要求太高不现实，但长期这样下去也不行。要制定政策，鼓励小煤矿进行技术改造，提高装备水平。要使乡镇煤矿成为稳定、持久的生产力。

我国地大物博，资源丰富。最丰富的资源有两个：一是煤炭资源，二是劳动力资源。把这两个资源结合起来，就可以加快我国现代化建设，为国家做出更大的贡献。依靠农民发展小煤矿，以较少的投入，获得更多的煤炭，这是我们长期要坚持的方针。小煤矿不仅要继续发展，而且还要提高。现在，发展和提高要并重。希望煤炭部作为国务院的一个行业管理部门，要关心小煤矿的发展，不仅是管理国营煤矿的部，而且要对小煤矿实行行业管理。

第三点，党的十二届六中全会通过的《关于社会主义精神文明建设指导方针的决议》是意义深远的指导性文件。文件的核心有两点，一是向全国和全世界表明，我们的改革、开放政策要继续下去，是不会变的；二是中国要走社会主义道路。对精神文明建设要提到这样一个高度上来认识，它对社会主义物质文明建设起着推动作用，对它的方向起着保证作用。在精神文明建设中，党组织和党员要起模范带头和核心作用。党风是精神文明建设中的一个非常重要的环节。煤炭战线出现许多党风好的典型单位和个人，有书记，有矿长，有工程师，今天向他们发奖，我很高兴。事实说明，社会主义的物质文明建设和精神文明建设关系很密切，它们是互相促进，相辅相成，互为目的的。

最后一个问题，讲一下煤炭出口。我们要扩大煤炭出口，但是打进世界煤炭市场也很不容易。除了要开拓市场，还有一个必须提高煤炭质量的问题。每公斤煤的发热量12.56～16.75MJ/kg(3000～4000kcal/kg)的人家不要，至少要25.12MJ(6000kcal/kg)千大卡以上，而且要灰分低、硫分低，人家才会不远万里来买。但是，现在还有相当一部分煤矿只注重产量，不重视质量，希望煤炭部要重视提高煤炭质量。对亏吨的问题也要认真解决。

用务实精神搞好两个文明建设(摘要)

于洪恩

1986年12月2日

一、关于当前煤炭工业的形势

煤炭工业形势是全国形势的一部分，从煤炭供需矛盾继续保持缓和、基本满足了国民经济发展的需要、为全国的经济体制改革提供了一个比较宽松的煤炭市场环境的角度看，煤炭工业的形势是好的。因为这是我们过去多年盼望实现的目标，现在终于看到了。就煤炭工业自身发展来说，形势也很好。今年煤炭工业继续保持健康稳定的发展，全国原煤产量估计同去年实际水平大致持平或略有增加。虽然从增长幅度看不如往年大，但是市场并没有出现供不应求的紧张局面。统配矿存煤还是增加的。此外，由于受到用户退货、运输限制等因素影响，部分煤矿，特别是西部统配矿的生产能力没有充分发挥出来，如果外部条件再好一些，这部分统配矿还可以多出一些煤。基本建设任务也完成得比较好，预计新井和改扩建井投产计划、掘进进尺计划都能按时完成。地质、设计以及机械制造、科研、教育、情报、出版等方面任务也完成得比较好。财务承包情况看来是有喜有忧。今年增支因素很多，企业普遍感到压力大，难以承受。但是大多数单位坚持立足内部工作，积极开源节流，增收节支，消化了部分增支因素。这是很不容易的，国家也了解和体谅我们的困难，适当调整了盈亏包干指标，这样上下一齐努力，我们今年的日子就勉强能过去了。

我们还抓了几项带有战略意义的工作，为煤炭工业持续健康发展奠定了一个较好的基础。具体来说：

(一) 在长远目标指导下，今年对“七五”期间煤炭工业的任务、发展方针进行了深入的研究，确定了各方面工作大的格局和路数，为今后的发展创造了条件。

(二) 抓住关键，在几个难度大、多年进步甚微的方面取得了某些突破，增强了广大职工继续奋进的信心。

(三) 改革和开放有新的发展，煤炭企业的活力逐步增强，发展前景更广阔了。

(四) 煤炭企业面向自身，面向内部，通过加强基础工作，提高管理水平，使企业的素质开始发生变化。

(五) 加强精神文明建设，促进了物质文明建设的发展。

二、1987年的工作安排

1987年工作总的要求是，继续按照现在的工作路数抓下去。去年我们确定的“七五”期间工作指导思想是：坚持以经济效益为中心，把改革放在首位，完善和实施以总承包为主要内容的各项改革措施，探索建立具有中国特色的充满生机和活力的煤炭工业经济体制；坚决贯彻“两个文明”建设一起抓的方针，充分重视和认真抓好精神文明建设，加强思想政治工作，努力建设一支有理想、有道德、有文化、有纪律，献身煤炭事业的特别能战斗的队伍；坚持依靠科学技术进步的方针，大力推进煤炭工业现代化建设，为实现“一番保两番”的战略目标奠定坚实基础。这也是我们明年工作的指导思想。侧重点是抓落实，也就是说，从领导的思想和作风上，都要充分体现务实的精神，少说空话，多做实事，讲求实干，持之以恒，实实在在，抓出成效。

（一）继续按照三个主体的格局安排工作，全面提高经济效益

今后，我们整个行业和每个企业都要按照生产、基本建设和多种经营三个主体的格局来安排工作。生产、基建是我们多年来一直坚持抓的两个主体，今后要继续抓好。

煤炭生产要不断巩固扩大阵地，为国民经济发展提供充足的适销对路的产品。为什么要提巩固的问题呢？因为现在生产阵地有不巩固的因素。从统配煤矿看，目前有23处矿井采掘失调，18处矿井采掘关系紧张。这是一个很值得重视的苗头。对采掘紧张的矿井，由局矿长负责，立下军令状，限期解决。除了抓好采掘关系外，还要抓好矿井的接替和矿区的接替。从地方煤矿特别是乡镇煤矿看，也存在一些不稳定的因素。主要是装备落后，管理跟不上，事故较多，影响了地方煤矿的发展。我们要继续按照“放开、搞活、管好”和“扶持、整顿、改造、联合”的方针，促进地方煤矿持续、稳定、健康的发展。要采取措施，把地方国营煤矿阵地稳住。这一部分煤矿目前困难比较多，活力不够，竞争能力不强，有一部分矿井产量下降。要进一步放宽政策，增强这些矿的活力。对乡镇煤矿，要贯彻执行“积极扶持、合理规划、正确引导、加强管理”的方针，结合贯彻《矿产资源法》，抓好管理和整顿，并抓好重点产煤县的建设，第一批先建成年产100万吨以上的重点产煤县100个。同时要探索总结新区基地建设的经验，帮助地方煤矿健全技术、经营、安全、财务等各项管理制度，逐步实现正规生产。

基本建设方面，现在很多施工单位划给了矿务局管理，为各个企业三个主体一起抓，更好地创造了条件。矿务局要象领导煤矿那样领导好各工程处，要把基建投资安排好，使用好。明年开工任务、投产任务、施工准备任务都很重，各项工程要精心安排，提高施工质量，努力按合理工期组织施工。特别要抓好15个重点建设项目。

多种经营是新发展起来的一个主体，明年要下力量抓好：

第一，多种经营一定要以煤为主。

第二，要因地制宜，充分发挥自己的优势。

第三，要多方筹集发展多种经营的资金。

第四，采取多种经济形式和经营方式发展多种经营。

抓三个主体，都要紧紧围绕经济效益这个中心，无论是机关各个部门还是各个企业，从上到下，包括设计、科研等单位，都要把立足点转到以经济效益为中心的轨道上来，特别是部里各司局要带头这样做。这是实行总承包、改变吃“大锅饭”，迫使我们必须作好的文章。基本建设上项目，要算投入产出账，既要算造价，也要考虑投产后的市场竞争能力，考虑对长期生产带来的后果。今后再上褐煤露天，一定要和电厂配套，同步建设，这样经济效益才会好。生产方面，做一个工程，上一套设备，搞现代化矿井，搞标准化，也都要讲经济效益，讲求实效，务必防止形式主义。多种经营更要讲经济效益，不赚钱的不能干。这里强调一下运销工作，它是煤矿经营工作的龙头，在当前煤炭市场供求缓和的情况下，除了研究运销本身的业务以外，还要研究市场，研究煤炭的规格品种适销对路，研究运销中的经济效益，目的是增加销售收入。

为了更好地使部和各级领导机关以至企业各个方面的工作都纳入经济效益为中心的轨道，促进企业加速转轨变型，明年我们要着手抓好这样几件事：

一是，从上到下要用经济效益的观点检查、分析、修订现行的规章制度和政策，使其更好地为提高经济效益服务。

二是，对各种类型的矿井特别是对成本很高、售价很低、亏损很大的矿进行调查研究，分类指导，拿出解决办法。

三是，要很好研究技术和经济结合的问题。搞煤矿应当注意技术经济的合理性。正在修订的《煤炭工业技术政策》，要很好考虑如何实行技术经济结合，提高经济效益的问题。

（二）围绕搞活企业这个中心，深入进行体制改革

明年要把改革的重点放在搞活企业上，继续扩大企业的自主权，增强企业的活力和消化能力，促进企业向着相对独立的自主经营、自负盈亏的社会主义经济实体方向发展。

第一，要进一步简政放权。

第二，围绕总承包，搞好企业内部的改革。

第三，贯彻3个条例，逐步推行厂长负责制。

第四，搞好劳动、工资方面的改革。

第五，积极发展横向经济联合。

（三）进一步实行对外开放

明年，我们要在对外出口、利用外资、引进先进技术方面有一个比较大的进展。扩大煤炭出口，关键是质量。我们的出口煤质量很不稳定，有些煤灰分高，水分大，杂物多，达不到合同要求。今后，有煤炭出口任务的企业，一定要把质量搞好，尤其在创牌子的时候，更要严格要求。同时要按期发货，均衡发货，不断提高我国出口煤的信誉。在做好内部工作的同时，还要做好外部工作，争取在关税和奖励政策方面给出口煤以支持，调动出口的积极性，并在价格确定上有竞争力。

要进一步扩大技术、劳务出口，并尽量争取做到技术出口同机电产品、多种经营产品的出口相结合。

要继续引进先进技术和关键设备。引进工作也要讲求适用和经济效益。今后引进项目都要建立明确的责任制,进行可行性研究,防止盲目引进。

要积极利用外资扩大煤炭建设规模。我们利用外资也要讲经济效益，要有投入产出的观念，使借到的每个钱都要发挥更大的效益。

（四）加强企业的基础工作，把安全、效率、现代化矿井建设推向一个新的水平

基础工作是煤矿一个薄弱的环节。明年我们要在基础工作上狠下功夫。

第一，抓好全面质量标准化。

第二，抓好定员定额、计量、检测、原始记录、资料档案等基础工作。

第三，加强技术管理。

第四，开展岗位练兵活动，提高职工队伍的技术素质。

通过抓基础工作，要把企业的各方面工作特别是安全、效率、现代化矿井建设向前推进一步。明年，安全要再创新水平，地方国营煤矿和乡镇煤矿的事故也要有较大幅度下降。统配煤矿原煤全员效率要巩固1吨的水平，并有所提高；企业精简机构的工作明年要完成；整顿劳动组织要与安置人员结合起来，有新的进展。现代化矿井建设，原15处现代化样板矿井要按规划保质保量的完成，部重点掌握的62处现代化矿井，明年再起步16处，要抓好落实，按期实现。“七五”期间建设的新井，都要按规划一投产就达到现代化矿井的标准。通过现代化矿井建设带动整个煤炭工业的技术进步，促进科研、教育、制造、设计等工作的开展和新技术、新装备的采用。从明年开始到1990年，我们要把1300个工作面的木支柱和金属摩擦支柱全部换成单体液压支柱。

今年国务院颁发了《关于加强工业企业管理若干问题的决定》，所有煤炭企业都要积极贯彻《决定》精神，开展升级活动。

三、认真贯彻六中全会《决议》坚定不移地加强社会主义精神文明建设

（一）认真学习思考文件，深刻领会掌握《决议》的精神实质

（二）围绕队伍建设这个根本任务抓好4项工作

第一，深入开展以“爱矿山，做主人，献身煤炭事业”为基本内容的理想教育，用共同理想团结和动员500万煤炭职工。

第二，加强煤炭职业道德和行业精神的教育。

第三，努力改善职工的物质文化生活。

第四,开展创建双文明区队活动,加强基层建设。

双文明区队的标准可以概括为六好，即班子素质好、队伍建设好、安全生产好、经济效益好、民主管理好、职工生活好。各单位要结合自己的实际，制订出具体的实施办法。

（三）进一步端正党风，转变领导作风

党风问题是精神文明建设的一个关键问题。我们要进一步抓好党风，促进改革，推动精神文明建设。

一年多来，煤炭战线出现了全党抓党风的好形势，明年还要继续抓下去。希望大家认真贯彻中纪委第八次全会精神，根据部党组和中纪委驻部纪检组的要求，进一步做好巩固和提高的工作。

一是要正确分析和估计煤炭系统的党风形势，对于已经取得的成绩不能估计过高。

二是要正确处理端正党风同改革开放的关系。

三是党风建设要抓住关键和要害。

四是继续抓好领导作风的转变。

让我们在全国改革不断发展的新形势下，依靠几百万煤炭战线职工，把煤炭工业两个文明建设和全面改革不断推向前进，以更加优异的成绩迎接明年召开的党的第十三次代表大会！

关于完善总承包的几个经济政策问题（摘　要）

张　宝　明

1986年12月1日

如何对总承包有关的经济政策进一步完善配套，讲几点意见。

1987年是统配煤矿实行总承包的第三年，也是承上启下的关键一年。煤炭工业的形势总的说是好的。但是，企业面临的困难较多，总承包的难度也很大。突出问题是煤炭继续有部分滞销。其次，个别材料提价和企业本身的内在因素，如营业外支出、职工福利待遇等还要继续增加，流动资金的形势也不会一下子好转。要克服我们面临的困难，主要的还要靠各个企业通过完善企业内部的各项政策和办法，来调动广大职工的积极性，千方百计地挖掘企业内部潜力，广开财源，增收节支。要加快企业转轨变型的步伐，在经营决策、经营方针、经营手段上有新的突破，努力把企业搞活。另一方面，要立足于改革，使总承包的各项政策和有关规定能进一步完善配套，使之能够适应新形势的发展。

最近，我们到财政部、物价总局和税务总局，就两年来总承包的情况和问题作了汇报，国家有关部门从关心煤炭工业出发，正在帮助我们解决一些问题。

部里对一些现行的政策和规定进行了适当的调整和修订，主要有：

1．进一步完善吨煤工资包干办法。随着经济体制改革，煤炭工业实行总承包和煤炭市场供求关系的变化，有必要对现行的吨煤工资包干办法作进一步的修改完善。最近，部里提出了修订办法，主要内容如下：

一是针对吨煤工资包干与盈亏挂钩不紧的问题，规定了：凡没有完成盈亏指标的企业，扣减不超过2%的吨煤工资包干总额；

二是针对吨煤工资包干与技术经济指标挂钩不紧的问题，同时进一步考虑了企业自然条件的不同，修改了与效率挂钩的办法，增订了与煤质挂钩的办法。效率，每超过年度国家计划指标1%，两吨以上的矿务局，增加吨煤工资单价1%；两吨以下的矿务局，增加吨煤工资单价0.7%。煤质，按国家下达的计划灰分指标考核超灰扣产，超水扣产，少提吨煤工资。

三是对衰老矿区采取补助的办法。以1985年核定的包干产量为基数，减少部分按吨煤工资单价的80%予以补贴。也可以实行计划工资总额包干的办法。对于受运输条件限制，以运定产的单位也可以比照衰老矿区的办法执行；

四是为了支持多种经营，在新的办法中规定：对安置富余人员到集体企业，实行单独核算，自负盈亏的职工，可以在吨煤工资包干以外，单列工资计划，按隶属关系批准下达。在企业内部全民多种经营项目，经批准招收定员内新职工的工资，可以纳入吨煤工资包干；

五是准备实行按商品煤计量的试点。试点单位有开滦的林西、东煤公司的抚顺、双鸭山、平庄。

六是准备实行按商品煤量计算工资包干的试点。

2．适当减少超产加价收入的集中比例。1986年，部里集中了30%的超产加价收入，主要用来弥补因少数企业减产的损失。为了使企业更多地掌握一些机动财力，明年改为集中25%。

3．进一步改进和完善提高煤质、增加品种的奖励政策。关于洗选加工，部已在6月份颁发了“矿务局内部对选煤厂经济责任制的规定”。最近，部里又制订了一个“严格煤质管理的若干规定”。在这两个规定中，除了在质量和加工方面的一些具体要求外，为了鼓励企业提高煤质、增加品种，提高经济效益，在政策上也作了一些规定：

一是各矿务局对选煤厂实行超额利润分成的办法，奖金可以同利润的多少挂钩，奖金来源进吨煤工资包干。

二是选煤厂还可以按规定提取燃料和原材料节约奖。

三是选煤厂的折旧基金、大修理基金和超额利润分成，应用于选煤厂，一些老厂留不足的部分，矿务局还要给予适当的补助。

四是实行超灰、超水扣产相应地扣减吨煤包干工资，这在前面已经谈到了。

4. 继续执行和完善材料节约奖的办法。为了进一步加强材料管理，明年煤炭企业仍要按照煤炭部颁发的二十种材料及其它材料包干奖的办法执行。除对国家规定的20种材料实行节约奖外，其它材料也要实行包干奖励。但关键要搞好合理定额和分配奖励办法。

以上是国家和部里准备改善的一些政策和办法。各个企业也要针对实际情况，进一步完善和制订自己的改革政策和措施。主要是：

1. 各级领导和各个业务部门，把工作真正转到以提高经济效益为中心的轨道上来。经济效益是企业经营的核心，特别是实行总承包以后，这个问题已成了企业的主要矛盾。但是，提高经济效益，决不是抽象的概念，而是表现和渗透到各个领域和各项工作之中。在安排增产时，必须首先考虑能否增收。在组织建设和生产时，不但要保证产量，更重要的要有效益。在安排技术改造时，既要着眼于作到技术先进，又要保证经济合理。依靠技术进步，就要坚持技术和经济的统一性。在采用一种新工艺前，一定要做好预测，处理好投入和产出的关系。只有在观念上彻底来一个转变，才能做出符合现代企业经营的决策。

2. 切实落实好调整后的盈亏包干指标，不仅落实一年，要把后几年的指标一次落到局、矿（厂）。落实经济指标是实施经济责任制的前提。财政部对煤炭部是一包六年。但从目前情况来看，真正把盈亏指标落实到矿（厂）的是少数。局里背着，矿上等着，其结果将导致条件好的矿（厂）不愿多干，而条件差的矿（厂）产生依赖思想。这次指标调整以后，条件进一步具备了，因此，矿务局都要本着放权搞活的要求把指标一次落到矿（厂）。指标落实以后，要制订以局、矿长负责制为核心的各部门和各生产单位的经济责任制，纵向到底，横向到边，已经有的要逐步完善，不健全的，要尽快健全起来。

3. 强化以经营调度为中心的信息反馈系统。矿要实行日或5日核算，局要实行五日或旬核算，要建立和完善经营调度日报，掌握盈亏情况，搞好经济效益的预测并做好定期或不定期的经济活动分析工作。

4. 结合企业内部划小核算单位，局、矿要建立起内部控制系统。建立内部银行或内部结算中心和与之相适应的内部核算体系。为了搞好控制、预测和决策工作，局、矿都要推行目标管理，同时要及时考核和控制经营的进展情况，随时制定改善经营管理的措施。

5. 健全各项内部政策和办法，有效地调动各个方面的积极因素。加强管理，搞好承包，搞活企业要靠政策。通过各种政策理顺人心，开发人才。经济承包责任制的发展，实际上是经济民主权利的扩大。经济责任制越完善，责权利结合得越好，职工的民主权利也就越大，人心越顺，主人翁的责任感和创新精神也就越强。因此，要在实施总承包的过程中，通过各种政策和办法，经常保持和发挥职工的积极性，各局、矿要根据本单位的实际情况，制订各方面的政策。比如流动资金和各项专用基金，管理费，材料管理，工资包干，划小核算单位，实行井（区）核算盈亏等都要有明确的规定和办法。同时，又要有严格的考核办法和政策界限。关键问题，还要增强执行政策的坚定性和严肃性，不能朝令夕改，更不能半途而废。

我们要坚持总承包的方向，坚定总承包的信心，肯定成绩，正视困难，通过上下的共同努力，尽可能地把企业搞得更活一些，努力完成盈亏承包任务。

重要国际交往

友 好 会 见

△ 2月20日 于洪恩部长应约会见英国48家集团顾问罗兰特、伯杰（Roland Berger, consultant of the 48 Group）。会见时宾主进行了友好的交谈。外宾向于部长介绍了近年来与中国进行的贸易交往情况，并探讨了今后与中国继续开展合作的可能性。

△ 3月6日 叶青副部长应约会见日本亚洲交流协会理事长北村博昭。会见时外宾询问了准格尔工程项目的进展情况，并对今后的工作任务交换了意见。

△ 3月6日 叶青副部长应约会见了美国贝克德中国公司总裁波特洛克（R. L. PORTLOCK, President Bechtel China, Inc.）等一行3人。会见时宾主共同探讨了今后的合作项目和采用补偿贸易方式建设电厂的可能性。

△ 3月14日 叶青副部长应约会见美国能源部长赫林顿（Herrington）率领的美国政府代表团。会见时叶青副部长介绍了中国煤炭工业的发展情况及在国民经济发展中所处的重要地位，并对今后执行中美化石能科技合作协议中的煤炭项目提出了设想。赫林顿部长介绍了美国的能源发展情况，希望双方今后在化石能领域开展良好的合作。

△ 3月22日 于洪恩部长应约会见意大利外贸部副部长马祖拉（A. Mazzola, Vice Minister of Italian Ministry of Foreign Trade）一行。会见时双方就如何使用意大利贷款问题交换了意见。

△ 4月1日 叶青副部长应约会见美国柏克德电力总公司总裁莱恩奇（H.O.Reinsch, President Bechted Power Corporation）。双方共同讨论了以补偿贸易方式在中国建设电厂的可能性。

△ 4月16日 胡富国副部长应约会见澳大利亚昆士兰州工业、小企业和技术部部长阿合恩（HON MIKE AHERN）一行。会见时双方共同讨论了开展经济技术合作的可能性。

△ 4月21日 于洪恩部长应约会见德意志联邦共和国驻中国大使裴菲易。会见时外宾询问了一些双边合作项目的进展情况，并就“七·五”期间进一步开展经济技术合作的可能性进行了探讨。

△ 4月25日 于洪恩部长应约会见日本亚洲交流协会理事长北村博昭。会见时双方就准格尔项目的进展情况进行详细的讨论。

△ 4月30日 叶青副部长应约会见联邦德国萨尔州联邦事务部部长哈恩博士等一行6人。会见时叶青副部长向外宾介绍“七五”期间煤炭工业发展情况，并与外宾就双方开展科技合作等进行了讨论。

△ 6月21日 叶青副部长应约会见日本电源开发公司总裁门田正三一行8人。会见时宾主双方就今后煤炭出口等问题进行了讨论。

△ 7月1日 叶青副部长应约会见美国柏克德集团公司董事长柏克德。会见时外宾提出采用补偿贸易方式在中国建设电厂，并就此与中方交换意见。

△ 7月29日 陈钝副部长应约会见日本工程技术振兴协会理事长内藤雅喜等一行6人，会见时宾主就双方共同开展煤炭综合加工利用等方面的合作交换了意见。

△ 8月23日 叶青副部长应约会见联邦德国蒂森贸易公司董事长沃格尔（VOGEL）等一行7人。会见时双方就中国煤炭出口，补偿贸易及合资经营等合作项目进行了讨论。

△ 9月3日 于洪恩部长应约会见联邦德国经济部长班格曼（MARTIN BANGEMANN）等一行11人。会见时外宾了解中国煤炭“七五”发展规划情况，双方探讨了中、德在煤炭开发方面进行合作的可能性。

△ 9月11日 叶青副部长应约会见联邦德国鲁尔煤炭公司董事扬森（JENPEN）等一行8人。会见时双方就煤炭部与鲁尔煤炭公司进行科技合作等问题交换了意见。

△ 9月23日 陈钝副部长应约会见荷兰鹿特丹市市长佩珀（Dr. A. Peper）。会见时外宾就进一步扩大中国煤炭出口的可能性与中方交换了意见。

△ 9月25日 陈钝副部长应约会见日中经济协会代表团寺西信美等一行14人。会见时宾主共同回顾了双方多年来友好合作的情况。

△ 10月7日 于洪恩部长应约会见联邦德国克虏伯克伯尔斯公司董事长卡尔·史密特（KARL SCHMID）一行。会见时宾主共同讨论了在煤炭洗选加工利用方面

进行合作的可能性。

△ 10月9日　胡富国副部长应约会见联邦德国曼内斯曼公司总裁迪特（Dieter）。会见时宾主共同回顾了近年来双方开展合作的情况。

来华访问、技术交流

△ 1月11～23日　英国英之杰公司（cormix）技术交流团一行3人来华举办技术交流会，介绍该公司的煤壁固结技术和产品。在华停留期间还前往大同和开滦等矿区参观、座谈。

△ 1月14日　法国里昂电缆公司（Les Cables de Lyon）技术交流组一行3人来华访问，并来我部向生产司、技术发展司和供应局等单位的工程技术人员介绍该公司的电缆生产技术及产品使用情况。

△ 1月19～2月5日　美国乔埃公司（JOY）技术交流团一行6人来华与煤炭部机械制造局等单位商谈采煤设备技术转让的技术资料内容及条件。外宾在华期间分别去大同、郭庄和淮北矿务局参观连续采煤机在煤矿井下的使用条件，并去石家庄、鸡西、抚顺和天津等地参观煤矿机械制造厂的生产情况。

△ 2月18～24日　联邦德国沙士基打公司代表来京举办技术交流会，介绍该公司水煤浆制备技术并赴抚顺矿务局和煤炭科学研究院唐山分院参观、座谈。

△ 2月20～3月13日　英国MS公司代表团一行3人访华，介绍该公司技术、产品情况，并与张家口煤机厂商谈技术合作的可能性。外宾在华期间曾赴峰峰、上海、徐州和太原等地进行技术交流。

△ 2月21～3月初　意大利技术贸易公司耶玛等3人来华，与我部计划司商谈意大利贷款的使用及建立合资公司向欧洲销售煤炭等问题。外宾在华期间，还分别会见了中技公司、配件公司和中煤公司等的代表。

△ 2月27日　爱尔兰尤尼罗克公司（UniLock）代表来我部介绍该公司有轨和无轨牵引车的生产技术和使用情况。我部技术发展司、生产司、基建司和供应局等单位派人参加了座谈。

△ 3月3～7日　日本矿机公司技术交流组一行2人来我部介绍该公司生产轻金属支架技术。我部技术发展司等单位派人参加了座谈。

△ 3月3～9日　应于洪恩部长的邀请，波兰驻华大使鲍夫斯基（Dembowski）及夫人，波兰公使衔参赞皮什（Pisz）及夫人和商务专员巴兹焦拉（Pazdziora）参观中国矿业学院、徐州煤矿机械厂和兴隆庄煤矿。参观后到曲阜、泰山和济南游览名胜。

△ 3月8～18日　日本三井物产株式会社采矿设备服务组一行4人来华了解该公司所产采矿设备在中国的使用情况，并到设备使用现场参观、座谈。

△ 4月8日　芬兰尼罗公司代表团一行11人来华进行烟道气脱硫技术交流，并前往南桐和长沙等地参观、座谈。

△ 4月14～5月6日　根据中波煤炭第二次会议纪要，以波兰采矿研究总院（GIG）R.库尔卡教授为组长的全断面钻井法凿井考察组一行4人来华。在华期间，考察组先后到煤炭科学研究院、北京建井研究所和两淮施工现场参观、访问。

△ 4月21～5月20日　以波兰矿山救护总站（GSRG）顾问、前采矿动力部副部长J.斯特热明斯基为组长的电子计算机在矿井通风管理中的应用共研组一行5人来华访问。波兰专家组与中国矿业学院和鹤岗矿务局就富力矿改善安全工作进行共同研究和技术交流，并提出书面建议。

△ 4月23～27日　由美国固本煤炭公司董事长布朗等10人组成的煤炭代表团，应我部于洪恩部长邀请来华进行友好访问。外宾在华期间与我部有关领导商谈开展煤炭技术合作的可能性，并参观了北京煤机厂等单位。

△ 4月27日　日本三井矿山株式会社代表团一行8人应大同矿务局邀请来华进行友好访问，并与大同矿务局讨论建立友好企业后如何开展合作等事宜。

△ 4月23～28日　澳大利亚能源资源部代表团一行3人来华进行“汪格威里”采煤法技术交流，并赴开滦矿务局和北京煤机厂等单位参观。

△ 4月11～15日　应中国煤矿文化基金会邀请，洪堡基金会百人合唱团来华演出。演出期间，煤炭部和文化部等单位的有关负责人观看了演出，并会见了代表团成员。

△ 5月8日　芬兰泰姆洛克公司（Tamrock）技术交流团来华进行技术交流，介绍反井钻机技术。基建司和规划院等单位派人参观并参加技术交流。

△ 5月8日　澳大利亚尼尔公司代表2人来华介绍选煤厂监控系统。加工利用局等单位派人参加座谈。

△ 5月12日　应煤炭部和有色金属工业总公司的邀请，美国内务部矿山局副局长弗希一行4人来华商谈中美政府之间进行采矿工业科技合作协议（草案）。外宾结束在北京的访问之后，赴抚顺、西安、长沙和广州等地参观煤矿、有色金属矿及有关科研单位。

△ 5月20日　芬兰泰姆洛克公司代表来华介绍露天钻机技术。我部基建司、生产司和情报所等单位派人参加座谈。

△ 5月21～27日　美国柏克德公司电厂技术交流组一行3人来华商谈采取补偿贸易方式在中国合建电厂的设想。外宾在华期间还参观了江苏大屯电厂和开滦林西电厂等单位。

△ 6月6～14日　英国煤炭局IEA公司代表一行4人应我部情报所邀请来华进行技术交流，了解中国煤炭工业发展情况，并参观了煤炭科学研究院等单位。

△ 6月9～7月1日　以采矿研究总院副院长安东尼·克什茨为组长的波兰煤炭液化方法考察组一行3人来华访问。在华期间，参观访问了煤炭科学研究院西安分院和上海研究所，中国科学院山西煤化学研究所，太原工大煤化所，华东化工学院和大连工学院等单位。

△ 6月10～16日　日本三井造船株式会社型煤加工技术组一行3人来华商谈合作加工、出口型煤事宜。部加工利用局等单位派人参加了双方共同举办的洽谈会。

△ 7月14～30日　英国M·S公司代表2人应我部邀请，来华进行采煤设备技术交流，介绍该公司采煤设备生产、制造技术工艺，并赴长春、唐山、阳泉等地参观、座谈。

△ 7月15～8月8日　日本三井物产公司技术交流团一行10人应我部邀请来华进行技术交流，并赴大同、古交、淮南和兖州等矿区参观。

△ 7月23～26日　美国柏克德公司代表团一行5人应我部邀请来华进行技术交流并商谈在中国合建电厂的可能性。我部计划司、生产司及大屯煤电公司等单位派人参加座谈。

△ 7月28日　联邦德国蒙坦咨询公司代表2人应我部计算中心邀请，来华进行计算机技术交流，并讨论会后双方开展技术合作等事宜。

△ 7月28～9月9日　根据我部6所院校与克拉科夫矿冶学院（AGH）科技合作的协议，以克拉科夫矿冶学院J.基茨基（Jerzy Kicki）博士为组长的波兰克拉科夫矿冶学院实习组一行12人来华，到阜新矿院、淮南矿院、西安矿院、焦作矿院、中国矿院和河北煤炭建筑工程学院及其附近的煤矿、选煤厂、煤机厂实习参观，并进行技术交流。

△ 8月4～7日　应我部机械制造局邀请，美国乔埃公司一行4人来华商谈连续采煤机的技术合作问题。部机械制造局及有关厂家派人参加座谈。

△ 8月25～9月6日　应国家计委邀请，日本工程技术振兴会技术交流团一行21人来华进行煤炭加工利用技术交流。我部加工利用局和加工利用学会等单位派人参加交流。

△ 9月10～15日　联邦德国鲁尔煤炭公司科技合作代表团一行9人，应我部邀请来华参加煤炭部与鲁尔煤炭公司科技合作工作组会议。在京期间，叶青副部长会见并宴请了代表团全体成员。

△ 9月11～10月3日　应中国矿业学院邀请，柏林工业大学代表团一行6人来华参加第二次采煤技术交流研讨会。外宾除在徐州参加交流研讨会之外，还到兖州和西安等地参观访问。

△ 9月16日　应我部技术委员会邀请，英国布莱克霍奇公司代表2人来华进行技术交流，介绍该公司设备维修技术。我部生产司、基建司和煤炭科学研究院等单位派人参加技术座谈。

△ 10月4～12日　应抚顺矿务局总医院邀请，日本太和综合病院医生2人赴抚顺讲学，并在北京参观了友谊医院和朝阳医院。

△ 10月26～11月3日　应煤炭部叶青副部长邀请，澳大利亚能源资源部副部长希尔一行4人来华参加中澳煤炭科技合作谅解备忘录第二次工作组会议。外宾在华期间还参观了唐山和秦皇岛等地。

△ 10月27～11月12日　根据中波煤炭第二次会议纪要，以贝多姆-鲁达矿务局职工事务局局长约瑟夫·雅盖多科（Jozef Jagielko）为团长的波兰煤矿艺术团一行93人来华演出。在北京矿务局、大同矿务局、北京煤机厂和民族文化宫共演出11场波兰民间音乐、舞蹈。人大副委员长叶飞、北京市副市长陈昊苏和我部于洪恩部长等领导同志先后观看了演出并接见艺术团领导。

△ 10月27～11月18日　以波兰采矿动力部（MGIE）职业教育培训司司长兹·雷斯邦德（Zdzislaw Respondek）为团长的采矿动力部职业教育代表团一行8人来华。代表团参观访问了大同、徐州、重庆和陕西等省市的煤炭工业学校，并到北京煤机厂、北京煤炭管理干部学院、中国矿业学院和大同煤矿参观。

△ 11月10～27日　英国NEI公司代表2人来华介绍煤矿井下通讯技术，并赴大同、太原、石家庄、平顶山和唐山等地进行技术座谈。

△ 11月13～28日　波兰薄煤层采煤机合作设计组一行3人在“科玛格”（KOMAG）采矿机械化中心驻法姆尔采煤机厂设计室主任雅·柴卢罗率领下来华，与煤炭科学研究院上海研究所就薄煤层采煤机合作设计项目进行了技术会谈。事后到开滦矿务局和无锡煤机厂参观。

△ 11月15～29日　应我部邀请，美国爱达荷大学教授威廉姆一行3人来华介绍煤矿井下治水技术，并到兖州、淮南和铜陵等地进行实地参观、考察。

△ 11月16～24日　英国壳牌石油公司代表团一行4人来华举办技术交流会，介绍润滑油及润滑技术。外宾还赴长春、太原和济南等地参观、座谈。

△ 11月27～12月8日　应我部计划司邀请，意大利技术贸易公司代表团一行3人来华洽谈贷款使用问题，并赴兖州和石臼所参观。

出 国 考 察

△ 3月15～29日 应英国教育学院沙维吉先生的邀请，成都煤炭管理干部学院院长樊瑞庚等5人赴英国考察成人教育。

△ 4月23～5月8日 根据中波科技经济合作常设工作会议第二次会议纪要，煤炭科学研究院上海研究所所长龙显光一行5人赴波兰，与“科玛格”采矿机械化中心就合作研制薄煤层采煤机问题交换意见并签定合作协议。在波期间，代表团参观了薄煤层综采工作面、煤机厂及有关试验装置。

△ 5月1～11日 应波兰西里西亚出版社社长格尼什琴斯基的邀请，煤炭工业出版社副社长龚森一行4人赴波兰考察煤炭工业出版工作。在波期间，与西里西亚出版社交流了出版工作情况，商谈了合作出版事宜，并参观访问了西里西亚工学院、“科玛格”采矿机械化中心、采矿研究总院、华沙“十月革命”印刷厂以及煤矿和煤机厂。

△ 5月20～6月2日 煤炭部技术司耿兆瑞等4人赴日本考察铝合金制品在煤矿井下应用情况及使用规范。

△ 5月26～6月10日 煤炭部副总工程师赵全福等7人赴澳大利亚考察王格威里采煤法。

△ 5月30～6月15日 煤炭部安全局卞伯绥等5人赴联邦德国考察在薄煤层中使用刨煤机时防治瓦斯突出技术。

△ 6月11～30日 煤炭部生产司马启勋等5人组成综合技术考察组，赴波兰考察矿山地质测量技术，并参观了波兰采矿研究总院和煤矿等。

△ 6月18～7月6日 煤炭科学研究院唐山分院顾少雄等4人赴美考察重介质旋流器40～0毫米级难选工艺。

△ 6月22～7月23日 根据中国矿业学院与波兰科学院地层力学研究所合作协议，中国矿业学院院长彭世济率煤和瓦斯突出机理及矿井通风非稳定流动理论共研组一行4人赴波兰考察。

△ 7月4～18日 煤炭部外事局副局长范学光等6人赴美参加中美化石能研究与开发科技合作议定书第一次工作组会议。

△ 7月4～23日 煤炭部办公厅副主任贾富昌等10人赴波兰访问。在波期间，访问了扎布热矿务局，参观了煤矿采掘工作面及地面生产、生活福利设施。

△ 7月5～31日 煤炭部安全局局长陈明和等11人赴美国进行煤矿安全技术培训。

△ 8月11～26日 煤炭部副部长胡富国一行12人赴波兰考察。在波期间，考察了波兰煤矿生产、安全设施和局、矿二级管理体制。

△ 8月13～26日 煤炭科学研究院上海研究所副所长黄伯翔等5人赴波兰与“科玛格”采矿机械化中心就联合设计薄煤层采煤机的基础资料进行了技术咨询和交流讨论。

△ 8月31～9月14日 山西煤炭局副局长李洪宾等5人赴英国考察煤矿无煤柱开采及巷旁支护技术。

△ 9月10～29日 中国煤矿文化宣传基金会副会长汪长泽率111人的中国煤矿艺术团赴波兰访问演出。

△ 10月1～16日 煤炭部生产司赵克敏等7人组成深井冻结管断裂的预防、监测及高地压、高地温处理考察组赴波兰。考察组访问了采矿动力部、矿建公司、建安公司、救护总站、销售中心、雷布尼克矿务局及其5个矿的调度室，还参观了采矿信息中心的计算机房。

△ 10月5～19日 应英国艾姆科（EIMCO）公司和法国艾姆科-赛科玛（SECOM）公司的邀请煤炭部生产司司长王焕文等5人赴英、法考察钻车和装载机技术。

△ 11月17～28日 煤炭部生产司符时机等5人赴联邦德国考察立式多架多功能巷道支架试验台。

△ 11月17～28日 应法国煤炭工业局（CHARBONNAGES DE FRANCE INTERNATIONAL）的邀请，东煤公司副总工程师刘恒生等5人赴法国考察放顶综采工作面使用液氮防火技术。

△ 11月22～12月12日 煤炭部加工利用局刘英杰等5人赴比利时考察石煤提钒工艺与设备。

△ 11月23～12月7日 煤炭部技术司顾永辉等4人赴英国考察煤矿井下高压供电系统及电气电机设备。

△ 11月25～12月15日 煤炭科学研究院抚顺研究所高级工程师钱树功等5人赴日本考察瓦斯抽放管接头技术。

△ 12月1～15日 应波兰克拉科夫矿冶学院的邀请，煤炭部教育司副司长赵声文等6人赴波兰访问了该学院，商讨我部6所学院与该院继续发展校际友好协作关系的有关事宜，同时参加了该院庆祝矿工节活动。

△ 12月4～17日 应波兰雅沃什诺-米科沃夫矿务局局长扬·顿布洛夫斯基的邀请，开滦矿务局局长张汝楫等7人赴波兰对该局及所属矿作了友好访问并具体商谈合作事宜。

△ 12月5～20日 应奥地利钢铁联合公司(VOEST-ALPINE)的邀请，煤炭部地方公司副总经理杨永仁等6人赴奥地利考察掘进机制造技术。

双边和多边技术合作

化石能研究与开发合作项目

1985年4月16日 中美化石能研究与开发合作议定书在华盛顿签订。煤炭部于洪恩部长代表中国政府在议定书上签字。议定书规定：中美双方将在煤炭燃烧、气化和选煤等十几个领域进行合作研究工作。1986年7月，中方首席协调人、煤炭部外事局副局长范学光等6人赴美参加议定书签订后举行的第一次工作组会议。会议期间，双方代表就煤炭燃烧、气化和选煤等3个项目的合作进行了讨论，并取得一致意见。

济宁煤田唐口区合作勘探项目

9月1日 煤炭部地质局与日本新能源综合开发机构关于在山东省济宁煤田唐口区合作勘探的协议书在北京签字。协议书规定，1986～1990年，双方将通过地震勘探、钻探、测井、水文地质调查、地形测量、煤样分析和岩样测试等在唐口地区进行合作精查勘探，最终提交可供矿井设计的地质报告。

煤炭直接液化项目

10月 根据中国和联邦德国政府科技合作协议项目规定，煤炭部煤炭科学研究院与联邦德国萨尔煤炭公司、菲巴石油公司共同建立日处理120公斤煤的煤炭直接液化试验装置，在北京煤炭科学院煤化学所落成。国家科委副主任朱丽兰、煤炭部副部长胡富国、联邦德国研技部国务秘书普罗布斯特（PROBST）和联邦德国驻华大使斐培谊出席了落成典礼。在此期间，双方液化管理委员会在北京举行会议，共同讨论了今后的合作试验计划。

加压喷射床煤炭催化气化项目

1986年12月 煤炭部煤炭科学研究院煤化学所与加拿大SNC公司于1984年4月签订煤炭催化气化小型试验的协议。协议规定，双方用2年时间合作进行每小时处理10公斤煤的催化气化试验装置的安装、调试和试验。该项工作现已全部结束。

其　它

△ 4月16～21日 中国煤炭学会与美国罗曼咨询公司在山东济南市联合举办了国际采矿技术交流、设备展览会。

英国、美国、联邦德国、澳大利亚、奥地利、芬兰和香港等国家和地区的32家公司近90位代表参加了技术交流和展览会。来自全国各地煤矿和其它采矿界的科技人员和采矿工作者1万5千多人参观了展览会。300名中国工程技术人员就开采、掘进和运输等24个专题与外商进行了技术交流。

煤炭专业国际会议

名　　称　**1986年国际能源会议**
时　　间　3月24～26日
地　　点　澳大利亚珀斯
主办单位　世界能源大会
中方代表　王庆一　煤炭部情报所副总工程师

名　　称　**煤和煤系地层国际讨论会**
时　　间　4月8～10日
地　　点　英国伦敦
主办单位　伦敦地质学会
中方代表　徐家谟　煤炭部地质局总工程师
　　　　　关世桥　煤炭部地质局工程师
　　　　　韩德馨　中国矿业学院研究生部教授

名　　称　**第十九届计算机在矿业中应用会议**
时　　间　4月14～18日
地　　点　美国宾夕法尼亚
主办单位　宾夕法尼亚国立大学
中方代表　辛镜敏　煤炭工业部教育司副司长
　　　　　南　岳　阜新矿业学院副教授
中方论文　《矿井生产系统计算机模拟研究》

名　　称　**情报讨论会**
时　　间　4月21～5月15日
地　　点　卢森堡
主办单位　欧洲共同体委员会
中方代表　李钟奇　煤炭部情报所副所长
　　　　　高功瑜　煤炭部情报所工程师

名　　称　**第五届国际流化床会议**
时　　间　5月18～23日
地　　点　丹麦埃尔西诺
主办单位　美国工程基金会
中方代表　黄倍礼　煤炭部加工利用局工程师
　　　　　王金玲　江西省煤炭厅工程师
　　　　　郭奎玥　煤炭部外事局项目协调人

名　　称　**第八届国际煤浆燃料制备与利用讨论会**
时　　间　5月27～30日
地　　点　美国佛罗里达省奥兰多市
主办单位　美国能源部匹茨堡能源技术中心
中方代表　王祖讷　中国矿院研究

生部教授
王秀月　北京造纸一厂工程师

中方论文　《中国煤炭的成浆性》
《中国煤水浆工业应用示范试验》
《20蒸吨/小时工业锅炉燃用煤水浆工业试验》

名　　称　**国际测量工作者联合会第十八届学术讨论会**
时　　间　6月1～11日
地　　点　加拿大多伦多
主办单位　国际测量工作者联合会
中方代表　姚　琪　阜新矿业学院讲师
中方论文　《控制网观测值的最优配置方法》——姚琪

名　　称　**第四届煤炭贸易、运输及处理会议和展览会**
时　　间　6月10～12日
地　　点　荷兰阿姆斯特丹
主办单位　英国CS出版有限公司
中方代表　贾蕴真　煤炭工业部外事局副局长
中方论文　《中国的煤炭运输》

名　　称　**第三届计算机在煤炭工业中应用会议**
时　　间　7月28～30日
地　　点　美国摩根城
主办单位　西弗吉尼亚大学采矿工程系
中方代表　王忠信　煤炭部计算中心工程师
张延松　煤炭部计算中心工程师
中方论文　《用NODAL方法计算通风网络》——中国矿院研究生部

名　　称　**第七届多目标决策国际学术会议**
时　　间　8月18～22日
地　　点　日本京都
主办单位　日本系统研究学院
中方代表　黄书德　焦作矿业学院系主任
中方论文　《战略决策中的习惯领域分析和应用》

名　　称　**第十二届国际沉积学会议**
时　　间　8月24～30日
地　　点　澳大利亚堪培拉
主办单位　澳大利亚地质学会、新西兰地质学会、国际沉积学会和澳大利亚矿物资源局
中方代表　刘焕杰　中国矿业学院副教授
中方论文　《堡岛系统与含煤建造沉积》

名　　称　**第十届国际选煤会议**
时　　间　8月31～9月5日
地　　点　加拿大爱德蒙顿
主办单位　国际选煤会议
加拿大采矿冶金研究所
中方代表　单忠健　煤炭部加工利用局副局长
凌佩弘　煤炭部技术委员会委员
王祖瑞　煤炭部煤炭科学研究院唐山分院副院长
曾繁智　煤炭部平顶山选煤设计院工程师
郭奎玥　煤炭部外事局项目协调人
中方论文　《中国选煤厂的总体布置》——曾繁智
《选煤厂水环境污染治理工程》——单忠健

名　　称　**美国采矿工程师学会1986年秋季会议**
时　　间　9月8～11日
地　　点　美国圣路易斯
主办单位　美国采矿工程师学会
中方代表　贾蕴真　煤炭工业部外事局副局长
钮锡锦　中国煤炭学会副理事长、副秘书长
周公韬　中国煤炭学会副秘书长

名　　称　**第十三届世界能源大会**
时　　间　10月5～11日
地　　点　法国戛纳
主办单位　第十三届世界能源大会组委会
中方代表　叶　青　国家经委副主任
范维唐　煤炭部总工程师
贾蕴真　煤炭部外事局副局长
王裕桂　煤炭部政研室主任
芮素生　煤炭部情报所所长
马兰英　煤炭部技术发展司副处长
王乃新　煤炭部外事局副处长
钱洁永　煤炭部外事局项目协调人
中方论文：《二千年中国能源》——林汉雄、王庆一
《煤矿塌陷区综合治理》——马兰英、孙绍先

名　　称　**地球物理勘探学家协会56届年会**
时　　间　11月2～6日
地　　点　美国休斯敦
主办单位　地球物理勘探学家协会
中方代表　毛邦倬　煤炭部地质局副处长
陈广雅　煤炭部地质局高级工程师
李文松　煤炭部地质局安徽地质物探测量大队

名　　称　**第九届国际煤炭利用和技术大会**
时　　间　11月18～20日
地　　点　美国匹兹堡
主办单位　阿尔特纳特燃料委员会
爱迪生电力研究所
国家煤炭协会
国家农村电力合作协会
中方代表　张殿增　煤炭部加工利用局处长
刘淦侠　中国矿业学院研究生部讲师
王忠奎　老虎台选煤厂工程师

对外经济贸易

煤炭工业对外经济贸易机构

一、中国煤炭进出口总公司、中国煤炭开发总公司

两公司是煤炭工业部直属的国营对外经济贸易企业，实行总经理负责制，由一套管理机构统一管理，两公司均具有法人地位。

1. 公司领导

董事长：伯纳

总经理：卫国福

副总经理：雷景良　陈荣寿　宋　勤　施毓才　王广恩

2. 经营范围和项目

经营范围

1）统一经营全国的煤炭进出口业务。

2）公司承办煤炭工业系统的技术引进业务。经营煤炭工业系统使用的煤矿专用设备、制造煤矿设备所需的配套设备、备品备件等进口业务。

3）公司经营煤炭工业系统生产的部分煤矿专用设备、备品备件的出口业务。

4）公司承办煤炭行业的合资经营、合作生产、补偿贸易和其它经济技术合作、咨询服务。

5）根据政府间的协议，公司承办国外政府和国际金融机构的有关援助或贷款的经济技术合作项目，办理世界银行等煤矿贷款项目的招标业务。

经营项目

1）出口商品

（1）煤炭产品

原煤；洗精煤；块煤；粉煤；混煤；低质煤（包括中煤、煤泥、煤矸石）；型煤（包括煤球、蜂窝煤和煤粉）；褐煤（包括腐殖酸原料）；煤炭制成品（包括活性炭、褐煤蜡）

（2）煤矿技术设备产品

煤矿采掘设备

采煤机；掘进机；刨煤机；装岩机；装煤机；凿岩机

煤矿凿井及巷道开拓设备

竖井钻机；凿岩机；特殊凿井设备；井巷支护设备；凿井绞车及提升设备

煤矿支护设备

液压支架及泵站；单体支柱及金属顶梁；巷道支架；锚杆及锚杆机；支架安装架设设备

煤矿运输设备

刮板输送机；胶带输送机；电机车及矿车；装卸设备；井下辅助运输设备

煤矿提升、通风、压风及排水设备

绞车；箕斗、罐笼及井筒设备；扇风机（包括主扇、局扇）；空压机；煤矿用水泵、煤水泵、泥浆泵等

煤炭洗选和加工利用设备

振动筛；跳汰机；重介分选机；浮选机；脱水干燥机；破碎机；斗式提升机；型煤加工设备；煤矸石加工利用设备

煤矿地质勘探设备

地质钻机及其辅助设备；测井设备；物探设备

煤矿用电器设备

电器控制设备；井下照明设备；通讯、信号、控制系统；防爆变压设备

煤矿用仪器仪表

安全仪器；救护仪器设备；测量记录仪器；化验分析仪器；井下监测、警报仪器

煤矿液压件

液压泵、液压马达；液压阀及液压控制系统；液压管路和管接头

煤矿自备电站、煤气站及其设备

煤矿设备的备品配件

（3）煤矿综合利用产品

生熟煤矸石（原矿、砂、粉）；煤矸石制品（絮凝剂、净水剂、轻质碳酸钙等）

2）进口商品

（1）煤炭

原煤；洗精煤；块煤；粉煤；混煤；低质煤（包括中煤、煤泥）；型煤（包括煤球、蜂窝煤和煤粉）；煤炭制成品

（2）煤矿专用设备

井下采煤设备；井下工作面和巷道支护设备；井下掘进设备；井下防爆电器设备；煤炭加工利用设备；井下运输设备；选煤厂设备；煤炭地质勘探设备；煤矿安全监控设备；煤矿专用凿井设备；煤矿通风设备；煤矿提升设备；露天矿设备；生产煤矿设备所需的设备及备品备件

3．公司本部机构

中国煤炭进出口总公司
中国煤炭开发总公司

- 办公室
- 人事处
- 计划财务处
- 条法审计处
- 煤炭进出口处
- 设备技术进出口处
- 平朔露天开发处
- 世界银行贷款项目处
- 海内外开发处

4．地址

北京市安定门外东黄寺大街甲三号
电话：4211223；4214977；4216291
电传：22494　CNCDC　CN
　　　22008　CNCDC　CN
传真：4216327

5．下属分公司和办事处

1）秦皇岛分公司（河北省秦皇岛市）
2）开滦办事处（河北省唐山市）
3）大同办事处（山西省大同市）
4）阳泉办事处（山西省阳泉市）
5）黑龙江分公司（黑龙江省哈尔滨市）
6）辽宁分公司（辽宁省沈阳市）
7）丹东办事处（辽宁省丹东市）
8）江苏分公司（江苏省南京市）
9）连云港分公司（江苏省连云港市）
10）淮北办事处（安徽省淮北市）
11）石臼分公司（山东省日照市）
12）广东分公司（广东省广州市）
13）深圳分公司（广东省深圳市）

6．驻国外机构与国外合营公司

1）驻日本代表处
2）驻比利时代表处，企百合营公司
3）香港分公司（环能公司）
4）驻英国代表处
5）泰国海外开发公司（合营公司）

二、中国煤炭海外开发公司

这个公司为煤炭工业部直属的国营外经企业，具有法人地位。

1．业务范围

承包国外煤矿（由煤田地质勘探、矿井设计、建井到煤矿生产管理、选煤厂和机修厂等）建设的全部工程或单项工程，并可提供上述项目的成套设备或单项设备及其相应的材料、配件；承接来图、来料加工；提供技术服务和劳务。

2．地址

北京市安定门外东黄寺大街甲三号
电话：4213759；4216061—862
电传：22494　CNCDC　CN
　　　22008　CNCDC　CN

煤炭进出口贸易

一、煤炭出口贸易

1986年煤炭出口量为961.7万吨。主要出口国家和地区有：

日本	360万吨
香港及转口	195万吨
朝鲜民主主义人民共和国	169万吨
菲律宾	101万吨
法国	37.5万吨
印度尼西亚	21.2万吨
比利时	20万吨
荷兰	13.7万吨
土耳其	10万吨
马来西亚	8.7万吨
意大利	5.3万吨
泰国	5.2万吨
巴西	4.6万吨
阿尔巴尼亚	3.0万吨
爱尔兰	2.0万吨
芬兰	1.7万吨
美国	1.4万吨
联邦德国	1.4万吨
孟加拉国	1.0万吨

二、煤炭进口贸易

1986年从朝鲜民主主义人民共和国进口煤炭189.8万吨；从澳大利亚进口煤炭51.9万吨。

出口煤炭生产基地

1986年经煤炭部批准，确定了第一批统配矿出口煤炭生产基地共15个。

一、动力煤生产基地

共有6个，总年产量4000万吨
1. 大同矿区燕子山矿
2. 大同矿区四台沟矿
3. 兖州矿区鲍店矿
4. 平朔露天煤矿
5. 神木露天煤矿
6. 兖州矿区东滩煤矿

二、炼焦煤生产基地

共有5个矿区的7个选煤厂，总年产量1820万吨
1. 开滦矿区范各庄选煤厂
2. 开滦矿区吕家坨选煤厂
3. 枣庄矿区柴里选煤厂
4. 淮北矿区芦岭选煤厂
5. 鹤岗矿区南山选煤厂
6. 西山矿区镇城底选煤厂
7. 西山矿区马兰选煤厂

三、无烟煤生产基地

共有2个，总年产量660万吨。
1. 阳泉矿务局阳泉一矿
2. 汝箕沟矿太西选煤厂

利用外资和同外国合作开发煤矿

一、平朔安太堡一号露天煤矿

这是由中国平朔第一煤炭有限公司和美国西方石油公司中国岛溪煤炭有限公司与中国银行信托咨询公司合资，采取契约式合作经营，年产原煤1533万吨的大型露天煤矿。经过3年的施工前准备工作，于1985年7月1日正式开工，拉沟剥离。

1986年是平朔矿区建设关键的一年。这一年矿区的工业区、生活区和基础设施的建设都取得了较大的进展。

1. 露天矿的剥离

露天矿的设计基建剥离量为6185万米^3,其中1986年的计划剥离量2800万米^3，实际剥离3188.9万米^3，完成计划的113.8%。

2. 露天煤矿选煤厂

选煤厂年入洗原煤1533万吨，可洗出精煤910～940万吨，混煤255万吨，是目前国内生产能力最大的动力煤选煤厂。1986年选煤厂土建工程已基本完成；其中土方量完成120.4万米^3，混凝土工程完成13.26万米^3，钢结构工程安装6795吨。非标准设备安装3354吨，主要设备安装就位的达3940吨。

1986年，选煤厂工程工期曾一度落后。为此，中美双方于1986年7月在京召开了有设计、施工、供应和建设单位的会议，共同研究解决工期落后的办法，成立了8人协调领导小组。在双方共同努力下，到1986年底，已完成选煤厂工程量的60%以上。

3. 铁路专用线工程

平朔铁路专用线包括从北同蒲的大新车站到安太堡车站20.86公里的电气化铁路和木寨、店坪、安太堡3个车站，以及安太堡露天煤矿装车环线和材料线，铺轨长度74.5公里。到1986年底，除电力牵引线和部分输变电工程外，轨下工程已基本完成，并于12月临时通车。

4. 生活区

平朔露天矿的生活区占地面积约2000亩，建筑面积31.4万米^2，计有单体建筑251座。到1986年底，除个别建筑物和生活区总体工程外，其它工程均已完成并陆续交付使用，竣工建筑面积约22万米^2。

目前中美合营双方正在按合同规定的要求进度加紧施工，争取按合同规定于1987年9月投产。

二、兖州矿区东滩矿井

东滩矿井是利用法国出口信贷，引进矿井所需要的关键设备进行建设的中法补偿贸易项目。1982年5月合同在北京签定。从1983年3月至1986年12月，法方分9批将引进的矿井绞车和风机等10项主要设备共39台（套）交付中方。待矿井投产后，中方用生产的煤炭偿还法国贷款。

按照合同预定要求，法方已于合同限定的1986年12月交付完第9批设备。至此，10项主要设备共39台（套）已全部到货，现正在对设备进行开箱检验。中方将从1987年7月开始，分5年10次还清贷款本息。

三、霍县白龙矿井和选煤厂

1979年6月，我国政府与罗马尼亚政府签订了以补偿贸易方式合作建设霍县煤矿的协定。罗方以信贷方式提供煤矿设备、材料和技术服务，担负白龙矿井和选煤厂的初步设计；我方以出口洗精煤偿还贷款。

1985年6月15日，白龙矿井正式开工。1986年继续执行已签订的设备采购合同。

1986年10月，在中罗经济和技术合作第二次常设工作会议上，按照赵紫阳总理访罗的会谈精神，双方签订了会议纪要。将霍县矿务局的曹村，辛置和团柏3对改扩井纳入“中罗两国政府合作开发山西霍县炼焦煤矿”的协议之中。

四、潞安矿区常村矿井

常村矿井是我国利用世界银行贷款建设的第一个煤矿项目。贷款协定和项目协定于1985年10月24日生效。贷款总额1.24亿美元，主要用于通过国际性竞争招标或有限招标方式采购该项目所需的先进设备及引进项目管理技术。

根据项目协定规定，1986年5月，中国煤炭开发总公司与美国摩理逊-努森工程公司就常村项目的施工管理和生产监控系统签定了计算机管理咨询协议，协议总额100万美元。按协议规定，于9月份完成了第一阶段的调研工作，10月份开始第二阶段的软、硬件采购和设计工作。

1986年1月，通过中国技术进口总公司国际招标公司，以国际竞争性招标方式采购常村矿井副井全套提升设备商务标开标。评标结果，联邦德国PWH公司、瑞典ASA公司和中国泰安煤矿机械厂联合配套生产的设备中标。10月，国际招标公司与PWH公司签定供货合同，成交额约126万联邦德国马克。

1986年2月，对常村矿井第二批施工设备5种10台套，进行了国际竞争性招标采购。6月开标，年底签订了凿岩台车和工作平台两项设备的供货合同。

1986年12月，对常村矿井4台全断面掘进机进行了国际竞争性招标。常村矿井主井全套提升设备的招标采购工作正在准备标书阶段。其它井下采煤、掘进、通风、煤炭运输、辅助材料运输及洗选设备都在准备中。

五、古交矿区东曲矿井

东曲矿井是利用第二批日本能源贷款建设的项目。1985年10月，东曲矿井正式开工。1986年向国外采购的76台载重卡车和2台S-100-41型半煤岩掘进机均已到货。

技术引进和设备进口

一、伊敏河露天煤矿

1984年11月，中苏双方签订了委托苏联编制伊敏河露天煤矿技术经济论证（总体设计）设计任务书的合同。

1985年6月，苏方提交了伊敏河露天煤矿技术经济论证。按照合同规定，1986年9月，苏联露天矿设计专家组来华，在长春由苏方对伊敏河煤矿技术经济论证进行解释，我方进行最终审查。之后，按规定我方支付了第二次合同款项，至此，该合同已执行完毕。

二、抚顺西露天矿技术改造

抚顺西露天矿的技术改造工程从1984年全面展开。1985年分别从联邦德国引进6台选煤设备；从美国引进5台露天工程设备；从日本引进8台施工和检修设备。1986年上述几项设备的安装及技术服务工作均已结束，设备已投入正常使用。

1986年8月派出考察定货组，与芬兰克尼公司签订引进4台液压打煤锤合同；与美哥尔德公司签订引进一套电控设备合同；从日本小松公司购买4台68吨卡车，从美国尤克利特购买5台77吨卡车合同。

三、阜新矿区海州露天煤矿技术改造

1985年6月，中国煤炭开发总公司与波兰柯派克斯海外矿山建设进出口总公司签订了《关于海州露天煤矿技术改造可行性研究合同》。

按合同规定，波方于1986年8月交付可行性研究报告。波兰波尔泰格尔设计研究中心设计专家8人于同年11月来华，对可行性研究报告进行了解释，并同中方签署了审查纪要。中方已按规定将第三次款付出，至此，该合同完成。

四、开滦矿区东欢坨矿

开滦矿区东欢坨矿二号井筒凿井，是由中国煤炭开发总公司委托联邦德国联合凿井公司（戴尔曼·哈尼尔-GTG-瓦尔特公司）承包的项目。共签订3个合同（二号井井筒施工设计合同，设备及专用工具采购合同，凿井承包合同）。

1986年3月底前，联合公司分4批交付了东欢坨项目施工设计的全部设计图纸和文件。1986年年底，合同规定的我方订购的390台件货物已全部抵达矿区。这样，二号井井筒施工设计合同和设备及专用工具采购合同已执行完毕。

凿井承包合同按规定应于1986年5月开始进行准备工作阶段，因施工电力问题，凿井承包合同将于1987年8月份进行。

五、开滦钱家营矿选煤厂

1984年10月，中国技术进出口总公司与波兰卡托维兹康派克斯海外采矿建设进出口总公司签订钱家营选煤厂成套设备引进合同。选煤厂主要工艺设备成套从波兰引进。

按照合同规定，选煤厂主厂房于1986年3月开始施工。波方于1986年3月、5月和9月派出3批专家到现场进行技术指导。合同项下进口货物已到货4批，我方于6月和10月派出中检组和中检培训组赴波兰检验设备和培训。

六、舒兰褐煤蜡厂的技术改造

为改进褐煤蜡的萃取工艺，以提高其萃取率，增加产量，降低成本，1986年8月18日，中国煤炭进出口总公司与德意志民主共和国国营外贸企业化工进出口总公司签订一项民主德国向中国舒兰褐煤蜡厂转让褐煤蜡萃取工艺的合同。

合同规定，民主德国将于1987年1月向中方提出试验室报告，7月交付舒兰褐煤蜡厂萃取系统的设计文件和图纸，并于9月派专家来华进行技术交底。舒兰厂的改建将于1988年竣工，褐煤蜡年产量将由现在的150吨提高到500吨。

对外合作开发煤矿

我国援助坦桑尼亚建设基榎那煤矿。

根据我国政府与坦桑尼亚联合共和国政府1981年12月1日在达累斯萨拉姆的换文，由我国帮助坦桑尼亚建设一座年产15万吨的煤矿，包括修建4公里进矿公路、一座桥梁和一座6000千瓦的自备电厂。

15万吨的基榎那矿井已于1985年1月正式开工。

1986年5月，煤炭工业部陈钝副部长率团赴坦视察工作。

到1986年底，矿井工业广场主要建筑主体已形成；矿区供水系统、生产系统和通风系统等建筑工程正在加紧施工。总设计量为9203米的井巷工程已完成6184米，相当全部计划的67.2%；开工土建工程21941米^2，相当全部土建工程量的89.5%。此外，还进行了部分设备的安装工程。1986年完成本年度2204万人民币投资的100%。

目前我方在坦桑尼亚的援外工程技术人员有339人。

煤矿机电产品和综合利用产品出口

1986年出口的煤矿机电产品和综合利用产品主要有：

1. 矿灯
2. 充电器
3. 煤矿安全仪器
4. 煤质化验仪器
5. 单体液压支柱
6. 氧气输送器
7. 土焦炭
8. 莫来石沙
9. 草炭
10. 铝矾土

煤炭工业部直属

表1 重点煤矿主要

局矿名称	原煤产量 (10^4t)	商品煤		洗精煤		掘进总进尺 (m)
		灰分 (%)	含矸率 (%)	产量 (10^4t)	灰分 (%)	
开滦矿务局						
全局合计	1851.8	25.06	0.36	640.0	11.46	208469
赵各庄矿	279.1	23.86	0	103.3	11.95	43261
林西矿	207.2	24.57	0.01	74.6	11.87	24139
唐家庄矿	203.0	21.65	0	81.4	11.79	30058
唐山矿	365.5	18.02	0.21	195.4	10.86	28255
马家沟矿	118.4	17.69	0.01	62.0	11.43	22932
范各庄矿	195.0	26.28	1.76	52.9	11.80	18522
吕家坨矿	218.0	25.47	0	70.4	11.40	23083
荆各庄矿	191.5	33.32	1.15			14456
林南仓矿	65.2	47.61	0.61			3763
钱家营矿	8.9					
大同矿务局						
全局合计	2918.4	9.17	0.11			346272
煤峪口矿	228.2	7.52	0.06			25964
永定庄矿	255.1	10.40	0.12			32702
同家梁矿	304.6	9.70	0.11			29542
四老沟矿	285.1	9.21	0.12			22012
忻州窑矿	184.5	10.58	0.15			24151
新白洞矿	135.2	8.43	0.08			15836
雁崖矿	181.0	9.09	0.16			23605
挖金湾矿	168.4	9.76	0.06			26325
晋华宫矿	322.4	10.90	0.10			42398
马脊梁矿	96.0	5.84				10833
大斗沟矿	185.0	8.03	0.05			19543
王村矿	168.7	10.10	0.12			18775
云岗矿	358.0	7.83	0.14			43705

省(市、区)煤炭工业概况

企业煤炭生产概况

技术经济指标

回采工作面平均月产量(t)	掘进工作面平均月进度(m)	采煤机械化程度(%)		掘进装载机械化程度(%)		企业坑木消耗($m^3/10^4t$)	原煤全员效率(t/工)
		合计	其中综采	合计	其中综掘		
15840	113.35	59.91	33.18	47.42	10.47	70.59	1.216
9435	116.82			61.21		78.65	1.006
12188	87.69	58.11	19.71	35.01	0.21	63.33	0.882
11859	157.24	10.77		7.46	2.52	172.90	1.150
24940	112.71	97.11	58.81	46.46	28.14	46.84	1.470
13780	111.62			51.53		117.53	0.968
25903	118.19	100.00	65.72	28.85	17.41	37.40	1.623
18475	79.75	100.00	18.94	96.76	9.01	25.90	1.481
34775	181.97	76.16	76.16	54.33	45.65	43.20	2.253
21470	180.22	100.00	100.00	31.97	31.15	63.22	1.000
17743	139.55	78.69	50.70	71.69	13.71	42.9	1.763
26977	139.37	100.00	77.69	91.75	30.41	39.15	1.611
24543	132.03	100.00	70.79	78.51	15.44	42.05	1.706
24374	156.51	99.85	71.65	68.38	19.88	59.99	2.034
14913	99.99	92.38	34.53	81.65	11.08	42.93	2.003
15113	118.36	100.00	53.74	61.61	0.54	32.33	1.364
13953	115.85	56.65	38.14	95.07	9.85	56.78	1.288
19991	148.12	91.05	52.04	62.82	22.49	35.21	1.702
10610	153.52	42.71	5.45	98.38		88.20	1.445
19450	192.24	89.16	52.75	96.32	1.16	39.49	2.075
15034	180.55			100.0		30.26	2.173
23996	136.06	70.03	46.75	32.18	24.88	37.07	2.150
14804	121.60	68.03	50.42	56.30	25.79	34.37	1.801
16684	168.61	55.69	55.69	37.26	20.66	27.97	2.075

局矿名称	原煤产量 (10⁴t)	商品煤 灰分 (%)	商品煤 含矸率 (%)	洗精煤 产量 (10⁴t)	洗精煤 灰分 (%)	掘进总进尺 (m)
平顶山矿务局						
全局合计	1687.4084	23.57	0.10	240.5978	10.86	210136
一矿	330.0000	26.28	0.13			26742
二矿	53.0006	19.48	0.37			10583
三矿	39.1918	20.26	0.22			9027
四矿	151.5373	25.18	0.05			12581
五矿	145.0000	25.94	0.32			18090
六矿	143.0500	28.10	0			17759
七矿	83.9500	18.37	0			15695
八矿	196.1578	25.55	0			18840
九矿	31.2225	16.62	0.35			6000
十矿	191.0045	25.93	0			24262
十一矿	60.0237	22.31	0.30			11182
十二矿	81.0422	14.90	0.16			7742
高庄矿	48.1010	16.03	0.56			11182
大庄矿	115.0050	21.23	0.28			13501
田庄选煤厂				193.0462	11.05	
八矿选煤厂				47.5516	10.07	
建井一处						1417
二处						3528
三处						2005
淮南矿务局						
全局合计	954	19.27	0.07	140	11.28	166662
新庄孜矿	227	20.11	0.17			40157
谢家集一矿	185	19.01	0.04	43	10.93	30014
谢家集二矿	120	19.85	0.07			20722
谢家集三矿	82	19.48	0.06			16020
李郢孜一矿	104	18.55	0.03			21706
李郢孜二矿	22	19.43	0.01			6774
孔集煤矿	36	20.10	0.07			14600
李嘴孜煤矿	52	20.08	0.02			10002
潘集第一煤矿	101	21.66	—			6667
望峰岗选煤厂				97	11.43	
淮北矿务局						
全局合计	1435.0142	24.32	0.04	359.3337	11.00	192284
张庄矿	160.4095			44.5952	12.04	18581
朱庄矿	156.0186			—	—	25160
岱河矿	155.3004			—	—	19672
杨庄矿	214.6391			—	—	27021
芦岭矿	200.1986			90.0186	9.76	20864

续表

回采工作面平均月产量(t)	掘进工作面平均月进度(m)	采煤机械化程度(%)		掘进装载机械化程度(%)		企业坑木消耗(m³/10⁴t)	原煤全员效率(t/工)
		合计	其中综采	合计	其中综掘		
19038	114.88	52.6	48.80	43.09	9.55	21.71	1.302
33028	170.24	84.7	84.7	39.35	32.00	24.3	1.856
13658	117.24	17.3	0	32.43		5.58	1.05
9947	119.40	17.3	0	62.5		15.88	1.05
36267	172.15	96.5	77.60	68.1	19.2	13.64	1.70
19224	124.84	4.2	4.2	64.2		19.41	1.20
20025	130.19	73.9	36.9	26.68	5.6	19.73	1.30
12872	95.61	3.9	3.9	39.82	15.7	18.2	0.957
18244	71.28	62.4	62.4	61.41	5.6	16.57	1.334
10734	121.36	0	0	13.81		13.32	0.901
19249	121.09	74.3	59.4	43.18	12.46	25.35	1.656
12437	90.04	0	0	17.4		68.33	0.787
20497	150.48	73.2	67.2	56.7	39.65	10.83	1.354
12730	109.99	0	0	17.47		41.29	0.837
13640	103.27	0	0	13.35	0.60	22.77	1.210
	51.03			100.0			
	94.81			100.0			
	35.40			93.3			
11509	85.91	9.5	6.2	18.61	0.18	68.90	0.821
14470	68.30	2.2		16.19		54.67	0.884
15225	75.86	15.2		34.23		28.44	1.004
11971	87.48			17.32		61.17	0.871
11406	111.61			4.72		48.95	0.700
7845	100.33			14.23		138.97	0.840
5050	145.30			19.57		12.49	0.412
6035	104.71			10.82		59.97	0.462
7673	109.17			14.05		123.02	0.766
20889	81.41	56.6	56.6	37.44	4.40	44.35	0.863
14838	95.82	18.22	15.46	71.70	3.48	22.83	1.088
14732	107.31	28.20	28.20	90.80	5.10		1.275
14636	98.16	32.90	24.90	83.40	5.10		1.148
18887	106.94	1.40	0	88.38	0		1.285
17523	113.04	35.00	26.90	80.10	6.20		1.401
15251	85.27	6.00	6.00	35.90	0		1.229

局矿名称	原煤产量 (10⁴t)	商品煤		洗精煤		掘进总进尺 (m)
		灰分 (%)	含矸率 (%)	产量 (10⁴t)	灰分 (%)	
朔里矿	152.7500			—	—	18172
朱仙庄矿	102.2002			51.7454	9.89	13217
淮北选煤厂				165.1856	11.58	
大屯煤电公司						
全公司合计	265.5	13.99	0.11	110.0	10.70	35337
姚桥矿	147.00					16213
孔庄矿	48.02					8155
徐庄矿	63.65					10969

北 京 矿 务 局

局矿名称	原煤产量 (10⁴t)	商品煤		洗精煤		掘进总进尺 (m)
		灰分 (%)	含矸率 (%)	产量 (10⁴t)	灰分 (%)	
全局合计	570.9	20.04	0.07			184106

河北省煤炭工业概况

表1 煤矿生产规模

	矿井数 (处)	实际年产量 (10⁴t)	占全省年产量比例 (%)
统配矿	34	2336.52	53.06
地市营矿	85	2066.63	46.94

表2 重点煤矿基本情况

局矿名称	隶属关系	所在地	实际年产量 (10⁴t)
统配矿			2292.58
峰峰矿务局	省属	峰峰矿区	1135.63
井陉矿务局	省属	井陉矿区	159.84
兴隆矿务局	省属	承德市营子矿区	114.56

续表

回采工作面平均月产量(t)	掘进工作面平均月进度(m)	采煤机械化程度(%)		掘进装载机械化程度(%)		企业坑木消耗($m^3/10^4t$)	原煤全员效率(t/工)
		合 计	其中综采	合 计	其中综掘		
17947	92.56	46.70	46.70	90.10	15.40		1.301
13525	72.18	7.80	0	40.20	0		1.026
17245	101.54	73.84	59.37	66.34	1.02	27.7	1.118
							1.802
							0.773
							0.817

煤 炭 生 产 概 况

回采工作面平均月产量(t)	掘进工作面平均月进度(m)	采煤机械化程度(%)		掘进装载机械化程度(%)		企业坑木消耗($m^3/10^4t$)	原煤全员效率(t/工)
		合 计	其中综采	合 计	其中综掘		
4546	112.26	12.81		19.97		57.01	0.740

表 2 续表

局 矿 名 称	隶属关系	所 在 地	实际年产量(10^4t)
邢台矿务局	省 属	邢台市	336.73
邯郸矿务局	省 属	邯郸市	491.20
下花园煤矿	省 属	张家口市下花园矿区	29.58
八宝山煤矿	省 属	怀来县新保安村	25.04
地 方 矿			822.12
邯郸市	市 属	邯郸市	46.79
唐山市	市 属	唐山市	64.32
秦皇岛市	市 属	秦皇岛市	73.21
邯郸地区	地 属	邯郸地区	123.68
邢台地区	地 属	邢台地区	49.25
张家口地区	地 属	张家口地区	97.74
承德地区	地 属	承德地区	77.83
章村煤矿	地 方	沙河县章村	90.05
显德旺煤矿	地 方	沙河县显德旺	95.01

表3 重点煤矿主要技术经济指标

	原煤产量	商品煤		洗精煤		掘进总进尺	回采工作面平均月产量	掘进工作面平均月进度	采煤机械化程度(%)		掘进装载机械化程度(%)		企业坑木消耗	原煤全员效率
	(10^4t)	灰分(%)	含矸率(%)	产量(10^4t)	灰分(%)	(m)	(t)	(m)	合计	其中:综采	合计	其中:综掘	(m^3/10^4t)	(t/工)
全省合计	4403.15	21.14	0.92	692.51	10.69	682386	8038	81.99	58.76	8.27	38.88	2.80	82.02	0.861
一、统配矿合计	2336.52	19.51	0.28	692.51	10.69	400511	14131	98.82	58.76	8.27	38.88	2.80	54.63	1.002
峰峰矿务局	1135.63	17.23	0.09	467.57	10.84	190538	15704	91.37	66.93	—	58.83	1.88	50.81	1.011
井陉矿务局	171.28	22.35	0.11	65.08	11.71	26206	9427	94.78	28.13		5.78		66.17	0.810
兴隆矿务局	133.51	42.73	1.53			26605	7114	105.88			29.46		73.22	0.788
邢台矿务局	336.73	15.75	0	109.45	9.53	23127	31793	92.52	100	53.33	39.40	20.83	41.19	1.575
邯郸矿务局	491.20	18.50	0.36	50.41	10.54	84269	12471	92.52	33.01		28.73	3.35	43.73	1.033
下花园煤矿	43.13	25.23	0.60			36145	3837	155.36			2.63		194.99	0.437
八宝山煤矿	25.04	20.70	2.56			13621	5025	116.66					203.62	0.565
地方矿合计	2066.63	25.02	2.44			281875	3549	66.02					154.10	0.631
邯郸市	491.41	7.22	1.99			14107	4357	80.96					168.00	0.564
石家庄市	63.49	22.22	2.93			12005	1336	72.92					198.70	0.568
张家口市	27.86	16.64	3.10			6365	2213	42.98					151.30	0.483
承德市	78.65	39.72	8.10			6099	3964	55.24					98.90	0.916
唐山市	223.82	25.57	1.64			43859	1386	60.06					226.80	0.477
秦皇岛市	107.05	37.48	1.33			32454	2519	55.57					172.90	0.539
邯郸地区	199.45	20.50	2.53			25182	6560	78.74					137.80	0.692
邢台地区	162.91	23.21	2.91			12800	5023	70.45					131.20	0.609
石家庄地区	16.26	17.39	2.49			3645	1526	67.65					182.10	0.438
保定地区	64.19	26.90	2.61			20286	1714	58.35					236.40	0.398
张家口地区	257.76	17.70	2.44			39439	2842	63.42					161.90	0.579
承德地区	165.04	33.85	5.39			38121	2560	69.59					183.40	0.650
衡水地区煤矿	18.05	17.00	1.00			2652	5141	61.39					116.13	0.661
许庄煤矿	5.64	21.30	2.90			2255	3532	82.06					241.49	0.532
章村煤矿	90.05	24.92	0.27			13299	17117	113.78					120.70	0.901
显德旺煤矿	95.01	25.98	0			9307	11134	95.16					71.10	1.158

山西省煤炭工业概况

表1 重点煤矿主要技术经济指标

局矿名称	原煤产量 (10⁴t)	商品煤		洗精煤		掘进总进尺 (m)	回采工作面平均月产量 (t)	掘进工作面平均月进度 (m)	采煤机械化程度 (%)		掘进装载机械化程度 (%)		企业坑木消耗 (m^3/10^4t)	原煤全员效率 (t/工)
		灰分 (%)	含矸率 (%)	产量 (10^4t)	灰分 (%)				合计	其中综采	合计	其中综掘		
山西煤管局														
阳泉矿务局	1429.8	20.96	0.07			167621	20655	92.58	82.18	53.39	72.90	7.44	58.1	1.383
西山矿务局	1257.3	18.11	0.09	201.1	10.26	146340	19765	144.78	88.06	55.24	56.84	7.91	56.2	1.473
汾西矿务局	673.1	17.15	0.33	210.5	9.97	101575	13470	114.54	52.08	5.65	54.39	3.78	73.3	1.266
潞安矿务局	802.6	16.43	0.41	38.1	10.43	49415	54465	148.18	100.00	91.79	79.18	30.69	19.9	3.005
轩岗矿务局	204.4	23.41	0.21			32415	10132	92.13	30.15		8.75		108.1	1.060
晋城矿务局	678.6	16.88	0.36			42129	38838	112.16	93.48	70.81	66.71	33.83	33.9	2.755
山西省煤炭厅														
霍县矿务局	300.5	18.57	0.58	55.3	10.45	55978	10290	116.80	56.49		25.74		64.3	1.101
东山煤矿	90.7	13.47	0.20			17216	12232	112.43	42.97		60.18		53.9	1.109
荫营煤矿	138.3	19.10	0.02			19548	11611	107.31	42.15		6.11		81.9	
固庄煤矿	52.1	21.67	0.03			7070	14288	89.68	100.00		0.99		52.0	
小峪煤矿	114.1	25.49	0.19			22406	11197	191.70	44.68		97.82		59.6	1.413
南庄煤矿	57.5	26.04	0.01			8592	11146	84.93			17.45		134.6	1.077
西峪煤矿	98.6	21.93	0.14			23446	10725	118.99					128.2	

内蒙古自治区煤炭工业概况

表 1 煤矿生产规模

	矿井数（处）	实际年产量（10^4t）	占全省年产量比例（%）
全　省	61	1078.2	100
统配矿	16	779.22	72.3
区营矿	5	29.87	2.7
盟市营矿	13	103.64	9.6
旗县营矿	27	165.47	15.4

表 2 重点煤矿基本情况

局矿名称	隶属关系	所在地	实际年产量（10^4t）
包头矿务局	包头市	包头市石拐区	177.43
乌达矿务局	乌海市	乌海市乌达区	450.76
海勃湾矿务局	乌海市	乌海市海勃湾区	188.71
宝日希勒煤矿	呼盟	呼盟陈巴尔克旗	35.27

表 3 重点煤矿主要技术经济指标

局矿名称	原煤产量（10^4t）	商品煤		洗精煤		掘进总进尺（m）	回采工作面平均月产量（t）	掘进工作面平均月进度（m）	采煤机械化程度（%）		掘进装载机械化程度（%）		企业坑木消耗（$m^3/10^4t$）	原煤全员效率（t/工）
		灰分（%）	含矸率（%）	产量（10^4t）	灰分（%）				合计	其中综采	合计	其中综掘		
包头矿务局	177.43	18.30	0.19			35692	6935	100.6	10.7		28.3		79.69	0.646
乌达矿务局	450.76	21.71	0.013	46.14	9.79	36473	13587	157.81	45.4	33.9	28.6	3.6	44.18	1.326
海勃湾矿务局	188.71	24.0	0.12			16948	9050	97.94			14.2		48.31	0.859
宝日希勒煤矿	35.27	9.37	0.20			4399	13823	122.0					65.0	0.980

东北内蒙古煤炭工业联合公司煤炭生产概况

表1 重 点 煤 矿 基 本 情 况

	隶属关系	所　在　地	实际年产量 (10^4t)
公 司 合 计			9199.30
辽宁省小计			3255.36
抚 顺 局	部 属	辽宁省抚顺市	802.02
阜 新 局	部 属	辽宁省阜新市	1061.19
北 票 局	部 属	辽宁省北票县	239.56
铁 法 局	部 属	辽宁省铁法市	488.59
南 票 局	部 属	辽宁省锦西县	199.77
沈 阳 局	部 属	辽宁省沈阳市	418.57
烟 台 矿	部 属	辽宁省辽阳市	3.73
八道壕矿	部 属	辽宁省黑山县	41.93
吉林省小计			953.53
辽 源 局	部 属	吉林省辽源市	301.13
通 化 局	部 属	吉林省浑江市	324.05
舒 兰 局	部 属	吉林省舒兰县	252.75
珲春矿区	部 属	吉林省珲春县	75.40
黑龙江省小计			3799.6
鸡 西 局	部 属	黑龙江省鸡西市	1234.45
鹤 岗 局	部 属	黑龙江省鹤岗市	1447.70
双鸭山局	部 属	黑龙江省双鸭山市	724.98
七台河局	部 属	黑龙江省七台河市	392.49
内蒙古小计			1190.99
平 庄 局	部 属	昭乌达盟赤峰市	427.54
扎赉诺尔局	部 属	呼伦贝尔盟满洲里市	391.31
大 雁 局	部 属	呼伦贝尔盟鄂温克旗	151.07
霍林河矿区	部 属	哲里木盟扎鲁特旗	151.04
伊敏河矿区	部 属	呼伦贝尔盟海拉尔市	70.03

表 2 重点煤矿主要技术经济指标

局矿名称	原煤产量	商品煤		洗精煤		掘进总进尺	回采工作面平均月产量	掘进工作面平均月进度	采煤机械化程度(%)		掘进装载机械化程度(%)		企业坑木消耗	原煤全员效率
	(10⁴t)	灰分(%)	含矸率(%)	产量(10⁴t)	灰分(%)	(m)	(t)	(m)	合计	其中：综采	合计	其中：综掘	(m³/10⁴t)	(t/工)
辽宁省小计	3415.40	21.68	0.25	482.13	8.69	424258	10655	103.25	34.17	18.51	44.14	1.31	85.51	0.922
抚顺局	815.04	11.42	0.02	280.89	6.54	39242	10544	116.09			32.09		98.40	1.456
阜新局	1123.48	21.10	0.04			125972	10641	139.71	51.46	36.11	60.04		51.11	1.106
北票局	239.56	19.69	0.01	70.99	11.90	48326	8594	73.65	57.82		21.50		127.44	0.591
铁法局	492.90	32.07	0.43			63542	11052	132.48	53.27	52.01	44.84	8.40	64.66	0.900
南票局	209.45	30.31	0.03			50487	17060	133.44	64.97		57.08		85.92	0.758
沈阳局	481.64	26.40	0.97	130.25	11.60	82846	9134	73.75	4.53	4.53	37.17	0.26	130.33	0.666
烟台矿	10.30	34.25	0.68			5667	2197	55.17			0.11		392.07	0.222
八道壕矿	43.03	39.93	2.10			8176	8178	63.26	65.40		6.62		166.63	0.400
吉林省小计	1099.37	27.67	0.39	72.99	11.61	272286	8774	107.39	26.64	2.40	47.27	1.47	143.11	0.652
辽源局	330.62	17.53	0.32			97335	9281	129.00	19.74	0.73	59.28		158.84	0.692
通化局	384.18	28.59	0.51	72.99	11.61	88447	9430	100.04	20.89	6.15	26.69	0.33	144.37	0.610
舒兰局	298.98	36.58	0.39			57000	8621	99.75	45.16	0.64	52.36	6.51	128.06	0.700
珲春矿区	85.59	33.65	0.33			29504	6045	90.66	7.59		59.49		133.15	0.561
黑龙江省小计	4076.01	19.10	0.50	682.47	10.50	736254	13893	93.29	77.27	28.47	63.83	2.16	68.46	0.990
鸡西局	1346.84	22.36	0.61	237.79	11.52	244349	14416	101.57	87.74	35.31	75.77	3.55	66.88	1.068
鹤岗局	1447.72	18.84	0.41	190.55	10.35	226323	18015	100.64	59.68	21.79	53.66	1.89	65.66	1.076
双鸭山局	738.88	16.21	0.69	144.95	9.43	178151	11215	80.96	90.57	38.22	58.61	1.65	74.31	0.837
七台河局	542.57	17.32	0.30	109.18	9.99	87431	9760	84.34	77.94	12.16	67.41		71.94	0.835
内蒙古小计	1241.83	22.90	0.58			141542	11365	122.92	21.78		25.35		82.62	1.107
平庄局	477.69	28.07	0.18			57699	9417	138.25	20.62		29.82		91.94	0.941
扎赉诺尔局	391.82	13.97	0.46			47504	15711	109.99	20.24		16.81		61.36	1.180
大雁局	151.25	22.17	0.62			36339	12104	120.22	27.63		29.42		108.21	0.756
霍林河矿区	151.04	32.15	1.70											2.378
伊敏河矿区	70.03	21.99	1.60											3.458

辽宁省煤炭工业概况

表 1 煤矿生产规模

	矿井数 (处)	实际年产量 (10^4t)	占全省年产量比例 (%)
市营矿	30	161.77	59.26
县营矿	26	111.18	40.74

表 2 重点煤矿基本情况

局矿名称	隶属关系	所在地	实际年产量 (10^4t)
市营矿			
沈阳马古矿	市属	沈阳市	32.75
丹东凤城矿	市属	凤城县	9.58
梨树沟矿	市属	凤城县	12.07
顾家矿	市属	凤城县	14.23
小孤子矿	市属	凤城县	9.37
锦州蛤蟆山矿	市属	锦西市	11.25
辽阳市煤矿	市属	灯塔县	9.74
朝阳和尚沟煤矿	市属	北票县	14.53
朝阳矿	市属	龙城区	16.24
县营矿			
铁岭高家矿	县属	铁岭县	7.01
西营盘矿	县属	铁岭县	7.01
柏家沟矿	县属	法库县	9.14
康平三台子矿	县属	康平县	18.44
朝阳冰沟矿	县属	建昌县	23.31
东升矿	县属	北票市	12
系统外矿			
81054部队矿	县属	阜新市	6
81400部队矿	县属	阜新市	1

表3 重点煤矿主要技术经济指标

局矿名称	原煤产量 (10⁴t)	商品煤		洗精煤		掘进总进尺 (m)	回采工作面平均月产量 (t)	掘进工作面平均月进度 (m)	采煤机械化程度 (%)		掘进装载机械化程度 (%)		企业坑木消耗 (m³/10⁴t)	原煤全员效率 (t/工)
		灰分 (%)	含矸率 (%)	产量 (10⁴t)	灰分 (%)				合计	其中综采	合计	其中综掘		
沈阳马古矿（含郎士矿）	32.75	23	3.5			12702		103.36					179.45	0.626
丹东凤城矿	9.58	31.82	3.19			5179		97					213	0.44
梨树沟矿	12.07	24.95	3.5			5214		82					114	0.53
顾家矿	14.23	44.49	6.2			4545	4795	84					350	0.49
小孤子矿	9.37	28.86	3.8			2037		51					242	0.4
锦州蛤蟆山矿	11.25	31.02	2.11			8772	4081	57					267	0.28
辽阳市煤矿	9.74	40				4376	1759	52					185	0.35
朝阳和尚沟矿	14.53	43.4	3.7			6725	3988	118.7					146	0.39
朝阳矿	16.24	38.39	3.2			6399	5171	72.4					198.6	0.52
铁岭高家矿	7.01	18.5	2.2			3331	3221	71					393	0.35
西营盘矿	7.01	43.1	7.9			3394	4484	70.7					297	0.45
柏家沟矿	9.14	33	2.5			3258	5531	97					218	0.57
康平三台子矿	18.44	34.18	6.5			3274	5741	97.4					159	0.49
朝阳冰沟矿	23.31		2.08			9485	3500	93.8					132.5	0.65
东升矿	12		0.3			8224	990	83.8					322.4	0.33

吉林省煤炭工业概况

表1 煤 矿 生 产 规 模

	矿 井 数 (处)	实际年产量 (10^4t)	占全省年产量比例 (%)
全　　省			
地 营 矿	29	332.85	94.8
省 营 矿	2	47.16	13.4
地（市）营矿	17	214.23	61.0
县（市）营矿	10	71.46	20.4

注：1.市县矿井数及实际年产量未统计年产3万吨以下的矿井（含3万吨）。

表2 重 点 煤 矿 基 本 情 况

局 矿 名 称	隶 属 关 系	所 在 地	实际年产量 (10^4t)
省 营 矿			
杉松岗煤矿	省 属	辉南县	43.05
地（市）营矿			
石碑岭煤矿	长春市	长春市郊区	12.32
缸窑煤矿	吉林市	永吉县	24.48
红阳煤矿	吉林市	永吉县	20.16
刘房子煤矿	四平市	怀德县	18.03
头道沟煤矿	通化市	通化市	9.04
延边煤矿	延边州	和龙县	25.21
和龙煤矿	延边州	和龙县	28.11
万宝煤矿	白城专署	洮安县	31.51
县（市）营矿			
二道煤矿	双阳县	双阳县	9.44
三道煤矿	延吉市	龙井县	18.78

表3 重点煤矿主要技术经济指标

局矿名称	原煤产量	商品煤		洗精煤		掘进总进尺	回采工作面平均月产量	掘进工作面平均月进度	采煤机械化程度(%)		掘进装载机械化程度(%)		企业坑木消耗	原煤全员效率
		灰分	含矸率	产量	灰分				合计	其中综采	合计	其中综掘		
	(10^4t)	(%)	(%)	(10^4t)	(%)	(m)	(t)	(m)					($m^3/10^4t$)	(t/工)
省营矿														
杉松岗煤矿	43.05	43.07	2.51	56.374	14.18	16380	6081	69.26					252.31	0.586
地(市)营矿														
石碑岭煤矿	12.32	40.00	4.85			4402	3198	72.47					183.06	0.436
缸窑煤矿	24.48	35.00	3.00			4718	2932	85.47					294.94	0.514
红阳煤矿	20.16	48.00	3.60			4427	6040	74.83					227.98	0.653
刘房子煤矿	18.03	37.21	4.64			5083	3897	64.43					204.53	0.422
头道沟煤矿	9.04	30.00	3.00			4285	2102	53.94					188.89	0.467
延边煤矿	25.21	39.00	3.42			7776	2959	45.31			9.77		297.52	0.501
和龙煤矿	28.11	27.45	0.69			7807	3675	54.04			52.2		285.76	0.514
万宝煤矿	31.51	41.62	4.54			19323	1592	78.64					304.73	0.437
县(市)营矿														
二道煤矿	9.44	30.00	7.00			1356	4943	88.98					291.76	0.455
三道煤矿	18.78	29.00	4.00			4364	3011	51.54					181.18	0.605

黑龙江省煤炭工业概况

表 1 重点煤矿基本情况

局矿名称	隶属关系	所在地	实际年产 (10^4t)
鸡东矿	省属	鸡东县	50.3
依兰矿	省属	依兰县	53.8
立新矿	省属	鸡西市	39.5
碱场矿	省属	鸡西市	27.0
光义矿	省属	穆棱县	12.0
青山矿	省属	林口县	19.0
跃进矿	市属	鸡西市	15.6
新民矿	市属	鸡西市	12.0
老达矿	市属	鸡西市	9.5
双桦矿	市属	双鸭山	14.0
兴盛矿	市属	七台河	22.2
北岗矿	市属	七台河	23.2
宋集屯	市属	黑河市	16.7
永丰矿	县属	鸡东县	9.0
保合矿	县属	鸡东县	12.0
四海矿	县属	鸡东县	31.0
勃利矿	县属	七台河	11.0
宝清矿	县属	宝清县	9.8
升平矿	县属	集贤县	20

表2 重点煤矿主要技术经济指标

局矿名称	原煤产量 (10⁴t)	商品煤 灰分(%)	商品煤 含矸率(%)	洗精煤 产量(10⁴t)	洗精煤 灰分(%)	掘进总进尺(m)	回采工作面平均月产量(t)	掘进工作面平均月进度(m)	采煤机械化程度(%) 合计	采煤机械化程度(%) 其中综采	掘进机械化程度(%) 合计	掘进机械化程度(%) 其中综掘	企业坑木消耗($m^3/10^4t$)	原煤全员效率(t/工)
鸡东	50.3	18.21				8616	7572	77.7	39.0		63.0		137	0.737
依兰	53.8	26.06	4.80			3825		86.0					67	0.770
立新	39.5	12.55	2.12			6477	9298	101.6	100.0		87.0		157	0.796
碱场	27.0	26.00	4.00			6571	5461	54.0	86.0		97.0		120	0.550
青山	19.0	28.00				6146	2775	61.7					177	0.620
光义	12.3					5723	2224	57.7					147	0.569
跃进	15.6	16.30	5.00			4488	5144	60.4					124	0.784
新民	12.1	33.00	5.00			1812	3163	60.0					157	0.729
老达	9.5	33.00	5.00			2116	4961	62.6					130	0.561
双桦	14.0	21.27				10399	2088	55.0					254	0.404
兴盛	22.2	13.00	4.00			10330	4622	119.0					174	0.656
北岗	23.2					7297	1878	105.6					304	0.580
宋集屯露天矿	16.7	29.00	2.50										—	1.600
永丰	8.7	23.00	8.00			3822	2079	55.6					256	0.349
保合	12.4	15.80	3.30			3509	5157	85.6					124	0.711
四海	30.8	26.00	4.00			3144	2295	29.1					153	0.557
勃利	11.6	21.90				2862	4678	88.0					112	0.529
宝清	9.8	9.32	1.50			2176	1865	46.4					126	0.642
升平	20.0	16.10	2.50			6086	3917	65.4					110	0.550

江苏省煤炭工业概况

表 1 煤矿生产规模

	矿井数 (处)	实际年产量 (10^4t)	占全省年产量比例 (%)
统配矿	15	1247.89	76.44
省营矿	1	4.58	0.28
市营矿	25	315.42	19.2
县营矿	10	66.73	4.08

表 2 重点煤矿基本情况

局矿名称	隶属关系	所在地	实际年产量 (10^4t)
徐州矿务局	省属	徐州市云龙区	1247.89
徐州市地方煤炭工业公司	市属	徐州市	108.15
盐城市煤炭公司	市属	徐州市	42.81
南通市煤炭工业公司	市属	徐州市	54.28
连云港市煤炭指挥部	市属	铜山县	54.14
扬州市煤炭工业公司	市属	扬州市	41.44
镇江市煤炭工业公司	市属	镇江市	43.72
常州市煤炭工业公司	市属	常州市	22.00
无锡市煤炭工业公司	市属	无锡市	26.84
南京煤炭工业局	市属	南京市	9.51
淮阴市矿务局	县属	徐州市大黄山	49.11

表3 重点煤矿主要

局矿名称	原煤产量 (10⁴t)	商品煤		洗精煤	
		灰分 (%)	含矸率 (%)	产量 (10⁴t)	灰分 (%)
徐州矿务局	1247.8877	20.16	0.04	287.4169	10.15
韩桥矿	112.0100	14.07	0.03		
夏桥井	77.9025			34.4902	8.25
韩桥井	34.1075			9.9742	12.56
青山泉矿	43.0277	16.54			
大黄山矿	111.3789	19.39		19.9215	13.45
权台矿	151.0178	23.85	0.02	3.2562	12.66
旗山矿	146.6615	20.31	0	11.5805	14.43
董庄矿	67.2001	32.52	0.15		
新河矿	86.3646	17.67	0	32.2934	11.53
庞庄矿	209.3410	13.59	0.04		
夹河矿	90.7476	13.90	0.61	54.1704	9.62
义安矿	51.7825	25.38	0.03	9.4675	12.41
张小楼矿	50.3690	25.00	0.11		
垞城矿	62.7191	30.21	0.01		
张集矿	65.2679	20.96	0.17		
地方矿小计	456.3173	22.87	1.20		
苏北	354.2485	21.33	1.15		
徐州市	108.1492	22.96	0.93		
淮阴市	53.4212	19.13	1.90		
盐城市	42.8140	21.56	1.31		
南通市	54.2794	20.55	0.48		
连云港市	54.1479	21.38	1.59		
扬州市	41.4365	20.33	1.32		
苏南	102.0688	28.11	1.26		
镇江市	43.7214	26.24	0.97		
常州市	22.0011	24.33	1.04		
无锡市	26.8350	33.74	1.67		
南京市					
钟山矿	9.5113	30.27	1.97		

技 术 经 济 指 标

掘进总进尺 (m)	回采工作面平均月产量 (t)	掘进工作面平均月进度 (m)	采煤机械化程度（%）		掘进装载机械化程度（%）		企业坑木消耗 ($m^3/10^4t$)	原煤全员效率 (t/工)
			合 计	其中综采	合 计	其中综掘		
227447	13673	124.92	40.81	30.44	64.45	1.76	26.84	1.012
40082	8567	139.23	49.40	16.50	88.75	3.52	13.54	0.721
19393	—	132.36					11.33	0.828
20689	—	146.23					19.07	0.544
17171	10877	178.64			83.61		22.56	0.670
18877	14507	137.75			21.12		25.59	1.121
14343	19509	124.77	68.67	56.74	33.86		26.72	1.297
9322	28190	117.35	71.82	71.82	40.59	7.59	15.43	1.805
9059	12394	123.96			27.61		37.12	0.859
21725	9824	128.95	6.17		23.13		29.33	0.807
32711	19553	156.48	63.80	63.80	93.53	3.79	32.42	1.518
10403	16677	99.42	66.07	40.72	86.37	6.18	27.09	0.936
12175	7455	92.66	41.36		82.31		38.93	0.680
7541	9685	98.96	16.03		88.40		19.98	0.817
14934	10308	107.75			68.23		32.33	0.836
15769	11769	106.92	26.46		43.17		38.23	0.974
209884	3970	89.68					159.89	0.395
151395	4306	98.60					136.90	0.440
38858	6973	113.91					118.89	0.483
35953	2576	103.31					198.96	0.307
25474	3171	74.34					115.34	0.390
17279	6033	89.66					135.17	0.553
20140	4195	109.77					141.13	0.482
13691	3506	107.53					132.59	0.453
58489	3177	72.65					239.22	0.290
27258	3403	84.07					233.74	0.333
12600	3425	62.87					217.93	0.240
12947	2748	65.50					248.65	0.275
5684	3846	69					289.17	0.300

浙江省煤炭工业概况

表 1 煤 矿 生 产 规 模

	矿 井 数 (处)	实际年产量 (10^4t)	占全省年产量比例 (%)
全 省	14	111.17	100
省 营 矿	10	99.43	89.4
地 市 营 矿	2	6.04	5.5
县 营 矿	2	5.70	5.1

表 2 重点煤矿主要技术经济指标

局 矿 名 称	原煤产量 (10^4t)	商品煤		洗精煤		掘进总进尺 (m)	回采工作面平均月产量 (t)	掘进工作面平均月进度 (m)
		灰 分 (%)	含矸率 (%)	产 量 (10^4t)	灰 分 (%)			
省营矿（长广煤矿公司）	99.43	36.81	1.71			69120	2653	87
地市营矿	6.88	48.36	7.75			4037		
县营矿	9.62	38.57	1.10			7943		

局 矿 名 称	采煤机械化程度（%）		掘进装载机械化程度（%）		企业坑木消耗 ($m^3/10^4$t)	原煤全员效率 (t/工)
	合 计	其中综采	合 计	其中综掘		
省营矿（长广煤矿公司）	13.62		4.42		187	0.408
地市营矿					146	0.250
县营矿					245	0.372

安徽省煤炭工业概况

表 1 煤矿生产规模

	矿井数(处)	实际年产量(10^4t)	占全省年产量比例(%)
省营矿	5	244.70	40.68
地市营矿	8	41.61	6.92
县营矿	8	13.71	2.28
乡镇矿	703	294.81	49.02

表 2 重点煤矿基本情况

局矿名称	隶属关系	所在地	实际年产量(10^4t)
皖北矿务局	省煤炭工业厅	宿州市	244.70
孟庄煤矿	省煤炭工业厅	肖县	30.01
百善煤矿	省煤炭工业厅	淮北市	100.01
毛郢孜煤矿	省煤炭工业厅	肖县	29.56
刘桥一矿	省煤炭工业厅	淮北市	60.01
前岭煤矿	省煤炭工业厅	濉溪县	25.11

注：刘桥一矿不包括统配煤产量30万吨。

表 3 重点煤矿主要技术经济指标

局矿名称	原煤产量(10^4t)	商品煤		洗精煤		掘进总进尺(m)	回采工作面平均月产量(t)	掘进工作面平均月进度(m)	采煤机械化程度(%)		掘进装载机械化程度(%)		企业坑木消耗($m^3/10^4$t)	原煤全员效率(t/工)
		灰分(%)	含矸率(%)	产量(10^4t)	灰分(%)				合计	其中综采	合计	其中综掘		
皖北矿务局	244.70	19.69	0.40			53388	11174	81.53			24.1		44.75	0.760
孟庄煤矿	30.01	—	—			10933	5062	82.30			5.4		178.80	0.581
百善煤矿	100.01	15.61	—			11553	19526	99.97			83.1		19.05	1.105
毛郢孜煤矿	29.56	25.68	0.68			7118	7790	73.69			0.3		40.25	0.614
刘桥一矿	60.01	19.38	0.30			16249	12783	80.70			15.9		30.91	0.776
前岭煤矿	25.11	33.17	0.55			7535	7581	69.31			1.1		41.72	0.497

注：原煤产量不包括刘桥一矿统配煤产量30万吨，其余各项技术经济指标均包括刘桥一矿统配煤产量30万吨在内进行计算。

福建省煤炭工业概况

表 1 煤矿生产规模

	矿井数（处）	实际年产量（10^4t）	占全省年产量比例（%）
省营矿	27	356.06	87.3
地市营矿			
县营矿	13	51.69	12.7
乡镇矿			

注：实际年产量及矿井数不包括3万吨以下的矿井。

表 2 重点煤矿基本情况

局矿名称	隶属关系	所在地	实际年产量（10^4t）
龙岩矿务局	省属	龙岩市	53.10
永定矿务局	省属	永定县	52.77
永安矿务局	省属	永安市	80.01
上京矿务局	省属	大田县	44.30
天湖山矿务局	省属	永春县	43.25
邵武煤矿	省属	邵武市	40.11
漳平煤矿	省属	漳平县	16.01
苏邦煤矿	省属	龙岩市	26.51

表3 重点煤矿主要技术经济指标

局矿名称	原煤产量	商品煤		洗精煤		掘进总进尺	回采工作面平均月产量	掘进工作面平均月进度	采煤机械化程度（%）		掘进装载机械化程度（%）		企业坑木消耗	原煤全员效率
	实际（10^4t）	灰分（%）	含矸率（%）	产量（10^4t）	灰分（%）	（m）	（t）	（m）	合计	其中综采	合计	其中综掘	（m^3/10^4t）	（t/工）
地方矿	678.5	22.77	1.94			221792	1901	69.02	3.91		36.21		207.0	0.585
县营以上矿	424.9	22.77	1.94			221792	1901	69.02	3.91		36.21		207.0	0.585
省营矿	356.1	23.19	1.85			221792	1901	69.02	3.91		36.21		191.1	0.601
龙岩矿务局	53.1	20.95	1.95			35340	1686	66.61					193.7	0.551
永定矿务局	52.8	21.52	1.73			47698	1321	64.05					138.1	0.532
永安矿务局	80.0	28.40	1.50			38988	2641	77.41	2.51		23.09		180.7	0.603
上京矿务局	44.3	20.66	2.56			26989	1366	64.30			67.22		237.3	0.677
天湖山矿务局	43.3	15.55	1.18			32888	1323	79.90			38.77		159.6	0.624
邵武煤矿	40.1	33.66	2.98			13904	8479	95.29	29.14		21.35		206.9	0.723
漳平煤矿	16.0	27.41	2.39			7884	2112	47.54			25.00		364.2	0.504
苏邦煤矿	26.5	16.96	1.04			18101	2228	62.13					168.6	0.628
地市营矿														
县营矿	68.8	20.19	2.47										292.1	0.511
乡镇矿	253.6													

江西省煤炭工业概况

表 1 煤矿生产规模

	矿井数（处）	实际年产量（10^4t）	占全省年产量比例（%）
全省			
统配矿	19	586.52	31.48
省营矿	22	273.26	14.66
地市营矿	15	96.85	5.20
县营矿	35	104.11	5.59

表 2 重点煤矿基本情况

局矿名称	隶属关系	所在地	实际年产量（10^4t）
萍乡矿务局	统配	萍乡市城关区	321.70
丰城矿务局	统配	丰城县上塘镇	218.08
英岗岭煤矿	统配	高安县	62.11
洛市矿务局	统配	丰城县洛市镇	18.10
乐平矿务局	省属	乐平县	146.01
八景煤矿	省属	高安县八景镇	36.00
花鼓山煤矿	省属	新余市渝水区	33.40
天河煤矿	省属	吉安县天河镇	34.85
棠浦煤矿	省属	宜丰县棠浦镇	11.10
大光山煤矿	省属	安福县	3.72
新华煤矿（系统外）	省属	高安县八景镇	11.78

表3 重点煤矿主要技术经济指标

局矿名称	原煤产量	商品煤		洗精煤		掘进总进尺	回采工作面平均月产量	掘进工作面平均月进度	采煤机械化程度（%）		掘进装载机械化程度（%）		企业坑木消耗	原煤全员效率
	实际（10^4t）	灰分（%）	含矸率（%）	产量（10^4t）	灰分（%）	（m）	（t）	（m）	合计	其中综采	合计	其中综掘	（$m^3/10^4t$）	（t/工）
重点合计	896.85	27.81	0.33	147.48	10.86	276266	6259	81.54	6.84	6.32	8.87	0	137.94	0.578
一、统配矿	619.99	26.44	0.06	132.92	10.64	153997	7283	76.39			12.75		116.63	0.637
萍乡矿务局	321.70	29.88	0.01	56.57	10.37	95043	6598	81.57	1.42		13.32		98.13	0.690
丰城矿务局	218.08	21.29	0.09	76.35	10.84	33617	11833	81.48	26.08	26.08	13.92		112.62	0.728
英岗岭煤矿	62.11	23.71	1.31			16909	4633	52.44			6.89		183.75	0.488
洛市矿务局	18.10	35.72	—			8428	3474	72.86			13.42		263.43	0.219
二、省属矿	276.86	30.47	0.83	14.56	12.82	122269	4760	89.11			3.99		186.01	0.478
乐平矿务局	146.01	31.42	0.71			57272	5594	98.61			6.73		150.97	0.523
八景煤矿	36.00	29.72	0.82			16783	3929	79.06			2.88		154.54	0.435
花鼓山煤矿	33.40	15.96	0.39	14.56	12.82	14870	5085	89.02					196.48	0.536
天河煤矿	34.85	32.52	1.33			10814	5075	65.82			5.00		195.49	0.675
棠浦煤矿	11.10	40.43	—			9491	2134	90.29					278.00	0.291
大光山煤矿	3.72	31.88	0.79			4016	1874	65.82					655.00	0.216
新华煤矿	11.78	30.69	1.57			9023	4625	119.16					418.00	0.243

注：本省地县煤矿未包括在内。

山东省煤炭工业概况

表 1 煤矿生产规模

	矿井数（处）	实际年产量（10^4t）	占全省年产量比例（%）
统配矿	37	2710.28	53.15
省营矿	20	766.51	15.03
地市营矿	15	195.79	3.84
县营矿	36	360.15	7.06

注：1. 统配矿及省营矿未统计报废矿井产量；
2. 地市县营矿井数及实际年产量未统计年产 3 万吨以下的矿井（含 3 万吨）。

表 2 重点煤矿基本情况

局矿名称	隶属关系	所在地	实际年产量（10^4t）
淄博矿务局	省煤管局	淄博市	426.81
新汶矿务局	省煤管局	新泰市	669.57
枣庄矿务局	省煤管局	枣庄市	631.61
肥城矿务局	省煤管局	肥城县	303.16
兖州矿务局	省煤管局	邹县	634.80
龙口煤炭生产建设指挥部	省煤管局	黄县	40.33
坊子煤矿	省煤管局	潍坊市	38.20

注：表中新汶矿务局产量包括报废的禹村煤矿产量32.15万吨。

表 3 重点煤矿主要技术经济指标

局矿名称	原煤产量	商品煤		洗精煤		掘进总进尺	回采工作面平均月产量	掘进工作面平均月进度	采煤机械化程度（%）		掘进装载机械化程度（%）		企业坑木消耗	原煤全员效率
	实际（10^4t）	灰分（%）	含矸率（%）	产量（10^4t）	灰分（%）	（m）	（t）	（m）	合计	其中综采	合计	其中综掘	（$m^3/10^4t$）	（t/工）
统配矿	2744.48	18.21	0.18	746.39	8.70	645552	10782	105.66	59.81	25.35	74.62	3.41	65.07	0.866
淄博矿务局	426.81	24.52	0.02	18.14	11.87	179325	5588	95.43	51.13	—	61.30	—	46.92	0.610
新汶矿务局	669.57	15.28	0.11	278.74	9.21	160577	10943	108.86	59.78	5.34	65.70	4.85	85.27	0.819
枣庄矿务局	631.61	17.19	0	252.19	8.45	152939	13256	126.05	33.04	11.42	90.95	1.24	73.52	0.815
肥城矿务局	303.16	16.23	0.05	109.27	8.82	76198	9979	112.21	73.07	9.05	81.89	—	84.36	0.955
兖州矿务局	634.80	16.23	0.46	106.19	7.82	54930	35135	92.47	87.67	87.11	99.40	24.85	32.28	1.630
龙口指挥部	40.33	35.54	1.36	—	—	5508	7981	52.46	69.29	—	33.59	1.72	64.89	0.513
坊子煤矿	38.20	33.89	0.42	—	—	16075	2362	97.78	—	—	50.44	—	162.46	0.420
上划省属矿	721.19	23.92	0.34			219441	8587	107.08	42.46	—	54.35	—	78.61	0.737

河南省煤炭工业概况

表 1 煤矿生产规模

	矿井数 (处)	实际年产量 (10^4t)	占全省年产量的比例 (%)
全省合计	2007	6281.0	100
统配矿	39	2138.8	34.05
地方矿	1968	4142.2	65.95
地方重点矿(原省属矿)	18	461.1	7.34
地县营矿	64	1199.4	19.1
集体、个体和系统外矿	1886	2481.7	39.51

表 2 重点煤矿基本情况

局矿名称	隶属关系	所在地	实际年产量 (10^4t)
焦作矿务局	省煤管局	焦作市	390.7
鹤壁矿务局	省煤管局	鹤壁市	491.7
义马矿务局	省煤管局	义马市	849.7
新密矿务局	省煤管局	郑州市新密区	406.7

表 3 重点煤矿主要技术经济指标

局矿名称	原煤产量	商品煤		洗精煤		掘进总进尺 (m)	回采工作面平均月产量 (t)	掘进工作面平均月进度 (m)	采煤机械化程度 (%)		掘进装载机械化程度 (%)		企业坑木消耗 ($m^3/10^4t$)	原煤全员效率 (t/工)
	实际 (10^4t)	灰分 (%)	含矸率 (%)	产量 (10^4t)	灰分 (%)				合计	其中综采	合计	其中综掘		
统配局	2138.8	18.14	0.326	119.0	12.83	265662	13088	101.93	39.55	30.68	32.46	1.44	41.94	0.938
焦作矿务局	390.7	17.56	0.01			48046	9250	94.12	24.76		22.6	1.14	16.83	0.787
鹤壁矿务局	491.7	16.12	0.22	105.5	12.91	75288	10689	93.88	37.96	19.69	34.62	2.75	46.30	0.869
义马矿务局	849.7	20.92	0.51	13.4	12.26	78398	18034	104.83	58.51	58.33	55.14	2.75	38.55	1.062
新密矿务局	406.7	15.63	0.37			63930	14643	117.09	16.20	16.20	9.5	2.27	68.70	0.973
地方矿														
县营以上矿	1660.5	19.80	1.86	20.3	11.81	289730	9347	79.86	1.17		0.35		124.6	0.746
地方重点矿(原省营矿)	461.1	20.57	1.07	20.3	11.81	68493	10076	78.77	10.4		1.47		116.57	0.722
地县矿	1199.4	19.54	2.11			221237	9080	80.20					127.64	0.755

湖南省煤炭工业概况

表 1 煤 矿 生 产 规 模

	矿 井 数 (处)	实 际 年 产 量 (10^4t)	占全省年产量比例 (%)
省 营 矿	64	853.06	27.94
省营劳改矿	5	56.90	1.86
署县营矿	144	519.51	17.01

注：矿井数及实际年产量未统计年产 3 万吨以下的矿井（含 3 万吨）。

表 2 重 点 煤 矿 基 本 情 况

局 矿 名 称	隶 属 关 系	所 在 地	实际年产量 (10^4t)
涟邵矿务局	省　属	娄底市	310.24
资兴矿务局	省　属	永兴县	234.09
白沙矿务局	省　属	耒阳市	175.03
辰溪煤矿	省　属	辰溪县	21.61
潭家山煤矿	省　属	湘潭县	30.44
煤炭坝煤矿	省　属	宁乡县	81.65
新生煤矿	省属劳改矿	耒阳市	46.19
群力煤矿	省属劳改矿	邵东县	10.71

表 3 重点煤矿主要技术经济指标

局矿名称	原煤产量 (10⁴t)	商品煤		洗精煤		掘进总进尺 (m)	回采工作面平均月产量 (t)	掘进工作面平均月进度 (m)	采煤机械化程度（%）		掘进装载机械化程度（%）		企业坑木消耗 ($m^3/10^4t$)	原煤全员效率 (t/工)
		灰分 (%)	含矸率 (%)	产量 (10^4t)	灰分 (%)				合计	其中综采	合计	其中综掘		
省直属合计	853.06	27.39	0.66			366349	4286	77.51	11.71		15.12		158.71	0.489
其中：统配矿	287.64	33.38	0.53			109367	4441	71.54	14.09		14.89		139.84	0.477
涟邵矿务局	310.24	22.87	0.59			149475	3850	71.06	2.26		9.48		182.41	0.439
其中：统配矿	91.28	19.48	0.78			40512	3749	58.41			3.98		175.86	0.401
资兴矿务局	234.09	45.15	0.26	6.34		52326	5914	80.13	34.86		42.26		100.86	0.643
其中：统配矿	150.20	46.72	0.20			37525	5414	83.41	25.37		35.19		106.76	0.570
白沙矿务局	175.03	16.87	0.91			105801	2996	75.70			4.66		194.74	0.395
其中：统配矿	46.16	18.69	1.06			31330	3322	81.30			4.75		180.77	0.413
辰溪煤矿	21.61	15.36	1.10			12828	1555	74.00			28.46		62.52	0.417
煤炭坝煤矿	81.65	17.53	1.26			30914	7165	102.15	7.83		28.51		154.91	0.636
潭家山煤矿	30.44	36.02	0.88			15005	4280	153.8			13.40		247.67	0.583
新生煤矿	46.19	16.06	0.79			21433	7291	83.54					262.89	0.312
群力煤矿	10.71	22.81	3.13			11900	1824	74.73					415.22	0.180
署县煤矿	579.76	23.74	3.04	9.24		388768								0.415

注：表中各项为县营以上国营煤矿全部矿井的平均指标。

广东省煤炭工业概况

表 1　重点煤矿基本情况

局矿名称	隶属关系	所在地	实际年产量 (10^4t)
曲仁矿务局	省属	韶关市	131.32
梅田矿务局	省属	湖南宜章	100.02
四望嶂矿务局	省属	兴宁县	75.52
梅县矿务局	省属	梅县市	29.00
坪石矿务局	省属	乐昌县	35.44
茂名矿务局	省属	高州县	21.01

表 2　重点煤矿主要技术经济指标

局矿名称	原煤产量 (10^4t)	商品煤		洗精煤		掘进总进尺 (m)	回采工作面平均月产量 (t)
		灰分 (%)	含矸率 (%)	产量 (10^4t)	灰分 (%)		
曲仁矿务局	131.32	20.28	0.36			72110	3923
梅田矿务局	100.02	9.60	0.18			53520	2983
四望嶂矿务局	75.52	18.75	2.33			47081	2362
梅县矿务局	29.00	19.08	1.97			29088	—
坪石矿务局	35.44	30.01	3.46			12687	2155
茂名矿务局	21.01	43.46	3.54			12746	2247

局矿名称	掘进工作面平均月进度 (m)	采煤机械化程度 (%)		掘进装载机械化程度 (%)		企业坑木消耗 ($m^3/10^4t$)	原煤全员效率 (t/工)
		合计	其中综采	合计	其中综掘		
曲仁矿务局	94.32					177.95	0.510
梅田矿务局	92.65					172.93	0.448
四望嶂矿务局	91.72					125.05	0.478
梅县矿务局	62.53					124.49	0.282
坪石矿务局	72.30					178.52	0.495
茂名矿务局	137.30					189.10	0.430

广西壮族自治区煤炭工业概况

表 1 煤矿生产规模

	矿井数 (处)	实际年产量 (10^4t)	占全省年产量比例 (%)
自治区营矿	40	371.84	58.17
市营矿	4	31.05	4.86
县营矿	7	15.29	2.39

表 2 重点煤矿基本情况

局矿名称	隶属关系	所在地	实际年产量 (10^4t)
合山矿务局	区属	合山市	162.30
东罗矿务局	区属	扶绥县	58.72
红茂矿务局	区属	环江县	61.26
罗城矿务局	区属	罗城县	20.27
右江矿务局	区属	田东县	29.60
西湾煤矿	区属	钟山县	12.05
东笋煤矿	区属	百色市	11.73
南宁市矿务局	市属	南宁市	31.05

表 3 重点煤矿主要技术经济指标

局矿名称	原煤产量 (10^4t)	商品煤		洗精煤		掘进总进尺 (m)	回采工作面平均月产量 (t)	掘进工作面平均月进度 (m)	采煤机械化程度 (%)		掘进装载机械化程度 (%)		企业坑木消耗 ($m^3/10^4t$)	原煤全员效率 (t/工)
		灰分 (%)	含矸率 (%)	产量 (10^4t)	灰分 (%)				合计	其中综采	合计	其中综掘		
合山矿务局	162.3	48.81	1.82			37322	5789	81.04					54.60	0.600
东罗矿务局	58.72	49.88	4.77			17131	2693	81.80					104.70	0.565
红茂矿务局	61.26	18.35	0.30			23384	2150	42.09					295.51	0.312
罗城矿务局	20.27	41.17	6.91			8936	1456	45.85					250.47	0.174
右江矿务局	29.60	27.94	8.71			8980	3549	70.30					281.31	0.360
西湾煤矿	12.05	41.41	1.62			5413	1959	54.41					351.53	0.329
东笋煤矿	11.73	29.08	0.80			4237	3193	99.00					190.50	0.633
南宁市矿务局	31.05	26.65	3.94			9136	3409	89.50					218.23	0.520

四川省煤炭工业概况

表 1 煤矿生产规模

	矿井数 (处)	实际年产量 (10^4t)	占全省年产量比例 (%)
统配矿	43	1578.65	27.75
省营矿	12	287.78	5.06
地、市营矿	104	632.94	11.12
其中：3万吨以上	84	603.69	10.61
县营矿	206	624.44	10.97
其中：3万吨以上	109	481.39	8.46
乡镇矿		2460.54	43.25
个体矿		105.33	1.85

表 2 重点煤矿基本情况

局矿名称	隶属关系	所在地	实际年产量 (10^4t)
统配矿			1578.65
南桐矿务局	部属	重庆市万盛	242.04
天府矿务局	部属	重庆市北碚	150.08
松藻矿务局	部属	重庆市綦江打通	216.20
永荣矿务局	部属	重庆市荣昌广顺	168.58
中梁山煤矿	部属	重庆市人和场	75.57
广旺矿务局	部属	旺苍县	176.11
芙蓉矿务局	部属	珙县巡场	211.69
渡口矿务局	部属	攀枝花市	338.39
省营矿			287.78
威远煤矿	省属	威远县	20.35
嘉阳煤矿	省属	犍为县	25.84
荣山煤矿	省属	广元市	43.12
华蓥山矿务局	省属	华蓥市	105.79
达竹矿务局	省属	达县市	92.68

表 3 重点煤矿主要技术经济指标

局矿名称	原煤产量 (10⁴t)	商品煤 灰分(%)	商品煤 含矸率(%)	洗精煤 产量(10⁴t)	洗精煤 灰分(%)	掘进总进尺 (m)	回采工作面平均月产量 (t)	掘进工作面平均月进度 (m)	采煤机械化程度(%) 合计	采煤机械化程度(%) 其中综采	掘进装载机械化程度(%) 合计	掘进装载机械化程度(%) 其中综掘	企业坑木消耗 ($m^3/10^4t$)	原煤全员效率 (t/工)
统配矿	1578.65	25.46	0.25	287.79	10.89	427293	6097	116.10	18.61	5.47	36.31		72.40	0.642
南桐矿务局	242.04	21.37	0.03	42.68	11.80	71710	7238	142.96	17.24		35.36		75.80	0.639
天府矿务局	150.08	26.89	—			52297	5493	114.01	3.05		19.15		124.30	0.614
松藻矿务局	216.20	26.51	0.20			35645	8863	103.28	51.05	37.06	50.40		49.20	0.695
永荣矿务局	168.58	12.95	0.06	82.86	11.08	56379	3450	125.42	43.09		69.48		42.7	0.498
中梁山煤矿	75.57	23.27	0.03			37740	4615	125.20	—		15.60		135.5	0.574
广旺矿务局	176.11	39.30	1.18			39449	4189	100.07	—		59.76		68.90	0.625
芙蓉矿务局	211.69	31.84	0.14			57378	7602	100.76	14.22		42.17		46.00	0.622
渡口矿务局	338.39	18.33	0.28	162.25	10.38	76695	8504	109.85	9.54		11.72		80.00	0.768
省营矿	287.78	27.45	0.70	36.96	11.15	89125	4413	90.41	17.40		30.09		73.00	0.528
威远煤矿	20.35	11.79		13.60	10.51	5577	2732	80.83	—		—		103.40	0.267
嘉阳煤矿	25.84	33.89	1.17			7090	3175	84.40	30.11		—		78.30	0.351
荣山煤矿	43.12	30.02	2.30			11418	2922	71.87	—		64.84		89.70	0.320
华蓥山矿务局	105.79	31.30				35579	7876	96.64	28.54		24.90		64.60	0.627
达竹矿务局	92.68	21.52	0.73	23.36	11.53	29461	4397	96.35	13.09		38.26		66.80	0.641
地、市营矿	603.69	29.67	2.56			277592							109.23	0.384
县营矿	481.39	25.68	4.00			346318							116.20	0.386

重庆市煤炭生产概况

表 1　煤矿生产规模

	矿井数（处）	实际年产量（10^4t）	占全市年产量比例（%）
统配矿	28	852.46	69.45
市、县营矿	36	182.65	12.25

表 2　重点煤矿基本情况

局矿名称	隶属关系	所在地	实际年产量（10^4t）
南桐矿务局	部属	南桐矿区	242.03
天府矿务局	部属	北碚区、合川县	150.08
松藻矿务局	部属	綦江县	216.20
永荣矿务局	部属	荣昌县、永川县	168.58
中梁山煤矿	部属	九龙坡区	75.57

表 3　重点煤矿主要技术经济指标

局矿名称	原煤产量（10^4t）	商品煤		洗精煤		掘进总进尺（m）	回采工作面平均月产量（t）	掘进工作面平均月进度（m）	采煤机械化程度（%）		掘进装载机械化程度（%）		企业坑木消耗（m^3/10^4t）	原煤全员效率（t/工）
		灰分（%）	含矸率（%）	产量（10^4t）	灰分（%）				合计	其中综采	合计	其中综掘		
南桐矿务局	242.03	21.37	0.03	82.1	13.08	71710	7238	142.96	17.24	2.22	35.36		75.82	0.64
天府矿务局	150.08	26.89				52297	5493	114.01	6.34		19.15		124.32	0.61
松藻矿务局	216.20	26.51	0.19			35645	8863	103.28	51.05	37.06	50.40		49.18	0.70
永荣矿务局	168.58	12.96	0.06	82.8	11.08	56379	3450	125.42	43.09		69.48		42.72	0.50
中梁山煤矿	75.57	23.27	0.03	5.7	15.21	37740	4615	125.20			15.60		135.49	0.60

贵州省煤炭工业概况

表 1 煤矿生产规模

	矿井数（处）	实际年产量（10^4t）	占全省年产量比例（%）
统配矿	22	744.37	29.14
省营矿	15	194.14	7.60
专、市营矿	1	3.19	0.12
县营矿	20	49.09	1.92

注：市县矿井数及实际年产量未统计年产 3 万吨以下的矿井（不含 3 万吨）。

表 2 重点煤矿基本情况

局矿名称	隶属关系	所在地	实际年产量（10^4t）
六枝矿务局	省煤炭厅	六枝特区	151.21
盘江矿务局	省煤炭厅	盘县特区	280.22
水城矿务局	省煤炭厅	水城特区	312.94
非统配矿			
林东矿务局	省煤炭厅	贵阳市郊	108.06

表 3 重点煤矿主要技术经济指标

局矿名称	原煤产量	商品煤		洗精煤		掘进总进尺	回采工作面平均月产量	掘进工作面平均月进度	采煤机械化程度（%）		掘进装载机械化程度（%）		企业坑木消耗	原煤全员效率
	（10^4t）	灰分（%）	含矸率（%）	产量（10^4t）	灰分（%）	（m）	（t）	（m）	合计	其中综采	合计	其中综掘	（$m^3/10^4t$）	（t/工）
统配矿	744.37	19.87	0.83	252.12	12.23	156856	9409	78.34	14.02		19.98		65.28	0.637
六枝矿务局	151.21	22.00	1.42	17.83	12.82	49872	7112	74.55			24.40		111.28	0.543
盘江矿务局	280.22	16.30	0.09	151.28	12.10	51271	10181	72.87	14.30		16.75		31.95	0.578
水城矿务局	312.94	21.36	1.06	83.01	12.34	55713	10220	88.47	20.13		18.99		72.90	0.772
非统配矿 林东矿务局	108.06	24.23	1.18			16299	7485	78.92	19.78		7.98		72.79	0.836

云南省煤炭工业概况

表 1 煤 矿 生 产 规 模

	矿井数（处）	实际年产量（10^4t）	占全省年产量比例（%）
省营矿	29	653.70	38.45
地营矿	20	105.76	6.22
县营矿	48	101.49	5.97
乡镇集体矿		694.46	40.85
个体矿		144.67	8.51

表 2 重点煤矿基本情况

局矿名称	隶属关系	所在地	实际年产量（10^4t）
一平浪煤矿	省煤炭厅	禄丰县干海资	49.26
羊场煤矿	省煤炭厅	宣威县大松树镇	44.50
来宾煤矿	省煤炭厅	宣威县来宾区	26.00
田坝煤矿	省煤炭厅	宣威县	50.10
后所煤矿	省煤炭厅	富源县	44.04
恩洪煤矿	省煤炭厅	曲靖市	16.28
圭山煤矿	省煤炭厅	路南县	14.07
可保煤矿	省煤炭厅	宜良县	24.68
小龙潭煤矿	省劳改局	开远市	322.22
凤鸣村煤矿	省劳改局	宜良县	25.03
陆东煤矿	省劳改局	曲靖市	11.58
吕合煤矿	楚雄州	南华县	30.39
向阳煤矿	华宁县	华宁县	13.57
上头营煤矿	江川县	江川县	15.03

表 3 重点煤矿主要技术经济指标

局矿名称	原煤产量 (10⁴t)	商品煤 灰分 (%)	商品煤 含矸率 (%)	洗精煤 产量 (10⁴t)	洗精煤 灰分 (%)	掘进总进尺 (m)	回采工作面平均月产量 (t)	掘进工作面平均月进度 (m)	采煤机械化程度(%) 合计	采煤机械化程度(%) 其中综采	掘进装载机械化程度(%) 合计	掘进装载机械化程度(%) 其中综掘	企业坑木消耗 (m^3/10⁴t)	原煤全员效率 (t/工)
一平浪煤矿	49.26	16.43	0.50	20.0139	11.21	22041	5618	113.59			28.01		114.19	0.560
羊场煤矿	44.50	26.07	0	16.0376	14.63	20089	6124	108.66			39.21		173.42	0.559
来宾煤矿二号井	26.00	35.91	0.67			8351	6158				12.05		93.44	0.446
田坝煤矿	50.10	23.98	0.44			15173	6892	106.04			51.59		114.91	0.607
后所煤矿	44.04	26.08	0.73	14.88	12.37	14868	6654	120.63	16.45		69.24		119.10	0.622
恩洪煤矿新村二号井	16.28	18.90		8.43	12.8	3896	10313	151.35			0.62		117.94	0.611
圭山煤矿红旗井	14.07	22.25	0.73			7770	4162	97.87			18.56		147.97	0.532
可保煤矿	24.86	16.98	0.20										2.67	0.864
小龙潭煤矿	322.22	16.04	0.26											3.118
凤鸣村煤矿	25.03	21.55	0.93			2969	9578	80.07						0.627
陆东煤矿	11.58	19.13	0.91			4392	3829	285.79						0.364
富源煤矿	4.50	32.45	2.30			1703	3575							0.280

西藏自治区煤炭工业概况

表 1 重点煤矿主要技术经济指标

局矿名称	原煤产量 (10⁴t)	商品煤 灰分 (%)	商品煤 含矸率 (%)	洗精煤 产量 (10⁴t)	洗精煤 灰分 (%)	掘进总进尺 (m)	回采工作面平均月产量 (t)	掘进工作面平均月进度 (m)	采煤机械化程度(%) 合计	采煤机械化程度(%) 其中综采	掘进装载机械化程度(%) 合计	掘进装载机械化程度(%) 其中综掘	企业坑木消耗 (m^3/10⁴t)	原煤全员效率 (t/工)
西藏土门格拉煤矿	1.20	43	6			200.60		16.70					140	0.07

注：1．西藏土门格拉煤矿1986年大部是露天开采，现在该煤矿已转产。
2．坑木消耗以井下开采数为准。

陕西省煤炭工业概况

表 1 煤矿生产规模

	矿井数（处）	实际年产量（10^4t）	占全省年产量比例（%）
统配矿	30	1481.20	51.77
省营矿	2	18.35	0.64
地市营矿	5	30.56	1.07
县营矿	56	361.75	12.64

表 2 重点煤矿基本情况

局矿名称	隶属关系	所在地	实际年产量（10^4t）
铜川矿务局	部属	铜川市	699.71
蒲白矿务局	部属	蒲城县	135.82
澄合矿务局	部属	澄城县	159.65
韩城矿务局	部属	韩城市	353.29
崔家沟煤矿	部属	铜川市	95.18
车村煤矿	部属	黄陵县	21.00

表 3 重点煤矿主要技术经济指标

局矿名称	原煤产量	商品煤		洗精煤		掘进总进尺	回采工作面平均月产量	掘进工作面平均月进度	采煤机械化程度（%）		掘进装载机械化程度（%）		企业坑木消耗	原煤全员效率
	（10^4t）	灰分（%）	含矸率（%）	产量（10^4t）	灰分（%）	（m）	（t）	（m）	合计	其中综采	合计	其中综掘	（$m^3/10^4t$）	（t/工）
统配煤矿	1464.65	21.03	0.18	42.5	10.91	223582	9267	104.74	28.91	10.49	47.4	2.77	62.97	0.788
铜川矿务局	699.71	23.27	0.17			125982	8495	105.28	24.5		54.1	1.08	66.77	0.760
蒲白矿务局	135.82	21.56	0.18			29547	7170	126.27	31.5		22.0	2.14	74.66	0.634
澄合矿务局	159.65	19.08	0.18			17391	11097	87.15	42.1	17.9	84.9	6.71	64	0.822
韩城矿务局	353.29	18.43	0.07	42.5	10.91	37974	12262	99.01	34.5	32.2	40.6	7.99	60.88	0.891
崔家沟煤矿	95.18	18.37	0.68			12688	9745	105.05	10.19		9.7		70.84	0.812
车村煤矿	21.00	9.86	0				4392	0					20.50	1.297
省营矿	18.35												41.71	0.448
地营矿	30.56	13.41	1.49										122.05	0.713
县营矿	361.75	15.22	2.46										81.66	0.761

甘肃省煤炭工业概况

表 1 煤矿生产规模

	矿井数（处）	实际年产量（10^4t）	占全省年产量比例（%）
统配矿		594.08	
省营矿		127.1	
地县营矿		179.13	

注：此表各项内容为部分煤矿指标。

表 2 重点煤矿基本情况

局矿名称	隶属关系	所在地	实际年产量（10^4t）
窑街矿务局	统配	兰州市红古区	273.49
靖远矿务局	统配	靖远平川区长征	249.67
阿干镇煤矿	统配	兰州市七里河区	70.92
山丹煤矿	省属	山丹县	15.58
华亭矿务局	省属	平凉华亭县	65.11
九条岭煤矿	省属	肃南县	47.01

表 3 重点煤矿主要技术经济指标

局矿名称	原煤产量（10^4t）	商品煤		洗精煤		掘进总进尺（m）	回采工作面平均月产量（t）	掘进工作面平均月进度（m）	采煤机械化程度（%）		掘进装载机械化程度（%）		企业坑木消耗（$m^3/10^4t$）	原煤全员效率（t/工）
		灰分（%）	含矸率（%）	产量（10^4t）	灰分（%）				合计	其中综采	合计	其中综掘		
窑街矿务局	273.49	13.47	0.31			49638	14141	139.59	47.09	6.56	24.33		58.85	0.985
靖远矿务局	249.67	10.84	0.23			42590	8935	86.73	19.85		12.80		68.98	0.698
阿干煤矿	70.92	17.63	—			20652	5522	112.50			5.98		116.10	0.558
山丹煤矿	15.58	24.78	1.30			5306	1958	97			19.00		130.00	0.418
华亭矿务局	65.11	15.40	1.39			10981	8434	69.27			25.53		78.60	0.720
九条岭煤矿	47.01	25.33	1.36			7050	5766	66.46			3.99		134.08	0.609
地县煤矿合计	179.13	16.48	2.76										118.2	0.646

青海省煤炭工业概况

表 1　重点煤矿主要技术经济指标

局矿名称	原煤产量 (10^4t)	商品煤		洗精煤		掘进总进尺 (m)	回采工作面平均月产量 (t)	掘进工作面平均月进度 (m)
		灰分 (%)	含矸率 (%)	产量 (10^4t)	灰分 (%)			
省营矿 大通煤矿	95.2	26.26	0.69			15477	7188	70.4

局矿名称	采煤机械化程度 (%)		掘进装载机械化程度 (%)		企业坑木消耗 ($m^3/10^4t$)	原煤全员效率 (t/工)
	合计	其中综采	合计	其中综掘		
省营矿 大通煤矿						0.620

宁夏回族自治区煤炭工业概况

表 1　煤矿生产规模

	矿井数 (处)	实际年产量 (10^4t)	占全省年产量比例 (%)
统配矿	8	844.15	
区营矿	3	141.69	
县营矿	9	53.1	

注：市县矿井数及实际年产量未统计年产 3 万吨以下的矿井（含 3 万吨）。

表 2　重点煤矿基本情况

局矿名称	隶属关系	所在地	实际年产量 (10^4t)
石嘴山矿务局	统配	石嘴山市	287.07
石炭井矿务局	统配	石嘴山市石炭井	557.08
灵武矿务局	区属	灵武县磁窑堡	66.62
汝箕沟煤矿	县属	平罗县汝箕沟	75.05
冯记沟煤矿	县属	盐池县	5.01
上下河沿煤矿	县属	中卫县	8.12
碱沟山煤矿	县属	中宁县	6.59
贺兰县煤矿	县属	大峰沟	11.60
平罗县煤矿	县属	大峰沟	6.21

表 3 重点煤矿主要技术经济指标

局矿名称	原煤产量	商品煤		洗精煤		掘进总进尺	回采工作面平均月产量	掘进工作面平均月进度	采煤机械化程度（%）		掘进装载机械化程度（%）		企业坑木消耗	原煤全员效率
	（10^4t）	灰分（%）	含矸率（%）	产量（10^4t）	灰分（%）	（m）	（t）	（m）	合计	其中综采	合计	其中综掘	（$m^3/10^4t$）	（t/工）
石嘴山矿务局	287.07	27.15	0.19			33222	17679	95.05	14.18	14.18	61.83		46.55	1.164
石炭井矿务局	557.08	18.17	0.20	130.74	11.34	67231	11847	111.72	7.52		26.51		60.19	1.127
灵武矿务局	66.62	12.42	1.01			6795	13536	124.47					32.03	1.404
汝箕沟煤矿	75.07	9.83	1.17			8005	9606	121.73					64.78	0.861
冯记沟煤矿	5.01	5.18											51.94	0.589
上下河沿煤矿	8.12	14.74	2.5										91.75	0.694
碱沟山煤矿	6.59	9.8	3.86										115.30	0.8
贺兰县煤矿	11.60	3.70	0.87										25.86	2.329
平罗县煤矿	6.21	10.0	5.0										61.03	1.118

新疆维吾尔自治区煤炭工业概况

表1 煤矿生产规模

	矿井数（处）	实际年产量（10^4t）	占全省年产量比例（%）
统配矿	7	383.17	23.16
省营矿	86	388.29	23.47
专营矿	20	140.49	8.49
县营矿	68	258.75	15.64
乡镇个体矿		483.69	29.24

表2 重点煤矿基本情况

局矿名称	隶属关系	所在地	实际年产量（10^4t）
哈密矿务局	统配	哈密市三道岭	164
乌鲁木齐矿务局	统配	乌鲁木齐市东山区	219
艾维尔沟煤矿	自治区煤炭厅	乌鲁木齐市南山区	41
兵团农二师哈满沟煤矿	生产建设兵团农二师	库尔勒市	14.2
兵团农六师大黄山煤矿	生产建设兵团农六师	阜康县	16.2
兵团农八师南山煤矿	生产建设兵团农八师	沙湾县	32.4
昌吉五宫煤矿	昌吉回族自治州	阜康县	12.2
塔城铁厂沟煤矿	塔城地区	托里县	21.5
和田杜瓦煤矿	和田地区	皮山县	13.8

表3 重点煤矿主要技术经济指标

局矿名称	原煤产量	商品煤		洗精煤		掘进总进尺	回采工作面平均月产量	掘进工作面平均月进度	采煤机械化程度（%）		掘进装载机械化程度（%）		企业坑木消耗	原煤全员效率
	(10^4t)	灰分（%）	含矸率（%）	产量（10^4t）	灰分（%）	(m)	(t)	(m)	合计	其中综采	合计	其中综掘	($m^3/10^4t$)	(t/工)
乌鲁木齐矿务局	219.18	16.12	0.84			25549	8401	68.4			22.78		26.49	1.120
哈密矿务局	163.99	8.32	0.66			4412	9871	131.31	33.19				40.69	1.213
艾维尔沟煤矿	41.31	8.64				8750	5729	93.48					60.24	0.696
农二师哈满沟煤矿	14.2												78.44	0.737
农六师大黄山煤矿	16.2												47.22	0.802
农八师南山煤矿	32.4	11.19	2.01										89.68	0.987
昌吉五宫煤矿	12.2												79.74	0.826
和田杜瓦煤矿	13.8												80.81	1.365
塔城铁厂沟煤矿	21.5												28.46	0.6

现代化矿井

煤炭工业部关于建设现代化矿井的决定

（86）煤生字第85号

（1986年2月5日）

最近，部务会议专题研究了建设现代化矿井问题。部党组提出，在“七五”期间统配煤矿争取有三分之一的矿井建成现代化矿井，为在本世纪末能有三分之二的统配矿达到现代化矿井标准打好基础。部的这一决定，是经过慎重研究提出的一项长远的、具有战略意义的重大决策。它对于全面加强企业管理，提高经济效益，改善安全生产状况；对于确保在本世纪末煤炭产量翻一番，保证全国工农业总产值翻两番伟大战略目标的实现；对于加速煤矿现代化建设，从而使中国煤炭工业在本世纪末进入世界先进行列，必将起重大的推动作用。部认为，要实现上述目标是有可能，一是因为我们已经有了近三年现代化样板井建设的经验；二是在统配煤矿近600个矿井中，已经有近三分之一的矿井，条件较好，具备了建设现代化矿井的基本条件，再经过几年的重点建设，一部分矿井达到现代化矿井标准是完全可以办到的；三是由于实行了总承包，一些局矿在经济上逐步增加了自我改造能力；四是国内科研、制造已具备一定水平和能力。有了上述有利条件，只要各省煤炭局、矿务局的领导充分认清重大战略意义，切实把现代化矿井作为一件大事来抓，摆到“七五”期间的重要议事日程，我们的目标就一定会实现。

一、关于建设什么样的现代化矿井

部提出的现代化矿井，就是要建设具有中国特色的、社会主义的现代化矿井。一定要做到安全好、用人少、效率高、经济效益好、矿风正，职工生活好，两个“文明”一起抓。只有建设这样的现代化矿井，才能对迅速改变我国煤矿面貌发挥重大作用。在指导思想上一定要高标准，绝不能把现代化降低为一般化。要用先进的装备和工艺进行生产，用现代化的技术手段监测和指挥生产，用先进的管理方法组织生产，如采煤上能使用综采的，一定要创造条件积极采用综采，掘进上积极使用煤或半煤掘进机，岩巷使用钻装机或液压钻车等。要搞现代化就是要搞这样高标准的机械化。生产上要高标准，文化物质生活也要有显著改善，道路整洁、畅通，环境绿化、优美，使职工住的舒服，生活愉快。不仅在物质文明建设上高标准，在精神文明建设上也要高标准，要教育职工勇于改革，大胆创新，热爱本职、爱矿如家，努力学习科学文化知识，遵纪守法，讲究职业道德，自觉抵制不正之风，能吃大苦，耐大劳，特别能战斗，把职工培养成为一支有理想、有道德、有文化、有纪律的队伍。

要建设这样的现代化矿井，就要慎重选择，不仅煤层赋存条件好，储量大，采掘机械化程度高，其他生产环节配套、先进，而且职工政治素质高，能做到投入少、产出多、经济效益好。因此，在选择现代化矿井名单时，要高标准、严要求，要优中选优，不马虎凑数，有几个上几个，不强求三分之一，一定要实事求是。对条件较好的潞安、晋城、大同、平顶山、开滦、兖州等矿务局，应尽量多上些，努力向现代化矿区奋斗。

二、关于经济政策

第一，为充分发挥矿务局、矿建设现代化矿井的积极性，矿务局应自力更生为主，积极挖潜，充分利用矿务局的自有资金，优先重点保证现代化矿井建设的需要。

第二，由省煤炭厅、公司集中使用的自有资金，也要优先重点保证本省现代化矿井的需要。

第三，凡是列入现代化矿井名单的改扩建项目，可结合现代化矿井标准，进行修改设计，保证矿井改扩建后就能达到现代化矿井的标准。

第四，在建的新井，凡条件许可的，在投产前必须一律按现代化矿井标准修改设计，进行建设，保证新井投产后就能达到现代化矿井的标准。

第五，凡是部掌握的新技术、新工艺、新装备应首先在现代化矿井应用推广。

三、关于现代化矿井的组织领导

为了加强现代化矿井的领导，部决定成立现代化矿井领导小组。

组　长：由胡富国副部长担任。

副组长：由赵全福、郝凤印、陈炳强副总工程师、王焕文司长担任。

成　员：由技术司司长邬庭芳、安全局局长陈明和、计划司副司长刘成铨、财务司司长梁东、劳资司司长张维昌、干部司司长贾军、调运局副局长黄薰、供应局局长周毅民、制造局局长张惠德、加工利用局副局长魏元锐、教育司副司长辛镜敏、基建司副司长戴冲霄、煤炭科学研究院院长范维唐、政策研究室副主任戈夫、情报研究所所长芮素生、生产司副司长邝山担任。

领导小组下设办公室，设在生产司，由邝山同志任主任。办公室人员由生产司各处抽调和各有关司局指定一名联络员组成。办公室的任务主要是具体组织建设现代化矿井的工作，处理经常性业务，定期开会，协调各方面工作，并向领导小组汇报工作。

各省煤炭厅、公司、矿务局、矿，也要根据现代化矿井建设需要，相应成立各级领导小组，设立办公室，并将名单报部现代化矿井办公室。

四、现代化矿井分工

为使各司局在建设现代化矿井中各负其责，部决定各司局的职责如下：

——生产司负责掌握全面，并负责采掘机械化，机电、运输、调度、地质测量现代化，以及采掘工程质量、设备和井巷维修等质量，同时按业务保安搞好安全。

——技术司负责全面质量管理，计量以及新技术、新工艺、新装备的开发和应用推广。

——劳资司负责职工培训，实行生产、生产服务、生活服务三条线管理，以及实行工资政策的改革，整顿劳动组织等。

——财务司负责推广各种新经济政策、定额成本、经济责任制。

——供应局负责设备、材料、配件的计划提出后，组织货源，催促供货单位，按时、按质、按量保证供货。

——制造局负责设备、配件的制造，保证按时、按质、按量供应。

——加工利用局负责煤炭质量、洗选配套、环境保护和节能。

——安全局负责通风、防尘、防火、防瓦斯，安全技措工程和安全监测系统的装备。

——干部司应经常关心和了解干部情况。

——煤炭科学研究院负责新技术、新装备的开发、试验及推广。

——情报所负责国内外现代化矿井信息交流，出版有关刊物、资料。

五、1986年现代化矿井的实施步骤

为有计划、有步骤抓好现代化矿井的建设，部的实施步骤如下：

一月份把现代化矿井标准研究制订出来。现试行稿已下发，并组织各局矿讨论、修改，争取一月底正式颁发。同时经过综合平衡，把今年起步的现代化矿井名单落实。

二月份将原来15个现代化样板井的经验总结写出，同时组织准备新上的现代化矿井，分期分批到国内搞得较好的现代化样板矿王庄、石圪节、兴隆庄、七星矿等参观考察，学习建设现代化矿井的经验，开阔眼界。

三月底，各局矿提出现代化矿井的规划，我们规划原则是两年起步，五年分期分批达标。要求“七五”期间内要实现的现代化矿井，必须在1986、1987两年起步完毕。部要求现代化矿井分三个档次，即部级、省级、矿务局级三档，由部、省、矿务局分级重点掌握。特别是1986～1987年，要优中择优，重点选择一批矿井，达到现代化矿井标准，以便摸索经验，推动全面。

四月底前组织审查规划，要求凡是要实现现代化矿井的矿，一次全部提出规划，分年起步，分年达标。通过审查规划，摸清两年起步和逐年达标的矿井名称，以及建设现代化矿井所需的资金和设备数量，摸清省、矿务局、矿将投入的资金数量。经过综合平衡，拿出部的建议规划。

五月至六月份，组织对原15个样板矿井的检查，总结经验，对较好的准备在七月份潞安会议上进行交流。

七月份在潞安召开现代化矿井工作会议，检查各局矿对去年十一月部劳模会、工作会议的贯彻执行情况，总结交流15个样板井的经验，布置“七五”建设现代化矿井的工作，批准“七五”期间现代化矿井建设的规划。

十一至十二月份对原来15个样板井和今年起步的现代化矿井组织一次检查验收，对达标的矿井进行命名、发牌、发证。

请各单位接到通知后，立即召开专门会议，根据上述精神，对建设现代化矿井工作，进行全面布置统筹安排，并组织强有力的班子，一抓到底，一定要抓出成效来。

《现代化矿井标准》经过修改后现随此文正式下发（见《附件》），请你们认真贯彻做好规划。

煤炭工业部现代化矿井标准

（1986年2月1日）

一、主要目的和指导思想

为了确保在本世纪末煤炭产量翻一番，保证全国工农业总产值翻两番的伟大战略目标的实现，部党组在原定于1987年前，3年内建成一批现代化样板矿井的基础上，又决定在“七五”期间统配煤矿争取有一批矿井达到现代化矿井标准。这是一个十分重要的正确决策，它必将对加速煤矿现代化建设，从而使中国煤炭工业在本世纪末进入世界先进行列起重大的推动作用。

（一）现代化矿井主要目标是通过采用先进技术装备及现代化管理，实现安全好、用人少、效率高、效益好、矿风正、职工生活好；技术经济指标达到或接近国外先进煤矿八十年代的水平。当前应做到：

1. 实现安全生产，百万吨死亡率达到国内最低水平。

2. 增产又减人，全员效率高。按不同类型的矿井分类要达到：

第一类型矿井：开采以缓倾斜、倾斜、厚煤层一次采全高和中厚煤层为主，全矿井平均煤层生产能力在3吨/平方米及3吨以上的矿井全员效率比一九八五年翻一番或达到3吨/工以上。

第二类型矿井：开采缓倾斜、倾斜、中厚（包括厚煤层分层开采）和薄煤层为主，全矿井平均煤层生产能力在2.1吨/平方米至3吨/平方米的矿井，全员效率比一九八五年提高70%或达到2吨/工以上。

第三类型矿井：开采以急倾斜或薄煤层为主的矿井全矿井平均煤层生产能力在2.1吨/平方米及以下的，全员效率达到1吨/工以上。

（新投产井全员效率在审查规划时另定。）

3. 全面执行煤炭工业技术政策和煤矿安全规程，合理集中生产，采掘接续正常，采区资源回收率达到国家规定要求。

（二）编制现代化矿井规划的指导思想是：

1. 大胆进行配套改革，实行新的经济政策和经营管理；

2. 努力赶超国外先进煤矿的水平；

3. 依靠科学进步，积极采用先进工艺、设备，实行现代科学管理；

4. 自力更生，千方百计地挖掘矿井潜力，实现投入少，产出多，经济效益高；

5. “两个文明”一起抓，提高企业素质和职工队伍素质。全面规划，统筹安排，目标明确，重点突出，建设具有中国特色的现代化煤矿。

二、现代化矿井标准

第一、采煤机械化

1. 采煤机械化分类型要求

第一类型矿井：实现以综采为主，高档为辅的采煤手段，采煤机械化程度达到90%以上，其中综采机械化程度达到60%～70%以上；

第二类型矿井：实现综采、高档同时并举，采煤机械化程度达到80%以上，其中综采机械化程度50%以上。

第三类型矿井：实现以高档为主，有条件发展综采，采煤机械化程度达到70%以上。

（注：水力采煤也算机械化采煤。露天矿的标准另行制订）

2. 要有三分之二采煤队的工作面平均单产、工效分别达到部颁发的“等级队”标准。

第二、掘进机械化

1. 煤及半煤岩巷道推广使用综合掘进机组，岩巷推广使用液压钻车、钻装机械，使掘进装载机械程度达到80%。并逐步做到综采和综掘同步发展，其中综掘程度（包括岩巷机械化作业线）达20%以上。

2. 有三分之二的掘进队平均单进和掘进工效分别达到部颁掘进队“纲要”标准；

3. 搞好支护改革，新掘巷道实现岩巷光爆锚喷化，回采巷道支护钢铁化（包括锚杆）。

第三、质量标准化

1. 推行全面质量管理，使QC小组占总班组数的三分之一，其中有成果的占QC小组的三分之一。计量工作要达到二级以上计量标准。

2. 采掘工作面工程质量标准化，消灭不合格品，一级品率达70%以上。

3. 井巷维修、轨道铺设质量标准化，架线、轨道铺设符合部颁标准，巷道失修率在5%以下，严重失修率在1%以下。

4. 安全通风质量标准化，矿井通风质量达到部颁甲级标准；井下防尘、防火、防瓦斯系统完善。

5. 煤炭质量标准化，完成国家煤质计划指标，外运煤炭做到批批合格。

6. 煤矿地质测量和储量管理工作，做到图纸资料齐全、准确、及时，矿图质量规格化、标准化。

7. 环境保护符合国家“环境保护法”的规定，煤矿地面环境要绿化、美化、净化。

8. 职工生活福利达到部颁《煤矿职工生活福利标准》。

第四、矿井运输现代化

1. 主要运输大巷电机车运输采用信、集、闭，实行运输科学管理。

2. 斜井、垂高超过50米的上、下山和长度超过一千五百米的主要行人巷道，要采用人车或运人设备运送人员，保证人身安全。

3. 采区内煤炭运输实现皮带化，并逐步采用监控系统。

4. 综采、综掘工作面的辅助运输实现机械化。

第五、地面储装运设施现代化

1. 储煤、回煤设施机械化，实现机械化储煤、回煤，储煤量不小于矿井核定能力的三～五天的日产量。

2. 装车设施机械化，装车线路不小于半列车，机械化装煤、装车时间不大于1.5小时。

3. 计量、化验采用科学手段。

第六、机电管理正规化

1. 矿井机电管理达到“创优争先”甲级标准。

2. 矿井设备实行计划性检修，大型设备台台完好，井下电气设备消灭失爆，移动设备完好率、待修率，事故率达到“90·5·1”，电缆管路铺设达到部颁标准。

3. 低效率、低性能、高噪音、高能耗设备基本上得到更新改造，固定设备自动监测，有条件的实行远方自动控制；各种保护、闭锁装置齐全，真正发挥作用。

4. 矿井设备、材料符合防爆、防腐、阻燃的标准。

第七、调度通信指挥现代化

采掘工作面和矿井供电、提升、运输、供排水、压风、通风等生产过程的信息能及时反映到调度室的电子模拟盘上，有条件的逐步采用以矿井调度室为中心，以电脑为主要手段的集中监控系统，实现调度通信与计算机管理相结合的信息管理系统。安全监测，监控系统完善，真正发挥效用。调度通信畅通无阻，做到“灵、准、快”。

第八、管理科学化

1. 实行矿长负责制、完善和健全职工代表大会制，经济责任制等一系列规章制度。

2. 以中长期规划和年度计划为根据，开展目标管理。

3. 推行定额成本，逐步建立计算机管理系统。

4. 从生产型企业逐步向生产经营型企业转变。

5. 实行生产、生产服务、生活服务三条线管理。

6. 实行正规循环作业。实行正规循环作业矿井标准，正规循环作业的采掘工作面达到70%以上。

7. 有计划地推广其他各种现代管理办法。

第九、职工教育、培训正规化

职工的政治、文化、技术教育培训正规化，有职工教育的长远规划和年度计划，脱产学习人数应经常保持职工总数的5%以上，业余学习巩固率达到80%以上。综采、综掘队队长必须达到中专以上文化程度或相当于中专文化水平。矿级领导干部要具备大专文化水平或经过干部管理学院培训。生产骨干、主要技术工种和关键岗位的职工要优先培训，并能占参加培训人数的三分之一以上，各类司机必须经过培训、考试合格、方准上岗。

干部培训方面，要求在五年内使现有45岁以下的干部达到中专和高中以上文化程度。在三年左右，使矿长、党委书记以及总工程师、总会计师、总经济师经过现代化管理知识的培训，并取得合格证书。

第十、思想革命化

1. 经常开展政治思想教育，教育职工能勇于改革，大胆创新，热爱煤矿，献身煤炭事业，努力学习科学文化知识，把职工培养成为有理想、有道德、有文化、有纪律的队伍。

2. 培养职工能吃大苦、耐大劳、勇于克服一切困难，发扬愚公精神，建设一支特别能战斗的队伍。

3. 经常开展遵守纪律教育，使职工能自觉遵守社会主义法纪，讲究职业道德，严格执行各种规章制度。

煤炭工业部关于严格执行建设现代化矿井几项经济政策的通知

(86)煤财字第288号

（1986年4月25日）

为调动建设现代化矿井的积极性，增强现代化矿井的自我改造能力，部决定对现代化矿井实行几项特殊的经济政策。总的原则是：在矿务局统一核算的前提下，立足于自力更生，积极挖潜，同时，放宽政策适当扶持。

一、在矿务局保证完成总承包任务的前提下，凡是已列入现代化矿井规划名单的煤矿，其维简费除部统一集中的以外，其余按各矿应得的份额，由各矿统一集中使用，省（区）煤炭厅（局、公司、总公司）、矿务局不得截留，以保证现代化矿井建设的需要。

二、凡是已列入现代化矿井规划名单的煤矿，在执行总承包规定的几项经济政策中所得到的收益，按各矿应得的份额，归煤矿统一支配使用。

三、在保证固定资产大修理的前提下，设备大修理费可适当由各矿集中使用。

四、省（区）煤炭厅（局、公司）、矿务局的自有资金，应积极挖潜，重点保证本省、本矿务局现代化矿井建设的需要。

五、凡列入现代化矿井规划的改扩建矿井，可按现代化矿井标准修改设计，以保证矿井改扩建后就能达到现代化矿井标准。

六、在建新井，凡有条件的一律按现代化矿井标准修改设计，保证新井投产后就能达到现代化矿井标准。

七、凡是部掌握的新技术、新工艺、新装备，首先在现代化矿井推广应用。

煤炭工业部部分现代化矿井主要技术经济指标

1 9 8 6 年 度

局 矿 名	矿井核定生产能力 (10^4t)	原煤产量 (10^4t)	全员效率 (t/工)	百万吨死亡率 (人/10^6t)	采煤机械化程度 (%)		掘进机械化程度 (%)		回采工作面平均单产(t/月/个)		掘进工作面平均综合单进 (m/月/个)
					合计	其中综采	装 载	综 掘	总平均	其 中 综采面	
潞安矿务局	525	802.60	3.005	达到部定现代化矿井标准	100	91.78	79.18	30.69	54465	77096	148.18
王庄矿	145	288.09	4.015		100	100	98.87	52.74	109653	109653	144.17
石圪节矿	80	150.20	3.382		100	90.83	28.75	14.93	46920	64968	151.27
漳村矿	150	188.01	3.701		100	92.28	52.58	20.09	52255	72409	159.84
晋城矿务局											
王台铺矿	110	198.26	2.929 (下半年 3.054)		100	56.82	81.23	20.80	32226	55826	104.30
晋城矿务局											
古书院矿	180	244.87	3.006		90.64	74.59	57.65	33.03	45363	94873	108.83
兖州矿务局											
兴隆庄矿	300	300.39	2.698 (4季度 3.001)		100	100	99.24	48.52	57416	57416	95.02

设计、科研、情报、教育和医疗卫生简介

煤　矿　设　计

部属和省(区)属煤矿设计院基本情况

名　　称	有职称的工程技术人员	隶属关系	地　　址
部属设计院			
煤炭部规划设计总院	269	煤炭工业部	北京市西城区德外后九条
煤炭部邯邢煤矿设计研究院	278	煤炭工业部	河北省邯郸市丛台东路
煤炭部石家庄煤矿设计研究院	139	煤炭工业部河北煤管局	河北省石家庄市石邑路
煤炭部太原煤矿设计研究院	250	煤炭工业部山西煤管局	山西省太原市青年路
东煤公司沈阳煤矿设计研究院	701	煤炭部东北内蒙古煤炭工业联合公司	辽宁省沈阳市沈河区长春街一段集贤里
东煤公司长春煤矿设计研究院	117	煤炭部东北内蒙古煤炭工业联合公司	吉林省长春市
东煤公司哈尔滨煤矿设计研究院	121	煤炭部东北内蒙古煤炭工业联合公司	黑龙江省哈尔滨市
煤炭部杭州煤矿设计研究院	80	浙江省煤炭工业总公司	浙江省杭州市省府路
煤炭部合肥煤矿设计研究院	198	煤炭工业部	安徽省合肥市阜阳北路
煤炭部兖州煤矿设计研究院	401	煤炭工业部	山东省邹县
煤炭部选煤设计研究院	277	煤炭工业部	河南省平顶山市
煤炭部武汉煤矿设计研究院	317	煤炭工业部	湖北省武汉市武昌中南路口
煤炭部重庆煤矿设计研究院	323	煤炭工业部	四川省重庆市大坪马家堡
煤炭部西安煤矿设计研究院	379	煤炭工业部	陕西省西安市和平门外雁塔路
煤炭部济南煤矿设计研究院	158	煤炭工业部山东煤管局	山东省济南市堤口路
煤炭部规划设计总院常州设计研究所		煤炭部规划设计总院	江苏省常州市花园新村
省(区)属设计院			
内蒙古自治区煤矿设计研究院	100	内蒙古自治区煤炭工业厅	呼和浩特市中山东路15号
江苏省煤矿设计院	141	江苏省煤炭工业总公司	徐州市西关
福建省煤炭工业设计院	92	福建省煤炭工业总公司	福州市五一中路36号
江西省煤矿设计院	85	江西省煤炭工业厅	南昌市
河南省煤矿设计研究院	173	煤炭工业部河南煤管局	郑州市中原路

续表

名　　称	有职称的工程技术人员	隶属关系	地　　址
湖南省煤炭工业设计院	161	湖南省煤炭工业厅	长沙市袁家岭新军路162号
广东省重工业设计院	174	广东省煤炭工业总公司	广州市越华路116号
广西壮族自治区煤矿设计院	122	广西壮族自治区煤炭工业厅	南宁市古城路爱国街
贵州省煤矿设计研究院	130	贵州省煤炭工业厅	贵阳市
云南省煤矿设计院	137	云南省煤炭工业厅	昆明市白塔路
兰州煤矿设计研究院	174	甘肃省煤炭工业总公司	兰州市天水路155号
宁夏回族自治区煤矿设计院	81	宁夏回族自治区煤炭工业厅	银川市
新疆维吾尔自治区煤矿设计院	195	新疆维吾尔自治区煤炭工业厅	乌鲁木齐市志满城
青海矿山勘察设计院	79	青海省重工业厅	西宁市五四大街51号

部属和省(区)属煤矿设计院设计任务完成情况

序号	项　　目	计算单位	1986年设计任务完成情况		
			全国总计	部属设计院	省(区)属设计院
1	矿区总体设计	项	5	4	1
		(10^4t能力/年)	3166	3100	66
2	矿井设计	项	57	35	22
		(10^4t能力/年)	6946	5783	1163
3	选煤厂设计	项	19	14	5
		(10^4t能力/年)	4855	4315	540
4	机修厂设计	项	4	1	3
5	其它单项工程	项	187	118	69
6	可行性研究	项	77	56	21
7	通用设计	项	101	77	24
8	技术研究	项	72	50	22
9	各专业的业务建设	项	74	49	25
10	各项工程施工图	综合项数	6566	3052	3514
		施工图张数	228884	162718	66166
		图纸利用率	47.7	48	47
11	工时利用率	出勤率	94.65	95.16	94.13
		作业率	71.83	76.0	67.66
12	设计院年末人员情况	人	12464	8966	3498
		其中：工程技术人员	5824	4008	1844
		占总人数的比例	46.73	44.70	51.9

煤炭工业标准(通用)设计项目

项目名称	编制单位	批准文号	批准日期
土建专业			
煤矿地面建筑装修标准（试行）	武汉院	(86)煤基字第426号	1986
煤矿地面总体布置改革的若干规定		(86)煤基字第503号	1986
建筑物抗震加固若干技术措施之四	武汉院	(86)煤基司字第106号	1986
煤炭工业给水设计技术规定（试行）	规划院	(86)煤基司字第21号	1986
煤炭土建工程暖卫工程概算指标	沈阳院	(86)煤基字第360号	1986

煤炭科学研究

煤炭科学研究院机构基本情况

机构名称	主要研究专业	地址
煤炭科学研究院北京开采研究所	矿山压力、“三下”采煤、矿井支护	北京市和平里
煤炭科学研究院北京建井研究所	特别凿井法、井巷掘进及支护	北京市和平里
煤炭科学研究院北京煤化学研究所	煤质、炼焦、煤炭气化、煤炭液化	北京市和平里
煤炭科学研究院经济研究所	煤炭工业经济理论、经济政策和方针、煤炭工业经济管理、技术政策	北京市和平里
煤炭科学研究院计算机应用研究中心	电子计算机在煤炭工业的应用、科研计算、试验数据处理、煤炭工业管理	北京市和平里
煤炭科学研究院唐山分院	选煤、水力采煤、矿山测量、“三下”采煤	河北省唐山市新华西路
煤炭科学研究院抚顺研究所	矿井瓦斯防治、矿井火灾防治、露天采煤	辽宁抚顺市望花区
煤炭科学研究院太原分院	采掘机械、运输设备、液压支架	山西省太原市三营盘
煤炭科学研究院上海研究所	采掘机械、煤矿电气设备	上海市徐家汇
煤炭科学研究院西安分院	煤田及矿井地质、水文地质、物探、钻探	陕西省西安市和平门外
煤炭科学研究院重庆研究所	防治煤与瓦斯突出，防治煤尘爆炸、防尘	四川省重庆市上桥
煤炭科学研究院爆破技术研究所	爆破器材、爆破方法	淮北市担山区东山路
煤炭科学研究院常州自动化研究所	矿井自动化、矿井通讯	江苏省常州市清潭建材路
煤炭科学研究院常州科研试制中心	研制科研样机、制造科研试验设备、小批生产科研新产品	江苏省常州市新市路
煤炭科学研究院南京研究所	普通凿井技术	江苏省南京市北京西路
煤炭科学研究院杭州研究所*	煤矿环境保护	浙江省萧山县
煤炭科学研究院合肥研究所		安徽省合肥市长江路

* 浙江省代管。

煤炭科技情报

煤炭工业部专业科技情报中心站及分站

名称	站长单位	地址
一、煤矿设计科技情报中心站	煤炭规划设计总院	北京市
1.采矿专业分站	西安煤矿设计研究院	西安市
2.机电专业分站	邯邢煤矿设计研究院	邯郸市
3.机制专业分站	武汉煤矿设计研究院	武汉市
4.土建专业分站	重庆煤矿设计研究院	重庆市
5.选煤专业分站	平顶山选煤设计研究院	河南平顶山市
6.水暖专业分站	兖州煤矿设计研究院	山东邹县
7.总图运输专业分站	沈阳煤矿设计院	沈阳市
8.煤矿设备专业分站	沈阳煤矿设计院	沈阳市
9.勘测专业分站	山西煤矿设计院	太原市
10.环保专业分站	江苏煤矿设计院	徐州市
二、建井技工程科情报中心站	煤炭科学研究院北京建井所	北京市
1.立井掘进机械化分站	兖州煤炭基建公司科研所	山东邹县
2.平巷掘进机械化分站	煤炭部第三建设公司	山东枣庄薛城
3.钻井分站	两淮煤炭特凿公司	安徽淮北市
4.冻结凿井分站	淮南煤炭基建公司科研所	安徽淮南市
三、锚喷支护科技情报中心站	煤炭科学院南京研究所	南京市
四、采掘机械化科技情报中心站	煤炭科学研究院上海研究所	上海市
1.综采机械化分站	煤炭科学研究院上海研究所	上海市
2.高档普采机械化分站	山东矿业学院	山东泰安市
3.掘进机械化分站	煤炭科学院太原分院	太原市
五、矿山压力科技情报中心站	中国矿业学院	徐州市
1.单体支柱分站	山东矿业学院矿压研究所	山东泰安市
2.综采矿压分站	煤炭科学研究院北京开采所	北京市
3.井巷地压分站	西安矿业学院	西安市
4.冲击地压分站	煤炭科学院北京开采所	北京市
5.矿压仪表分站	西安煤矿仪表厂	西安市
6.软岩工程分站	东煤公司长春煤炭研究所	长春市
7.矿山支护与设备分站	北京煤矿机械厂	北京市房山县
六、煤矿安全科技情报中心站	煤炭科学院抚顺研究所	辽宁抚顺市
1.煤矿安全粉尘分站	煤炭科学院重庆研究所	重庆市
2.矿山救护分站	平顶山矿务局救护大队	河南平顶山市
3.煤矿安全仪器仪表分站	抚顺煤矿安全仪器厂	抚顺市
4.煤矿通风安全分站	煤炭科学研究院抚顺研究所	抚顺市
七、煤矿自动化科技情报中心站	煤炭科学研究院常州自动化所	江苏常州市
1.固定设备分站	江西省煤研所	江西南昌市
2.输送机分站	河北省煤研所	河北邢台市

续表

名　　称	站长单位	地　　址
八、选煤科技情报中心站	煤炭科学院唐山分院	河北唐山市
1.选煤自动化分站	唐山分院自动化室	河北唐山市
2.脱水防冻分站	鸡西矿业学院电选系	黑龙江鸡西市
3.煤泥水处理分站	淮南矿业学院	安徽淮南市
九、煤矿机械制造科技情报中心站	北京煤矿机械厂	北京市房山县
1.铸造工艺分站	淮南煤矿机械厂	安徽淮南市
2.铆焊工艺分站	郑州煤矿机械厂	河南郑州市
3.锻造工艺分站	张家口煤矿机械厂	河北张家口市
4.电解加工工艺分站	张家口煤矿机械厂	河北张家口市
5.热处理工艺分站	石家庄煤矿机械厂	河北石家庄市
6.齿轮冷加工工艺分站	西安煤矿机械厂	陕西西安市
7.矿灯工艺分站	抚顺矿灯厂	辽宁抚顺市
8.电机工艺分站	抚顺电机厂	辽宁抚顺市
9.矿用电器工艺分站	上海矿用电器厂	上海市柳营路
10.产品设备分站	东煤公司哈尔滨煤矿机械研究所	黑龙江哈尔滨市
十、煤矸石、石煤综合利用科技情报中心站	煤炭科学研究院杭州煤研所	杭州市
1.石煤浙江分站	浙江煤炭公司	浙江杭州市
2.石煤湖南分站	湖南省煤研所	湖南长沙市
3.煤矸石南方分站	煤炭科学研究院重庆研究所	四川重庆市
十一、地方煤矿科技情报中心站	广东省煤研所	广东广州市
1.东北分站	东煤公司	吉林长春市
2.西南分站	四川煤炭局地方处	四川成都市
3.西北分站	陕西省煤炭局地方处	陕西西安市
4.华东分站	山东省地方煤炭局	山东济南市
5.华北分站	河北煤炭厅地方处	河北石家庄市
6.中南分站	湖南省煤炭厅地方处	湖南长沙市
十二、露天采煤科技情报中心站	煤炭科学院抚顺研究所	辽宁抚顺市
十三、高压水射流科技情报中心站	江苏省煤矿研究所	江苏徐州市
十四、地面建筑科技情报中心站	煤炭部建安公司科研所	河北邯郸市
十五、煤矿医疗卫生科技情报中心站	华北煤炭医学院	河北唐山市
十六、高等教育情报中心站	阜新矿业学院	辽宁阜新市

煤炭工业教育

1986年度部属高等学校基本情况

单位：人

学校名称	所在地	毕业生 研究生	毕业生 大学生	招生 研究生	招生 大学生	在校生 研究生	在校生 大学生	教职工 总数	教职工 教授	教职工 副教授	教职工 讲师	专业名称
合计		152	4605	473	7668	1182	27478	16773	42	435	2020	
中国矿业学院	江苏省徐州市	107	694	308	1360	757	4592	3614	21	131	400	采矿工程、露天开采、矿山通风与安全、矿井建设、工业与民用建筑工程、矿业机械、机械制造工艺与设备、金属材料与热处理、工业电气自动化、计算机及其应用、选矿工程、煤化工、环境工程、煤田地质勘查、探矿工程、水文地质与工程地质、勘查地球物理、矿山测量、工业管理工程、物资管理工程、财务会计、政治教育（师范班）
阜新矿业学院	辽宁省阜新市	11	483	61	797	147	2939	1521	4	56	259	煤田地质勘查、采矿工程、露天开采、矿井建设、矿山测量、金属材料与热处理、机械制造工艺与设备、矿业机械、工业电气自动化、工程力学、热加工工艺及设备、工业管理工程、数学（师范班）、英语（师范班）
西安矿业学院	陕西省西安市	12	410	28	559	79	2054	1156		43	181	煤田地质勘查、矿山测量、采矿工程、矿井建设、矿山通风与安全、矿业机械、机械制造工艺与设备、工业电气自动化、通讯工程
山东矿业学院	山东省泰安市	10	522	24	737	60	2906	1528	3	41	212	煤田地质勘查、矿山测量、矿井建设、采矿工程、工业电气自动化、矿业机械、机械制造工艺与设备、应用数学、煤化工
山西矿业学院	山西省太原市	4	378	14	509	41	2140	1236	3	34	185	采矿工程、工业管理工程、矿井建设、煤田地质勘

学校名称	所在地	毕业生		招生		在校生		教职工				专业名称
		研究生	大学生	研究生	大学生	研究生	大学生	总数	教授	副教授	讲师	
												查、工业电气自动化、矿业机械、机械制造工艺与设备、矿山测量、体育
焦作矿业学院	河南省焦作市	1	411	11	742	31	2503	1250		20	177	采矿工程、矿井建设、煤田地质勘查、水文地质与工程地质、矿山测量、矿业机械、机械制造工艺与设备、工业电气自动化、工业管理工程、审计
淮南矿业学院	安徽省淮南市	7	541	21	748	55	2545	1385	6	37	196	煤田地质勘查、矿井建设、采矿工程、矿山通风与安全、机械制造工艺与设备、矿业机械、工业电气自动化、选矿工程、爆破器材与技术、煤化工
湘潭矿业学院	湖南省湘潭市		119		394		1263	678	1	6	63	采矿工程、煤田地质勘查、矿业机械、工业电气自动化、矿山通风与安全、水文地质与工程地质
黑龙江矿业学院	黑龙江省鸡西市		212		360		1374	775		9	69	采矿工程、工业与民用建筑工程、工业电气自动化、选矿工程、机械制造工艺与设备、矿业机械、煤田地质勘查
河北煤炭建筑工程学院	河北省邯郸市		283		445		1663	949		3	78	采矿工程、起重运输与工程机械、工业电气自动化、工业与民用建筑工程、矿井建设、水文地质与工程地质、供热通风与空气调节、给水排水
华北煤炭医学院	河北省唐山市		122	6	281	12	1178	1479	3	26	91	医学、工业卫生
淮北煤炭师范学院	安徽省淮北市		265		569		1721	717	1	9	69	中文、数学、物理、化学、政治教育、美术、英语、体育
中国煤炭经济学院	山东省烟台市		165		107		540	324		18	35	工业管理工程、工业会计、工业计划与统计
华东煤炭医学专科学校	安徽省淮南市				60		60	161		2	5	医疗

山西矿业学院

山西矿业学院经国务院批准，创建于1958年，属煤炭工业部领导，是为华北地区，主要是山西省煤炭工业系统，培养高级技术人才而建立的。

党的十一届三中全会以来，为了适应以山西为中心的煤炭能源基地的建设，1983年煤炭工业部决定将学院的规模扩大到5000人，建筑总面积为113000米^2。

全校设有五系（采矿工程系、煤矿机械系、电气工程系、机械工程系、地质系）一部（基础部），十二个专业。在校学生共2239人，其中，本科生1901人，专科生292人，研究生46人。

随着教育体制改革的深入发展，学院贯彻执行多层次、多学科和多种形式的办学方针。除举办本、专科和研究生外，还挖掘潜力，恢复了“文革”期间被迫停办的函授部，并在大同、阳泉、西山、潞安、汾西、晋城、霍县、包头、乌达等矿务局设立函授站，为煤炭系统在职职工的进一步深造开辟了又一条重要途径。现在共有函授生597人，他们通过函授的方式接受煤炭专业的高等教育。

学院的教师队伍日益壮大，目前共有教师476人，其中教授12人，副教授86人，讲师198人，为了提高教学质量，学院加强了对教师队伍的培养和提高，采取“请进来”和“送出去”的办法提高中青年教师的业务水平和学术水平。目前各学科都有了学术带头人，教师在学术水平、年龄结构等方面形成了梯形队伍。

学院设有机械测试和监控技术研究所、42个实验室和一个实习工厂，为教学、科研提供了必要的条件和先进的手段。学院的电化教学中心和计算机中心，设有全套彩色闭路电视和各种型号的计算机，为广大师生提供了现代化教学手段。

新建成的综合图书馆大楼，总藏书量33万册（其中中文书24万册，外文书7万册，文献资料2万册），各种期刊1581种，为全院师生搞好教学、科研提供了丰富的精神食粮。

山西矿业学院多年来认真贯彻执行党的教育方针，把培养学生德、智、体全面发展放在工作的首位。首先注意学生的思想政治工作，在学生中狠抓了理想、纪律教育和校风建设，利用假期和节日，组织学生走出校门，分赴煤矿、农村、商店、街头进行社会调查和宣传活动。使之通过实践开阔视野，认识社会，增强分辨是非的能力。学院选拔有一定能力和工作经验的中、青年教师和党员干部担任学生班级的专、兼职班主任和政治辅导员，形成了一支以专职为主，专兼职相结合的思想政治工作队伍，及时疏导和解决在学生中产生的各种思想问题，为建设“四化”培养学煤、爱煤、干煤的“四有”人才。

在教学方面，学院坚持“三个面向”，注意理论联系实际，立足改革，开拓创新。根据煤炭事业发展的需要，认真调整教学计划，改革教学内容，改进教学方法，在传授知识的同时，着重培养学生的操作能力和治学能力。很多教师对既教书又育人的问题，进行了多方面的探索，取得了可喜的成绩。

学院认真贯彻执行《中共中央关于科技体制改革的决定》，加强了对科研工作的领导，调整和充实了科研力量，落实了科研措施。几年来，学院的科研工作紧密结合“四化”建设的需要，面向煤炭生产，为煤炭生产建设做出了一定的成绩。“矿井瓦斯遥测仪及系统”获全国科学大会奖；“煤矿安全环境监测系统”获国家科技进步三等奖；“ABD-21甲烷数字遥测仪”获煤炭部科技一等奖；“FOM-1-64瓦斯监测微机系统”获省科技一等奖；“牙形石的研究”获省科技理论一等奖；“WDJ-1矿井瓦斯微机监测系统”获省二等奖；“机械原理电教投影模型的研制”、“盘区巷道优化设计”、“ZTH-60型漏电脱机机构后备保护装置”、“开采影响下的山区地表移动的研究”等获省科技二等奖；与河北省衡水无线电厂合作研制的“矿用直流式电机车KTT-250型可控硅调频脉冲调速装置”获河北省优秀产品一等奖。

学院出版《山西矿业学院学报》、《山西煤炭》、《国外煤矿技术》和《高等教育研究》4种学术性刊物，为全院开辟了学术交流园地，促进了教学、科研的发展。

学院积极开展对外的学术交流和合作，从1981年开始就同英国纽卡斯尔大学开展了学术交流活动。1983年正式签订了山西矿业学院同纽卡斯尔大学两校的合作交流协议。1986年又从单线向多方位发展。现已同美国圣荷塞州立大学和西弗吉尼亚大学达成了进行合作交流的意向书。外事工作的开展为学习和借鉴国外高等学校教学和科研经验开拓了新的道路。促进了教学质量的进一步提高。

当前，全院师生认真贯彻执行党的十一届三中全会以来党的路线、方针、政策，坚持四项基本原则，反对资产阶级自由化，坚持改革开放、搞活的方向，为适应煤炭工业发展和山西能源重化工基地建设的需要，为培养德、智、体全面发展的煤炭专业“四有”人才而努力奋斗。

焦作矿业学院

焦作矿业学院是煤炭工业部直属高等工科院校，系1958年5月23日在历史悠久的焦作工学院的基础上建立起来的。

在建院初期，设有采煤和机电2个系，开设矿区开采、矿山机电、矿山机械制造3个专业。1959年3月，焦作煤矿学校并入焦作矿院。1961年11月，郑州煤炭工业学院并入焦作矿院，增设了地质系，下设煤田地质与勘查、矿山测量等专业。同时，矿院还承担中南5省煤炭系统职工的煤炭高等函授教育。

党的十一届三中全会以后，学院得到了进一步的恢复和发展，学院面貌发生可喜的变化，现正朝着教育改革的方向迈进。

焦作矿业学院现设有采矿工程、机械工程、电气工程、地质、经济管理工程等5个系和基础课、函授两个部，下设采矿工程、矿井建设、矿业机械、机械制造工艺与设备、工业电气自动化、煤田地质勘查、水文地质与工程地质、矿山测量、工业管理工程和工业审计会计等10个专业。从1979年开始，有6个专业招收硕士研究生。其中采矿工程、机械工程和地质等3个学科有硕士学位授予权。

1986年在校学生2560人，其中硕士研究生57人（含研究生班），本科生1975人，专科生215人，走读生107人，委托代培生55人，干部专修生151人。在中南5省设立了18个函授站，有函授生872人。

现有教职员工1250人，其中教师514人，教师中有教授12人、副教授87人、高级工程师2人、译审1人。此外还聘请国内外享有盛名的教授、高级工程师16人担任名誉教授和兼职教授。

学院设有痕迹古生物学、瓦斯地质、机械工程、电气工程等8个研究室和矿山开发设计研究所。

现有45个教研室，52个实验室。拥有X线衍射仪、扫描电镜、测震仪和光弹仪等现代化设备。学院还有电子计算机中心、电教中心和外语语音室。

图书馆藏书40多万册，其中中文藏书36万多册，外文藏书4万多册，中外文期刊合订本2.7万多册，各种现期期刊1500多种。经部批准新建5000平方米的图书馆大楼，正待设计施工。

院机械厂（实习工厂）设备配套、工种齐全，不仅满足了教学实习需要，而且有较大的生产能力。

校园占地面积337亩，校舍建筑面积12.6万平方米，有一个体育设备较完善的1.2万米^{2}的运动场。学院还有印刷厂、医院等附属单位。

焦作矿院经过长期的教学实践，逐步形成了自己的办学特色，即结合煤炭工业的实际，注重基础理论、实践性教学环节和掌握外语工具的教学，加强思想政治工作和文体活动，使学生德智体全面发展。教师除教书育人外，努力著书立说，自行编写或同兄弟院校协作，先后编写或翻译的《采煤概论》、《矿山电工》、《矿山供电》、《井巷工程》、《立井施工机械化》、《煤矿机械传动设计》、《矿井提升设备》、《摄影测量》、《数学地质》、《测量学》、《制图学》、《矿井地质及矿井水文地质》、《中国煤矿工人运动史》、《行为与决策》等著作公开出版，有的作为教材供全国煤炭高等学校使用。

自1980年以来，焦作矿业学院的外事活动日趋活跃。先后派出12名教师到英国、美国、日本、苏联和联邦德国进修学习，同时加强了同国外的学术交流。1983年以来，先后选派教师到联邦德国、美国、法国、英国、波兰和日本等国考察或应邀参加学术会议宣读自己的论文。1984年以来，先后邀请了联邦德国、日本、美国和波兰等国的教授和学者前来讲学，并与波兰西里西亚工学院和克拉克夫矿冶学院签订了校际科技合作协议，与日本室兰工业大学签订了科技合作协议。

焦作矿院十分重视科研工作，研制成功的“立井混凝土喷射机组”荣获全国科学大会奖和全国煤炭系统科技成果特等奖。“地震槽波法”，获河南省重大科技成果奖，并获河南省煤炭系统科技成果一等奖。1983年以来，先后与焦作、平顶山矿务局、邯邢煤炭建设指挥部、河南省煤矿基本建设公司等单位建立了教学、生产、科研三结合基地，特别是经煤炭工业部确定与潞安王庄矿协作共建样板矿，目前承担着地质、采矿和机电等40个课题的科研任务。

焦作矿院已出版《焦作矿业学院学报》、《矿业》、《矿业译丛》、《高教研究》等刊物。

焦作矿院注重思想政治工作，在“五讲四美三热爱”活动中，被评为焦作市“文明学校”；1985年4月14日，在青天河水库事件中，涌现了抢救出18名遇难中小学生的英雄群体，受到煤炭工业部、中共河南省委和焦作市委的表彰。

焦作矿院曾荣获教育部、国家体委、卫生部、团中央联合授予“全国体育卫生先进单位”。

焦作矿院建院以来，为国家输送了7392名煤炭工业高级技术人才，其中包括本科函授毕业生863名。这些同志有的已走上领导岗位，部分已成为厂矿、教学、科研单位的骨干力量或先进人物，为我国的煤炭事业做出了积极的贡献。

1986年度煤炭管理干部学院基本情况

单位：人

学校名称	隶属关系	所在地	学生数				教职工总数	教师数					专业设置
			招生	毕业	在校			小计	副教授	讲师	助教	其它	
					大、中专	短训							
北京煤炭管理干部学院	煤炭工业部	北京市朝阳区定福庄	311	307	1045	229	847	394	33	93	127	141	煤炭企业管理、煤炭基建企业管理、煤炭政治工作管理、煤矿安全、档案管理、物资供应管理、煤

续表

学校名称	隶属关系	所在地	学生数 招生	学生数 毕业	学生数 在校 大、中专	学生数 在校 短训	教职工总数	教师数 小计	教师数 副教授	教师数 讲师	教师数 助教	教师数 其它	专业设置
													炭财务会计、英语师资
成都煤炭管理干部学院	四川煤管局	四川省成都市	116	90	265	299	190	101	2	21	16	62	煤炭工业会计、煤炭政治工作管理、煤炭工业计划与统计、煤炭工业基建会计
郑州煤炭管理干部学院	煤炭工业部	河南省郑州市	294	123	657	330	344	170	2	51	117		煤炭工业会计、煤炭劳动经济、煤炭计划统计、煤炭物资管理、煤炭政工管理、计算机信息管理
山西煤炭管理干部学院	山西煤管局	山西省太原市	147	149	292	149	191	94		11	1	82	煤炭工业企业管理、计划统计、劳动经济、财务会计、师范：中文、数学、物理、化学、政治

郑州煤炭管理干部学院

郑州煤炭管理干部学院是经煤炭部批准于1983年12月成立的。

学院的培养目标是为煤炭系统企、事业单位培养具有大学专科水平及中等专业水平的专业管理人才。办学规模为1500人（大专1000人，中专500人），面向全国煤炭企事业单位招收具有高中文化程度，年龄35岁以下，有5年以上工龄的在职干部。大专班设工业会计、劳动经济、物资管理、政工管理和计算机信息管理等5个专业，学制2年。中专班设物资管理和计划统计2个专业，学制2年。

1986年度煤炭中等专业学校基本情况

学校名称	隶属关系	所在地	在校生数	招生数	毕业生	教职工数 总数	教职工数 教师	专业设置
合计			24353	10588	10692	9477	3721	
北京煤炭工业学校	煤炭工业部	北京石景山	816	459	386	387	139	地下采煤、煤矿机电、煤矿电子技术、煤矿测量、煤田地质勘探与矿井地质、煤矿电子计算机应用、体育师资
秦皇岛煤炭工业管理学校	煤炭工业部	河北秦皇岛	821	408	406	417	178	煤炭工业企业计划统计、煤炭工业企业物资管理、煤炭运销、煤炭工业企业财务会计、煤炭工业企业劳动工资
峰峰煤炭工业学校	煤炭工业部	河北邯郸	598	320	325	260	98	地下采煤、煤矿机电、煤田地质勘查与矿井地质、煤

续表

学校名称	隶属关系	所在地	在校生数	招生数	毕业生	教职工数 总数	教职工数 教师	专业设置
								矿建井
井陉煤炭工业学校	煤炭工业部	河北石家庄	330	183	312	173	86	地下采煤、煤矿通风与安全、煤矿机电、煤矿企业管理、政工
大同煤炭工业学校	煤炭工业部	山西大同	1265	600	415	540	161	地下采煤、综合机械化采煤、煤矿建井、煤矿电气化、煤矿机械化、煤矿机械制造与修配。煤炭工业企业物资管理、煤炭工业企业财务会计、煤矿通风与安全、煤矿机电
海拉尔煤炭工业学校	煤炭工业部	内蒙呼盟海拉尔	80	80	0	56	26	露天采煤、矿山机电
阜新煤炭工业学校	煤炭工业部	辽宁阜新	751	400	273	355	127	地下采煤、煤矿测量、露天采煤机械化、煤矿机械化、煤矿电气化、煤矿机电、煤矿火工、煤炭工业与民用建筑、体育师资
抚顺煤炭工业学校	煤炭工业部	辽宁抚顺	683	242	189	344	144	地下采煤、煤矿建井、煤矿通风与安全、煤矿机械化、煤矿电气化
辽源煤炭工业学校	煤炭工业部	吉林辽源	740	400	587	320	113	地下采煤、煤矿机械化、煤矿电气化、煤田地质勘查与矿井地质、煤矿机电、煤炭工业与民用建筑
通化煤炭师范学校	煤炭工业部	吉林通化	629	169	196	166	63	中师
蛟河煤炭财经学校	煤炭工业部	吉林蛟河	600	200	282	205	65	煤炭工业企业财务会计煤炭工业企业计划统计、煤炭工业企业劳动工资、煤炭工业企业物资管理
鸡西煤炭卫生学校	煤炭工业部	黑龙江鸡西	1120	319	402	538	170	公共卫生医士、药剂士、检验士、医士、护士
鹤岗煤炭财经学校	煤炭工业部	黑龙江鹤岗	288	206	161	86	32	煤炭工业企业财务会计、煤炭工业企业物资管理、煤炭工业企业计划统计
徐州煤炭工业学校	煤炭工业部	江苏徐州	878	442	722	571	224	地下采煤、煤矿机电、煤矿机械制造与修配、煤田地质勘探与矿井地质、煤矿测量、煤炭工业企业财务会计、煤炭工业企业计划统计

续表

学校名称	隶属关系	所在地	在校生数	招生数	毕业生	教职工数		专业设置
						总数	教师	
徐州煤炭建筑工程学校	煤炭工业部	江苏徐州	905	500	313	323	144	煤炭工业与民用建筑、煤矿建井、煤矿机械设备安装、水暖与通风、煤炭建筑企业经济管理
杭州煤炭工业学校	煤炭工业部	浙江杭州	236	117	121	102	37	地下采煤、煤矿机电、煤矿测量、煤田地质勘查与矿井地质、煤炭工业企业计划统计
山东煤炭工业学校	煤炭工业部	山东泰安	978	284	317	296	134	地下采煤、煤矿机电、煤矿建井、煤田地质勘查与矿井地质、煤矿机械化、煤矿电子计算机应用、煤炭工业审计、煤炭工业企业财务会计、煤矿企业管理、政工
枣庄煤炭卫生学校	煤炭工业部	山东枣庄	442	160	85	109	33	公共卫生医士、护士、助产士
山东煤矿师范学校	煤炭工业部	山东新汶	312	120	0	110	39	中师、幼师
郑州煤炭工业学校	煤炭工业部	河南郑州	433	200	229	—	—	煤炭工业企业计划统计、煤炭工业企业财务会计、煤炭工业企业劳动工资、煤炭工业企业物资管理
焦作煤炭工业学校	煤炭工业部	河南焦作	762	299	263	288	90	地下采煤、煤矿机电、煤炭工业与民用建筑、煤矿通风与安全、煤炭工业企业财务会计、煤矿建井
平顶山煤炭卫生学校	煤炭工业部	河南平顶山	160	0	0	67	41	医士、护士
重庆煤炭工业学校	煤炭工业部	四川重庆	936	480	543	449	175	地下采煤、煤田地质勘查与矿井地质、煤矿机电、煤矿通风与安全、煤炭工业企业财务会计、煤矿建井、煤矿电子计算机应用、选煤
贵阳煤炭工业学校	煤炭工业部	贵州贵阳	610	163	207	143	81	地下采煤、煤田地质勘查与矿井地质、煤矿机电、煤炭工业与民用建筑、煤炭工业企业与物资管理。煤炭工业企业计划统计、中师
陕西煤炭工业学校	煤炭工业部	陕西蒲城	692	424	428	376	156	地下采煤、综合机械化采煤、煤矿机械化、煤矿电气化、煤矿机电、煤田地质勘查与矿井地质、煤田钻探、煤田地球物理勘查、煤炭工业企业财务会计、体育师资、中师、煤矿通风与安全
临潼煤炭卫生学校	煤炭工业部	陕西临潼	198	118	40	105	33	医士、护士
北京市煤矿护士学校	北京市	北京门头沟	80	0	0	15	5	护士
山西省煤炭工业学校	山西省	山西太原	879	450	600	268	139	地下采煤、煤矿机电、煤矿建井、煤矿测量、矿井地质测量、煤炭工业企业物资管理

续表

学校名称	隶属关系	所在地	在校生数	招生数	毕业生	教职工数		专业设置
						总数	教师	
山西省长治煤炭工业学校	山西省	山西长治	486	240	497	256	96	地下采煤、煤矿机电、煤田地质勘查与矿井地质、工业与民用建筑
山西省雁北煤炭工业学校	山西省	山西大同	400	165	164	122	51	地下采煤、煤矿机电、煤矿建井、煤矿测量
内蒙古自治区煤炭工业学校	内蒙古自治区	内蒙包头	642	287	204	269	107	煤矿机电、煤炭工业财务会计、地下采煤、煤田地质勘查与矿井地质、煤炭工业企业物资管理、露天开采
辽宁省煤炭工业学校	辽宁省	辽宁沈阳	81	81	0	32	16	地下采煤、煤矿机电
安徽省煤炭工业学校	安徽省	安徽合肥	180	90	0	93	46	地下采煤、煤矿机电
福建煤炭工业学校	福建省	福建龙岩	250	120	113	140	52	煤田地质勘查与矿井地质、煤矿测量、地下采煤、煤矿机电
江西省煤炭工业学校	江西省	江西萍乡	796	380	597	335	126	地下采煤、煤矿机电、煤田地质勘查与矿井地质、煤炭工业企业财务会计、煤矿电子计算机应用、煤炭工业企业计划统计、选煤
湖北省煤炭工业学校	湖北省	湖北武昌	385	173	85	85	42	地下采煤、煤矿机电、煤炭企业管理、煤炭工业企业经济预算
湖南省煤炭工业学校	湖南省	湖南湘潭	1113	357	357	319	142	地下采煤、煤矿机电、煤田地质勘查与矿井地质、煤炭工业与民用建筑、煤炭工业企业财务会计、煤炭企业管理
广东省煤炭工业学校	广东省	广东南海	326	92	101	106	40	地下采煤、煤炭工业企业财务会计、煤矿通风与安全
广西煤炭工业学校	广　西	广西合山	576	151	193	95	46	地下采煤、煤矿机电、煤炭工业企业物资管理、煤炭工业企业计划统计、煤炭工业企业财务会计、煤炭工业与民用建筑、煤田地质勘查与矿井地质、煤炭工业企业劳动工资
云南省煤炭工业学校	云南省	云南曲靖	520	258	199	172	82	地下采煤、煤田地质勘查与矿井地质、煤矿机电、煤炭工业企业计划统计、煤炭工业企业物资管理、煤炭企业管理、煤矿机械修理
甘肃煤炭工业学校	甘肃省	甘肃白银	688	180	161	198	81	地下采煤、煤矿机电、煤田地质勘查与矿井地质、煤矿建井、煤矿机械化
宁夏煤炭工业学校	宁夏回族自治区	宁夏石嘴山	356	160	186	186	60	综合机械化采煤、煤矿机电、煤炭工业与民用建筑、煤矿测量、护士
新疆煤炭专科学校（中专部）	新疆维吾尔自治区	新疆乌鲁木齐	332	111	32	—	—	地下采煤、煤矿机电

1986年度煤炭工业干部学校基本情况

学校名称	隶属关系	地址	现有规模（人）	教职工总数	教师总数
煤炭部地质局干校	部地质局	河北省涿州市		68	21
井陉矿务局干校	井陉矿务局	河北省井陉矿区		29	13
潞安矿务局党干校	潞安矿务局	山西省襄垣县侯堡	420	120	47
晋城矿务局党校	晋城矿务局	山西省晋城市高庄	97	72	14
轩岗矿务局党干校	轩岗矿务局	山西省原平县		2	1
西山矿务局党干校	西山矿务局	山西省太原市		25	5
大雁矿务局干校	大雁矿务局	内蒙古喜桂图旗	238	62	31
乌达矿务局干校	乌达矿务局	内蒙古乌海市乌达区	130	113	20
内蒙煤田地质公司干校	内蒙煤田地质公司	内蒙古呼和浩特市郊罗家营子		23	2
阜新矿务局干校	阜新矿务局	辽宁省阜新市	319	41	38
南票矿务局党干校	南票矿务局	辽宁省锦州市	356	42	12
北票矿务局干校	北票矿务局	辽宁省北票县		35	7
吉林煤田地质公司干校	吉林煤田地质公司	吉林省九台县九台镇		36	8
舒兰矿务局干校	舒兰矿务局	吉林省舒兰县吉舒镇	490	94	42
东煤公司地质局干校	东煤公司地质局	吉林省公主岭	235	168	26
本溪矿务局干校	本溪矿务局	辽宁省本溪	179	120	35
霍林河矿区干校	霍林河矿区	内蒙古哲里木盟扎鲁特旗	176	5	4
伊敏河矿区干校	伊敏河矿区	内蒙古呼伦贝尔盟鄂温克自治旗	147	50	20
东煤公司黑龙江干校	东煤公司	黑龙江省鸡西市	83	49	19
淮北矿务局干校	淮北矿务局	安徽省淮北市渠沟	872	113	29
丰城矿务局党干校	丰城矿务局	江西省丰城县		29	11
山东煤炭干校	山东煤管局	山东省泰安市粥店	465	50	22
枣庄矿务局党干校	枣庄矿务局	山东省枣庄市薛城区	321	65	13
兖州矿务局党干校	兖州矿务局	山东省邹县西关	43	38	7
兖州基建公司党干校	兖州基建公司	山东省邹县西关	157	17	7
资兴矿务局党校	资兴矿务局	湖南省资兴	94	49	18
湖南煤炭干校	湖南煤炭厅	湖南省湘潭市	111	63	26
天府矿务局干校	天府矿务局	四川省重庆北碚代家沟	283	60	18
南桐矿务局干校	南桐矿务局	四川省重庆市南桐矿区	83	16	6
松藻矿务局干校	松藻矿务局	四川省綦江县打通乡	556	55	44
渡口矿务局党干校	渡口矿务局	四川省渡口市		67	8
陕西煤炭干校	陕西煤管局	陕西省西安市陵园路	46	57	11
韩城矿务局干校	韩城矿务局	陕西省韩城市		16	4
蒲白矿务局干校	蒲白矿务局	陕西省白水县南门外		13	3
铜川矿务局干校	铜川矿务局	陕西省铜川市王家坪	238	136	41
广西煤炭干校	广西煤炭厅	广西南宁市	173	10	2
福建煤炭干校	福建煤炭厅	福建省龙岩东肖	122	15	9
红工矿务局职工培训中心	红工矿务局	广东省曲江县		20	2
云南煤炭干校	云南煤炭厅	云南省曲靖县		2	2

续表

学校名称	隶属关系	地址	现有规模（人）	教职工总数	教师总数
甘肃煤炭干校	甘肃煤炭厅	甘肃省兰州市段家滩		19	2
靖远矿务局干校	靖远矿务局	甘肃省白银市平川区周家地	350	36	19
靖远基建公司干校	靖远基建公司	甘肃省白银市平川区周家地		25	12
西北煤机总厂干校	西北煤机总厂	宁夏大武口		8	5
新密矿务局干校	新密矿务局	河南省密县	250	13	4

煤矿技工培训基本情况

煤矿技术工人培训工作有两个基本任务：一是通过各级各类技术学校（含技工学校、职工学校、培训班）培训在职技术工人；一是由技工学校向社会招生，培养后备技术工人。

根据部党组关于抓好三件大事的决定，劳动工资司于1985年5月在湖南省涟邵矿务局召开了全国煤矿技工培训工作会议，进一步大力开展煤矿技术工人培训工作。据64个统配矿务局的统计，共脱产培训在职技术工人91931人，其中培训精简人员10813人，主要技术工种中级培训12212人，培训井下班组长19137人，培训安全工种47244人，培训综采工人2525人。

1986年，部分技工学校经过整顿调整，增办两所，合并两所，仍保持122所，设计规模67450人：其中部属技校33所，设计规模26200人，部直属企业技校51所，设计规模 23550人，省级、企业办技校38所，设计规模17700人。按专业分，这122所技校包括生产技校92所、地质技校5所、基建技校14所、机械制造技校11所。1986年末技校在校生有49211人当年向社会招生20454人，毕业生15328人。

1986年度煤矿技工学校基本情况

技工学校名称	隶属关系	规模（人）	校址	学生人数			教职工人数	
				当年招生数	当年毕业生	年末在校生	合计	其中：教师
总计（122所）		67450		20454	15328	49211	14282	5025
一、部属技校（33所）		26200		5588	5074	14417	5495	1863
二、部直属企业技校(51所)		23550		9184	5915	21022	5635	2022
三、省级企业办技校(38所)		17700		5682	4339	13772	3152	1140
北京								
北京矿务局技校	矿务局	600	北京门头沟区	221	313	1497	232	97
河北		4200		784	564	1576	714	260
开滦煤矿技校	部属	1500	唐山市东矿区	236	197	394	233	83
邯邢煤炭基建技校	部属	500	邯郸市黄梁梦	100		139	125	48
张家口煤机技校	部属	600	张家口市	80	131	269	67	40
峰峰矿务局技校	矿务局	1000	邯郸市峰峰矿区	200	188	292	147	45
邯郸矿务局技校	矿务局	300	邯郸武安县康庄公社	80		226	82	28
邢台矿务局技校	矿务局	300	邢台市中兴路	88	48	256	60	16
山西		7100		1713	1325	4454	1015	386
大同煤矿技校	部属	1500	大同市新平旺	399	545	915	306	94
阳泉煤矿技校	部属	1000	阳泉市	234	163	808	154	68
西山矿务局技校	矿务局	1000	太原市北寒	207	48	633	114	47
汾西矿务局技校	矿务局	600	介休县西关	159	172	402	115	45

续表

技工学校名称	隶属关系	规模（人）	校址	学生人数			教职工人数	
				当年招生数	当年毕业生	年末在校生	合计	其中：教师
潞安矿务局技校	矿务局	1000	长治市潞城宋村	190	79	445	95	30
轩岗矿务局技校	矿务局	500	原平县	108	30	272	62	25
晋城矿务局技校	矿务局	1000	晋城县	191	139	444	99	42
霍县矿务局技校	矿务局	500	霍县	225	149	535	70	35
内蒙古		4600		1006	1278	3166	822	307
霍林河煤炭基建技校	部属	800	通辽市辽河大桥	40	164	40	119	34
伊敏河矿区技校	指挥部	600	呼伦贝尔盟		220	143	141	45
扎赉诺尔矿务局技校	矿务局	600	呼伦贝尔盟	250	40	888	131	52
大雁矿务局技校	矿务局	500	呼伦贝尔盟	160	127	584	68	40
平庄矿务局技校	矿务局	400	赤峰市	100	198	100	99	39
乌达煤矿技校	矿务局	600	乌海市	225	245	800	141	52
海勃湾煤矿技校	矿务局	600	乌海市	231	245	570	97	30
包头矿务局技校	矿务局	500	包头市石拐矿区		39	41	26	15
辽宁		4600		1525	927	3860	1231	450
阜新煤矿技校	部属	1000	阜新市新邱	204	189	620	322	99
辽宁煤炭基建技校	部属	800	沈阳市新城子区	218	288	401	236	73
抚顺煤机技校	部属	600	抚顺市青年路	85		480	79	33
抚顺矿务局技校	矿务局	1000	抚顺市新抚区	319	192	712	298	101
北票矿务局技校	矿务局	300	北票县	120	80	240	56	32
南票矿务局技校	矿务局	300	锦州市南票	79	29	253	43	30
铁法矿务局技校	矿务局	600	法库县调兵山	500	149	1154	197	82
吉林		1900		344	293	621	244	96
通化煤矿技校	部属	800	浑江市南岭	224	293	424	194	66
辽源煤机厂技校	煤机厂	300	辽源市					
舒兰矿务局技校	矿务局	400	吉林市舒兰县	80		80	26	16
珲春矿区指挥部技校	指挥部	400	珲春县	40		117	24	14
黑龙江		4200		1750	1372	3805	920	327
鸡西煤矿技校	部属	1000	鸡西市麻山区	300	322	880	222	72
鸡西煤机技校	部属	600	鸡西市	80	183	386	82	42
鹤岗矿务局技校	矿务局	800	鹤岗市跃进街	400	346	840	175	64
双鸭山矿务局技校	矿务局	600	双鸭山市岭西区	360	320	760	205	64
七台河矿务局技校	矿务局	600	七台河市北山	360	201	640	181	61
佳木斯煤机厂技校	煤机厂	200	佳木斯市			49		
黑龙江省煤炭工业技校	煤炭厅	400	哈尔滨市南岗区	250		250	55	17
浙江		400		158	116	456	58	34
长广煤矿公司技校	煤矿公司	400	长兴县牛头山	158	116	456	58	34
安徽		5400		1424	1234	3347	1375	442
淮南煤炭基建技校	部属	800	淮南市	40	83	159	175	51
淮北煤炭基建技校	部属	800	宿县	40	141	191	153	41

续表

技工学校名称	隶属关系	规模（人）	校址	学生人数			教职工人数	
				当年招生数	当年毕业生	年末在校生	合计	其中：教师
淮南煤机技校	部属	600	淮南市蔡家岗	73	206	332	111	41
蚌埠煤田地质技校	部属	300	蚌埠市继红路	79	58	158	65	20
淮南矿务局技校	矿务局	1000	淮南市九龙岗	561	298	991	446	133
淮北矿务局技校	矿务局	1000	淮北市李楼	467	317	981	262	80
安徽特凿公司技校	特凿公司	300	淮北市相山			73	27	13
安徽省煤炭工业技校	煤炭厅	400	合肥市	100	38	255	95	46
铜陵市煤炭局技校	煤炭局	200	铜陵市	64	93	207	41	17
江苏		2300		509	398	1346	616	200
徐州煤矿技校	部属	1000	徐州市贾汪大泉	357	333	970	421	105
徐州煤炭基建技校	部属	600	徐州市大黄山	33	28	62	141	57
大屯煤矿技校	煤电公司	500	沛县	79	37	237	32	23
徐州煤机厂技校	煤机厂	200	徐州市东关	40		77	22	15
江西		1200		669	252	1411	326	114
江西省煤炭技校	煤炭厅	600	高安县建山	366	252	709	138	53
萍乡局煤炭技工学校	矿务局	300	萍乡市	200		397	93	35
丰城局煤炭技术学校	矿务局	300	丰城县	103		305	95	26
福建		300		201	50	360	45	18
福建省煤矿技校	煤炭厅	300	龙岩	201	50	360	45	18
山东		5700		1839	692	4415	1269	415
兖州煤炭基建技校	部属	500	邹县	42		198	130	46
兖州煤矿技校	部属	1000	邹县	408		1004	210	61
淄博矿务局技校	矿务局	1000	淄博市淄川区	298	292	575	206	76
新汶矿务局技校	矿务局	800	新汶市	369	187	602	196	58
枣庄矿务局技校	矿务局	1000	枣庄市薛城区邹坞	240		679	193	49
肥城矿务局技校	矿务局	300	肥城县	180	159	561	113	34
临沂矿务局技校	矿务局	600	临沂县罗庄	302		602	146	58
龙口煤炭技校	指挥部	500	龙口		54	194	75	33
河南		6500		1545	1004	3604	1216	419
郑州煤机技校	部属	600	郑州市西郊伏牛路	117	205	432	140	61
平顶山煤矿技校	部属	1500	平顶山市	320	377	754	263	109
河南义马煤炭技校	部属	1100	义马矿区渑池县	400	170	840	205	86
河南新密煤炭技校	部属	1200	新郑县	199	34	595	132	56
焦作矿务局技校	矿务局	600	焦作市	200	91	299	86	35
鹤壁矿务局技校	矿务局	1000	鹤壁市	167	100	340	80	34
新峰矿务局技校	矿务局	200	禹县	60	27	174	42	25
安阳矿务局技校	矿务局	300	安阳市	82		170	268	13
湖南		1800		749	1132	1590	489	199
株州煤田地质技校	部属	300	株州市东区向阳村	118	41	271	67	22
涟邵矿务局技校	矿务局	400	娄底市	209	384	331	133	58

续表

技工学校名称	隶属关系	规模（人）	校　址	学生人数			教职工人数	
				当年招生数	当年毕业生	年末在校生	合计	其中：教师
资兴矿务局技校	矿务局	400	资兴县三都	206	297	503	125	50
白沙矿务局技校	矿务局	400	耒阳县白沙大桥	200	309	395	99	38
湖南省煤矿基建公司技校	基建公司	300	湘潭市建设路	16	101	90	65	31
湖　北		300		118	30	240	30	23
湖北省煤炭工业技校	煤炭厅	300	黄石市	118	30	240	30	23
广　东		800		867	244	1272	171	73
广东省煤炭厅四望嶂技校	煤炭厅	200	兴宁县黄槐	105		183	31	12
广东省煤炭厅红工技校	煤炭厅	200	韶关市花坪	380	130	580	57	26
广东省煤炭厅南岭技校	煤炭厅	200	乐昌县坪石	120	37	120	16	11
广东省煤炭厅梅田技校	煤炭厅	200	湖南省宜章县梅田	262	77	389	67	24
广　西		800		198	204	383	159	46
广西区煤炭技校	煤炭厅	300	南宁市长岗岭	78	78	166	57	19
东罗矿务局技校	矿务局	200	南宁地区扶绥县	40	37	88	48	18
合山矿务局技校	矿务局	300	来宾县	80	89	129	54	9
四　川		4500		1721	1080	3898	1103	398
重庆煤田地质技校	部　属	300	重庆市上桥	65	74	196	79	29
重庆煤矿技校	部　属	1000	重庆市上桥	198	194	382	230	67
南桐矿务局技校	矿务局	400	重庆市南桐矿区	167	129	442	114	36
永荣矿务局技校	矿务局	400	荣昌县广顺场	157	130	351	101	42
广旺矿务局技校	矿务局	400	旺仓县尚武	200	108	359	53	20
松藻矿务局技校	矿务局	400	重庆市打通	200	38	437	74	48
芙蓉矿务局技校	矿务局	400	珙县巡场桂花坳	119	68	285	57	33
中梁山矿务局技校	矿务局	200	重庆市	50	53	147	27	20
渡口矿务局技校	矿务局	400	渡口市	282	178	678	231	51
天府矿务局技校	矿务局	400	重庆市	160	85	348	116	35
内江地区煤炭技校	内江专区	200	威远县高石场楠木冲	123	23	273	21	17
贵　州		2850		811	942	2158	553	168
六盘水煤机技校	部　属	500	六枝平寨	130	95	390	67	26
贵州煤田地质公司技校	地质公司	250	安顺市西王山				21	10
六枝矿务局技校	矿务局	400	六　枝	69	193	292	86	31
盘江矿务局技校	矿务局	400	盘县两头河	250	291	630	96	27
水城矿务局技校	矿务局	400	水城滥坝	312	165	600	192	56
林东矿务局技校	矿务局	300	修文县扎佐		98	46	52	5
贵州煤炭基建局技校	基建公司	600	六枝特区	50	100	200	39	13
云　南		600		98	87	521	140	39
云南煤炭技校	煤炭厅	400	曲靖市	98	38	386	112	30
云南煤炭基建公司技校	基建公司	200	曲靖市		49	135	28	9
陕　西		3600		940	665	1892	800	244
铜川煤炭基建技校	部　属	500	铜川市王家河	117	40	283	152	46

续表

技工学校名称	隶属关系	规模（人）	校址	学生人数			教职工人数	
				当年招生数	当年毕业生	年末在校生	合计	其中：教师
西安煤田地质技校	部属	300	西安市	40		40	31	9
铜川矿务局技校	部属	1000	铜川市红旗街	280	200	599	334	83
韩城矿务局技校	部属	1000	韩城市英山	189	152	381	135	50
西安煤机厂技校	机厂	200	西安市	112	105	242	39	22
蒲白矿务局技校	矿务局	300	白水县南门外	82	86	155	57	18
澄合矿务局技校	矿务局	300	澄城县	120	82	192	52	16
甘肃		400		144	136	269	97	31
靖远煤矿技校	煤炭公司	400	靖远矿区旱平川	144	136	269	97	31
青海		300		205	148	398	67	26
青海省煤炭技校	煤炭厅	300	大通县	205	148	398	67	26
宁夏		1500		455	442	1311	349	115
西北煤机厂技校	部属	600	石嘴山市大武口	143	168	424	115	38
石嘴山煤矿技校	矿务局	300	石嘴山市二区	106	80	329	79	23
石炭井煤矿技校	矿务局	600	石嘴山市大武口	206	194	558	155	54
新疆		1000		460	400	1361	241	98
乌鲁木齐煤矿技校	矿务局	500	乌鲁木齐市一号立井	214	202	874	133	45
哈密煤矿技校	矿务局	500	哈密县三道岭	246	198	487	108	53

煤矿医疗卫生

截止1986年底，全国统配煤矿有局级医院96处、职业病防治所26所、结核病防治院（所）17处、防疫站34处、疗养院17处、精神病院8处、矿级医院345处、传染病院3处、门诊部（所）1548处、井口保健站615处、妇幼保健站22处、医学科学研究所2所，医学院校2处和中等卫生学校3处。

一年来，煤矿卫生各级医院门诊达45,082,752人次，其中住院治疗923,368人，平均治愈率达83.41%。

全国统配煤矿局级医院基本情况

名称	所在地	规模（病床数）		医院总人数		卫生技术人员	
		1985年	1986年	1985年	1986年	1985年	1986年
总计		28463	29143	43133	44858	29369	30324
北京矿务局医院	北京市门头沟	450	472	821	826	500	508
开滦矿务局医院	唐山市	656	656	1252	1294	737	825
大同矿务局一院	大同市	660	683	840	893	609	678
大同矿务局二院	大同市	300	300	347	373	248	268
大同矿务局三院	大同市	300	300	301	334	210	247
平顶山局医院	平顶山市	627	587	1102	968	785	664

续表

名称	所在地	规模（病床数）		医院总人数		卫生技术人员	
		1985年	1986年	1985年	1986年	1985年	1986年
峰峰矿务局一院	邯郸市	476	476	755	755	499	502
峰峰矿务局二院	邯郸市	370	370	607	607	444	441
井陉矿务局医院	石家庄市	300	300	377	375	265	244
邢台矿务局医院	邢台市	245	262	393	380	306	291
兴隆矿务局医院	承德市	200	200	215	235	175	188
邯郸矿务局医院	邯郸市	131	131	266	290	168	180
抚顺矿务局医院	抚顺市	607	609	1205	1172	811	793
阜新矿务局医院	阜新市	538	561	997	1024	705	688
沈阳矿务局本溪医院	本溪市	509	500	637	698	425	411
沈阳矿务局虎石台医院	沈阳市		350		414		303
铁法矿务局医院	铁法市	330	400	427	683	296	441
铁法矿务局二院	铁法市	150		193		124	
北票矿务局医院	北票县	358	363	467	478	308	331
南票矿务局医院	锦州市	350	350	424	486	298	322
通化矿务局医院	浑江市	418	430	545	549	402	399
辽源矿务局医院	辽源市	405	405	523	540	282	237
舒兰矿务局医院	舒兰县	320	320	429	428	280	279
鸡西矿务局医院	鸡西市	318	318	528	569	368	419
鹤岗矿务局医院	鹤岗市	405	433	801	857	540	547
双鸭山矿务局医院	双鸭山市	360	360	566	592	379	403
七台河局医院	七台河市	200	230	341	361	235	256
扎赉诺尔局医院	呼伦贝尔盟	200	100	371	417	256	247
大雁矿务局医院	海拉尔市	173	200	311	407	249	337
平庄矿务局医院	赤峰市	302	302	457	487	344	357
霍林河指挥部医院	哲里木盟扎鲁特旗	41	100	298	320	214	222
伊敏河指挥部医院	海拉尔市		50		187		132
阳泉矿务局医院	阳泉市	506	506	734	768	515	549
西山矿务局医院	太原市	422	530	771	800	563	488
汾西矿务局医院	介休县	350	314	407	393	296	294
潞安矿务局医院	长治市	150	150	177	175	154	149
轩岗矿务局医院	原平县	200	250	315	361	240	280
晋城矿务局医院	晋城县	213	213	300	336	229	248
霍县矿务局医院	霍　县	245	280	334	336	229	230
山西省煤矿职工医院	太原市	100	100	151	179	107	122
焦作矿务局医院	焦作市	440	440	691	691	410	410
鹤壁矿务局医院	鹤壁市	433	433	787	779	553	545
义马矿务局医院	渑池县	300	300	443	447	303	309
新密矿务局医院	密　县	301	301	454	438	329	328
淮南第一矿工医院	淮南市	360	360	661	668	349	347
淮南第二矿工医院	淮南市	510	560	887	892	580	560

续表

名　　称	所在地	规模(病床数)		医院总人数		卫生技术人员	
		1985年	1986年	1985年	1986年	1985年	1986年
淮南第三矿工医院	淮南市	290	295	593	598	378	373
淮南第四矿工医院	淮南市		102		245		174
淮北矿务局医院	淮北市	513	521	839	941	536	562
淮北指挥部医院	宿　县	252	252	441	441	298	298
淄博矿务局中心医院	淄博市	400	400	501	532	343	377
淄博矿务局昆仑医院	淄博市	220	220	266	234	164	134
枣庄矿务局中心医院	枣庄市	350	370	489	485	330	330
枣庄矿务局官桥医院	枣庄市	208	208	320	306	204	196
枣庄医院	枣庄市	300	300	484	489	330	353
枣庄郭里集医院	枣庄市	300		328		175	
新汶矿务局中心医院	新汶县	395	410	554	558	373	378
新汶矿务局莱芜医院	新汶县	185	185	259	252	157	155
肥城矿务局一院	肥城县	400	400	580	578	387	377
肥城矿务局二院	肥城县	197	211	277	274	150	151
兖州矿务局医院	邹　县	213	213	470	525	364	384
兖州基建公司医院	邹　县	151	145	266	282	191	206
水城矿务局医院	水城县	299	295	400	375	254	256
六枝矿务局医院	六枝县	300	300	380	345	253	266
盘江矿务局医院	盘江县	243	243	269	252	196	186
广旺矿务局医院	广元县	235	250	245	276	160	175
芙蓉矿务局医院	珙　县	260	260	267	271	196	188
渡口矿务局医院	渡口市	346	330	603	593	396	351
南桐矿务局医院	重庆市	177	177	335	352	201	231
永荣矿务局医院	荣昌县	185	180	249	263	155	158
天府矿务局医院	重庆市	246	242	273	286	176	168
松藻矿务局医院	重庆市	204	194	283	289	220	220
铜川矿务局中心医院	铜川市	476	479	614	605	446	446
铜川王石凹医院	铜川市	300	300	313	328	193	198
韩城矿务局总医院	韩城县	248	248	316	324	204	204
韩城矿务局二院	韩城县	100	100	214	213	145	140
澄合矿务局医院	澄合县	150	168	218	217	159	157
蒲白矿务局医院	蒲白县	182	182	249	252	167	171
大屯煤电公司医院	沛　县	240	240	518	518	325	325
包头矿务局医院	包头市	282	300	384	388	272	268
乌达矿务局医院	乌达市	300	300	374	380	285	276
资兴矿务局医院	资兴县	228	255	271	288	183	194
涟邵矿务局医院	娄底县	300	283	283	279	193	190
萍乡矿务局医院	萍乡市	507	470	578	529	420	366
丰城矿务局医院	丰城县	370	370	385	388	271	267
徐州矿务局中心医院	徐州市	302	300	559	518	353	357

续表

名称	所在地	规模（病床数）		医院总人数		卫生技术人员	
		1985年	1986年	1985年	1986年	1985年	1986年
徐州矿务局一院	徐州市	222	300	426	442	252	262
徐州矿务局二院	徐州市	274	216	390	410	230	230
窑街矿务局医院	兰州市阿干镇	336	341	505	496	401	400
靖远矿务局医院	靖远县	226	226	383	402	269	284
石嘴山矿务局医院	石嘴山市	290	280	388	388	265	257
石炭井矿务局医院	石嘴山市	250	200	417	414	283	274
乌鲁木齐矿务局医院	乌鲁木齐市	214	228	289	287	212	225
哈密矿务局医院	哈密市	200	200	333	302	243	236
煤炭部一建公司医院	邯郸市	122	123	198	190	157	147
华北煤炭医学院附属医院	唐山市	246	246	649	719	535	575
临沂矿务局医院			180		207		151
洛市矿务局医院			50		70		58

全国统配煤矿职业病防治所基本情况

名称	所在地	规模（病床数）		职工总人数	
		1985年	1986年	1985年	1986年
总计		1371	1377	1504	1558
抚顺矿务局职防所	抚顺市			22	20
阜新矿务局职防所	阜新市	66	80	107	116
沈阳矿务局职防所	本溪市	50		9	9
南票矿务局职防所	锦州市	60	60	49	56
北票矿务局职防所	北票县	14	14	43	47
鸡西矿务局职防所	鸡西市	17	6	34	35
鹤岗矿务局职防所	鹤岗市			34	30
双鸭山矿务局职防所	双鸭山市			24	27
七台河矿务局职防所	七台河市	20	20	43	46
平庄矿务局职防所	赤峰市			11	11
扎赉诺尔局职防所	呼伦贝尔盟			5	6
珲春指挥部职防所	延边珲春县	17		4	
淮北矿务局职防所	淮北市	251	251	260	272
平顶山矿务局职防所	平顶山市	150	150	140	138
邯郸矿务局职防所	邯郸市	30	20	17	15
徐州矿务局职防所	徐州市	250	300	248	266
萍乡矿务局职防所	萍乡市	40	40	8	10
淄博矿务局职防所	淄博市	100	100	132	142
新汶矿务局职防所	新汶县			17	14
肥城矿务局职防所	肥城县			5	6

续表

名　　称	所 在 地	规 模（病床数）		职工总人数	
		1985年	1986年	1985年	1986年
铜川矿务局职防所	铜川市	100	100	124	119
韩城矿务局职防所	韩城县	20	20	10	10
蒲白矿务局职防所	蒲白县	30	30	12	10
乌达矿务局职防所	乌达市	100	100	93	95
资兴矿务局职防所	资兴县	56	56	23	18
焦作矿务局职防所	焦作市			10	
河南省职防所	郑州市			20	25
渡口矿务局职防所	渡口市		30		15

全国统配煤矿结核病防治院、所基本情况

名　　称	所 在 地	规 模（病床数）		职 工 人 数	
		1985年	1986年	1985年	1986年
总　　计		680	650	675	691
辽源矿务局结核病院	辽源市	100	100	75	70
通化矿务局结核病院	浑江市	100	100	66	77
鸡西矿务局结核病院	鸡西市	105	100	126	127
鹤岗矿务局结核病院	鹤岗市	230	230	181	175
抚顺矿务局结核病防治所	抚顺市			21	21
阜新矿务局结核病防治所	阜新市	120	120	115	104
北票矿务局结核病防治所	北票县			3	3
鸡西矿务局结核病防治所	鸡西市			12	11
鹤岗矿务局结核病防治所	鹤岗市			6	8
双鸭山矿务局结核病防治所	双鸭山市			5	5
七台河矿务局结核病防治所	七台河市			15	19
平庄矿务局结核病防治所	赤峰市			7	7
扎赉诺尔矿务局结核病防治所	呼伦贝尔盟			1	10
大雁矿务局结核病防治所	海拉尔市			8	9
珲春矿区指挥部结核病防治所	珲春县	25		24	
北京矿务局结核病防治所	北京市门头沟区				11
平顶山矿务局结核病防治所	平顶山市			10	10
淮南矿务局结核病防治所	淮南市				24

全国统配煤矿卫生防疫站基本情况

名称	所在地	职工人数	
		1985年	1986年
总计		467	570
抚顺矿务局防疫站	抚顺市		13
阜新矿务局防疫站	阜新市	27	29
沈阳矿务局防疫站	本溪市	33	32
铁法矿务局防疫站	铁法市	16	20
南票矿务局防疫站	锦州市		8
北票矿务局防疫站	北票县	15	14
辽源矿务局防疫站	辽源市	13	15
舒兰矿务局防疫站	舒兰县	54	54
鸡西矿务局防疫站	鸡西市	16	27
鹤岗矿务局防疫站	鹤岗市	17	21
双鸭山矿务局防疫站	双鸭山市	8	7
七台河矿务局防疫站	七台河市	22	26
平庄矿务局防疫站	赤峰市	12	13
扎赉诺尔矿务局防疫站	呼伦贝尔盟	8	12
大雁矿务局防疫站	海拉尔市	14	9
珲春矿区指挥部防疫站	延边珲春县	18	21
淮南矿务局防疫站	淮南市	19	24
淮北矿务局防疫站	淮北市	26	28
大同矿务局防疫站	大同市		23
平顶山矿务局防疫站	平顶山市	20	23
徐州矿务局防疫站	徐州市	27	28
丰沛指挥部防疫站	徐州市	5	
渡口矿务局防疫站	渡口市	7	8
新密矿务局防疫站	密　县	16	15
义马矿务局防疫站	渑池县	11	10
淄博矿务局防疫站	淄博市	4	5
新汶矿务局防疫站	新汶县	12	14
肥城矿务局防疫站	肥城县	9	9
兖州矿务局防疫站	兖州市	8	12
枣庄矿务局防疫站	枣庄市	3	3
兖州基建公司防疫站	兖州市	11	11
资兴矿务局防疫站	资兴县	7	6
铜川矿务局防疫站	铜川市		5
萍乡矿务局防疫站	萍乡市		15
丰城矿务局防疫站	丰城县	9	10

全国统配煤矿精神病医院情况

名　　称	所在地	规模(床位数)	职工总数	其中：卫技人员
总　　计		1185	1077	543
抚顺矿务局精神病院	抚顺市	305	229	127
鸡西矿务局精神病院	鸡西市	80	94	58
双鸭山矿务局精神病院	双鸭山市	40	7	7
枣庄矿务局精神病院	枣庄市	300	316	171
新汶矿务局精神病院	新汶县	148	218	61
白沙局马田精神病院	耒阳县	132	66	40
江苏省基建公司精神病院	南京市	30	14	11
陕西省煤管局精神病院		150	133	68

煤矿疗养院基本情况

名　　称	隶属关系	所在地	床位		职工人数		备注
			1985年	1986年	1985年	1986年	
总　　计			5270	4720	1908	2032	
北戴河疗养院	部直属	秦皇岛市北戴河区	700	700	197	204	
大连疗养院	东煤公司	大连市傅家庄	700	600	220	223	
兴城疗养院	东煤公司	兴城县	400	300	40	115	在兴建中
通化温泉疗养院	东煤公司	浑江市	350	300	164	193	
平庄热水沟疗养院	平庄矿务局	赤峰市	100	100	43	44	
鹤岗矿务局瘫痪疗养院	鹤岗矿务局	鹤岗市	30	30	22	24	
双鸭山矿务局瘫痪疗养院	双鸭山矿务局	双鸭山市	30	30	8	8	
淮南矿务局尘肺疗养院	淮南矿务局	淮南市	200	200	150	151	
平顶山矿务局疗养院	平顶山矿务局	平顶山市	100	100	52	52	
重庆煤矿工人疗养院	四川煤管局	重庆市北培区	300	200	112	121	
泰安煤矿工人疗养院	山东煤炭公司	泰安市	350	300	230	252	
临沂温泉疗养院	山东煤炭公司	临沂县	500	450	279	280	
临潼煤矿工人疗养院	陕西煤炭局	陕西省临潼县	450	450	247	242	
永荣矿务局疗养院	永荣矿务局	荣昌县	120	120	44	41	
涟邵矿务局尘肺疗养院	涟邵矿务局	娄底县	40	40	8	11	
烧伤工人疗养院	江西煤炭局	江西省庐山	400	300	25	4	
昆明疗养院	云南煤炭厅	昆明市	500	500	67	67	在兴建中

设计、科研成果

煤矿设计成果

一、国家级优秀工程设计

1. 西山矿务局西曲矿井

设计单位	太原煤矿设计研究院
初设提出时间	1971年10月（一版），1979年10月（重版）
开、竣工时间	1979年8月1日开工，1984年12月1日一期工程建成投产
开采煤层数及总厚度	主要可采煤层8层，平均总厚度14.1m
倾角	5°左右
地质构造	东部构造简单，西部构造复杂，大于50m断层50条
水文情况	水文条件简单，涌水量452～2000m^3/日
煤种	优质焦煤
沼气等级	低级
井田范围	走向长9km，倾斜宽7km，面积60km^2
设计能力	300 10^4t/a
服务年限	130a
开拓方式、水平数及第一水平标高	平硐斜井，两个水平，第一水平标高+983m
达到设计能力的采区数和工作面个数	一期2个采区4个工作面（3个综采、1个高档普采），二期2个采区5个工作面（2个综采、1个高档普采、2个连续采煤机工作面）
提升和大巷运输方式	主井—胶带输送机提升；大巷—10t架线电机车和3t底卸式矿车运输
通风方式	分区抽出式
井巷工程量和万吨掘进指标	设计—49031m/163.4m，实际—53271m/177.57m。其中，岩巷：设计36836m，实际43875m；煤巷：设计12196m，实际11097m
最短贯通距离	设计—2200m，实际2200m

综合经济指标	1985年	1986年	1987年（计划）
产量（10^4t）	131	158.3	200
全员效率（t/工）			
设计	2.6		
实际	1.38	1.47	1.59

2. 淮北矿务局朱仙庄矿选煤厂

设计单位	兖州煤矿设计研究院			
设计起止时间	1975年4月至1980年8月			
开竣工时间	1982年2月至1983年12月			
设计能力（10^4t/a）	120			
工艺流程	原煤混合跳汰，煤泥直接浮选，工艺系统实行集中控制和模拟监视			
入洗上下限（mm）	50～0.5，＜0.5浮选			
原煤（气煤）灰分	28.72			
原煤水分	8.0			
精煤灰分	10.27			
精煤水分	12.47			
精煤产率（%）	50.38			
土建总工程量	132183m^2/124768m^3			
占地	5.5ha（公顷）			
主要材料消耗（t）		钢材	木材	水泥
	设计	3121	3198	8721
	实际	2644	1387	9726

二、部级优秀工程勘察项目

1. 淮北朱仙庄矿主井井塔冻融土地基工程地质勘察

由合肥煤矿设计研究院于1978年12月至1981年3月勘察，矿井于1982年建成投产。井塔高63.1米，总荷载4043吨，基础置于井筒周围由于冻结法凿井而形成的冻融土上。土在冻结后，强度大幅度降低。勘察查明冻融土的工程性质及其与正常土的差异，并发现融化后随时间的延长，其强度又恢复的现象，从而解决了井塔基础筑于冻融土地基上的技术问题。

2. 山西省食品公司宿舍楼地基碱液加固

由太原煤矿设计研究院于1981年11月8日进行勘察、设计、施工，至1982年8月加固完成。宿舍楼4层，长34.5米，南北宽11.4米，砖混结构。施工前未进行勘察，交付使用后不久，因管道和化粪池漏水，浸湿了新近堆积黄土而下沉，向北倾斜，屋顶水平位移22.5厘米，1～4层全出现裂缝。勘察表明，如不处理将继续下沉，房屋危险。经分析论证，决定采用碱液加固法。施工前先在楼房旁进行了模拟试验，选定了灌注工艺，证实了加固效果，掌握了灌注引起的附加下沉量。施工中用精密仪器监测，随时调整注液部位。加固总费用仅28,000元，施工期3个月，结果房屋裂缝无发展，下沉停止。此法设备简单，操作方便，无振动、噪音和污染等公害，住户又不必迁出。本工程将勘察、设计、施工指导与监测、效果检验融为一体，实现了岩土工程的全过程。

3. 开滦范各庄选煤厂工程地质勘察

由兖州煤矿设计研究院等5个设计院于1974年6月至1977年5月进行勘察。选煤厂于1984年5月投产，年洗煤能力400万吨，有容量3000吨级的装车仓5座，万吨级筒仓3座，柱载近千吨的主厂房等。厂址位于唐山沙河漫滩上，地下15米以内均为饱和中细砂，地下水位近地表。原计划由国外设计，后土建部分由平顶山选煤院设计。勘察采用以水下载荷试验为主的多种手段，经综合分析评价，突破了规范，挖掘了砂土地基的潜力，改变了原国外方案设计中的桩基为天然地基，估算可节约60万元。1976年7月28日大地震中，厂址大面积液化，震后及时进行了对比勘察，摸清了实际液化深度以及地震对砂土工程性质的影响等。在国内首次提出用静力触探判定砂土液化的标准，并列入部颁的抗震规定。

4. 平顶山矿区现有铁路复测工程

由武汉煤矿设计研究院于1985年1～9月进行。本工程是为平顶山矿务局自营现有铁路的技术改造、线路维护、生产指挥等综合目的而进行的测量工程。正线124公里，复线78公里，车站17个。全线测绘了1:2000的带状地形图，纵横断面图，车站1:1000地形图，桥涵、道口尺寸结构图，以及既有曲线要素与股道情况表等。测量采用了红外测距仪和电算机等新技术，应用线形回归方法求算曲线要素，并自行设计制作了多种专用工具。按合同提前50天完成任务。提交的图纸和成果的内容齐全，注记清楚，正确可靠，清晰美观。

600毫米轨距 3吨底侧卸式矿井

沈阳煤矿设计院
秦皇岛煤矿机械厂

600毫米轨距3吨底侧卸式矿车（包括卸载站）具有如下优点：

1. 卸载时煤流在底门上的滑行距离短，且卸载开口断面大，有利于煤流卸出。此外列车卸载时的纵向分力小，运行速度稳定，有利于后部车辆卸载干净。由于底门开启平稳，减少了底门与卸载曲轨的冲击力。

2. 在卸载过程中，卸载曲轨始终被矿车底门掩盖，因此不受煤块冲砸，可延长曲轨的使用寿命。

3. 卸载站允许双向通过列车，可适用两翼进车卸载方式或采用尽头式空车折返方式，有利于井底车场的布置。由于卸载坑较浅，可减少井巷工程量。

主要技术特征

底侧卸式矿车	
车箱容积	$3.3m^3$
轴距	1100mm
最大牵引力	58.8kN (6000kgf)
牵引高度	430mm
卸载板高	500mm
重量	1900kg
卸载站	
卸载轨型式	对称螺线式
卸载方式	定侧、双向
矿车底门最大卸载角	55°
托辊面高度（轨面起）	500mm
辊距	1210mm
总重量	13200kg

地面模拟试验地点

沈阳矿务局清水煤矿

通过初步技术鉴定日期

1986年4月3日

TLL-6型圆环链列车推车机

沈阳煤矿设计院
无锡县煤矿机械厂

TLL-6型列车推车机是煤矿井上、下翻车机的配套设备，安装在翻车机前，用于推动整列矿车，每次将1辆或2辆矿车推入翻车机内进行翻卸。这种推车机具有如下特点：推车机传动装置采用行星齿轮传动方式的减速器，可使推车机在推一列车的过程中，电动机连续运行，避免由于电动机频繁起动、电流大，而发热，甚至烧坏电动机事故，并可节省电能。推车机采用新型矿用隔爆型电力液压推动器作制动器，结构简单，便于调节，动作灵活可靠。牵引圆环链比板链容易加工制造，成本低，备件容易解决，自重轻，强度高，耐用和维护方便。推车机还合理解决了推矿车碰头背面的推车方式，延长了矿车的使用寿命，并可减轻矿车自重。

主要技术特征

最大推力	34.3kN (3500kg)
推车行程	1吨矿车 2048mm（单车）、4096mm（双车）；1.5吨矿车2432mm（单车）、4864mm（双车）；
推车速度	0.525m/s
电动机功率	22kW

工业性试验地点

北皂煤矿和兴隆庄煤矿

通过技术鉴定日期

1986年9月4日

多绳悬挂、单绳绞车提升

沈阳煤矿设计院

多绳悬挂、单绳绞车提升系统是为解决现有设备最大静张力、最大静张力差和绞筒缠绕绳量不足而提出的。使用原有绞车和钢筋混凝土井架，只是在井架上增设一个多绳轮，形成多绳悬挂系统，解决最大静张力不够及滚筒容绳量不足的问题。多绳轮设盘形闸，代替罐笼的防坠器。该系统自1981年8月正式运转至今，已有5年多，运转情况良好。

工业性试验地点

湖南涟邵矿务局洪山殿矿彭家冲矿

通过初步技术鉴定日期

1986年10月24日

防爆型红外光电开关

邯邢煤矿设计研究院
天津市煤矿专用设备厂

红外线光电开关，技术先进，选择性强，抗干扰性好，检测距离大，耗电少，动作准确，寿命长，维护简单。这种防爆型红外光电开关由发光器和受光器组成，防水、防潮、防爆，能适应煤矿一般环境。

主要技术特征

使用电压	AC36V 127V $\left(\begin{matrix}+10\%\\-15\%\end{matrix}\right)$
检测距离	0～5m
响应时间	15ms

融点容量	127V 2.5A
寿　　命	10万次
环境温度	－20℃～＋40℃
抗外杂光能力	2000LX（勒）
消耗功率	2.5VA
防爆等级	1级a组
防水等级	4级

工业性试验地点

邢台矿务局东庞煤矿

通过技术鉴定日期

1986年10月24日

托　罐　机

沈阳煤矿设计院

托罐机是一种新型罐笼承接装置，可用于立井井口或井底，配合带活动底盘的罐笼实现水平对轨装卸矿车。

本设备罐笼调高范围较大，结构简单，在井筒内垂直布置可缩短井前操车长度。

托罐机在彭家冲矿井使用五年之久，运转正常，操车平稳可靠。

主要技术规格

液压装置工作压力		3.92μPa
可调距离	正常 400mm	最大450mm
液压缸推力		17.85kN
托罐机总重量		726kg

工业性试验地点

涟邵矿务局洪山殿煤矿彭家冲矿井

通过初步技术鉴定日期

1986年10月24日

抬　　车　　机

沈阳煤矿设计院

近年来，有的矿井使用带活动底盘的罐笼，承接装置为托罐机或带保险销的活动罐座，使进车侧轨道无上坡，罐内外对轨准确。抬车机是根据这一特点研制的。抬车机的特点，是将矿车抬起一定坡度，使之自动滑入罐内，并且与单式阻车器设计成一个整体，既能阻车，也能抬车，一机两用、结构简单、布置紧凑、井前操车距离短，地沟尺寸小，适用于中小型矿井。本设备在彭家冲矿井已运行5年之久，效果良好。

主要技术特征

抬起坡度（可调）	0.010～0.062
每次抬车数	1辆1t矿车
液压缸直径	ϕ76mm
外形尺寸（长×宽×高）	1640×1140×600mm
重量	573kg

工业性试验地点

涟邵矿务局洪山殿煤矿彭家冲矿井

通过初步技术鉴定日期

1986年10月24日

MZG-110型煤用振动电动机给料机

平顶山选煤设计研究院

新乡市滨河振动电机公司四分厂

本产品是一种新型煤仓下给料设备，可用于煤矿、选煤厂、发电厂、氮肥厂、焦化及大中型用煤企业的煤仓下给料。这种给料机采用低频大振幅运行，以克服物料的粘结问题，适用于输送水分高(＜26%)，含泥量大（＜45%）的物料。与国内现有其它给料机相比，它具有能力大、结构简单合理、重量轻、电耗少、设备噪音不超环保要求、运行可靠及易于维护等优点。

主要技术特征

槽宽	B＝1100mm
槽长	L＝1600mm
处理能力	400～600t/h
双振幅	12mm
振动频率	1000次/min
激振力	58860N
机器重量	1010kg

工业性试验地点

邯郸选煤厂

通过技术鉴定日期

1986年12月8日

斜井水力提升管道选煤及排泥三合一新工艺

沈阳煤矿设计院

抚顺矿务局龙凤矿

水力提升管道选煤及排泥三合一新工艺，是正确地利用了水砂充填，斜井井筒斜长和动力煤质等条件，使提升、选煤、排泥三项作业集中于一条管道内，简化了生产环节。经过7年的生产实践证明，该系统运行正常，操作方便，生产稳定，分选质量指标都达到国家要求。

主要技术特征

水力提升管道选煤能力	90～120t/h
水力提升管道选煤平均速度	2.9～3.15m/s
煤水体积比	1:3.5～1:6
水力提升管道选煤工艺电耗	20kW·h/t
管道选煤效果	$\delta\rho$值1.675，Eρ值0.093，I值0.138

原煤灰分	33.56～49%
精煤灰分	18.56%
实际产率	66.87%
数量产率	91.48%
管道磨损	每10万吨耗1～0.38mm
φ300煤水管	l_1=1382m
φ350清水管	l_2=1391m
给煤机内径	φ1000mm
壁厚	32mm
倾角	50°

长度	30m
台数	2
φ900排泥罐	一台
电机总容量	1164kW
吨煤加工费	1.56～1.9元

工业性试验地点

抚顺矿务局龙凤矿北翼斜井

通过技术鉴定日期

1986年10月24日

煤炭科研成果

3.5米煤层综合机械化采煤成套设备

煤炭科学院上海研究所
煤炭科学院太原分院
张家口煤矿机械厂
郑州煤矿机械厂
石家庄煤矿机械厂
兖州矿务局兴隆庄矿

3.5米煤层综合机械化采煤成套设备是国家"六五"科技攻关项目之一。成套设备在兖州矿务局兴隆庄煤矿进行工业性试验，头一年产煤80.556万吨。1986年4月国家科委委托煤炭部主持了国家级技术鉴定。

所有设备均由我国自行设计、制造与组套。它包括MG300W型采煤机、ZY400-1.8/3.8型支撑掩护式液压支架、SGZ-730/264型中双链刮板输送机、SZZ-730/132型桥式转载机、PEM980×815型颚式破碎机以及SDJ-150型可伸缩带式输送机、XRB_2B型乳化液泵站、PB-320/63型喷雾泵站、CK-2型通讯信号系统和1140伏供电系统等。

这套设备适用于开采2.5～3.6米厚的中硬或硬煤层，倾角小于15度（平行于工作面方向时）或小于±8度（垂直于工作面方向时）。成套设备的生产能力600吨/时，平均月产5～8万吨。

主要技术特征

1. MG300W型采煤机

使用煤层倾角	<35°
电动机功率	300kW
牵引力	404kN，463kN
牵引速度	0～6，0～5.2m/min
截深	630mm
滚筒转速	29.7，36.9，45.6r/min

采用无链牵引系统，弯摇臂结构和内外喷雾系统。设有电机过热保护，液压系统低压失压保护，高压超压保护，超速和差速保护，截割部过载保护，主电机恒功率自动调速系统，恒功率控制系统，运行和故障显示以及两端的液控或电控操作系统。

2. ZY400-1.8/3.8型支撑掩护式支架

支架高度	1.8～3.8m
支架宽度	1.42～1.59m
初撑力	3146kN
工作阻力	4000kN
支护强度	707kN/m²
支架重量	11383kg

适用于在采高2.5～3.6米，倾角小于15度，直接顶为中等稳定的Ⅱ级Ⅱ类顶板的煤层中配套使用。

3. SGZ-730/264型刮板输送机

输送量	600t/h
设计长度	200m
电动机功率	132×2kW
中部槽规格（长×宽×高）	1500×730×220mm
刮板链型式规格	中双链φ26×92mm（C级）
链速	0.95m/s
无链牵引型式	齿轨
紧链方式	液压马达紧链器
机重	181t

4. SZZ-730/132型桥式转载机

输送量	630t/h
标准长度（与破碎机配套时）	43m
电动机功率	132kW
中部槽规格（长×宽×高）	1500×730×220mm
刮板链型式规格	中双链φ26×92mm（C级）
链速	1.28m/s
与胶带机搭接长度	12m
总重	34t

5. PEM980×815型颚式破碎机

破碎能力	630t/h
进料口宽度	980mm
进料口长度	815mm
排料口宽度	140～370mm

电动机功率	55kW
适应破岩硬度	f≤6
机重	14t

大同坚硬厚砾岩顶板条件下综合机械化采煤

煤炭科学研究院北京开采研究所
大同矿务局
煤炭科学院太原分院
郑州煤矿机械厂

大同坚硬难冒落厚砾岩顶板下综合机械化采煤，是国内外极重视和长期存在的难题。经过3年的努力，作了大量的理论分析、实验室研究和现场试验，在云岗二号层（砾岩厚10.5米，单向抗压强度54兆帕，上覆粗砂岩厚1.77米，单向抗压强度90.7兆帕）的8143工作面采取顶板高压注水、强力液压支架、大流量安全阀等多项技术手段，成功地进行了回采工作面综合机械化开采，为我国采煤技术填补了一项空白。

这一综合技术表明：

1. 我国在注水工艺和参数确定、顶板软化压裂机理以及注水后矿山压力等方面的研究有了新的进展。

2. 采用的顶板高压预注水，高工作阻力液压支架和大流量安全阀等技术手段以及砾岩微观结构和破坏机理，采用相似材料模拟、有限元分析、现场实测矿山压力，技术经济分析等多方面综合研究方法，是成功的，具有推广价值。

3. TZ-720型高工作阻力支架，采用垂直型梁尾、短四连杆陡掩护梁、抗冲击充液式活柱、浮动活塞千斤顶短导向推移机构等设计，配以抗冲击大流量安全阀，能有效地支护顶板。

4. 为矿井带来了彻底消除顶板大面积来压的威胁，消除因刀柱引起的自然发火隐患和对下部煤层开采的不利影响，改善井下劳动条件，降低粉尘和大药量爆破顶板引起的污染以及煤炭回收率提高20%等明显的社会效益和经济效益。

QY320-13/32型 35°倾斜煤层掩护式液压支架

煤炭科学研究院北京开采研究所
平顶山煤矿机械厂
沈阳矿务局红菱煤矿

QY320-13/32型液压支架是QY型支架系列中用于倾斜煤层的架型，适用于煤层厚度1.6～3.0米，倾角35°以下，Ⅰ、Ⅱ级，1、2类顶板，底板抗压强度不低于9.8兆帕的煤层地质条件。全工作面工业性试验表明：在倾斜角度35°以下的综采工作面能有效地管理顶板，具有良好的防倒、防滑、防护性能。

主要技术特征

支架高度	1.3～3.2m
支架宽度	1.43～1.6m
初撑力	2097～2185kN
工作阻力	2826～2940kN
支护强度	568～597kN/m²
支架对底板比压	2.51MPa
适应煤层倾角	≤35°
支架移动步距	600mm
供液压力	31.36MPa
支架重量	8700kg

提高液压支架元部件性能与寿命的研究

煤炭科学研究院太原研究所
国营惠丰机械厂
国营清华机械厂
奉化煤矿设备厂

1980年3月煤炭部鉴定第一批液压支架通用元部件以来，已广泛推广使用。为进一步改善性能，扩大使用范围，对原有的阀类的压力、流量、防尘和抗污染等性能进行了攻关研究，提高了质量，改善了性能，并补充研制了双伸缩立柱系列、小断面密封圈的双伸缩立柱、浮动活塞千斤顶等新元件。从而为提高国产液压支架性能、扩大使用范围和开发新的架型提供了第二批通用元部件。包括CF-PZ125/320型操纵阀等六种类阀，S180Y型等四种双伸缩立柱，S160Y型小断面密封双伸缩立柱和FQ125/70型浮动活塞千斤顶等。

急倾斜特厚煤层放顶煤采煤工艺和FX-280-14/28型放顶煤液压支架

煤炭科学研究院北京开采研究所
窑街矿务局
郑州煤矿机械厂

窑街矿务局主采煤层——二号层，是急倾斜特厚煤层。为了改变采煤方法，实现综采，提高此种煤层分层开采工作面单产和简化开采程序，在二矿试验了综采。试验工作面煤层厚度22米，倾角55度。采用水平分段布置，段高10米，采煤机采高2.5米，放顶煤高7.5米。采区工作面长20米，走向长660米。主要配套设备有FY-280-14/28型液压支架，MLS_{3P}-180PB

型采煤机，工作面前后安装SGWD-40型和ZGD型输送机各一台。试验中，平均月产19036吨，平均日产近700吨，最高日产970吨，工作面效率12.436吨，煤炭回收率86.9%，达到了较好的技术经济效果。这是首次在急倾斜特厚煤层试验成功，为开采这类煤层开辟了一条新的路子。

主要技术特征

FY280-14/28型放顶煤液压支架

支架型式	四柱单连杆插板式支架
支架高度	1.45～2.85m
支架宽度	1.45～1.6m
支架初撑力	1961kN
支架工作阻力	2745kN
支架强度	490～500kN/m²

KJI型矿井环境与生产监测系统

煤炭科学研究院常州自动化研究所
抚顺研究所　重庆研究所

KJI系统是运用微处理机控制的遥测、遥信系统，能集中、连续地监测矿井的环境和工况信息；主要监测煤矿井下采掘工作面、机电硐室、采区和主要进风、回风巷的环境参数，以及矿井原煤生产系统、运输系统和通风系统的主要机电设备的工作状况。

本系统的技术水平相当于80年代初的国际同类产品的先进水平。全套装置立足国内，是适合我国国情的环境与生产监测兼备的监测系统。本系统的特点是：汉字显示和打印；汉字功能键盘操作；微机智能主站、分站；可配接大型调度模拟盘对位显示；全部传感器为本质安全型；应用软件具有较强的容错能力和系统故障检测功能；瓦斯超限或电网停电时，不间断监测。

主要技术特征

1. 监测对象及传感器

名称	型号	测量范围	精度
高低浓度瓦斯传感器	KG3001	0～3%CH_4 0～30%CH_4	±0.15%CH_4 ±1.5%CH_4
低浓度瓦斯传感器	KG3003	0～3%CH_4	±0.15%CH_4
一氧化碳传感器	KG3002	0～100ppm	满度 ±5%
风速传感器	KG5002	0.4～15m/s	≤±(0.1m/s+2%风速值)
温度传感器	KG3004	0～40℃	±1℃
负压传感器	KG4003	0～4900Pa	≤2%
重锤式煤仓煤位传感器	KGLW-Z50	0～30m 0～50m	±0.2m ±0.2m
电子胶带秤（原煤产量）	KG4001	700T/h	动态±1～±3%
采煤机位置传感器	KG1001	0～250m	<±(0.4m+3%满度值)
设备开停传感器	KGKT-C1	0≥10A	
超声煤仓煤位传感器	KG1003	0～25m	≤1%(满量程)

2. 全系统

数据处理中心	计算机型号 Inter 86/330A 主机柜 mic-85单板机 模拟盘接口 专用电源
分站数量	16～32个
分站信息量	模拟输入 12个；开关量输入 8个；开关量输出 4个
模拟盘接口容量	开关量对位显示 136个 LED数字显示 16个
信息传输速率	300bit/s
全系统巡检周期	8～10s
传输距离	主站至分站 15km 分站至传感器 2km
遥测精度	≤2.5%（不含传感器）
信息传输方式	主站至分站采用有线通道，时分制，基带非归零双流码传输 分站至传感器间采用电流传输，信号制为1～5mA

塌陷区造地复田综合治理的研究

煤炭科学研究院唐山分院
淮北矿务局
安徽省电力设计院

淮北矿区采煤后地面塌陷，征地是一个很突出的问题。因此，尽快研究摸索塌陷区复田与治理的途径具有重要意义。

塌陷区造地复田综合治理的研究，采取3种技术途径（塌陷区用矸石和电厂粉煤灰造地复田以及浅塌陷区综合治理），分别在岱河煤矿、杨庄煤矿和沈庄煤矿3个试点进行试验研究。试验用粉煤灰造地800亩，其中20亩用于农作物种植试验，并在新造地基上建试验平房120米²。用矸石造地50亩，建3层试验楼800～1000米²。对北部的浅塌陷区用挖深垫浅等综合治理方法复田100亩。在新造土地上植树造林100亩。经过两年半的试验，上述指标均已超额完成，取得了显著的经济、社会效益，为矿区复田综合治理工作开辟了途径，提供了经验。

采用矸石和电厂粉煤灰造地复田，在技术上可行，并可减少矸石山占地面积，也利用电厂粉煤灰，化害为利。采用挖深垫浅、疏导水系综合治理浅塌陷区，将盐碱、沥涝、荒芜的塌陷区改造成稻田、鱼塘相结合的生态环境，深受矿区农民欢迎。采用水力机械挖深垫浅是一种比较经济、效益较高、容易推广的施工方法，有利于农民自行治理。

阳泉村庄下采煤试验

煤炭科学研究院唐山分院
阳　泉　矿　务　局

为解决我国村庄下压煤问题，煤炭科学研究院唐山分院和阳泉矿务局合作开展了阳泉村庄下采煤（抗变形农村住宅）的试验研究工作。

1983年在阳泉矿务局三矿72001工作面进行试验。该工作面煤层厚2.03米，倾角5°，采深207米，用放炮落煤和陷落法管理顶板。工作面上方为山地，坡度最大40度。新建了7栋长10米，宽6米，高3.2米的抗变形农村试验住宅。采取了柔性（水平滑动层和缓冲沟等）和刚性（由基础圈梁、构造柱、檐口圈梁组成的钢筋混凝土系统）两种措施。在开采过程中，试验房所处地表最大下沉1070毫米，最大正曲率8.36×10^{-3}/米，最大拉伸变形13.5毫米/米，最大压缩变形12.9毫米/米，地表达到了四级变形，而试验房仍可安全使用。试验房的技术措施费用占总造价的11～13%，经济上是合理的。

阳泉村庄下采煤（抗变形农村住宅）试验的初步成功，为解放阳泉村庄下压煤提出了新的途径，也为其它煤矿区村庄下采煤提供了经验。

地音与微震监测系统预测冲击地压

煤炭科学研究院北京开采研究所
北　京　矿　务　局

本项研究是利用动态监测技术连续测定地音活动的统计指标来判断冲击危险。地音监测试验仪器采用引进的波兰SAK地音监测装置。对门头沟矿7个开采区域进行了监测，安全采出原煤24万吨，其中在冲击地压严重的采区采出煤炭19.6万吨。

利用地音监测技术可以预测开采区域局部范围的冲击危险程度。

利用微震监测技术可以准确记录矿山微震活动，测定震源位置，为评定矿井范围内的冲击地压活动趋势提供依据。

试验表明，采用地音与微震监测技术和钻屑法等综合方法，可以预测冲击地压，再配合爆破卸载、煤体注水，宽巷掘进等综合措施，在有冲击地压危险的煤层，可以实现安全生产。

SKS型水冷湿式矿用煤电钻

煤炭科学研究院上海研究所
无锡煤矿电动凿岩机厂
洪江市煤矿专用设备厂
北京门头沟煤矿　徐州青山泉煤矿
肥城大封煤矿　枣庄煤矿
镇江市煤炭公司伏牛山煤矿

SKS型水冷湿式煤电钻是手持湿式作业的旋转钻机。它的特点是电钻的中心供水主轴可与中空麻花钻杆配合；供水系统结构紧凑；水电联动、操作方便，可连续作业；钻眼速度快；矿用隔爆的水冷电机，输出功率大，电机绝缘等级为F级，温升不超过允许值，冷却效果好；密封寿命大于200小时，密封性能较好；降尘效果好，粉尘浓度小于10毫克/米³。与国外产品比较，这种钻机也是先进的。

主要技术特征

电动机额定输出功率	1.5kW
电动机额定频率	50Hz
电动机额定转速	2750r/min
电动机额定电流	11.6A
电动机绝缘等级	F级
电动机额定工作制	30min
电钻主轴额定转速	570r/min
电钻主轴额定转矩	25Nm
冷却水进水最高温度	30°C
冷却水流量	3～5l/min
钻眼直径	38～45mm
降尘效果	<10mg/m³
电钻外形尺寸：（长×宽×高）	305×325×240mm
重量	15kg

LC10-2B型防爆全液压钻车与ZC-2型侧卸式装岩机为主配套的岩巷掘进机械化作业线

煤炭科学研究院北京建井研究所
浙江省衢州煤矿机械厂
浙江省小浦煤矿机械厂
山东省兖州矿务局兴隆庄煤矿

这条岩巷机械化作业线采用新研制的CYY-20型液压凿岩机及与其配套的LC10-2B型全液压钻车和ZC-2型侧卸式装岩机，激光导向，中深孔光面爆破一次成巷工艺。根据围岩情况，可采用JC型快凝早强水泥锚杆加钢梁梯，初喷和复喷混凝土等形式支护。这项目属于“六五”国家科技攻关专项合同（编号12-1-6）。

作业线1986年在兖州矿务局兴隆庄-350米水平西翼胶带运输大巷（断面14.46米²）进行了工业性试验。3个月实际成巷进尺264.7米，折合标准断面巷道进尺370.6米，月平均成巷进尺123.5米，最高实际日进尺5.9米；最高实际班进尺3.8米；平均直接工效为2.03米³/工，平均全员工效为1.58米³/工。

这条机械化作业线的特点是：

1．全部采用国产先进的掘进设备配套；

2．机械化程度高，掘进速度快。CYY-20型液压凿岩机在f＝8～10的石灰岩中的平均钻速为0.65米/分，最高为1.05米/分；在粉砂岩、细粒矿岩中的平均钻速为1米，最高达1.5米；在砂质页岩中的钻速最高达2米/分。ZC-2型侧卸装岩机装1列8辆矿车，装岩量13.6米³，共需17分钟；

3．改善了劳动环境；

4．能实现中深孔爆破，钻孔深度一般为2～2.8米，提高单循环进尺，保证了施工质量。

主要技术特征

1．CYY-20型液压凿岩机	
冲击系统	
工作油压	16～20MPa
流量	40*l*/min
冲击频率	35～67Hz
冲击能量	80～200Nm
转钎系统	
工作油压	14MPa
最大转钎力距	300Nm
重量	90kg
2．LC10-2B型防爆全液压钻车：	
钻臂数量	2个
适用巷道断面（宽×高）	3×2～5×4m
最大钻眼深度	2.8m
总功率	45kW
重量	800kg
外形尺寸（长×宽×高）	7.14×1.04×1.65m
3．ZC-2型侧卸装岩机	
技术生产率：	90m³/h
铲斗容积	0.75m³
最大卸载高度	1.500m
总功率	48.5kW
重量	8000kg
外形尺寸（长×宽×高）	4.29×1.85×2.05m

ELMB型液压传动煤巷掘进机和胶带转载机

煤炭科学研究院上海研究所
南京晨光机器厂　徐州庞庄煤矿

ELMB型液压传动煤巷掘进机，由悬臂式工作机构、装运机构、转载机构、行走机构、液压系统、电气系统及喷雾系统组成。除截割头由电机驱动外，其余均为液压传动。截割头可切割任意断面的巷道。装载机构和中间双链刮板输送机联动，由液压马达驱动。胶带转载机可以在巷道任意点卸载。履带行走机构分别由两台独立的低速大扭矩液压马达直接驱动。设有各种保护和功率指示装置，便于司机直接观察负载情况。这种设备具有截割能力大，稳定性好、调动灵活，爬坡能力强和操作方便等优点。全部采用国产元件。

胶带转载机能满足掘进机配套要求，可以在巷道任意点卸载，生产能力达200吨/时，机械性能可靠。

这套设备在徐州庞庄矿东城井进行工业性试验时，巷道断面8.32米²，掘进坡度±12°，3个月共掘进巷道1184米，其中半煤岩巷道占237米，最高月进尺503米。

主要技术特征

ELMB型液压传动煤巷掘进机	
切割断面	6～12m²
最大掘进高度	3.5m
最大掘进底宽	4.7m
切割硬度	f≤4
掘进坡度	±12°
截割功率	55kW
截割头伸缩行程	500mm
装载形式	蟹爪式
行走速度	0～2.5/0～5m/min
平均比压	0.12MPa
总重量	约23t
总功率	100kW
外形尺寸（长×宽×高）	12.4×2.0×1.75m
液压系统	
功率	45kW
工作压力	12/16/14/8MPa
喷雾系统	
水压（内喷雾/外喷雾）	4/1MPa
水量（内喷雾/外喷雾）	50/30*l*/min
供电电压	660V
胶带转载机	
输送量	200t/h
带宽	650mm
最大搭接长度	24m
功率	7.5kW
外形尺寸（长×宽×高）	28.3×1.15×1.68m
总重量	5t

YSI型柱齿钎头

煤炭科学研究院北京建井研究所
江　阴　探　矿　工　具　厂
洛　阳　粉　末　冶　金　厂

YSI型柱齿钎头是根据煤系地层的特点及合金柱齿的破岩机理设计而成的。它的每个合金柱齿所承担的破岩面积均匀，结构既利于排碴，又利于退钎。它采用钎焊固齿法，焊层剪切强度大于2.55MPa，钎头为中碳合金钢精铸成形，经热处理后硬度适中。YSI型钎头有3种齿形：R3和R4弹丸形齿；R1.5楔形齿。选用不同齿形的钎头，配在冲击能量30～300Nm的各类凿岩机上使用，可钻凿f＝2.7～20的各种岩石。这钎头有以下优点：

1. 与一字形钎头相比，钻眼速度快。在f＝7～12的中硬岩中的钻速能提高30％以上；在f⩽6的软岩中的钻速可提高25％左右。

2. 使用寿命长，又不需要修磨。对比试验中一字形钎头平均报废寿命为68.8米，而YS1型柱齿钎头平均报废寿命达157.6米；在硬岩中使用，一字形钎头，每打10米炮眼必须磨修一次，但柱齿钎头不需要磨修。

3. 由于钎头结构与布齿合理，接触点分布均匀，容易定位开眼；钎头有导碴槽，弧槽排粉结构以及出水口合理，易于排碴，有利于加快钻进速度，不易卡钎。

4. 钻出的岩粉粒度粗，粉尘少，有利于降低能耗，减轻矽肺病的危害。

RMⅣ－Ⅱ型
四级煤矿乳化炸药

煤炭科学研究院爆破技术研究所
淮南矿务局化工厂
淮南矿务局谢家集二矿

四级煤矿乳化炸药是在特殊危险工作面爆破用的高安全炸药，其中不含梯恩梯，彻底解决了在制造梯恩梯过程中的污染问题。抗水性能强，冲击感度和摩擦感度低，在生产、运输、贮存和使用中都比较安全。与国内同类产品比较，这种炸药的爆炸性能相当，形状优于同类产品，具有硬塑性，便于往炮孔装药，而且炮烟少，粉尘浓度小。

主要技术特征

炸药密度	1.10～1.20g/cm³
殉爆	⩾20mm
猛度	⩾10mm
爆速	⩾2500m/s
爆力	⩾200ml
临界直径	20mm（20°C）
管道效应	≮6m
耐低温性能	0°C时，二发8#雷管即可起爆
保证期	4个月

被动式水袋棚
防止煤尘爆炸传播的研究

煤炭科学研究院重庆研究所

用GBSD型隔爆水袋组成的被动式水袋棚，通过地面管道爆炸试验及井下巷道隔爆试验证明，在一定条件下能可靠地隔绝煤尘爆炸。水袋棚可敷设于采空区巷道内作为辅助隔爆措施。

GBSD型隔爆水袋的实际容积有30升、40升和60升等3种。

主要技术特征

水袋最低动作（脱勾）压力	＜1MPa
水袋形成最佳水雾所需时间	113～145ms
最佳水雾持续时间	＞160ms
最佳水雾柱长度	＞6ms
最佳水雾柱宽度和高度	均≮3.5m
水袋棚距爆源的最有效隔爆范围	60～160m
水袋棚距爆源的最有效排列间距	1.2～3m
水袋吊挂钩的最佳角度	60±5°

水袋棚能够防止爆炸火焰速度为70m/s至500m/s的煤尘爆炸传播。

AZH-40型化学氧自救器

煤炭科学研究院抚顺研究所
湖南煤矿安全仪器厂
抚顺煤矿安全仪器厂

煤矿采掘作业发生瓦斯爆炸、火灾等意外事故时，AZH-40型化学氧自救器主要供作业人员佩戴，以提供一定量的氧气，安全脱险；也可为其它行业在有害气体环境中作呼吸保护用。与原来AZG-40型自救器比较，这种自救器提高了起动装置的可靠性，呼吸阻力小，吸气温度低，佩带比较舒适。

主要技术特征

防护时间	40分钟	196kN/h
	30分钟	265kN/h
	120分钟	静坐
呼吸阻力	性能检验前⩽147Pa	
	性能检验后⩽294Pa	
吸气温度	⩽50°C	
初始放氧	30秒	⩾2l
	50秒	⩾3.5l
速度	拉开启动装置后，50秒内充满气囊	
密封性		
外壳	压力在0.133MPa下不漏气	
呼吸系统	压力在784Pa下，水柱上升⩽10mm	
体积	167×95×190mm	
重量	＜2.3kg	

AZJ-850型
便携式沼气指示报警仪

煤炭科学研究院重庆研究所

AZJ-85B型沼气指示报警仪具有性能稳定可靠，操作和维修简便，测量迅速，数字显示，读数直观，体积小，重量轻等特点，供在煤矿采掘工作面、回风巷道及硐室和其他作业场所连续自动检测沼气浓度使用，是煤矿井下管理人员、流动作业人员方便使用的一种新型的沼气检测仪器。

主要技术特征

测量范围	0～5%CH_4
测量误差	0～2%CH_4，误差≤0.1%CH_4
	2～3.5%CH_4，误差≤0.2%CH_4
	3.5～5%CH_4，误差≤0.3%CH_4
报警范围	0.5～2%CH_4任意设定
报警误差	0.1%CH_4
报警方式	断续声光报警
零点稳定性	每周最大零漂小于0.1%CH_4
催化元件使用寿命	一年以上
连续工作时间	一次充电可用8小时左右
外型尺寸	142×72×33mm
整机重量	370g

KY-1型
矿井通风微气压计

煤炭科学研究院重庆研究所

KY-1型矿用通风微气压计采用国内最新电气保护封装技术，容量大、输出电压高，与整机配套的真空膜盒，具有测量范围宽，灵敏度高，线性好，性能可靠，读数直观等特点。

主要技术特征

气压测量范围	0.093～0.113MPa
压差测量范围	0～±1961Pa
气压测量精度	在10MPa范围内，平均误差≤±0.05MPa
压差测量精度	<±2.94Pa+1%×读数
环境温度	0～40°C
最大相对湿度	<95%
防爆类型	KH
显示方式	数字显示

FCR型微风检测管

煤炭科学研究院抚顺研究所

FCR型微风检测管具有生产工艺简单，无毒，成本低，携带方便，操作容易，适应性强等特点，是煤矿井下判别风流方向和查找微小漏风通道的理想工具。

主要技术特征

检测管长	140mm
管内发烟药剂长度	80mm
担体为多孔惰性物粒度	0.9～1.5mm
发烟量	9～18l/支

高效浮选药剂

煤炭科学研究院唐山分院
吉林化学工业公司长松化工厂
株洲林化厂
淮北矿务局芦岭矿选煤厂
沈阳矿务局彩屯矿选煤厂
丰城矿务局建新矿选煤厂

GF和TR-85是两种新的合成浮选药剂。GF浮选剂是以醇类为主的化合物，TR-85浮选剂为萜类化合物。

新型药剂在选煤厂使用效果良好，提高了选煤厂的经济效益。GF浮选剂在淮北矿务局芦岭选煤厂（肥气煤）和沈阳矿务局彩屯选煤厂（瘦煤）使用，与原使用仲辛醇和轻柴油相比，分别使精煤灰分降低0.15%和8.8%，精煤产率提高2.7%和2.5%；尾煤灰分提高2.63%和8.82%；药剂耗量降低46.3%和33%。

TR-85浮选剂在丰城矿务局建新矿选煤厂与原使用的浮选药剂相比，精煤灰分降低0.4%，精煤产率提高1.39%；药剂耗量降低30%左右，仅节约药剂一项，两个月增加收益1.22万元。

GF和TR-85浮选药剂分属于低毒和无毒类药剂，其浮选性能优于国内使用的药剂。

潘三东风井
厚表土冻结段复合井壁内外力综合观测研究

煤炭科学研究院建井研究所
淮南煤矿建设指挥部科研所
淮南指挥部第三十九工程处
合肥煤矿设计研究院

潘三东风井是我国目前最深的冻结井筒（415米）。本课题结合施工对冻结压力、冻结壁变形、井壁应力应变等进行综合观测。实测结果与分析，在施工过程中起到了安全监测作用，为改进本工程设计和不断完善施工工艺提供了依据。综合实测研究结果证明，该冻结井筒的表土层深度、所得参数的数量和质量等，目前都处于国内领先水平，填补了我国深井冻结有关的基础资料（深表土地压、冻结压力、壁座受力、冻结壁变形、井壁内外力关系等）的空白。对夹层复合井壁内壁的系统测试为研究分析夹层井壁作用机理提供了宝贵资料。本项研究还首次实测论证了内外壁间注浆对改善井壁受力以及壁座的受力状态，为改进井壁结构和设计提供了新的依据。观测研究总结报告各项分析对今后工作具有实际指导意义。

煤矿瓦斯抽放系统关键装置

煤炭科学研究院抚顺研究所

煤矿瓦斯抽放系统的关键装置包括瓦斯抽放管路密封、放水、隔爆阻焰和流量计校正等4个方面9种产品和装置。经我们的试验研究证实，有4种装置的效果最好。

1. 4英寸可挠性管接头

由两个半圆形管卡、两个碗状管端接头和镶嵌两个“O”型密封圈的连接芯组成，最大偏转角达14°千米漏气率在10%以下，适用于负压管路及压力为0.78兆帕的正压管路。

2. 自动放水器

1）正压自动放水器　利用借浮漂的浮力开启和关闭的放水球阀来实现连续自动放水。正压为0.027～.8兆帕时，放水量为14.9～84.4升/分；

2）负压自动放水器　利用浮漂浮力和磁铁磁力来实现自动放水。这种放水器适用于0～0.9兆帕的负压管道，负压0.027～0.87兆帕时，最大放水量11.2～23.5升/次。

3. 瓦斯流量计校正装置

1）LJQ-200和LJQ-2000型钟罩式校正装置　可校正4英寸以下的各种气体流量计。校正精度为±0.5%；

2）风硐式气体流量校正装置　可校正4～10英寸的孔板和各种气体流量计。校正精度为±0.7%。

4. ZH-250-1型隔爆阻焰器

由两层阻火盘组成，隔爆阻焰可靠并且有防回火的作用。

基本建设项目

1986年部直属直供基本建设矿井(露天)建成投产项目

矿井（露天）名称	煤　　种	设计能力 (10^4t/a)	投产日期	建设工期 (月)	备　　注
合　　计		23-1761			
一、新建矿井（露天）小计		17-1221		51.8	
1. 山西古交镇城底斜井	肥、焦	150	1986.11.20	47	
2. 山西太原煤气公司炉峪口斜井	肥、焦	45	1986.11.20	38	
3. 内蒙东大雁三矿一井斜井	褐煤	45	1986.10.31	34	
4. 吉林珲春英安斜井	褐煤	75	1986.12.25	119	
5. 黑龙江鸡西杏花立井	瘦、气、焦	120	1986.12.20	50	
6. 黑龙江双鸭山东保卫一井斜井	气、弱、粘	30	1986.6.30	37	
7. 黑龙江七台河富强立井	焦、瘦、贫	90	1986.12.15	37	
8. 江苏大屯张双楼立井	气、肥	120	1986.12.15	95	
9. 江西丰城尚庄三井斜井	焦、瘦焦	21	1986.3.31	37	
10. 江西洛市山西一井斜井	瘦、贫	30	1986.9.28	37	
11. 河南新密大平立井	贫煤	60	1986.6.28	48	
12. 湖南白沙磨田立井	无烟	15	1986.8.31	33	
13. 湖南嘉禾浦溪斜井	无烟	30	1986.12.16	38	
14. 山东兖州鲍店立井	气煤	300	1986.6.10	107	
15. 四川松藻逢春平硐	无烟	30	1986.10.30	45	
16. 陕西蒲白南井头斜井	瘦煤	30	1986.8.28	45	
17. 甘肃靖远王家山五井斜井	不粘	30	1986.3.31	34	
二、改扩建矿井		6-540			
1. 山西西山杜儿坪平硐	瘦、贫	210/300	1986.11.30		
2. 山西阳泉二矿斜井	无烟	240/435	1986.11.25		
3. 辽宁铁法小明立井	长烟	60/135	1986.12.19		中间停过
4. 吉林通化大湖平硐	主焦	45/75	1986.12.26		
5. 黑龙江鹤岗南山立井	气煤	150/240	1986.11.25		
6. 河南平顶山十矿	气煤	120/180	1986.12.25		

1986年部直属直供基本建设矿井(露天)新井开工项目

矿井名称	煤种	设计能力 ($10^4t/a$)	开工日期	备注
河南焦作位村	无烟	70	1986.9	

1986年部直属直供基本建设选煤厂建成投产项目

选煤厂名称	设计能力 ($10^4t/a$)	投产日期	建设工期 (月)	备注
合计	6-1155			
一、新建选煤厂	5-855		46.6	
1. 山西古交镇城底	150	1986.11.20	36	
2. 山西潞安五阳	90	1986.12.20	80	1979.3.原煤系统开工
3. 安徽淮南潘集一号	300	1986.12.26	53	
4. 四川重庆金鸡岩	105	1986.9.15	28	
5. 宁夏太西	210	1986.9.1	36	
二、改扩建选煤厂	1-300			
1. 山西阳泉一矿	150/450	1986.12.15		

1986年部直属直供基本建设选煤厂开工项目

选煤厂名称	设计能力 ($10^4t/a$)	开工日期	备注
合计	6-880		
一、新建选煤厂	4-820		
1. 河北开滦钱家营	400	1986.5	主厂房开工
2. 黑龙江鸡西杏花	120	1986.1	
3. 黑龙江七台河桃山	180	1986.8	
4. 江苏大屯三河尖	120	1986.10	
二、改扩建选煤厂	2-60		
1. 吉林通化大湖	45/75	1986	
2. 安徽淮北张庄	90/120	1986	

重点矿务局简介

邢台矿务局

邢台矿务局位于冀南平原，太行山东麓古城——邢台市中兴路。京广铁路纵贯矿区，铁路专用线直通各生产矿井，交通十分方便。

1973年7月正式建局，现局属4个生产矿，其中，邢台煤矿和东庞煤矿是统配煤矿；章村煤矿和显德汪煤矿是省配地方矿。1986年全部职工23528人，实际生产原煤521万吨。

邢台矿区北至内丘县东庞煤矿，南至沙河县南端显德汪煤矿，南北长80公里，东西宽20公里。矿区煤炭储量丰富，在局属井田范围内，煤种有肥煤、气煤、1/3焦煤、无烟煤和贫煤。现生产矿井产煤有1/3焦煤和无烟煤，1/3焦煤占全局产量的2/3以上。

目前，煤炭产品主要有：筛选混煤、洗精煤、洗粒煤、洗混中块和洗混煤等。还可根据用户需要，利用先进洗煤设备加工新产品。

邢台局煤炭产品的特点是粘结性较强，低硫、低灰、低磷、高热量。其中洗精煤灰分7.51～10.52%，硫分0.21～0.50%，发热量30.14～34.75兆焦/公斤（7200～8300大卡/公斤）；混煤灰分12.51～23.0%，硫分0.30～0.50%，发热量26.38～29.30兆焦/公斤（6300～7000大卡/公斤）。

邢台煤矿，一对立井开拓，1968年10月建成投产，1975年达到设计产量90万吨。同年年底，煤炭部和河北省煤管局，对矿井进行挖潜改造，到1984年底，按设计全部完工，1982年矿井的查定生产能力140万吨/年，纯增能力50万吨。1985年实际生产原煤181.5万吨。

邢台煤矿1980年引进两套3.2米综采设备投入生产，1986年更新一套3.2米国产综采设备。目前全矿年产原煤180万吨，4个回采工作面中，有两个综采工作面，两个高档普采工作面，采煤机械化达到100%。

邢台煤矿选煤厂设计能力年处理原煤60万吨。1971年11月动工兴建，1974年2月竣工投产，1982年查定能力为年处理原煤80万吨，1986年实际处理原煤108万吨。经过近几年的技术改造，经矿初步核定年处理原煤能力为150万吨。

东庞煤矿有一对矿井，于1974年12月动工建设，1983年12月一期工程竣工投产，井田采用立井开拓，南北两翼对角式通风。矿井装备比较先进，主井提升采用CHH4×4多绳摩擦式提升机，提升容器为立井四绳箕斗，容量16吨。

现有国产综采设备3套。1986年邢台局在东庞煤矿主采煤层（2号煤）平均高4.3米的条件下，积极承担厚煤层4.5米综采设备第一次扩大工业性试验。经过10个月的试运行，成功地采完2702工作面，共生产原煤49.891万吨。为东庞矿二号煤一次采全高，闯出一条技术先进、经济合理、效益最佳之路。采煤机械化程度100%，综采机械化程度70%以上。

东庞煤矿选煤厂设计能力年处理原煤180万吨。1981年9月动工兴建，1985年5月竣工投产，1986年生产精煤53万吨。

邢台局下属两个省配地方矿，4对生产矿井，年设计能力156万吨。1986年生产原煤185万吨。

章村煤矿是个有百年历史的地方矿，现有职工6040人，3对生产斜井，1986年生产原煤90万吨。其中四井扩建设计经河北省煤管局批准，自1983年开始边生产边扩建，年扩建能力30万吨，预计1988年底竣工投产。

显德汪煤矿1对矿井1976年12月开工建设，1982年11月竣工投产，1985年生产原煤90万吨，1986年生产原煤95万吨。

邢台局还有正在建设中的60万吨矿井1对，即葛泉煤矿，1983年12月动工建设，目前正在紧张施工，预计1989年竣工投产。

另外，根据资源情况，规划中还将建设邢东矿井和与之配套的矿井选煤厂一座。

现在，邢台局井田范围内的煤炭资源基本得到全部开发，实际生产能力达700万吨。如果国家进行必要的改、扩建，生产规模可望相应扩大。

近年来，邢台局紧紧围绕发展生产和提高经济效益，进行了改革，全面实行局矿长负责制，不断完善各项经济承包制度，使产量和劳动效率大幅度提高，经济效益更加显著；确定了依靠技术进步发展生产、向机械化要产量、要效率、要效应的战略思想。在采用新技术，搞机械化上抓住时机，敢于决策，下大力量，肯花本钱，为高产、稳产、低耗、高效和安全生产打下坚实的基础。

邢台矿务局统配矿主要技术经济指标

项　目	计　算	1973年		1980年		1985年			1986年		
	单　位	全　局	邢台煤矿	全　局	邢台煤矿	全　局	邢台煤矿	东庞煤矿	全　局	邢台煤矿	东庞煤矿
原煤产量	10^4t	63.82	63.82	141.73	141.73	276.55	181.50	95.05	336.73	182.73	154.00
洗粒煤产量	10^4t	—	—	40.93	40.93	69.75	55.00	14.75	109.45	56.26	53.19
商品煤灰分	%	31.24	31.24	25.25	25.25	17.63	19.10	14.94	15.75	18.00	13.09
商品煤含矸率	%	1.13	1.13	0.27	0.27	0.31	0.35	0.22	0	0	0
总进尺	m	8739	8739	17460	17460	25124	17596	7528	23127	13965	9162
其中：开拓	m	763	763	1893	1893	1372	1372	—	2616	1892	724
企业坑木消耗	$m^3/10^4t$	177.46	177.46	53.5	53.5	48.10	49.94	44.60	41.19	45.82	35.70
原煤电耗	kW·h/t	15.66	15.66	18.0	18.0	17.63	19.10	14.94	15.75	18.0	13.09
原煤全员效率	t/工	0.765	0.765	1.223	1.223	1.305	1.456	1.129	1.575	1.566	1.699
回采工作面单产	t	9383	9383	16749	16749	24116	29546	17715	31793	32372	31102
其中：综采单产	t	—	—	24980	24980	35451	37582	31533	40683	39148	42448
采煤机械化程度	%	45	45	97.37	97.37	100	100	100	100	100	100
其中：综采程度	%	—	—	11.11	11.11	46.57	48.55	42.71	53.33	51.19	55.93
掘进机械化	%	13	13	53.52	53.52	32.91	43.02	9.30	39.40	45.57	29.99
其中：综掘程度	%	—	—	—	—	14.85	21.20	0	20.83	22.74	17.91

七 台 河 矿 务 局

七台河矿区位于黑龙江省东部，煤田面积约8000平方公里，是东北地区重要的炼焦用煤产地。储量丰富，大部分是炼焦煤，煤质优良，低磷（0.008～0.022%）、低硫（0.024～0.23%）、中低灰分（10～30%）、高发热量（Q^{S}_{DW}=6700～8000大卡）。

1958年建局。到1977年共建成片盘斜井19对，年生产能力达249万吨。1978年以后，全局进行了以矿井集中改造为中心的技术改造和改扩建。到1986年末，全局有生产矿井5对，建设移交井1对，在建井1对。形成年生产能力351万吨。新建和改扩建矿井规模见表1。

表 1　在建矿井建设规模

名　称	性　质	生产能力	开竣工日期
富强矿	新建	90	1983～1987
铁东矿	新建	150	1986～1990
新建矿	扩建	63～120	1984～1987
桃山矿	扩建	75～105	1984～1987
新兴矿	扩建	75～120	1987～1990

矿区总体规划产量1990年达到800万吨，1995年达到950万吨，2000年达到1150万吨。

1986年末，全局有全民所有制职工45226人，集体所有制职工5115人。1986年原煤产量630.3万吨，洗精煤产量115万吨，全员效率0.835吨/工，商品煤灰分17.32%，商品煤含矸0.3%。

局属各矿的生产规模及主要技术经济指标见表2。

1977～1983年对原有5个生产矿的21对片盘斜井进行技术改造，实现了一矿一井。新建、新兴、桃山3个矿改造为水平分区式胶带斜井，并实现采掘机械化和采区运输连续化。之后，新建、新兴和桃山3个矿又进行改扩建，完成后，将实现排矸、通风、压风、排水和供电等系统集中化，全面集中生产，大幅度提高生产能力和经济效益。

1986年末，全局有采煤工作面32个，其中综采工作面2个，高档普采工作面15个，普采工作面8个，炮采工作面7个，采煤机械化程度77.94%。全局有掘进工作面90个，其中综掘工作面1个，液压钻车工作面1个，掘进机械化程度67.41%，巷道支护实现锚喷化。19个采区中有17个实现运输连续化。采掘关系正常，开拓煤量、准备煤量和回采煤量可采期分别达到5.88年、41.16月和25.42月。

实行投入产出总承包后，全局将承包指标层层分解，落实到段队班组，生产单位实行了吨煤工资含量包干、建设单位实行了百元产值工资含量包干。改革给企业带来了活力。1986年有16项技术经济指标创造了建局以来的最好水平。

表 2　七台河矿务局主要技术经济指标

项　　目	单　位	全　局	新建矿	新兴矿	桃山矿	东风矿	新立矿	富强矿	铁东矿	新富矿	其他
原煤产量	10^4t	630.3	181.8	90.0	101.4	38.4	61.9	3.5	7.6	58.0	87.8
总进尺	m	87431	25275	18641	19547	7416	10645		5907		
开拓进尺	m	9815	1407	2591	2473	1951	1393				
商品煤灰分	%	17.32		20.31	20.22	18.24	12.09	29.84	28.0		
商品煤含矸率	%	0.30		0.60	0.33	0.58	0.24	1.19	0.80		
企业坑木消耗	$m^3/10^4t$	71.94	60.49	62.49	62.59	107.42	49.02	182.76	304.9	58.97	
全员效率	t/工	0.835	1.030	0.710	0.790	0.520	1.100				
回采工作面平均月产	t/个	9766	12034	8182	9705	4983	12999				
采煤机械化程度	%	77.94	89.4	85.0	78.3	0	73.0				
掘进工作面平均月进	m/个	84.34	82.79	77.75	100.74	79.95	85.96		72.93		
掘进机械化程度	%	67.41	66.99	86.87	86.51	54.63	45.58				
洗精煤产量	10^4t	115									
洗精煤灰分	%	10.2									
回收率	%	60.64									

兖 州 矿 务 局

兖州矿务局位于山东省西南部的济宁市，跨兖州、邹县、济宁、曲阜、微山5个市、县，包括兖州、济宁东部两个煤田，总面积855平方公里，是一个发展中的大型煤炭生产基地。

兖州矿区地处经济发达的华东地区，地理位置优越，交通方便。铁路有京沪线纵贯矿区东部，兖石线（兖州——石臼所）、兖新线（兖州——新乡）横跨矿区北部，矿区自营铁路与国铁干线接轨，矿区公路与公路干线相连，京杭大运河纵贯煤田西部。这就形成了区内密集交错、对外四通八达的交通运输网，对发展煤炭商品经济和对内搞活、对外开放极为有利。

矿区气候温湿适宜，地势平坦，水资源丰富可靠，电源充足。济宁电厂装机容量30万千瓦，邹县电厂装机容量120万千瓦，目前已有两台30万千瓦机组发电并网；矿区内有3处变电所，输电线路通往各个矿井。

矿区储量丰富，含煤地层总厚度约290米，可采与局部可采煤层8个，累计厚度一般为13.5米，其中主采煤层为下二叠系山西组3层。这层煤在兖州煤田平均厚度8.65米，在济东煤田平均厚度4.37米。矿区所属两个煤田均为全隐蔽向斜煤田，地质构造较简单，煤层赋存条件平稳，适宜发展综合机械化开采。

兖州煤以其优质和用途广泛而在国内外享有盛誉。矿区煤种为优质气煤，其中主采煤层煤属低灰、低硫、低磷、高发热量28.47～30.14兆焦/公斤（6800～7200大卡/公斤）是优质炼焦配煤和水煤浆原料；16、17层煤属低灰、高发热量30.56兆焦/公斤（7300大卡/公斤），是良好的动力煤和液化煤种。主要产品有块煤、末煤和精煤。

兖州矿区的正式开发始于1966年，由兖州煤炭基建指挥部领导矿区的生产建设，但受“文革”动乱的严重干扰，10年中只形成265万吨的生产能力。1976年7月21日兖州矿务局正式成立。建局11年来，特别是党的十一届三中全会以来，矿区煤炭生产和基本建设迅猛发展。目前，共有5对生产矿井，能力825万吨/年；2对在建矿井，能力460万吨；2对筹建矿井，能力900万吨；1座选煤厂（兴隆庄矿选煤厂），能力300万吨/年；1座在建选煤厂（南屯矿选煤厂），能力180万吨。同时还建成部分矿区配套工程。

1987年，煤炭部对兖州矿区基建管理体制进行改革，兖州煤炭基建公司撤销，矿区生产建设由兖州矿务局统一领导。目前，全局共有5个生产矿、7个施工处，以及多种经营、机械制修、综采设备租赁、总医院、教培部、地质勘探、水泥生产等26个地面生产和辅助单位，共有全民所有制职工56833人，兖州矿务局已成为全国50个大型企业之一。

兖州矿务局各生产矿井建设规模见表1，主要技术经济指标见表2。

党的十一届三中全会以来，矿区坚持对外开放、对内搞活的方针，大量吸收世界主要产煤国家的先进技术，先后引进了十几个国家的矿山设备，每年国家投资与自筹资金总额达3～4亿元，使现代化装备水平不断提高。目前，全局共有引进综采设备9套、综掘机12台、国产综采设备10套。采煤机械化程度由1976年的59.37%（普采），提高到1986年的82.06%（综采），其中，南屯矿达到94.98%，兴隆庄矿和鲍店矿达到100%。掘进机械化程度由1976年的44.81%，提高到1986年的97.39%，其中综掘化程度19.25%。矿井的提

表 1 兖州矿务局生产建设规模

类别	矿井名称	实际原煤产量 (10^4t)					
		1981年	1982年	1983年	1984年	1985年	1986年
现有生产矿井	全局	271.01	392.11	444.15	509.01	575.62	693.89
	南屯矿	163.84	167.07	168.46	182.59	194.42	212.99
	北宿矿	47.24	50.20	54.40	60.84	61.33	61.4
	兴隆庄矿	12.90	123.71	168.22	212.14	264.04	300.39
	鲍店矿					0.17	60.02
	唐村矿	47.03	51.13	53.07	53.44	55.65	59.09

表 2 兖州矿务局主要技术经济指标

项目	计算单位	1981年	1982年	1983年	1984年	1985年	1986年
原煤产量	10^4t	271.01	392.11	444.15	509.01	575.62	693.89
精煤产量	10^4t					64.02	160.64
掘进总进尺	m	41165	53716	62254	62214	60965	70930
回采工效率	t/工	4.423	5.735	6.636	7.834	8.946	9.154
掘进工效率	m/工	0.125	0.097	0.101	0.101	0.113	0.1
原煤全员效率	m/工	0.901	0.893	0.960	1.162	1.431	1.534
商品煤灰分	%	17.35	18.09	18.75	18.16	16.42	15.95
商品煤含矸率	%	1.17	1.85	1.08	1.44	0.95	0.42
企业坑木消耗	$m^3/10^4t$	57.20	46.34	38.65	35.73	28.88	32.88
原煤电耗	kW·h/t	18.74	20.33	19.74	18.54	16.62	18.45
采煤机械化	%	54.69	69.35	68.79	70.82	75.27	79.50
其中：综采	%	50.84	63.70	65.18	69.46	72.92	78.99
掘进机械化	%	81.36	93.57	95.26	96.33	97.44	97.39
其中：综掘	%	4.11	10.70	15.03	21.91	16.62	19.25

升、运输、排水、通风和安全监测系统，以及各生产环节，也装备了一批国内外先进设备，使矿区技术面貌发生了根本性的变化。与此同时，现代化管理手段也开始推广应用。目前，全局共有微机39台，局和5个生产矿以及其它部分单位建立了电算中心，并积极移植和开发软件，开始在企业管理的许多方面得到应用。科学技术研究取得进展，1976～1986年取得科技成果1036项，有6项获煤炭部奖励，24项获山东煤管局奖励，有的项目填补了国内煤炭科技的空白。

兖州矿务局依靠科技进步，促进了煤炭生产发展、安全状况好转和经济效益提高。原煤产量由1976年的116.03万吨，提高到1986年的693.89万吨，年均增长57.79万吨，递增率为19.58%；回采工作面单产由1976年的8878吨提高到1986年的29871吨，增长2.36倍；原煤全员效率由1976年的0.644吨/工，提高到1986年的1.534吨/工，增长1.38倍。百万吨死亡率稳定下降，1986年比1976年降低81.12%；经济效益逐年提高。

兖州矿务局的改革不断深化，配套，主要有以下几个方面：

1．改进和完善投入产出总承包，采用多种形式，把承包指标层层落实到基层单位。局对煤炭部、山东煤管局的6年承包指标是：原煤总产量4440万吨，上缴利润3875万元。

2．基本建设推行了承发包制、项目投资包干、扫尾工程包干、重点工程工期包干等，收到良好效果。

3．在改进和完善企业经营机构方面，本着所有权与经营权适当分开和对基层让利放权的原则，结合双增双节运动，以完善总承包为中心，实行一系列配套改革，增强了基层单位的活力，促进了企业转轨变型。主要包括：完善产量承包办法，减少局对矿的超产加价提留比例；完善财务承包办法，实行利润（亏损）包干和各种费用包干，扩大材料费包干范围；修订提质奖励办法；对煤质、加工、运输实行“一条龙”管理；对物资供应实行两集中、五统一管理；对多种经营采取扶持、放宽、搞活的优惠政策；以目标管理为中心，实行多种形式的经济责任制，进一步完善了经济核算体系，等等。

4．在分配政策上，改进了吨煤工资包干办法，将包干范围扩大到煤质、盈亏、效率等经济指标；继续实行百元产值工资含量包干；制订上纲要创水平、安全、质量标准化、生产上台阶加发增资额等一系列有利于生产发展的经济政策。

5. 实行机电设备租赁制，使综采设备由过去的无偿占用改为有偿租用，提高了设备的利用率、完好率和折旧率，加快了设备更新，增强了自我发展能力。

6. 改革劳动制度，大量招用农民协议工、合同工。

7. 改革企业领导体制，目前，正在积极推行局、矿（处、厂）长负责制。

8. 改革矿区基建体制，由矿务局统一领导矿区的生产建设，推动了全局形势的发展。1987年上半年，全局原煤产量、掘进总进尺、开拓进尺、基建施工产值、成巷进尺、全员效率、煤炭质量、利润、安全、采掘机械化程度等19项技术经济指标，将创历史同期最好水平。

兖州矿务局是煤炭部规划的第一批现代化矿务局之一。1986年兴隆庄煤矿经部验收达标，成为全国第一批6个现代化矿井之一。根据矿区现代化建设规划，全局将于1987年实现质量标准化矿务局，年底力争建成南屯、鲍店两个现代化矿井，1988年建成现代化矿务局。目前，全局上下正以“团结奋进，务实求新，争创一流”的精神，为早日建成现代化局而努力。

义马矿务局

义马矿务局位于河南省西部，下辖11个生产矿，5个矿级公司，一所职工中专，一所职工技术学校，一个总医院。全局现有职工50208人，其中工程技术人员751人，1986年产煤816万吨。

义马矿务局建制几经变迁，建国后，矿区分设义马、观音堂、宜洛3个矿区。1979年，根据上级文件精神，义马与宜洛、观音堂、张村3个统配煤矿合并，统称义马矿务局，属煤炭部统配煤矿，并被列为国家大型企业之一。

义马矿区位于秦岭山脉，东起新安县，西至陕县，北以黄河为界，南至宜阳县锦屏山，全境地跨新安、渑池、宜阳、陕县和义马市。全区含煤面积1270.3平方公里，有“百里矿区”之称。义马矿务局正在开发的义马煤田、陕渑煤田和新安、宜阳煤田，地势西南高，东北低，呈丘陵地形，由西向东递减。

义马矿务局拥有比较雄厚的勘测钻探力量。成立矿务局以来，钻探工程量达2万米，初步探明矿产总储量67.5亿吨。

义马煤多属长焰煤，是发展造气和煤化工业的主要原料。同时还有高变质的主焦煤和贫煤，是动力、炼焦的主要原料。义马局所生产的原煤和洗精煤，供应国内11个省市的325家工厂，也是华北、华东两大电网的燃料基地。1949～1985年，矿区生产原煤13,096万吨。

义马矿区煤炭资源开发利用的历史悠久。但在半封建半殖民地的旧中国，矿区煤炭资源横遭破坏，致使具有经济价值之煤矿业，竟至一落千丈。1949年，全矿区煤炭年产量仅8万吨。

新中国的成立，使濒临倒闭的义马矿区获得了新生。广大职工在党的领导下，改造老矿，建设新区，使义马煤矿很快恢复和发展起来。

宜洛煤矿是义马矿区最古老的井矿之一，解放时，这个矿的一切器材物资已荡然无存。宜洛矿的矿工就是在这样的条件下，千方百计，恢复矿山。在矿山建设中，先后涌现出了大批劳动模范。

观音堂矿在恢复矿山建设中，先后改造了五号井，到1956年，年产量由解放初期的4万吨增加到20万吨。1966年以后，建设了焦地矿简易洗煤厂，又兴建了曹窑、扣门山、硖石、陈村、清沟、龙王庄、谢村等8对矿井，矿井的生产能力达到255万吨/年，使之由一个地方小煤矿发展成为部属中直煤矿企业。

在建国前夕，义马矿务局只有两个小窑，年产量仅3万吨。建国后，矿务局坚持党的自力更生、艰苦奋斗的方针，因陋就简，奋发图强，很快使产量跃上了百万吨台阶。在煤炭生产建设中，义马局坚持走老矿挖潜的道路，眼睛向内要效益，大搞生产系统技术改造的群众攻关运动。在十年动乱中，矿井生产建设虽然受到干扰，但是，矿务局的广大职工仍抱定多出煤炭、争做贡献的信念，坚持生产建设，坚持老矿挖潜。年产30万吨的常村煤矿，冲破各种阻力，对矿井生产系统进行全面改造，使原煤产量突破了60万吨，在河南省煤炭系统第一个实现了产量翻番。在1974年，千秋煤矿和跃进煤矿也分别使原煤产量增长了一倍。1975年，义马全局原煤产量实现并保持了翻番水平，被煤炭部命名为大庆式企业。

义马矿务局在进行老矿挖潜的同时，加快新井建设步伐。1971年，义马矿务局将采矿基本结束的南露天矿职工兵分两路，留下部分工人进行残采，抽出精干力量，开赴杨村建设新井，坚持残区回采和新井建设同步进行。1979年，杨村煤矿以年产120万吨的规模正式投产后，年产90万吨的耿村新井拔地而起。继而新安煤矿投入兴建，目前已初具规模，计划1988年5月将正式投入生产。

为了适应经济发展的需要，义马矿务局开发了多种经营的新路子。1986年，全局多种经营总产值达2936万元，生产厂、队、服务网点发展到137个，安置就业人员823人。为了减少外运耗资，提高综合利用和内部消化能力，矿区筹建了火力发电厂和水泥厂等建设项目，逐步在矿区形成了原地生产、原地消化、原地发挥效益的生产经营网络。

党的十一届三中全会以来，义马矿务局坚持党的四项基本原则，坚持改革、开放、搞活的方针，使企业活力不断增强，经营机制渐趋合理。近几年来，矿务局针对本地生产战线长、地理条件差、增支因素多的特点，以提高经济效益为中心，不断改革用工制度和干部制度，全面加强了职工的考核评审工作，实行了“轮换工”和干部聘用制。为了提高职工的文化技术素质，近几年，矿务局创建了职工技术学校和职工专业学校。为使企业经济效益保持稳步提高的态势，义马矿务局在全局组织开展了增产节约、增收节支运动，并成立了专门常设机构。在管理工作上还积极推行先进的管理方法，使管理工作逐步科学化，义马矿务局还改革了科技人员的管理制度，为全局科技人员创造了较好的工作环境。

近几年来，矿务局坚持靠先进工艺发展生产。1985年以来，机械化产量占全局产回采总量的56.77%。1986年，耿村煤矿综采二队用国产综采机组创出了年产突破百万吨的水平，回采工作面效率达37.76吨，目前，全局已有16套国产综采机组，先进的采煤工艺已经在矿区开花结果。

义马矿务局的生产规模见表1，主要技术经济指标见表2。

表 1　义马矿务局的生产规模

矿　名	1986年			1985年
	计划年产量(10^4t)	实际年产量(10^4t)	%	年产量(10^4t)
全　局	805	830.4428	103.16	760.8686
千秋矿	122	122.2154	100.18	132.5302
常村矿	131	131.1673	100.13	136.7233
跃进矿	89	89.0020	100.00	84.2158
北露天	75	82.8880	110.52	76.6072
杨村矿	97	107.1140	110.43	89.0599
耿村矿	97	108.0006	111.32	65.1442
观音堂	34	36.7665	108.14	35.5392
曹窑矿	23	17.5981	76.51	19.2904
陈村矿	29	29.1576	100.54	26.1107
甘豪矿	15	5.2158	34.77	2.0183
宜洛矿	93	101.375	108.94	93.323

表 2　义马矿务局主要技术经济指标

项　目	单　位	1986年			1985年
		计划	实　际	%	实　际
原煤产量	10^4t	825	849.6693	102.99	8304428
炼焦精煤	10^4t	125	134.471	107.58	157695
掘进总进尺	m	99000	78798	88.09	87878
开拓进尺	m	14200	14264	101.15	15734
商品煤灰分	%	23.50	20.92	89.02	18.93
商品煤含矸率	%	1.00	0.5	50	0.77
企业坑木消耗	$m^3/10^4t$	60	38.54	64.23	48.95
原煤坑木消耗	$m^3/10^4t$	55	36.09	65.62	45.00
综合电耗	kW·h/t	30	24.45	81.53	23.32
原煤电耗	kW·h/t	25	21.51	86.08	20.27
金属支柱丢失率	‰	5	0.47	9.4	1.32
金属顶梁丢失率	‰	10	0.98	9.8	2.46
全员工效率	t/工	0.89	1.062	108.37	0.988

部、委级先进单位

煤炭工业部表彰的先进单位

优胜矿建工程处

东煤公司阜新矿务局工程处
大同矿务局四台沟工程处
淮北煤矿建设公司三十六工程处

优胜土建工程处

宁夏煤炭基建公司二处

优胜安装工程处

开滦矿务局安装工程处

等级矿建队、土建队、安装队

等级矿建队前10名

淮北煤矿建设公司3603队
淮北煤矿建设公司三十处猛虎队
甘肃煤一处大同一工地掘进队
阜新矿务局工程处201队
阜新矿务局工程处202队
江苏煤炭基建公司四处401队
淮南矿务局九十六处9611队
河南煤炭基建公司一处104队
东煤公司七台河矿务局工程处111队
东煤公司大雁矿务局工程处长征一队

等级土建队

宁夏煤炭基建公司二处二队
煤炭部建安公司二处二队
煤炭部建安公司六十八处二队
煤炭部建安公司六十七处二队
东煤公司铁法矿务局四处五队
兖州矿务局三十七处五工区
平顶山矿务局土建公司五工区
西山矿务局建设处二队

安装等级队

宁夏煤炭基建公司安装处一队
煤炭部第一建设公司十处安装队
东煤公司辽源矿务局建井工程处安装队

1986年度年产破百万吨的综采队

潞安矿务局王庄矿综采一队
晋城矿务局古书院矿综采一队
潞安矿务局王庄矿综采二队
兖州矿务局南屯煤矿综采二队
平顶山矿务局四矿综采队
潞安矿务局石圪节矿综采二队
潞安矿务局漳村矿综采一队
大同矿务局同家梁矿综采一队
义马矿务局耿村矿综采二队
鸡西矿务局小恒山矿161队
兖州矿务局兴隆庄矿综采三队

1986年度年产上40万吨的高档普采队

峰峰矿务局羊渠河矿601队
峰峰矿务局羊渠河矿604队
峰峰矿务局五矿505队
峰峰矿务局五矿504队
邢台矿务局邢台矿采三区
鹤岗矿务局兴山矿216队
铜川矿务局王石凹矿采五队

1986年度上35万吨的炮采队

平顶山矿务局五矿采一队
开滦矿务局荆各庄矿811队

综采甲级队前10名

潞安矿务局王庄矿综采一队
晋城矿务局古书院矿综采一队
潞安矿务局王庄矿综采二队
开滦矿务局唐山矿综采一队
开滦矿务局唐山矿综采三队
开滦矿务局荆各庄矿综采一队
开滦矿务局荆各庄矿综采二队
大同矿务局煤峪口矿综采一队
大同矿务局煤峪口矿综采三队
大同矿务局永定庄矿综采三队

高档普采甲级队前10名

峰峰矿务局羊渠河矿601队
峰峰矿务局羊渠河矿604队
峰峰矿务局五矿505队
开滦矿务局唐山矿411队
大同矿务局雁崖矿高档普采八队
峰峰矿务局五矿504队
峰峰矿务局通二矿704队
峰峰矿务局羊渠河矿606队
邢台矿务局邢台矿采三区
晋城矿务局古书院矿采六队

普采甲级队前10名

汾西矿务局水峪矿采四队
邢台矿务局邢台矿采四队
西山矿务局官地矿采三队
大同矿务局大斗沟矿采四队
峰峰矿务局二矿201队
峰峰矿务局三矿302队
峰峰矿务局牛儿庄矿802队
峰峰矿务局通二矿706队
邢台矿务局东庞矿采一队
阳泉矿务局三矿裕公井二队

炮采甲级队前10名

平顶山矿务局五矿采一队
开滦荆各庄矿811队
阳泉矿务局三矿一井采三队
开滦矿务局赵各庄矿131队
开滦矿务局赵各庄矿141队
开滦矿务局赵各庄矿171队
开滦矿务局唐家庄矿351队
开滦矿务局赵各庄矿182队
开滦矿务局马家沟矿541队
平顶山矿务局五矿采四队

1986年全国煤矿上纲要等级掘进队炮掘前10名

辽源矿务局西安矿开拓三队
辽源矿务局西安矿开拓一队
平庄矿务局元宝山矿311队
鹤岗矿务局富力矿35队
平庄矿务局五家矿511队
沈阳矿务局林盛矿604队
阜新矿务局高德矿322队
南桐矿务局红岩矿131队
鸡西矿务局小恒山矿618队
抚顺矿务局老虎台矿951队

1986年全国煤矿上纲要等级掘进队机掘前10名

鸡西矿务局东海矿103队
开滦矿务局荆各庄矿801队
阳泉矿务局二矿西四尺机掘队
潞安矿务局王庄矿掘一队
开滦矿务局荆各庄矿802队
大同矿务局大斗沟矿机掘队
兖州矿务局兴隆庄矿综掘二队
潞安矿务局王庄矿掘三队
大同矿务局王村矿机掘队
开滦唐山矿401队

1986年度统配露天煤矿包机组上纲要第一名

阜新矿务局海州露天矿（电铲）
阜新矿务局海州露天矿（潜孔钻）
扎赉诺尔矿务局灵泉露天矿（蒸汽机车）
阜新矿务局新邱露天矿（蒸汽机车）
铜川矿务局焦坪露天矿（汽车）
抚顺矿务局西露天矿（电机车）
鹤岗矿务局岭北露天矿（排土犁排土）
哈密矿务局露天矿（冲击钻）
平庄矿务局西露天矿（电机车）
石炭井矿务局大峰矿（汽车）

坑木低耗标兵省

河北煤炭工业管理局
山西煤炭工业管理局
内蒙古自治区煤炭工业厅
山东煤炭工业管理局
河南煤炭工业管理局
贵州煤炭工业管理局
重庆煤炭工业公司
四川煤炭工业管理局
陕西煤炭工业管理局

金属支护用品管理标兵省

河北煤炭工业管理局
山东煤炭工业管理局
河南煤炭工业管理局
宁夏回族自治区煤炭工业厅

坑木低耗标兵局前10名

平顶山矿务局
大同矿务局
淮北矿务局
大屯煤电公司
邢台矿务局
邯郸矿务局
潞安矿务局
晋城矿务局
乌达矿务局
徐州矿务局

金属支柱支护用品管理标兵局前10名

平顶山矿务局
淮北矿务局
峰峰矿务局
井陉矿务局
邯郸矿务局
潞安矿务局
晋城矿务局
徐州矿务局
焦作矿务局
鹤壁矿务局

光爆锚喷示范标准局前10名

徐州矿务局
新汶矿务局
兖州矿务局
鸡西矿务局
大同矿务局
枣庄矿务局
双鸭山矿务局
焦作矿务局
永荣矿务局
淮南矿务局

金属支护用品修理标兵局

淮北矿务局

坑木场管理标兵局

淮南矿务局
淮北矿务局
阜新矿务局

主要标准、规程和规范简目

中华人民共和国国家标准(煤炭工业部提出)

标准号	标准名称	发布文号	实施日期
GB5751-86	中国煤炭分类	国标函〔1986〕001号	1986.10.1 试行 1989 实施
GB6412-86	家庭用煤及炉具试验方法	国标函〔1986〕207号	1987.4.1
GB6948-86	煤的镜质组反射率测定方法	国标函〔1986〕400号	1987.9.1
GB6949-86	煤炭视比重测定方法	国标函〔1986〕400号	1987.9.1

中华人民共和国煤炭工业部部标准

标准号	标准名称	发布文号	实施日期
MT110.1-86	煤矿技术名词术语—煤矿地质	(86)煤技字 783号	1987.1.1
MT110.2-86	煤矿技术名词术语—井巷工程	(86)煤技字 783号	1987.1.1
MT110.3-86	煤矿技术名词术语—提升运输	(86)煤技字 783号	1987.1.1
MT110.4-86	煤矿技术名词术语—地下开采	(86)煤技字 783号	1987.1.1
MT110.5-86	煤矿技术名词术语—露天开采	(86)煤技字 783号	1987.1.1
MT110.6-86	煤矿技术名词术语—爆破	(86)煤技字 783号	1987.1.1
MT110.7-86	煤矿技术名词术语—采掘机械	(86)煤技字 783号	1987.1.1
MT110.8-86	煤矿技术名词术语—矿山测量	(86)煤技字 783号	1987.1.1
MT110.9-86	煤矿技术名词术语—岩层移动	(86)煤技字 783号	1987.1.1
MT110.10-86	煤矿技术名词术语—通风安全	(86)煤技字 783号	1987.1.1
MT110.11-86	煤矿技术名词术语—矿山电工	(86)煤技字 783号	1987.1.1
MT111-86	矿用隔爆型低压交流真空电磁起动器	(86)煤技字 484号	1986.9.1
MT116.1-86	煤岩分析样品的制备方法—煤砖光片的制备方法	(86)煤技字 908号	1987.4.1
MT116.2-86	煤岩分析样品的制备方法—块煤光片的制备方法	(86)煤技字 908号	1987.4.1
MT116.3-86	煤岩分析样品的制备方法—煤岩薄片、薄光片的制备方法	(86)煤技字 908号	1987.4.1
MT136-86	手持式煤电钻(代替MT3-73和MT27-78)	(86)煤技标字173号	1987.2.1
MT137.1-86	矿井空气中有害气体一氧化碳测定方法	(86)煤技字 148号	1986.4.1

续表

标 准 号	标 准 名 称	发布文号	实施日期
MT138-86	悬臂式巷道掘进机系列型谱	(86)煤技字 235号	1986. 5. 1
MT139-86	悬臂式巷道掘进机型式试验规范	(86)煤技字 235号	1986. 5. 1
MT140-86	采煤机滚筒基本参数及连接方式	(86)煤技字 511号	1986. 9. 1
MT141-86	煤矿井下用塑料网假顶检验规范	(86)煤技字 511号	1986. 9. 1
MT142-86	煤矿井下空气采样方法	(86)煤技字 781号	1987. 1. 1
MT143-86	巷道金属支架系列	(86)煤技字 755号	1986. 12. 1
MT144-86	选煤实验室分步释放浮选试验方法	(86)煤技字 672号	1986. 11. 1
MT145-86	评定选煤厂重选设备工艺效果的计算机算法	(86)煤技字 672号	1986. 11. 1
MT146.1-86	树脂锚杆锚固剂	(86)煤技字 856号	1987. 1. 1
MT146.2-86	树脂锚杆金属杆体	(86)煤技字 856号	1987. 1. 1

学术团体及其主要活动

煤炭工业部技术咨询委员会

1 月

△ 煤炭部技术咨询委员会受国家经委的委托，对6种煤炭采掘机械（AM-500型采煤机及配套电机，MAX-300型系列采煤机，连续采煤机及电牵引采煤机，S-100型掘进机，AM-50型掘进机和煤矿辅助运输设备）的引进技术、消化吸收一条龙计划进行咨询。为此，特聘请各方面的专家20多人组成咨询组，先到各承担厂调查，对各该厂提出的实施计划进行咨询，然后编写咨询报告，上报国家经委。现在，其中部分项目已列入国家重点攻关项目。

△《煤炭工业技术政策》开始修订。这次修订是在1979年试行本的基础上进行的。凡实践证明成功的新技术、新工艺、新装备，包括引进的技术装备在内均纳入新的技术政策中。国外行之有效和国内正在试验并有前途的技术内容，均作为技术方向列入。新制订的《技术政策》比1979年试行本增加了总则，露天开采、煤矿地面设备、环境保护和土地复垦3章。

3 月

△ 煤炭部在开滦矿务局召开了全国技术咨询工作座谈会。叶青副部长到会，就部技术咨询委员会的性质、任务及今后如何开展工作等问题讲了话。

经过学习和讨论，与会代表一致认为：技术咨询工作必须认真贯彻中央关于发展煤炭工业的方针、路线和政策，认真贯彻中央关于振兴经济必须依靠科学技术进步的原则；必须依靠领导与专家集团的有效结合，上升到科学决策去解决。为发挥技术咨询委员会的作用，应做两点：一是技委会应主动工作，以工作成绩提高自己的地位，建立威信；二是领导机关要善于运用技委会机构，发挥“智囊团”的作用，使其成为得力助手。如何处理好两者的关系呢？第一，要上下结合。技委会主动向领导机关汇报工作和想法，尽量使调研课题与领导机关想迫切解决的问题一致。第二，要独立调查研究。调研报告要实事求是，有情况、有分析、有创见、有说服力。

5 月

△ 1984年部技术咨询委员会提出了《关于煤矿地面总体布置改革的设想》，得到了部领导和有关司局的支持，组成了煤矿地面总体布置改革小组，组织了济宁东部和永城两个矿区的总体设计作为改革的试点并分别由兖州、河南煤矿设计院编制完成，由国家计委审查批准。改革小组在调查研究、总结矿区和矿井地面总体布置经验并借鉴国外先进技术的基础上，经过试点和技术咨询论证，制订了《关于煤矿地面总体布置改革的若干规定（试行）》。这个规定在1986年5月全国煤炭基本建设工作会议上进行了讨论，7月18日，部以（86）煤基字第503号文颁发试行。

文件的要点如下：

（1）矿井地面设施力求集中和合理地简化，减少重复设施，布置紧凑，以减少工业广场用地、压煤、管线和建材；

（2）经过改革，简化矿井的机修设施，完善矿区机修厂的装备和修理能力，以节约投资。

（3）改革矿区设备、材料的管理供应。经过改革，矿区设总库，作为完善的材料加工基地，提高存取的机械化程度，推广新型高台架仓库、堆垛机存取、集装箱运输等。

（4）矿井不设永久矸石山，塌陷区利用废矸、电厂灰等材料充填复垦治理。

（5）居住区实行集中或分片集中，并结合矿区的辅助设施建设形成矿区中心区。

6 月

△ 应山西煤管局技术委员会的聘请，部技术咨询委员会组成专家咨询组，于1986年6月对山西潞安五阳煤矿河下采煤及轩岗刘家梁矿奥灰水体上带压开采问题进行了咨询和论证。

△ 部技术咨询委员会组成矿井基建投资调研工作组，对“六五”期间投产的杏花、峻德、小青、东庞、西曲、兴隆庄、鲍店、潘一、临焕、花溪10处矿井进行调研，其中除西曲矿井采用斜井平硐开拓外，其它均为立井开拓。

1. 矿井吨煤投资增长的主要原因

1）矿井设计标准提高和对设计的修改。两项约增值45.6%；

2）主要材料和土产材料价格调整。两项约增值6.6%；

3）设备价差。这一项约增值10.3%；

4）工资标准提高；

5）根据政策性的要求，调整施工管理费和井巷辅助费率，以及费用项目的变化。这几项约增值12.7%；

6）因施工、设计和项目管理上的关系而造成的不合理开支。这几项约增值11%。

2. 控制吨煤投资增长的建议

1）加强项目管理，坚持基本建设程序；

2）优化矿井设计，促进设计改革；

3）加强施工组织设计，科学管理施工。

9 月

△ 评审平朔安太堡露天煤矿铁路专用线通过刘家口煤矿采空区上方的安全性可行性研究报告。

11 月

△ 15～20日　煤炭部计划司和部技术咨询委员会在太原召开会议，评审离柳矿区建设可行性的研究报告。

12 月

△ 10日　部技术咨询委员会在辽宁省铁法召开会议，评审七台河矿区建设可行性研究报告和铁法矿区修改总体方案设计。

1986年

△ 部技术咨询委员会协同部政策研究室等单位对河南、河北、四川、江西、湖南、山东和山西等省的乡镇煤矿的资源、规模、产量、生产技术、安全、资金和销售等方面的情况进行调研，并对如何促使乡镇煤矿健康地发展征集了各方面的意见。

经过分析研究，特提出4点建议。

1. 乡镇煤矿要改造、扩建、整顿、提高。

2. 煤炭工业部要对归口的乡镇煤矿加强管理，制订开采煤炭资源的办法、制订迅速发展乡镇煤矿的技术政策以及乡镇煤矿安全规程；要加强技术指导，搞好生产、安全技术人员和财务人员的培训工作。

3. 进一步制定、完善扶持乡镇煤矿发展的经济政策，调动办矿的积极性。

4. 积极引导乡镇煤矿进行各种形式的联合，尤其要大力引导国营煤矿与乡镇煤矿联合办矿。

△ 煤炭工业部第四次科技进步奖，由技术发展司和技术咨询委员会于1986年10月开始筹备，成立了以范维唐总工程师为主任，邬廷芳院长和贾悦谦司长等为副主任的36人评奖委员会，下设办公室和7个专业评审组。12月5～12日组织了60多位专家对300多项科研成果进行了评审。12月16日召开了评审委员会第二次会议，评定核准煤炭工业部第四次科技进步奖96个，其中一等奖7个，二等奖31个，三等奖58个。之后，又进行了评审推荐煤炭部申报国家科技进步奖的工作。

中国煤炭学会

4 月

△ 5～8日　中国煤炭学会煤矿运输专业委员会在江西省上饶召开技术攻关项目论证会。针对部生产司提出的18项技术攻关项目，会议组织科研、设计和院校等方面的科技人员进行论证。

△ 16～21日　经国家经委批准，中国煤炭学会国际部与美国罗曼国际咨询公司合作，在济南市举办国际采矿技术交流及设备展览会。来自英、美、联邦德国、澳大利亚、奥地利、芬兰和香港等国家和地区的32家外国公司近90位代表参加了展览会。煤炭系统职工参观展览的近1.5万人次。

会议期间，就短壁采煤和连续采煤机及其配套设备的应用、长壁采煤方法和设备的新发展，以及矿井运输和巷道掘进技术及设备等3个专题进行了24次技术报告和交流。

5 月

△ 12～17日　爆破专业委员会在南宁召开第一次全国爆破学术会议。

△ 20～24日　选煤专业委员会在唐山召开选煤学术会议。

△ 24～26日　水力采煤专业委员会在唐山召开开拓部署、供水系统和煤水提升系统等小型专题座谈会。在会上还组织科技人员编写《煤水硐室设计参考资料》和《水采用泵设计参考资料》。

6 月

△ 18～21日　中国煤炭学会矿山测量专业委员会召开PC-1500计算机在矿山测量中的应用学术讨论会。

这次会议是为满足广大科技人员要求进行程序交流而组织的一次学术讨论会，是近几年举办PC-1500计算机在矿山测量中的应用训练班的基础上进行的，也是对培训效果的总体考核。为使会议取得预期效果，对会前征集到的180多个计算程序，专业委员会组织专人进行审阅、修改和优选。通过半年多的努力，从中选出了水平较高的33个源程序，包括矿区地面、井下测量，航空摄影测量，储量动态表的编制及岩移计算等各方面的内容，编印了《矿山测量程序选编》和使用PC-1500计算机的工具书等。

8 月

△ 7～13日　中国煤炭学会开采专业委员会与中国煤炭学会东北分会与通化矿务局煤炭学会联合召开“全国煤矿矿井技术改造学术讨论会”。在广泛交流矿井技术改造的经验，深入探讨矿井技术改造的规律和发展方向的同时，对通化矿务局八宝深部开发的可行性进行论证。会议认为该区的水文条件基本清楚，有一定水害威胁，但采取恰当的安全技术措施，是可以安全开采的。利用砟子立井改建八宝深部，在技术上是可行的和合理的。

△ 26～30日　中国煤炭学会第二届第二次理事会扩大会议在山东省龙口召开。

会议回顾了从1984年第二次会员代表大会以来，学会认真贯彻全国煤炭科技会议和科协二大第三次会议精神所取得的成绩。学会开展多学科、多层次的学术活动，质量不断提高，效果显著；对外学术活动蓬勃发展；科普活动生动活泼；在职科技干部教育工作和《煤炭学报》编辑出版工作都取得了新的进展。

会议学习讨论了中国科协“三大”有关文件，并结合各自的工作提出了进一步贯彻科协“三大”精神，搞活学会工作的4项建议：

（1）积极开展国内外学术交流，为促进科技进步服务；

（2）大力推动科学技术普及和技术服务工作。

（3）开发智力、广举人才；

（4）建设好科技工作者之家，沟通科技工作者同党和政府的联系，反映他们的意愿，维护他们的正当权益。

9 月

△ 8～11日　经部领导批准，中国煤炭学会派出3人代表团参加在圣路易斯召开的美国采矿工程师学会1986年秋季会议。会议期间，我方代表应邀介绍中国煤炭工业的发展情况。此行的主要目的，是商讨与美国采矿工程师学会建立合作关系的问题。经与该学会本届领导初步会商，拟于1989年在中国共同组织一次国际学术会议。已邀请美国采矿工程师学会于1987年下半年派人来华进一步商谈有关事宜。

△ 9～15日　煤田地质专业委员会召开中国石炭二叠纪含煤地层及地质学术讨论会。会议总结了我国近年来的科研成果，为迎接1987年在我国召开第十一届国际石炭纪地层及地质大会做好充分准备。

第三季度

△　中国煤炭学会常务理事会审议批准筹建煤矿规划设计、煤矿建筑工程、煤矿系统工程和科学技术情报等4个专业委员会，为开拓学术活动专业而创造了条件。

10 月

△13～17日　煤化学专业委员会在江西省萍乡市召开两次学术会议。

秦皇岛市煤气工程可行性研究讨论会。会议认为，设计方案中的两段炉制气工艺比原宝钢设计院提供的设计方案更经济合理、可行。采用新的设计方案避免了盲目上马和可能出现的重大经济损失。

劣质煤燃烧学术讨论会，并对结合萍乡矿务局35吨/时沸腾床燃烧技术课题进行成果鉴定。

煤化学专业委员会充分发挥学会的智力优势，把学术活动与经济建设紧密结合起来，为提高学术活动的质量，提高学会的社会效益和经济效益，促进煤炭科技发展和增强学会活力，都做出了一定的成绩。

△21～25日　矿井建设专业委员会在江苏省宿县召开井巷锚喷支护学术讨论会。

11 月

△21～26日　中国煤炭学会与中国金属学会、中国有色金属学会、中国核学会、中国硅酸盐学会、中国化工学会和中国轻工协会联合举办第二次全国采矿学术会议。会议主题是：新技术、新方法、新工艺、新材料在矿业工程中的应用。

我国的采矿工业分别由几个工业部门负责，各部门之间的联系比较少，科技信息的交流渠道不畅，信息不灵。这次由7个工业部门采矿科技界的约400名代表参加的学术会议，对于沟通信息交流渠道，互相学习，共同提高，创造了条件。

在这次会议上，围绕会议主题共提出论文153篇。这些论文是采矿科技界近年来的科技成果，其中一部分曾获国家级或部级科技进步奖。这些成果在矿业中推广应用，必将促进采矿科技的进步和采矿业的发展。

会议还就影响采矿业发展的科技问题和政策问题，进行了热烈的讨论，并提出以下建议：

（1）主要矿产品要立足于国内，进口应以不损害国内矿业发展为前提。

（2）加大采矿业投资比重，使矿产品能够满足国民经济发展的需要。

（3）采取综合措施，把矿山企业的利润提高到工业利润的平均水平，以调动办矿的积极性。

（4）依靠技术进步，逐步改变采矿行业技术落后的面貌。

（5）加强资源管理，促进矿业发展。

（6）提高采矿行业职工的政治地位和经济待遇，鼓励人们从事采矿工作。

△24～28日　露天开采专业委员会在辽宁省平庄召开全国露天煤矿第二届边坡工程学术会议。

12 月

△2～7日　矿山测量专业委员会、岩石力学专业委员会和中国测绘学会矿山测量专业委员会在江苏省

苏州市联合举办全国开采沉陷和“三下”采矿（矿山岩层与地表移动）学术讨论会。

1986年

△　中国煤炭学会与美国中文版杂志出版公司合作，在中国印刷出版两期英国采矿杂志。该杂志由我方提供技术服务和组织联络，每期12000册，免费送给煤炭、冶金、化工矿山、地质、核工业等部门的科研、设计和生产单位。

△　科普工作委员会1986年做了以下几项工作，取得显著效果。

1. 摄制了一系列电视片；

2. 组织展出了3期科普画廊；

3. 出版煤炭科普杂志和安全挂图等；

4. 在全国各地举办青少年煤炭科技夏令营。

△　继续开展在职科技干部的教育工作

《煤炭学报》编辑部继1985年开办煤矿工程师安全技术知识更新刊授进修班之后，完成了教材的编审、出版工作。还组织对学员的辅导，收到较好的效果。

1986年岩石力学专业委员会举办了三下采煤技术培训班；矿井地质专业委员会举办了电子计算机在矿井地质中的应用培训班；煤矿安全专业委员会举办了电子计算机培训班。

中国煤炭科技咨询服务中心

1986年，中国煤炭科技咨询服务中心继续贯彻科技工作为经济建设服务的方针，组织广大科技人员，向煤炭生产、建设单位提供咨询服务，解决了一些难题。到1986年底，咨询中心共签订1600多项咨询合同，已完成80%以上。这些咨询成果在生产中发挥了较好的作用，收到了较高的经济效益和社会效益，受到生产单位的欢迎。

咨询中心在对内开展技术咨询和技术服务的同时，还注意加强对外交流工作。近年来，通过组织技术研讨会、专题技术交流、共同进行新技术试验、派遣咨询专家出国服务等多种形式，扩大了对外咨询业务。现已与19个国家和地区的公司和部门建立了业务往来关系。咨询中心的热诚服务态度，受到了各方友好人士的好评。

1986年咨询中心还对所属分支机构进行了调整，由1985年的27个分中心，精减为21个分中心。

综观1986年咨询中心的工作，体现了以下几个特点：

一、调整、充实，稳固发展

1986年，咨询中心的工作与全国科技咨询工作的情况一样，面临调整机构和人员的任务。我们结合实际情况，对下属的27个分中心逐个进行了清理。根据业务开展的进程，对原下属的长春、大同、大华、泰安、重庆设计院、天津勘察院等6个分中心，明确正式脱勾。保留下来的21个分中心，则要求健全组织，专人管理。同时，根据上级的有关文件精神，对咨询收入的分配办法也作了适当的修改。

二、继续坚持以服务为主的方针

咨询中心自成立以来，始终坚持以服务为主的方针，在承担咨询项目的过程中，注意调查研究，以保证咨询工作质量。咨询合同完成以后，较大的项目都要经过委托方的认可。同时，咨询收费力求公平合理。咨询中心还为煤炭系统有关部门主动提供国内外的技术信息，受到用户的欢迎。

三、咨询服务面进一步扩大

在前两年工作的基础上，1986年咨询工作的服务面不再仅限于煤炭系统，而是通过社会展开横向联系，也向化工、冶金、铁道、有色金属和水电等部门提供咨询服务；不仅为国内提供信息服务，也向国外同行介绍新技术，提供服务。

1986年，“咨询中心”还组织了11次较大型的技术交流活动，为国内外同行牵线搭桥，沟通科技信息交流渠道，在技贸结合方面发挥了积极作用。

中国煤炭加工利用协会

1　月

△13～18日　中国煤炭加工利用协会与瑞典流体碳（FLUID CARBON）公司在北京进行了水煤浆技术交流，并对在北京建设一座25万吨/年水煤浆制备厂的有关事宜交换了意见。

△25日　国家科委委托煤炭部、国家教委和北京市人民政府对水煤浆制备与燃烧技术的工业应用试验进行了技术鉴定。有国家科委、国家教委、国务院科技领导小组，煤炭部、兵器部、水电部和中国科学院等部门及其系统内70多个单位的110多名代表出席了鉴定会。由17名专家、教授组成了鉴定委员会。他们一致认为：在3年的时间里，该项目完成了从实验室基础研究到工业应用试验的“六五”攻关主要目标，标志着我国水煤浆技术已经达到国际水平。目前，我国石油每年有30～40%被工业锅炉和窑炉等烧掉。如果将这些燃油做化工原料深度加工或直接出口，每年可多创造几十亿元的财富。我国煤炭资源

丰富，以煤代油已列为国家的基本节能政策。水煤浆作为煤炭加工利用的产品之一，已在抚顺和枣庄分别建成年产浆50000吨和30000吨的生产线。从提高煤炭利用价值，充分利用现有燃油设备，减少贮运环节和工业污染等社会效益考虑，这项新技术在我国推广应用，将有深远的意义。

2　月

△17～18日　协会与意大利司南普吉提（SNAMPROGETTI)工程公司在北京就水煤浆制备及燃烧技术问题进行了技术交流。

3　月

△26～27日　中国煤炭加工利用协会山西分会召开了理事扩大会议。会议主要内容是贯彻中国煤炭加工利用协会第三次理事扩大会议精神，同时还讨论了山西省煤炭的就地转化问题。代表一致认为，目前，山西煤炭产大于销，在运输跟不上生产发展的形势下，要提高煤炭的社会效益及企业的经济效益，唯一的出路只有搞好煤炭加工和合理利用，把煤炭尽可能多地就地转化和消化。会议还确定，1986年山西分会的工作重点是开展晋城无烟煤合理加工利用的调查研究。

4　月

△16～19日　为合理利用我国宁夏的优质无烟煤，提高我国电极糊和炭块等炭素产品的质量，中国煤炭加工利用协会与冶金部技术司在宁夏石炭井矿务局联合召开了炭素用煤煅后料供需座谈会。会上来自全国的13家炭素厂家互相交流技术，互通信息，做到了产需双方见面，并与石炭井矿务局签订1987～1990年供需意向性协议书。

5　月

△20～21日　协会在北京召开煤用概率分级筛推广应用座谈会。会议主要目的是总结成绩，交流经验、反映意见、提出建议，讨论如何进一步推广使用煤用概率分级筛的问题。煤用概率分级筛通过鉴定后的3年多时间，在全国21个省、市推广使用400多台，受到各用户的普遍欢迎，取得了明显的经济效益。

△27～29日　在北京召开洗矸发电及灰渣利用专题座谈会，共有26名专家、学者和技术人员出席了会议。这次座谈会是根据国家经委指示召开的。经委指示提出：利用洗矸发电并对灰渣进行利用，是解决目前存在的矸石占地和利用这种低热值燃料的途径之一。这项技术涉及到发电、建材、环保和交通等部门，因此很有必要从技术、经济、管理和政策方面进行深入调查，作出综合技术经济评价，并提出切实可行的有关技术经济政策和建议。在座谈会上，与会人员根据自己多年从事该项工作的调查研究和实践经验，认真总结了“六·五”期间洗矸发电和灰渣利用的经验教训，指出了今后的发展方向及需要解决的问题。最后讨论确定了洗矸发电及灰渣利用的专题调研提纲。会后组成了专题调研小组，分赴四川、江西和黑龙江等省进行调查，已取得第一阶段调研成果。

△30日　国务院总理赵紫阳到北京造纸一厂考查了水煤浆工业应用试验现场，并听取了协会副理事长郝凤印关于水煤浆制备和燃烧情况的汇报。赵总理就加快发展水煤浆技术研究步伐和扩大工业应用等有关问题作了重要指示。他说：这项新技术的研究和推广应用，对燃油的锅炉、炉窑、电站的改造和建设意义很大。以水煤浆代油，把节省下来的油用来搞石油化工产品，经济效益就更高了，因此，要积极支持这项试验，扩大试验规模，解决影响投入应用的各种问题，加快发展这项新技术的步伐。

7　月

△12日　水煤浆攻关组又在隧道式干燥窑中进行了一项新的工业性水煤浆燃烧试验，并取得成功。

△16日　国家经委发出的经体(1986)415号文件指出：按照中办发〔1985〕50号文件精神，对国家经委归口审批管理的全国性社会经济团体进行了清理复查。复查结果，同意69个团体作为全国性社会经济团体。中国煤炭加工利用协会被列入全国性社会经济团体名单之中。

8　月

△13日　中国煤炭加工利用协会在山东龙口召开了煤转化协会的成立大会，并同时举行煤炭转化技术经济研讨会。会议有58人参加，讨论并通过了煤炭转化协会章程。

经与煤炭转化行业的有关领导部门或单位充分协商，由中国煤炭加工利用协会聘请，组成了煤炭转化协会的第一届理事会。

△27日　水煤浆攻关组又成功地在轧钢加热炉上进行连续两昼夜的水煤浆燃烧试验，取得了可喜的成果。

9　月

△17～19日　与中国硅酸盐学会一起在湖南常德市召开全国石煤、煤矸石综合利用学术研讨会。来自煤炭和建材等系统的代表50多人参加了会议。会上对石煤、煤矸石沸腾炉渣，粉煤灰及冶金工业废渣等的综合利用进行了学术、技术交流，并对其技术经济政策进行研讨。大会还收到学术论文23篇。

10　月

△16～17日　山东省煤炭加工利用协会召开年会，除研究学会工作外，会上还进行了学术交流。

12　月

△10日　国务院以煤代油专用资金办公室和国家计委发出的煤代油办〔1986〕118号文件指出：水煤浆的协调工作，可由计委牵头，经委、科委、煤炭部、

水电部和铁道部等有关部门同志参加的部际联席会议协调，并以煤炭加工利用协会攻关组为基础，组建水煤浆技术联合体，承担水煤浆成套技术开发、技术咨询、技术转让、技术培训和有关工程的设计任务。根据该文件精神，已开始组建水煤浆技术联合体，边建边开展活动。

1986年

△《煤炭加工利用》杂志出刊4期，共刊登66篇文章，40万字。

△《煤炭加工利用通讯》出刊12期，共刊登108篇文章，79条有价值的信息达12万字。

△出版《水煤浆技术译文集》第2、3集，共120万字。这两本文集共收集第6届和第7届国际煤浆燃烧和利用会议上发表的大部分论文，内容涉及水煤浆的制备、输送、使用、燃烧特性和经验。

中国煤炭经济研究会

1986年，中国煤炭经济研究会围绕煤炭工业的经济体制改革，主要开展了6项学术研究活动。

一、对统配煤矿总承包的研究和调查

1985年在全国统配煤矿实行投入产出总承包以来，本会多次组织对这个问题进行研究探讨和调查。总的来看，总承包既给企业带来压力，也产生了动力；明确规定了承包企业对国家应负的责任，国家也相应扩大了企业经营自主权。在煤矿制定的若干缓解措施，使不少企业在一定程度上增加了活力，提高了应变能力，围绕总承包的配套改革也取得一定进展。但在国家全面经济改革不断发生变化的形势下，要进一步完善总承包，需要解决好产量和盈亏两大指标的协调，承包企业之间因基础条件不同而产生的苦乐不均，原材料涨价、新的增支因素增加很多，煤价低、成本高，亏损越来越大以及企业自身生产经营中存在的问题，需要认真研究解决。

二、对改革煤炭工业管理体制的研究

本会认为，部对统配煤矿企业实行宏观管理和强化煤炭行业管理。对矿务局放权之后，为了调动矿的积极性，矿务局要和矿合理分权。为了适应商品经济的发展，提出了要彻底改成以行政区域为主的煤炭管理体制，建立经济区域的煤炭企业公司。本会根据中国矿院陈宝书教授提出的关于建立苏鲁豫皖4省接壤地区煤炭经济联合体的意见，提出了先在苏鲁豫皖煤炭企业实行松散的横向联合的建议。部领导已采纳了这一建议，有关单位正进行筹备。

三、关于扶植发展地方煤矿政策的讨论

1986年对扶持发展地方煤矿的政策继续进行研讨。这几年地方煤矿发展很快，特别是乡镇煤矿，使煤炭产量大幅度增长，煤炭供应紧张状况有所缓和。但存在两个重要问题：一是乡镇煤矿产量约占全国煤炭产量1/3，如何持续稳定发展，保持后劲；二是江南几省（区）地方煤矿由于受体制、资金、生产和技术装备等条件的制约，目前处境困难。但有的省，如福建省制定了较为完善的扶植地方煤矿的政策，使地方煤矿得到较好的发展。对地方煤矿要在进一步作好调查研究的基础上，制订发展改造地方煤矿的方案和政策。

四、配合部劳资司和集体经济协会对煤矿发展多种经营集体经济进行调查

为在抚顺召开全国煤矿多种经营集体经济工作会议提供了情况和为部领导提出了决策意见。

五、邀请和组织在京理事及部政策研究室、煤科院等有关人员参加研讨会

会议对煤炭工业发展战略、财经政策、劳动工资改革和煤炭供销形势等进行讨论。有关人员就这些问题，介绍了现状，分析了形势，对于存在的问题，提出了改革意见和建议。

六、出版书、报

与6单位联合办《煤炭信息》报与煤炭工业出版社合作组织编写《劳动工资管理丛书》。

中国煤炭职工思想政治工作研究会

3　月

△6～9日　中国煤炭职工思想政治工作研究会第一届年会在北京召开。研究会全体理事、部分团体会员代表和优秀论文作者共80余人参加了会议。会议总结了煤炭行业思想政治工作研究活动的成绩和经验，交流了研究成果，讨论了1986年研究工作任务和计划安排，确定了研究方向和重点研究课题。理事会议决定：

1．部党组成员、政研室兼政工办主任王裕桂同志任研究会会长；增补东煤公司副经理卓利格图同志和部政工办副主任冯天元同志为副会长；

2．在继续接纳团体会员的同时，有计划地吸收少量个人会员；

3．出版会刊《煤炭政工通讯》；

4．建立青年工作研究学组；

5．根据有关规定，对团体会员收缴会费。

李光远副会长在会上作了题为《坚持两个文明一起抓，把职工思想政治工作研究活动不断引向深入》的工作报告。

中国职工思想政治工作研究会副会长兼秘书长赵荫华同志出席了会议并讲了话。

4 月

研究会组建了由山东、河北和江苏等地14个团体会员参加的青年研究学组（第一组），推动了青年思想政治工作研究活动。

此外，还在华东、西南和东北地区建立省际研究会的联席会议和信息交流制度。

5 月

△7～10日　在开滦矿务局召开全国煤矿第6次思想政治工作研讨会。研讨会围绕“端正党风必须治本”这个专题，重点研讨了产生不正之风的根源和思想政治工作方面的原因，以及如何在纠正不正之风中加强党性党风党纪教育，加强和改进思想政治工作等问题。

6 月

△2～5日　第7次思想政治工作研讨会在南桐矿务局召开。这次会议重点研讨了开展双文明建设活动的依据、意义、双文明单位的标准，以及如何在这一活动中加强思想政治工作、搞好组织领导等问题。

△27～30日　全国煤矿第8次思想政治工作研究会在吉林省辽源矿务局召开。会议着重研究探讨了“爱矿山，做主人，献身煤炭事业”教育的基本内容、方法、途径、要求，如何在新形势下把这一教育融会、贯穿、渗透到煤矿企业各项思想政治教育中去，以及怎样使这一教育科学化、系统化、经常化，做到常搞常新等问题。

1986年

△到1986年底，中国煤炭职工思想政治工作研究会共有团体会员140个，其中有省（区）级煤炭职工思想政治工作研究会18个。各团体会员的下属单位普遍建立了研究分会，组建了各种研究学组195个。整个煤炭行业初步形成了部、省、局、矿四级职工思想政治工作研究网络体系。

△由部研究会组织、会长王裕桂主编的《煤矿思想政治工作探讨》，由煤炭工业出版社于1986年9月出版。这本书从煤炭行业的实际出发，注意理论与实践相结合，总结了煤炭战线思想政治工作经验，集中了近几年的研究成果并由于洪恩部长作序，是我国第一部系统论述煤炭系统思想政治工作的专著。

△出版《煤炭职工思想政治工作论文集》第2～4集。

△编发《煤炭政工通讯》，全年共编印24期，约14万字。

△表彰优秀研究会和优秀论文。

经基层研究会推荐，部研究会评审小组评议，理事会讨论决定：命名12个单位的思想政治工作研究会为1986年度优秀研究会。这12个单位是：山东煤管局、淄博矿务局、肥城矿务局、鸡西矿务局、鹤岗矿务局、抚顺矿务局、开滦矿务局、阳泉矿务局、平顶山矿务局、龙岩矿务局、红茂矿务局和涟邵矿务局。同时还表彰了8篇优秀论文。

在中国职工思想政治工作研究会第二届年会上，中国煤炭职工思想政治工作研究会和鸡西矿务局研究会分别被授予研究会工作奖；大同矿务局和南桐矿务局分别被授予“1986年度思想政治工作优秀企业”称号。

中国煤矿文化宣传基金会

1 月

△17日　在北京召开全国文学刊物发奖会。

1979年以来，《人民文学》、《当代》和《中国》等36家文学刊物发表了煤矿题材的小说、散文、报告文学和诗歌等作品541篇（首）。为表彰这些刊物，根据发表煤矿题材作品的数量分别给予奖励。

2 月

△23日　煤矿职工美术书法作品在广州展出。副会长罗宏达主持开幕式。广东美协副主席黄笃维、书协秦萼生、广东省原省长刘田夫、原煤炭厅长张英、广东省煤矿文化基金会秦德夫和原燃料工业部部长陈郁的夫人袁溥之应邀出席。展出一周，观众近万人。

4 月

△4日　在四川永荣矿务局召开剧本创作笔会，40多名业余作者参加。作者与专家结合，对50多个剧本逐一研讨，有基础的剧本已送有关电视台供选用。

△4日　在湖南涟邵召开“太阳石”微型作品征文授奖会第四次笔会，60多人出席，37篇作品获奖。

△10～16日　摄影研究会第二次工作会议在贵州林东矿务局召开。会议总结了广大摄影工作者努力为矿区两个文明建设服务，发挥战地记者作用和积极进行艺术创作的成绩与经验。基金会副会长兼摄影研究会主任罗宏达主持会议。

7　月

△20～25日　美术、书法工作会议在北京召开。会议总结了上届工作会以来的工作成绩和队伍建设的情况，安排了两研究会的近期工作；改选两研究会委员会。书法研究会主任梁东主持会议。基金会会长张超出席并讲了话。会上还请美术书法专家讲课并通报了国内外信息。

9　月

△10日　为有目的地给基层培养骨干，影视研究会在山东龙口举办为期一月的表演、导演培训班。从表导、基本理论和戏剧一般规律安排教学并进行实践演出，收获很大。影视研究会副主任颂扬主持办班，戏剧学院教师盛毅、赵健、张筠英任教。

10　月

△29日～11月4日　本基金会文学研究会召开文学作品研讨会，着重讨论江苏作家周梅森新近创作的煤矿题材长篇小说《黑坟》。研讨会由苗培时同志主持，南京市作协《青春》编辑部和《南京日报》等均派人参加。

煤炭工业产品

国家级优质煤炭工业产品

荣获国家质量奖金质奖产品名单

产品名称	生产地区和单位	获奖时间
冶炼特级精煤	湖南 株州洗煤厂	1982年
冶炼二级精煤	辽宁 抚顺矿务局龙凤矿	1982年
黑龙江牌MAZ-200型煤矿安全钻机	黑龙江 鸡西煤矿专用设备厂	1983年
JNC牌MLS_3-170系列采煤机	黑龙江 鸡西煤矿机械厂	1984年
宝塔牌ASZ-30型自动苏生器	辽宁 抚顺煤矿安全仪器厂	1984年
SGZ-764/264型中双链刮板输送机	河北 张家口煤矿机械厂	1985年
DQZBH-300/1140矿用隔爆兼安全火花型真空磁力起动器	江苏 徐州煤矿机械厂	1985年
MZD-280-43型煤矿专用耐磨水泵	吉林 辽源矿务局机电修配厂	1985年
煤友牌SGZ-730/320型刮板输送机	宁夏 西北煤矿机械总厂一厂	1986年

注：获国家金牌、银牌奖和部优质产品奖有效期为5年，到期复评，评不上自行注销。

荣获国家质量奖银质奖产品名单

产品名称	生产地区和单位	获奖时间
HZWA型金属支柱	安徽 淮南煤矿机械厂	1979年、1983年
ASZ-30自动苏生器	辽宁 抚顺煤矿安全仪器厂	1979年（1984年获金牌）
40T可弯曲刮板输送机	宁夏 西北煤矿机械厂	1980年、1985年
工业毫秒延期电雷管	辽宁 抚顺矿务局十一厂	1980年、1985年
YBC系列齿轮油泵	河北 石家庄煤矿机械厂	1980年
煤花牌三环链	吉林 辽源矿务局机电修配厂	1981年
煤矿硝铵炸药（2号抗水，3号）	辽宁 阜新矿务局十二厂	1981年
嵩山牌DZ型外注式单体液压支柱	河南 郑州煤矿机械厂	1981年

续表

产　品　名　称	生产地区和单位	获奖时间
DS_2B-40矿用隔爆型三相异步电动机	宁夏　西北煤矿机械厂	1981年
MTS牌MZ-12型煤电钻	天津　天津市煤矿专用设备厂	1982年
鹤菱牌18×64矿用高强度圆环链	河南　鹤壁矿务局链环厂	1982年
双鲸牌14×50矿用高强度圆环链	湖北　湖北煤矿机械厂	1982年
张垣牌22×86矿用高强度圆环链	河北　张家口煤矿机械厂	1982年
WX牌XRB_{2B}型乳化液泵	江苏　无锡第一煤矿机械厂	1982年
FDJ牌DMB-170S矿用隔爆型电动机	辽宁　抚顺煤矿电机厂	1982年
金蝶牌采煤机截齿	吉林　辽源矿务局平岗煤矿截齿厂	1982年
五级洗中块	辽宁　抚顺矿务局老虎台选煤厂	1983年
抚顺牌KS-8型矿灯	辽宁　抚顺矿灯厂	1983年
黔阳牌K S-8型矿灯	贵州　贵阳矿灯厂	1983年
地球牌MFB50·100隔爆型晶体管电容式发爆器	陕西　渭南煤矿专用设备厂	1983年
淮南牌SDJ-150型伸缩式带式输送机	安徽　淮南煤矿机械厂	1983年
煤友牌SSP-1000型落地架可伸缩式输送机	宁夏　西北煤矿机械总厂	1983年
双鲸牌SGD-320/17B型单链弯曲刮板输送机	湖北　湖北煤矿机械厂	1983年
宝塔牌AQG-1型甲烷测定器	辽宁　抚顺煤矿安全仪器厂	1983年
双峰牌AQG-1型甲烷测定器	河北　峰峰金属支架厂	1983年
秒牌延期电雷管	辽宁　阜新矿务局十二厂	1983年
张垣牌SZQ-75型桥式转载机	河北　张家口煤矿机械厂	1984年
嵩山牌ZY35型支撑掩护式液压支架	河南　郑州煤矿机械厂	1984年
黔峰牌CDYT-2·5煤矿防爆特殊型电机车	贵州　六盘水煤矿机械厂	1984年
金铃牌AYJ-1型瓦斯遥测警报仪	四川　重庆煤矿安全仪器厂	1984年
SM牌TXU-75A煤矿安全钻机	河北　石家庄煤矿机械厂	1984年
七级洗大块煤	辽宁　抚顺矿务局西露天矿	1984年
冶炼十级精煤	湖南　株州选煤厂	1985年
冶炼十二级焦精煤	河北　峰峰矿务局马头选煤厂	1985年
铁芯爆破线	辽宁　抚顺矿务局十一厂	1985年
淮河牌水胶炸药	安徽　淮北矿务局910厂	1986年

煤 炭 产 品

国家级、部级和省级煤炭优质产品

国家级和部级煤炭优质产品名单

序号	产品名称	生产企业	获奖时间	获奖级别	煤质牌号	粒度 (mm)	干基灰分 A^g(%)	全水分 W_Q(%)	全硫分 S^g_Q(%)	挥发分产率 V^r(%)	低位发热量 Q^r_{DW}, MJ/kg (kcal/kg)
1	冶炼二级精煤	抚顺矿务局龙凤矿选煤厂	1982	国家金质奖	气煤	<60	5.96	8.62	0.54	48.41	
2	冶炼特级精煤	湖南株州选煤厂	1982	国家金质奖	焦煤	<50	4.66	9.51	0.72	23.66	
3	冶炼二级精煤	抚顺矿务局老虎台矿选煤厂	1982	部优	气煤	<60	5.98	10.62	0.39	44.26	
4	冶炼十级精煤	湖南株州选煤厂	1982	部优	焦煤	<50	9.70	10.57	0.46	17.48	
5	冶炼十级精煤	峰峰矿务局邯郸选煤厂	1982	部优	瘦煤	<80	9.91	12.04	0.79	17.50	
6	冶炼十三级精煤	开滦矿务局马家沟矿选煤厂	1982	部优	肥煤	<50	11.44	12.30	0.72	30.99	
7	冶炼十四级精煤	开滦矿务局林西矿选煤厂	1982	部优	肥煤	<50	11.87	13.30	0.71	23.07	
8	五级洗中块	抚顺矿务局老虎台矿选煤厂	1983	国家银质奖	气煤	25～60	8.69	5.28	0.46	47.54	26.74 (6395)
9	冶炼十一级精煤	萍乡矿务局高坑矿选煤厂	1983	部优	气煤 (1/3焦煤)	<50	10.43	11.54	0.80	32.00	
10	冶炼十四级精煤	开滦矿务局吕家坨矿选煤厂	1983	部优	肥煤	<80	11.93	10.80	0.87	29.95	
11	七级洗大块	抚顺矿务局西露天选煤厂	1984	国家银质奖	长焰	50～300	10.70	7.70	0.80	48.62	26.21 (6269)
12	冶炼十二级精煤	峰峰矿务局马头选煤厂	1984	部优	焦煤	<80	10.78	12.49	0.88	24.07	
13	七级洗中块煤	抚顺矿务局龙凤矿选煤厂	1984	部优	气煤	25～60	9.86	2.93	0.49	47.36	28.93 (6918)
14	冶炼十一级精煤	西山局太原选煤厂	1984	部优	肥煤	<50	10.30	10.26	0.51	28.72	
15	七级选特块煤	阳泉荫营煤矿	1984	部优	无烟煤	>100	9.04	3.19	1.10	9.0	30.68 (7338)
16	冶炼十四级精煤	沈阳矿务局本溪矿选煤厂	1981	部优	焦煤	<50	11.98	11.34	1.56	20.42	
17	冶炼十二级精煤	开滦矿务局唐山矿选煤厂	1985	部优	气煤 (1/3焦煤)	<50	10.86	10.80	0.46	34.00	
18	六级洗中块煤	抚顺矿务局西露天矿选煤厂	1985	部优	长焰	25～50	8.95	8.99	0.70	47.00	26.09 (6240)
19	冶炼八级精煤	徐州矿务局庞庄矿东城选煤厂	1985	部优	气煤	<50	8.63	7.67	0.83	37.38	
20	十一级洗混中块煤	徐州矿务局旗山矿选煤厂	1985	部优	气煤	>13	15.40	4.75	0.41	35.44	28.37 (6784)
21	九级选大块煤	阳泉荫营煤矿	1985	部优	无烟煤	50～100	10.54	3.00	1.10	8.00	30.11 (7200)
22	冶炼十级精煤	湖南株州选煤厂	1985	国家银质奖	焦煤	<50	9.78	10.07	0.45	22.00	
23	冶炼十二级精煤	峰峰矿务局马头选煤厂	1985	国家银质奖	焦煤	<50	10.87	11.78	0.79	22.00	

山西省省级煤炭优质产品名单

序号	产品名称	生产厂矿	煤质牌号	主要质量指标					
				粒度 (mm)	灰分A^g (%)	水分W_Q (%)	硫分S_Q^g (%)	挥发分产率V^r (%)	发热量Q_{DW}^Y, MJ/kg (kcal/kg)
1	九级洗大块	阳泉矿务局一矿	无烟煤	>50	11.56	3.70	1.23	9.76	30.90(7394)
2	九级洗中块	阳泉矿务局一矿	无烟煤	25～50	12.34	4.10	1.11	9.87	30.96(7405)
3	十级洗大块	阳泉矿务局二矿	无烟煤	>50	15.49	2.10	0.79	10.26	29.23(6990)
4	十级洗中块	阳泉矿务局二矿	无烟煤	25～50	17.13	2.70	0.78	10.54	28.71(6866)
5	十一级洗小块	阳泉矿务局二矿	无烟煤	13～25	17.48	3.00	0.84	10.58	28.85(6899)
6	十二级末煤	阳泉矿务局三矿	无烟煤	0～13	18.53	7.00	0.86	9.93	28.56(6830)
7	九级选大块	阳泉矿务局四矿	无烟煤	>50	14.49	3.70	1.61	9.28	28.87(6905)
8	九级选大块	晋城矿务局古书院矿	无烟煤	50～100	12.01	4.55	0.35	6.90	30.53(7300)
9	十二级末煤	晋城矿务局古书院矿	无烟煤	0～13	18.00	8.22	0.35	7 99	27.89(6669)
10	九级洗中块	晋城矿务局凤凰山矿	无烟煤	25～50	12.02	4.78	0.29	6.81	30.44(7280)
11	十一级冶炼精煤	太原选煤厂	瘦煤	0～50	10.41	10.69	0.79	16.88	31.72(7586)
12	十二级选中块	荫营煤矿	无烟煤	25～50	18.51	3.18	1.10	8.00	26.76(6400)
13	十二级末煤	荫营煤矿	无烟煤	0～13	18.44	7.55	0.83	9.50	29.72(6678)

按加工方法和灰分划分煤炭品种和等级的规定

一、煤炭产品的品种

按产品用途、加工方法和质量规格，煤炭产品划分为5大类、27个品种。

1. 精煤　经选煤厂加工供炼焦或其它工业部门使用的精选煤炭产品。

1）冶炼用炼焦精煤　灰分等于或小于12.5%，简称“冶炼精煤”；

2）其他用炼焦精煤　灰分12.51～16.00%，简称“其他精煤”。

2. 粒级煤　经洗选或筛选加工，清除大部或部分杂质与矸石，其粒度分级下限在6毫米以上的煤炭产品。

3. 洗、选煤　经洗选或筛选加工，清除大部或部分杂质与矸石的原煤及其粒度上限在50、25、20、13或6毫米的煤炭产品。

炼焦煤选煤厂同时生产洗混煤的灰分不得超过32.0%，其计量水分与精煤计量水分相同，并以全水分作为计价指标。

4. 原煤　煤矿生产出来只经人工拣矸而未经洗选、筛选加工的煤炭产品。

5. 低质煤　灰分大于40%的各种煤炭产品（包括灰分16～40%的煤泥（水采煤泥）和灰分大于32%的中煤。

煤 炭 产 品 的 品 种 划 分 表

产品类别	品种名称	质量规格		产品类别	品种名称	质量规格	
		粒度（mm）	灰分（%）			粒度（mm）	灰分（%）
1.精煤	冶炼用炼焦精煤	＜50,＜80或＜100	≤12.50	3.洗选煤	洗粒煤	6～13	≤40
					粒煤	6～13	≤40
	其他用炼焦精煤	＜50,＜80或＜100	12.51～16.0		洗原煤	≤300	≤40
2.粒级煤	洗中块	25～50，20～60	≤40		洗混煤*	0～50	≤32
	中块	25～50	≤40		混煤	0～50	≤40
	洗混中块	13～50，13～80	≤40		洗末煤	0～13,0～20,0～25	≤40
	混中块	13～50，13～80	≤40		末煤	0～13，0～25	≤40
	洗混块	＞13，＞25	≤40		洗粉煤	0～6	≤40
	混块	＞13，＞25	≤40		粉煤	0～6	≤40
	洗大块	50～100，＞50	≤40	4.原煤	原煤、水采原煤		≤40
	大块	50～100，＞50	≤40				
	洗特大块	＞100	≤40	5.低质煤	原煤		≥40～49
	特大块	＞100	≤40		中煤	0～50	≥32.01～49
	洗小块	13～25，13～20	≤40				
	小块	13～25	≤40		煤泥（水采煤泥）	0～1	≥16.01～49

* 动力煤选煤厂的洗混煤灰分≤40%。

二、煤炭产品的等级

按灰分指标，冶炼用炼焦精煤划分为15个等级，其它用炼焦精煤划分为7个等级，其它煤炭产品划分为25个等级。

煤炭产品的等级划分表

等级	灰分 (%)	等级	灰分 (%)	等级	灰分 (%)	等级	灰分 (%)	等级	灰分 (%)	等级	灰分 (%)
(一) 冶炼用炼焦精煤						(三) 其它煤炭产品					
一	5.01～5.5	六	7.51～8.0	十一	10.01～10.5	一	4.01～5	十	14.01～16	十九	32.01～34
二	5.51～6.0	七	8.01～8.5	十二	10.51～11.0	二	5.01～6	十一	16.01～18	二十	34.01～36
三	6.01～6.5	八	8.51～9.0	十三	11.01～11.5	三	6.01～7	十二	18.01～20	二十一	36.01～38
四	6.51～7.0	九	9.01～9.5	十四	11.51～12.0	四	7.01～8	十三	20.01～22	二十二	38.01～40
五	7.01～7.5	十	9.51～10.0	十五	12.01～12.5	五	8.01～9	十四	22.01～24	二十三	40.01～43
(二) 其它用炼焦精煤						六	9.01～10	十五	24.01～26	二十四	43.01～46
一	12.51～13.0	四	14.01～14.5	七	15.51～16.0	七	10.01～11	十六	26.01～28	二十五	46.01～49
二	13.01～13.5	五	14.51～15.0			八	11.01～12	十七	28.01～30		
三	13.51～14.0	六	15.01～15.5			九	12.01～14	十八	30.01～32		

蒸汽机车用煤质量①

项目	技术要求
类别	长焰煤、弱粘煤、气煤、肥煤 具备运入多种煤配烧的铁路区段： 焦煤、瘦煤（可与其他类别煤配烧，在不能运入其它类别煤的区段，经试验合格可单烧） 不粘煤（可配烧，在不能运入其它类别煤的区段，经试验合格可单烧）
粒度（mm）	6～50各粒级的块煤或混块煤。 块煤供应数量不足的煤矿，可暂供应 原煤　含矸率≤1% 混煤　粒度 0～50 块煤限下率按煤炭产品规格的规定
挥发分产率V^r（%）	≥20
灰分 A^g（%）	≤24
煤灰熔融性T_2（℃）	≥1200
硫分S_Q^g（%）（长隧道及隧道群区段）	≤1
低位发热量Q_{DW}^Y, MJ/kg（kcal/kg）	≥20.91～23.00（≥5000～5500） ≥23.00～25.09（≥5500～6000） ≥25.09（≥6000）

① 据中华人民共和国国家标准GB4063-83。

出口煤炭产品介绍

	粒度 (mm)	全水分 (%)	干基灰分 (%)	干基全硫分 (%)	干基挥发分产率 (%)	干基发热量 MJ/kg(kcal/kg)	自由膨胀序数
大同动力煤	0～50，＞95%	＜8	＜12	＜1，最高≯1.2	＞27	＞28.47（＞6800）	
淮北洗精煤	0～50	＜10	＜10	＜0.3	27～31.5		3～5
开滦洗精煤	0～50	＜10	＜11.5	＜0.8	23～30		7～9
枣庄洗精煤	0～50	＜10	＜8.5	＜0.8	32～34		5～7
太西无烟块煤	20～80，＞65%	＜5	11～12	＜0.5	＜11	＞29.31（＞7000）	
太西无烟粒煤	15～40，＞70%	＜5	11	＜0.5	＜11	＞29.31（＞7000）	
太西无烟粉煤	0～30，＞80%	＜7	12～13	＜0.5	＜11	＞29.31（＞7000）	
阳泉无烟块煤	20～60，＞65%	＞5	12～14	＜1，最高≯1.2	＜11	＞29.31（＞7000）	
阳泉无烟粉煤	0～30，＞80%	＜7	22～24	＜1.1，最高≯1.5	＜11	＞27.21（＞6500）	
山西无烟粉煤	0～30，＞80%	＜7	13～15	＜0.5	＜10	＞25.96（＞6200）	
百善无烟粉煤	0～30，＞80%	＞7	≤20	＜0.7	＜11	＞27.21（＞6500）	
洛阳无烟粉煤	0～30，＞80%	＞7	18～20	＜0.5	＜12	＞27.21（＞6500）	
晋城无烟块煤	20～60，＞65%	＞5	14～16	＜0.6	＜10	＞28.47（＞6800）	
中国无烟煤	0～30，＞80%	＞7	＞30	＞1	＜10	0～30（＞8000）	

煤矿机电产品

部级优质机电产品

1986年煤炭工业部优质机电产品名单

序号	产品名称	生产地区和单位
1	煤友牌SGZ-730/320型刮板输送机	宁夏　西北煤矿机械总厂一厂
2	QY200-14/31A型液压支架	北京　北京煤矿机械厂
3	YTL-610型圆图压力记录仪	陕西　西安煤矿仪表厂
4	JDM_{2B}-150S（A）型隔爆电机	辽宁　抚顺煤矿电机厂
5	KSB-8型矿用安全帽灯	湖南　邵阳矿灯厂
6	MZ-12型煤电钻	河南　温县煤矿设备厂
7	GJ 2 号镐型采煤机截齿	山西　大同截齿厂
8	GJ 5 号镐型采煤机截齿	山西　大同截齿厂

通过鉴定的煤矿机电新产品

序号	产品名称	生产地区和单位
1	液压凿岩机及其配套钻车	浙江 衢州煤矿机械厂
2	沈阳蒲河煤矿FYA$\frac{400}{450}$-16/26型放顶煤液压支架	河南 郑州煤矿机械厂
3	1140/660V，160A隔爆型真空可逆磁力起动器	江苏 徐州煤矿机械厂
4	大同坚硬顶板高工作阻力TZ720型液压支架	河南 郑州煤矿机械厂
5	液压支架优化设计	河南 郑州煤矿机械厂
6	ZMZ-5型装煤机	北京 北京煤矿机械厂
		广东 广东省煤矿机械厂
7	消化引进各类环境监测系统——AU$_1$型集中监测系统和ASH$_1$型数据处理系统实现国产化	辽宁 抚顺煤矿安全仪器厂
8	窑街FY280-14/28型急倾斜放顶煤液压支架	河南 郑州煤矿机械厂
9	PDZ型炮采单体液压支柱	浙江 衢州煤矿机械厂
10	BY320-23/45型掩护式液压支架	北京 北京煤矿机械厂
11	AHG-4A型氧气呼吸器	四川 重庆煤矿安全仪器厂
12	AYG-40型压缩氧自救器配套面具	四川 重庆煤矿安全仪器厂
13	MJC-100A型煤矿集中检测装置	陕西 西安煤矿仪表厂
14	AW$_2$型携带式瓦斯检测仪	辽宁 抚顺煤矿安全仪器厂
15	TK-3型钻机	河北 石家庄煤矿机械厂
16	MRX-110/320型乳化液泵	江苏 无锡煤矿机械厂
17	AWJ-80型瓦斯微机监控系统	陕西 渭南煤矿专用设备厂
		四川 重庆煤矿安全仪器厂
18	SGZ-764/320及SGZ764/320W型刮板输送机	河北 张家口煤矿机械厂
19	BC480-22/42型支撑掩护式液压支架	北京 北京煤矿机械厂
20	200A/1140V型真空磁力启动器	江苏 徐州煤矿机械厂
21	井下单轨吊运输配套装置	河北 石家庄煤矿机械厂
22	BC560-22/35型液压支架	北京 北京煤矿机械厂
23	TZKC-9型矿井槽波地震仪和槽波地震探测方法	陕西 渭南煤矿专用设备厂
24	MLS$_{3G}$-2×170型采煤机	黑龙江 鸡西煤矿机械厂
25	BO-450和BO-400型液力变矩偶合器	河北 张家口煤矿机械厂
26	AZL-60型过滤式自救器和AZL-X-1型训练用过滤式自救器	湖南 湖南煤矿安全仪器厂
27	ZGC-300型采煤机	黑龙江 鸡西煤矿机械厂
28	SGZ-764/320型刮板输送机	河北 张家口煤矿机械厂
29	ZY$_{400}$-20/38型液压支架	河南 郑州煤矿机械厂
30	AZH$_{40}$型化学氧自救器	湖南 湖南煤矿安全仪器厂
		辽宁 抚顺煤矿安全仪器厂
31	BCY-6/900型钢丝绳卡轨车	河北 石家庄煤矿机械厂
32	QZBH-200/1140型隔爆兼安全火花型磁力启动器	江苏 徐州煤矿机械厂

书、报、刊简目

煤炭工业出版社

地　址　北京安定门外和平里北街21号
电　话　4212197
电报挂号　北京2961
国内发行　新华书店北京发行所

全国各地新华书店零售
煤炭工业出版社发行部零售
（地址：北京东四六条69号　电话：44.4906）
国外发行　中国国际书店

煤炭专业科技图书

1. 地质测量

沉积学导论〔英〕R.C.塞利著　吴贤涛　胡斌译

痕迹学入门　吴贤涛编著

世界各国煤炭储量〔苏〕H.Г.热列兹诺娃等著　王国清译

煤田地质勘探干部技术知识丛书

水文地质　高洪烈编著

勘探企业管理　贾广才编著

* * *

PC-1500 矿山测量计算程序　黄绍东　王绍林　叶玉田著

2. 建　井

矿山企业建设设计〔苏〕A.Г.古泽耶夫著　吴秀文　莫国震译

现代施工组织设计　朱祝华编著

地震区地下结构物支护的计算〔苏〕H.H.福季耶娃著　徐显毅译

三心拱计算用表　鞠吉祥　崔安邦编著

矿山岩体力学〔波〕M.鲍莱茨基　M.胡戴克著　于振海　刘天泉译

地下结构力学〔苏〕H.C.布雷切夫著　王明恕译

固体动力破碎〔苏〕B.C.尼基福罗夫斯基　E.И舍马金著　余静　彭庆霁译

矿业俄语注释读物——井巷工程　钟发楹　伍济美编

3.采　煤

地　下　开　采

采煤综合机械化技术丛书

采煤方法　钱鸣高　李鸿昌等编

综采输送机　张国柱　方佳雨编著

液压支架　张家鉴　陈享文　伊长德编

* * *

无煤柱开采　李栖凤主编

缓倾斜煤层采区设计优化　王玉浚编著

矿井开采方法最优化〔苏〕A.C.布尔恰科夫　B.M.济科夫著　刘吉昌　吕光华译

安　全　技　术

煤矿安全技术培训教材

井下工基本知识　卿列强　林石英编

* * *

矿井风网动坐标解法及其应用　唐海清著

煤和瓦斯突出技术丛书

煤和瓦斯突出机理　于不凡编著

开采解放层的认识与实践　于不凡编著

* * *

露　天　开　采

露天开采工艺〔苏〕B.B.里热夫斯基　阜新矿业学院　山东冶金工业学院等译

4. 机　电

矿井机车运输系统优化〔苏〕A.Д.斯皮岭著　杨复兴译

刮板输送机的使用与维护　孙庆超编

矿井轨道运输　李树森编著

煤矿液压技术 孙九如编著

通风机气动略图和特性曲线 〔苏〕T.C.索洛玛霍娃等著 陈富礼 于绍和译

矿山电气设备防爆性能 〔苏〕A. A.凯马科夫等著 黄守明译

液压油概论 林济猷编著

煤矿机电配件知识 朱满录 刘玉堂主编

液压支架液压传动的计算与设计 〔苏〕Ю.Ф.波诺马连科等著 董玉文等译

提高采矿机械的强度与耐久性 〔苏〕A.B.多库金等著 周公韬 沈世华译

齿轮啮合理论 陈惟荣著

合金粉末氧乙炔焰喷涂与喷熔 郭治安 王可寰编著

煤矿安全仪器仪表丛书

甲烷测定器 祝运武 李德洪 杨成全编著

AYJ-1型瓦斯遥测警报仪 苟兴贵 黄志浩 刘硕节编著

* * *

交流调速系统 〔美〕B.K.博瑟编 顾永辉 谢桂林等译

电子系统的理论和应用 〔美〕H.柴格著 陈民隆译

微型计算机软件基础技术 〔日〕横井与次郎著 唐长钧 徐子亮译

PC-1500袖珍计算机实用程序设计（BASIC语言） 顾骏梁编著

DJS-010微处理器（MC/4500B）系统及其应用 张效陶编

矿业英语注释读物——矿井工作面设备 中国矿业学院外语教研室 淮北煤炭师范学院英语教研室编注

5. 煤炭加工利用

选煤实用数理统计 张荣曾编

煤炭洗选环境工程 单忠健编著

6. 企业管理

管理科学基础 〔美〕D.R.安得森等著 李定江等译

煤炭工业技术经济分析 〔苏〕A.M.库尔诺索夫等著 李毓峰译

煤矿企业管理基础读物

生产计划管理 雷济华编

* * *

国外煤炭工业统计 张大艺编

煤炭工业企业配件管理 张所敬 刘玉堂等编

7. 工具书

中国煤炭工业年鉴（1985） 煤炭工业部《中国煤炭工业年鉴》编审委员会编

矿井地质工作手册（下册） 柴登榜主编

建井工程手册 第一卷 沈季良 崔云龙 王介峰等编著

建井工程手册 第二卷 沈季良 崔云龙 王介峰等编著

建井工程手册 第三卷 沈季良 崔云龙 王介峰等编著

建井工程手册 第四卷 沈季良 崔云龙 王介峰等编著

岩石力学有关名词解释 刘听成 高应才 余寿文编

煤矿防尘手册 〔苏〕斯柯钦斯基矿业研究所著 宋世钊等译

露天采矿手册 第二册 穿孔、爆破、采装工程 中国矿业学院主编

露天采矿手册 第三册 铁路、公路、胶带输送机 中国矿业学院主编

露天采矿手册 第五册 开采境界、开采程序、开拓、生产能力 中国矿业学院主编

矿山固定机械手册 戴瑞生 关福奎 范家骏等编

日汉矿业词汇 《矿业词汇》编审委员会编

中国煤炭工业企事业名录 《中国煤炭工业企事业名录》编辑委员会编

8. 教材

高等学校教学用书

大地测量仪器学 郭达志 周丙申 聂恒庄编

建井工程结构（修订本） 陶柏祥 李和群 胡学文编

建井通风与安全 邹在邦 史惠昌编

采煤概论（修订本） 焦作矿业学院 阜新矿业学院编

开采方法（修订本） 张文生 王树仁编

工程热力学及传热学 丁国玺编

流体机械 白铭声 陈祖苏编

流体力学 王维新编

自动控制原理 魏泽国 路世瑞 孟宪家编

中等专业学校教学用书

煤矿水文地质学（修订本） 庞渭舟 刘维周编

岩层移动与"三下"采煤 曹志伟 翟厥成编

煤矿技工学校试用教材

煤矿开采方法 宋西陀等编

矿山固定机械安装工艺 齐殿有主编

9. 规程

煤矿安全规程（1986年版）

10. 其它

中国古代煤炭开发史 《中国古代煤炭开发史》编写组著

煤矿思想政治工作探讨 中国煤炭职工思想政治工作研究会著

开采光和热的人们 煤炭工业部政策研究室编

部办专业刊物及主要论文题录

《煤 炭 学 报》(季刊)

国内发行　《煤炭学报》编辑部
国外发行　中国国际书店（北京2820信箱）
　　　　　代号　Q190
　　　　　北京市期刊登记证第240号
编辑部地址　北京安定门外和平里
　　　　　　煤炭科学研究院内

华北陆台南部石炭系研究的新进展兼论其铁铝层穿时性
王仁农　王长海　1986年，№1，P．1～9
爆生气体对破岩作用的动光弹研究
王树仁　朱振海　魏有志　1986年，№1，P．11～22
松软岩层条带碳的实验及应用
陆家梁　朱效嘉　1986年，№1，P.23～32
地下工程中普及数值分析的实用途径
李世辉　1986年，№1，P.41～48
超前集中应力分布与矿山地下工程的矿压显现
李先才　1986年，№1，P.49～61
用信息处理技术判断自然发火位置
黄伯轩　韩来德　汪洋　高青山　1986年　№1，P.63～70
计算机模拟在编制回采工作面规划中的应用
陈鸿章　梁杰　1986年，№1，P.71～76
SIRUS-400型采煤机液压牵引部伺服机构性能的理论分析
许贤良　1986年，№1，P．77～84
论岩溶塌陷形成机理
徐卫国　赵桂荣　1986年，№2，P．1～10
原煤可选性曲线的数学模拟
路迈西　1986年，№2，P．13～20
阴山南麓的两个陆相石炭系剖面
汪曾荫　尚冠雄　1986年，№2，P．21～28
中频电磁波在三层介质模型矿井中的传播特性
秦幼明　吴荣光　1986年，№2，P．29～36
“气刃效应”的初步研究
张奇　1986年，№2，P．43～48
液压支架的扭转强度分析
白为璠　1986年，№2，P．49～63
超前围壁锚杆结构与作用机理
余静　刘之洋　张玉奎　刘庆东　1986年，№2，P．64～70
坚硬顶板长壁采场的悬梁结构及其控制
靳钟铭　1986年，№2，P．71～79
非均质冻结壁弹塑性应力分析及壁厚的计算
尤春安　1986年，№2，P．80～88
我国不同时代褐煤煤质特征的研究
杨金和　刘恩庆　陈文敏　1986年，№2，P．89～96
判定巷道断面上压力方向的方法
徐云尧　赵惇义　李泽农　1986年，№3，P．11～22
液压支架安全阀的数字计算机模拟分析和实验研究
李金良　1986年，№3，P．23～32
岩体稳定性动态分级的声波参数测定与分析
张晶瑶　1986年，№3，P．43～50
光面爆破机理的试验研究
杨永琦　朱振海　方文儒　1986年，№3，P．69～76
软化岩层中巷道的塑性区与破碎区分析
袁文伯　陈进　1986年，№3，P．77～86
地下工程中岩石力学问题的基本特点
陈子荫　1986年，№4，P．1～7
冲击式钻眼法的应力波理论
杨善元　1986年，№4，P．29～35
多伸缩油缸分析计算
衣宪章　1986年，№4，P．37～45
本质安全电路的能量检验理论
郭余庆　王岩　1986年，№4，P．47～52
关于华北石炭二叠系地层界限问题的古磁研究
苏朴　贾炳文　1986年，№4，P．53～59
应用浓缩设备中流体运动的性状设计浓缩设备的新方法
李忠信　1986年，№4，P．67～76
论煤矿高压供电越级跳闸事故
孙海裕　1986年，№4，P．77～84

《煤炭科学技术》(月刊)

国内总发行　北京报刊发行局　代号2-831
国外总发行　中国国际图书贸易总公司（中国国际书店北京2820信箱）代号M189
　　　　　　北京市期刊登记证　第241号
　　　　　　广告经营许可证　朝字011号
编辑部地址　北京安定门外和平里煤炭科学研究院内

改革创新　开拓前进　为完成“七五”时期的任务而

努力奋斗
叶青 1986年，№1，P．2～5
进一步加强顶板管理 为实现安全生产总目标而奋斗
胡富国 1986年，№4，P．2～6
中国煤炭科学技术专辑
1986年，№12，P．2～63
奥灰岩溶陷落柱特大突水灾害的治理（上）、（下）
开滦矿务局等 1986年，№1，P．6～14，№2，P．7～10
深井降温的设计与实施
曹念忠等 1986年，№1，P．15～19
大采高液压支架的稳定性问题
祁寿勋等 1986年，№1，P．35～39
采场常见顶板事故的统计分析
邢兆铭等 1986年，№2，P．2～6
厚松散含水层下近松散层的安全开采
刘天泉 1986年，№2，P．14～18
软岩巷道的晃动现象和它的稳定性
赵惇义 1986年，№2，P．29～33
刮板输送机的电机功率和链板运行阻力
邵君良 1986年，№2，P．42～45
槽波地震法探测煤层的不连续构造
左德堃等 1986年，№3，P．18～22
以动态破坏时间鉴定煤的冲击倾向
张万斌等 1986年，№3，P．31～34
全应力应变曲线在冲击地压中应用的试验研究
朱之芳 1986年，№3，P．35～40
钢板混凝土沥青柔性井壁
淮南矿务局建井工程处等 1986年，№4，P．17～20
粗、中粒合理跳汰周期曲线的研究
张维庆等 1986年，№4，P．37～40
大力发展煤炭洗选加工
煤炭工业部加工利用局 1986年，№5，P．2～3
提高液压支架初撑力的途径
赵衡山 1986年，№5，P．24～27
中国滑动构造专题讨论摘编
1986年，№5，P．37～41
试论我国煤矿井下低压供电保护系统的技术改造
叶尢生 1986年，№5，P．45～48
关于《煤矿安全规程》的修订
煤炭工业部安全监察局 1986年，№6，P．2～4
改变现行辅助运输系统及其装备
朱培华 1986年，№6，P．5～9
中国新的煤炭分类
杨金和等 1986年，№6，P．42～49
综采工作面Z型前进采煤
王金侠等 1986年，№7，P．2～6
地应力测量与矿山地质
丁旭初等 1986年，№7，P．16～21
蜂窝煤生产合理流程的研究
马向前等 1986年，№7，P．22～25
长壁开采覆岩破坏移动的基本规律
张延涛等 1986年，№8，P．2～8
Super Calc3在煤矿中的应用
潘正伯 1986年，№8，P．45～52
在安全条件下提高爆破效率
本刊编辑部 1986年，№9，P．2～7
我国低灰分煤炭资源的研究和利用
戴和武 1986年，№9，P．40～42
金属网下推垮型冒顶事故的分析及防治措施
毕华照 1986年，№10，P．2～5
混凝土帷幕凿井技术
1986年，№10，P．6～9
新煤炭分类的分类效果与原方案的衔接
陈鹏 1986年，№10，P．23～25
紧急行动起来 为全面提高煤炭质量努力奋斗
1986年，№11，P．2～5
防治顶板事故的力学原理及基本措施
史元伟 1986年，№11，P．4～9
谢桥三个冻结井施工的经验教训
陈明华 1986年，№11，P．10～12
煤制活性炭
王继生等 1986年，№11，P．18～21

《世界煤炭技术》（月刊）

国内总发行 北京报刊发行局 代号2-836
国外总发行 中国国际书店（北京2820信箱）代号M332
北京市期刊登记证 第243号
国际标准连续出版物号 ISSN 0257-4896
编辑部地址 北京安定门外和平里北街21号煤炭工业部科学技术情报研究所内

围绕重点 组织技术攻关
叶青 1986年，№6，P．3～7
水煤浆制备和利用技术的发展动向
李师仑 1986年，№2，P．3～7
矿井气力提升设备
杨福新 1986年，№2，P．8～11
国外煤气化联合循环发电工程的进展
张祖先 1986年，№5，P．3～6
门式斗轮贮装机挖掘力测试传感器和测试信号的传送
肖光歧 1986年，№6，P．17～20
国外选煤技术发展的新动向
李忠信 1986年，№8，P．3～7
鲁布革引水隧道的工程技术及管理
崔增祁 1986年，№8，P．21～25
美国西部几个露天矿的特点
包殿福 1986年，№9，P．3～6

煤矿冲击地压的发生条件和机理

赵本钧　1986年，№9，P．7～13

煤矿瓦斯防治技术

于不凡　1986年，№10，P．19～23

计算机在急倾斜煤层爆破设计中的应用

钟荣汉　1986年，№10，P．24～29

我国长壁工作面通风方法的分析

韩来德　1986年，№12，P．3～8

研磨射流

崔谟慎　1986年，№4，P．38～42

交互式绘图设计系统在采矿中的应用

张幼蒂　1986年，№11，P．17～21

采动过程中地表移动变形计算

王金庄　1986年，№9，P．29～34

部分企、事业单位名录

统 配 煤 矿

北 京 矿 务 局

局　　长　刘少昆
地　　址　北京市门头沟区新桥南大街2号
电　　话　8772781
电报挂号　9999
主要产品　无烟煤

北京矿务局城子煤矿

矿　　长　马士培
地　　址　北京市门头沟区门头沟公社七棵树
电　　话　8772781转570

北京矿务局门头沟煤矿

矿　　长　李德亮
地　　址　北京市门头沟区门头沟公社东辛房
电　　话　8772781转450

北京矿务局杨坨煤矿

矿　　长　耿文茂
地　　址　北京市门头沟区军庄公社西杨坨
电　　话　8772781转580

北京矿务局王平村煤矿

矿　　长　刘天才
地　　址　北京市门头沟区色树坟公社
电　　话　8772781转481

北京矿务局大台煤矿

矿　　长　祝琦
地　　址　北京市门头沟区大台地区
电　　话　8772781转471

北京矿务局木城涧煤矿

矿　　长　张宁
地　　址　北京市门头沟区大台地区
电　　话　8772781转681

北京矿务局房山煤矿

矿　　长　顾福山
地　　址　北京市房山县万佛堂
电　　话　8772781转562

北京矿务局长沟峪煤矿

矿　　长　田世英
地　　址　北京市房山县周口店公社
电　　话　8772781转572

北京矿务局大安山煤矿

矿　　长　郝汉仁
地　　址　北京市房山县大安山公社元港村
电　　话　8772781转582

开 滦 矿 务 局

局　　长　张汝楫
地　　址　河北省唐山市新华道
电　　话　2-3811
电报挂号　3561
主要产品　精煤、洗混煤、洗混末煤、洗混块、洗中块、洗末煤、原煤

开滦矿务局赵各庄矿

矿　　长　杜文学
地　　址　河北省唐山市东矿区赵各庄
电　　话　51911

开滦矿务局林西矿

矿　　长　李恩贤
地　　址　河北省唐山市东矿区林西
电　　话　51211、52211

开滦矿务局唐家庄矿

矿　　长　李吉耀
地　　址　河北省唐山市东矿区唐家庄
电　　话　52311

开滦矿务局唐山矿

矿　　长　赵文滨
地　　址　河北省唐山市新华道
电　　话　23886、23887

开滦矿务局马家沟矿

矿　　长　白文杰
地　　址　河北省唐山市开平区马家沟
电　　话　31223

开滦矿务局范各庄矿

矿　　长　刘庆棠
地　　址　河北省唐山市南范各庄
电　　话　52511、52512

开滦矿务局吕家坨矿

矿　　长　张维岩
地　　址　河北省唐山市东矿区吕家坨
电　　话　52611、52612

开滦矿务局荆各庄矿

矿　　长　郝哲民
地　　址　河北省唐山市路北区荆各庄
电　　话　开滦矿务局总机转荆各庄矿

开滦矿务局林南仓矿

矿　　长　李振钢
地　　址　河北省玉田县林南仓镇
电　　话　河北省玉田县林南仓50号

井 陉 矿 务 局

局　　长　张风翔
地　　址　河北省石家庄市
电　　话　305
电报挂号　7102
主要产品　原煤、洗精煤

井陉矿务局一矿

矿　　长　邵震智
地　　址　河北省石家庄市井陉矿区
电　　话　305转307

电报挂号　7102
主要产品　原煤、洗精煤

邢台矿务局显德汪煤矿

矿　　长　贾运增
地　　址　河北省沙河县
电　　话　2033
主要产品　原煤、混煤、块煤

邯 郸 矿 务 局

局　　长　周延亨
地　　址　河北省邯郸市
电　　话　23927
电报挂号　6717
主要产品　煤炭、洗煤

邯郸矿务局王风煤矿
负 责 人　朱洪亮
地　　址　河北省邯郸市峰峰矿区
电　　话　邯郸市　24102
主要产品　精煤、混煤、中煤、煤泥、低值煤

邯郸矿务局康城煤矿
负 责 人　陈昭宏
地　　址　河北省邯郸市武安县
电　　话　郸邯市　24102
主要产品　混煤、大块、中块、小块

邯郸矿务局郭二庄煤矿
负 责 人　李瑞朝
地　　址　河北省邯郸市武安县
电　　话　邯郸市　24102
主要产品　洗无烟煤大块、小块、粒煤、中煤、煤泥、筛选混中块、混煤

邯郸矿务局义井煤矿
负 责 人　阎文选
地　　址　河北省邯郸市峰峰矿区
电　　话　郸邯市　24102
主要产品　混煤

邯郸矿务局阳邑煤矿
负 责 人　梁凤鸣
地　　址　河北省邯郸市武安县
电　　话　邯郸市　24102
主要产品　混煤

邯郸矿务局陶一煤矿
负 责 人　范保仁
地　　址　河北省邯郸市武安县
电　　话　邯郸市　24102
主要产品　大块无烟煤、混煤

邯郸矿务局陶二煤矿
负 责 人　张殿武
地　　址　河北省邯郸市邯郸县
电　　话　邯郸市　24102
电报挂号　0346
主要产品　大块无烟煤、混中块、混煤

河北省下花园煤矿

矿　　长　张复生
地　　址　河北省张家口市下花园区
电　　话　4027
电报挂号　4349
主要产品　工业用煤

八 宝 山 煤 矿

矿　　长　郭宝瑞
地　　址　河北省怀来县
电　　话　沙城2757
电报挂号　1405
主要产品　原煤、民用、工业用煤

大 同 矿 务 局

局　　长　马杰
地　　址　山西省大同市
电　　话　53327
主要产品　弱粘结煤

大同矿务局煤峪口矿
负 责 人　李金
地　　址　山西省大同市煤峪口
电　　话　52102

大同矿务局永定庄矿
负 责 人　张富
地　　址　山西省大同市
电　　话　52202

大同矿务局同家梁矿
负 责 人　连汉堂
地　　址　山西省大同市
电　　话　54302

大同矿务局四老沟矿
负 责 人　孟修儒
地　　址　山西省大同市
电　　话　54402

大同矿务局忻州窑矿
负 责 人　张宝山
地　　址　山西省大同市
电　　话　52502

大同矿务局白洞矿
负 责 人　张喜宏
地　　址　山西省大同市
电　　话　52402

大同矿务局雁崖矿
负 责 人　王际仁
地　　址　山西省大同市
电　　话　52302

大同矿务局挖金湾矿
负 责 人　负锡瑞
地　　址　山西省大同市
电　　话　54202

大同矿务局晋华宫矿
负 责 人　陈志和
地　　址　山西省大同市
电　　话　53102

大同矿务局马脊梁矿
负 责 人　杨育贵
地　　址　山西省大同市
电　　话　52702

大同矿务局大斗沟矿
负 责 人　崔万义
地　　址　山西省大同市
电　　话　53302

大同矿务局王村矿
负 责 人　武占明
地　　址　山西省大同市
电　　话　53402

大同矿务局云岗矿
负 责 人　刘清福
地　　址　山西省大同市
电　　话　53202

阳 泉 矿 务 局

局　　长　万宝成
地　　址　山西省阳泉市北大西街六号
电　　话　2843
电报挂号　7334
主要产品　无烟煤、矿用摩擦式金属支柱等

阳泉矿务局一矿
矿　　长　王世忠
地　　址　山西省阳泉市矿区沙坪
电　　话　2827

阳泉矿务局二矿
矿　　长　张永复
地　　址　山西省阳泉市矿区
电　　话　2829

阳泉矿务局三矿
矿　　长　苑洪臣
地　　址　山西省阳泉市矿区赛鱼
电　　话　2832

阳泉矿务局四矿
矿　　长　张克让
地　　址　山西省阳泉市矿区桥头
电　　话　2834

阳泉矿务局五矿

矿　　长　王克昌
地　　址　山西省阳泉市矿区贵石沟
电　　话　2843转561、562

潞安矿务局

局　　长　尚海涛
地　　址　山西省襄垣县后堡镇
电　　话　2921
电报挂号　3406
主要产品　块煤、混块、精煤

潞安矿务局王庄煤矿

负 责 人　郭法顺
地　　址　山西省长治市故县
电　　话　22161
主要产品　混块、混煤

潞安矿务局石圪节煤矿

负 责 人　郝再文
地　　址　山西省长治市故县
电　　话　21161
主要产品　洗精煤、洗混煤、混煤

潞安矿务局五阳煤矿

负 责 人　张建国
地　　址　山西省襄垣县
电　　话　21561
主要产品　洗精煤、混煤

潞安矿务局漳村煤矿

负 责 人　段庆芳
地　　址　山西省长治市漳村
电　　话　22561
主要产品　混煤

轩岗矿务局

局　　长　余铭
地　　址　山西省原平县轩岗镇
电报挂号　6134
主要产品　肥气煤二号

轩岗矿务局黄甲堡矿

矿　　长　杨忠来
地　　址　山西省原平县轩岗镇黄甲堡
主要产品　气煤

轩岗矿务局六亩地矿

矿　　长　韩瑞仕
地　　址　山西省原平县轩岗镇六亩地
主要产品　肥气煤二号

轩岗矿务局焦家寨矿

矿　　长　张繁
地　　址　山西省原平县轩岗镇焦家寨
主要产品　肥气煤二号、焦煤

轩岗矿务局刘家梁矿

矿　　长　周元宏
地　　址　山西省原平县轩岗镇刘家梁
主要产品　肥气煤二号

汾西矿务局

局　　长　赵伯全
地　　址　山西省介休县西关大街
主要产品　混煤、精煤

晋城矿务局

局　　长　贾中秀
地　　址　山西省晋城市北石店镇
电　　话　2135
电报挂号　3419
主要产品　选大块、选中块、选小块、洗中块、洗小块

晋城矿务局古书院矿

负 责 人　谷鹏令
地　　址　山西省晋城市
电　　话　2264、2268
电报挂号　0934
主要产品　原煤

晋城矿务局王台铺矿

负 责 人　金安信
地　　址　山西省晋城市王台铺
主要产品　原煤

晋城矿务局凤凰山矿

负 责 人　单金海
地　　址　山西省晋城市凤凰山
主要产品　原煤

霍县矿务局

局　　长　赵树荣
地　　址　山西省霍县东门外
电报挂号　8114
主要产品　原煤、精煤

霍县矿务局辛置煤矿

矿　　长　李耀林
地　　址　山西省霍县辛置镇
主要产品　精煤

霍县矿务局南下庄煤矿

矿　　长　王作全
地　　址　山西省霍县南下庄村
主要产品　原煤、精煤

霍县矿务局圣佛煤矿

矿　　长　伍福耀
地　　址　山西省霍县圣佛村
主要产品　原煤、精煤

霍县矿务局曹村煤矿

矿　　长　张百战
地　　址　山西省霍县曹村
主要产品　原煤

霍县矿务局团柏煤矿

矿　　长　阎国恩
地　　址　山西省汾西县团柏村
主要产品　原煤

山西省太原市东山煤矿

矿　　长　赵拉柱
地　　址　山西省太原市东郊杨家峪村
电　　话　83351、83483
电报挂号　1329
主要产品　8～9级瘦煤、5～9级贫煤、贫瘦煤

山西省阳泉荫营煤矿

矿　　长　冯学敏
地　　址　山西省阳泉市郊区荫营镇
电　　话　4854、4855、4856
电报挂号　3602
主要产品　特块煤、大块煤、中块煤、末煤、小块煤

山西省阳泉固庄煤矿

矿　　长　贾润民
地　　址　山西省阳泉市郊区河底镇
电　　话　2851、2852
主要产品　无烟煤、大块10级、中块16级、混合16级

山西省阳泉市南庄煤矿

矿　　长　王太文
地　　址　山西省阳泉市南庄路14号
电　　话　4811
主要产品　煤炭

包头矿务局

局　　长　戴日明
地　　址　内蒙古自治区包头市石拐矿区
电报挂号　4349
主要产品　气煤、气肥煤、焦煤、原煤、块煤、火工产品

乌达矿务局

局　　长　齐尚贤
地　　址　内蒙古自治区乌海市乌达区

电报挂号　3527
主要产品　混煤、洗精煤、洗混煤、混块、中块

乌达矿务局黄白茨煤矿

负 责 人　姚俊
地　　址　内蒙古自治区乌海市乌达区
主要产品　混煤、混块

乌达矿务局苏海图煤矿

负 责 人　赵守义
地　　址　内蒙古自治区乌海市乌达区
电报挂号　3527
主要产品　混煤、洗精煤、洗混煤

乌达矿务局五虎山煤矿

负 责 人　孟来发
地　　址　内蒙古自治区乌海市乌达区
电报挂号　3527
主要产品　混煤、中块

扎赉诺尔矿务局

局　　长　张玺
地　　址　内蒙古自治区呼伦贝尔盟
电报挂号　2089
主要产品　原煤、块煤、混煤

扎赉诺尔矿务局西山矿

负 责 人　赵乃先
地　　址　内蒙古自治区呼伦贝尔盟扎赉诺尔矿区
电　　话　22782
主要产品　褐煤

扎赉诺尔矿务局灵泉矿

负 责 人　胡悦军
地　　址　内蒙古自治区呼伦贝尔盟扎赉诺尔矿区
电　　话　21064
主要产品　褐煤

扎赉诺尔矿务局灵北矿

负 责 人　何晓华
地　　址　内蒙古自治区呼伦贝尔盟扎赉诺尔矿区
电　　话　21185
主要产品　褐煤

扎赉诺尔矿务局露天矿

负 责 人　王荣贵
地　　址　内蒙古自治区呼伦贝尔盟扎赉诺尔矿区
电　　话　21215
主要产品　褐煤

大雁矿务局

局　　长　何福林
地　　址　内蒙古自治区鄂温克族自治旗大雁镇
电　　话　2721
电报挂号　7159
主要产品　褐煤

大雁矿务局一矿

负 责 人　蒋秉均
电　　话　3304

大雁矿务局二矿

负 责 人　孙玉树
电　　话　2326

大雁矿务局三矿

负 责 人　尚士明
电　　话　2937

伊敏河矿区建设指挥部

负 责 人　李顺
地　　址　内蒙古自治区伊敏河
电报挂号　2172
主要产品　褐煤

阜新矿务局清河门矿

矿　　长　徐则富
地　　址　辽宁省阜新市清河门
电　　话　2461
主要产品　火焰煤

铁法矿务局

局　　长　尤家声
地　　址　辽宁省铁法市调兵山镇
电　　话　28535
电报挂号　0064
主要产品　块煤、末煤、混煤、粒煤

铁法矿务局大明一矿

矿　　长　沈宝山
地　　址　辽宁省铁法市大明镇
电　　话　25177
电报挂号　0064

铁法矿务局大明二矿

矿　　长　赵永田
地　　址　辽宁省铁法市大明镇
电　　话　25321
电报挂号　0064

铁法矿务局晓明矿

矿　　长　许宝忱
地　　址　辽宁省铁法市调兵山镇
电　　话　28239
电报挂号　0064

铁法矿务局大隆矿

矿　　长　常忠立
地　　址　辽宁省铁法市晓明镇
电　　话　28221
电报挂号　0064

铁法矿务局晓南矿

矿　　长　阎兴国
地　　址　辽宁省铁法市晓南镇
电　　话　28224
电报挂号　0064

铁法矿务局小青矿

矿　　长　费蓬山
地　　址　辽宁省铁法市小青镇
电　　话　28272
电报挂号　0064

八道壕煤矿

矿　　长　宋吕相
地　　址　辽宁省黑山县八道壕镇
电报挂号　4349
主要产品　长焰煤、水泥

辽源矿务局

局　　长　裘永新
地　　址　吉林省辽源市东山
电　　话　3201
电报挂号　3769
主要产品　煤炭、截齿、三环链、水泵

通化矿务局

局　　长　曹允壮
地　　址　吉林省浑江市八道江区
电　　话　5039
电报挂号　4349
主要产品　原煤、洗精煤、水泥、矿用塑料、机电制品

通化矿务局湾沟煤矿

矿　　长　单连科
地　　址　吉林省浑江市三岔子区湾沟镇
主要产品　原煤、洗精煤、洗混煤

通化矿务局松树镇煤矿

矿　　长　孙明杰
地　　址　吉林省浑江市三岔子区松树镇
主要产品　原煤

通化矿务局大湖煤矿

矿　　长　孙芝才
地　　址　吉林省浑江市临江区
主要产品　原煤

通化矿务局道清煤矿

矿　　长　杨俊山

地　　址　吉林省浑江市八道江区六道江镇
主要产品　原煤

通化矿务局五道江煤矿
负 责 人　王德富
地　　址　吉林省通化市五道江镇
主要产品　原煤

通化矿务局苇塘煤矿
矿　　长　刘凤斌
地　　址　吉林省浑江市三岔子区孙家堡子苇塘街
主要产品　原煤、水泥

通化矿务局八道江煤矿
矿　　长　常显良
地　　址　吉林省浑江市八道江区大通沟街
主要产品　原煤、洗精煤、洗混煤、矿用蓄电池

通化矿务局砟子煤矿
矿　　长　马熙武
地　　址　吉林省浑江市三岔子区砟子镇
主要产品　原煤、硅铁

鹤岗矿务局

局　　长　吕伯春
地　　址　黑龙江省鹤岗市向阳区
电　　话　34479
电报挂号　7729
主要产品　动力煤、配焦煤

鹤岗矿务局峻德煤矿
负 责 人　张经范
地　　址　黑龙江省鹤岗市兴安区
电　　话　72140
主要产品　动力煤、配焦煤

鹤岗矿务局兴安煤矿
负 责 人　张洪录
地　　址　黑龙江省鹤岗市兴安区
电　　话　72149
主要产品　动力煤、配焦煤

鹤岗矿务局富力煤矿
负 责 人　赵有成
地　　址　黑龙江省鹤岗市南山区
电　　话　34751
主要产品　动力煤、配焦煤

鹤岗矿务局大陆煤矿
负 责 人　张砚成
地　　址　黑龙江省鹤岗市南山区
电　　话　72208
主要产品　动力煤、配焦煤

鹤岗矿务局南山煤矿
负 责 人　杨发德
地　　址　黑龙江省鹤岗市南山区
电　　话　33937
主要产品　动力煤、配焦煤

鹤岗矿务局新一煤矿
负 责 人　王岱礼
地　　址　黑龙江省鹤岗市东山区
电　　话　33334
主要产品　动力煤、配焦煤

鹤岗矿务局岭北煤矿
负 责 人　焦龙起
地　　址　黑龙江省鹤岗市东山区
电　　话　34003
主要产品　动力煤、配焦煤

鹤岗矿务局兴山煤矿
负 责 人　郭炳文
地　　址　黑龙江省鹤岗市兴山区
电　　话　33122
主要产品　动力煤、配焦煤

淮南矿务局李郢孜第一煤矿

矿　　长　吴纯江
地　　址　安徽省淮南市
电　　话　7334
电报挂号　3333
主要产品　气煤

淄博矿务局

局　　长　赵成俊
地　　址　山东省淄博市淄川区洪山镇
电　　话　山东省淄博市淄川区总机转矿务局总机
电报挂号　7245
主要产品　贫煤、瘦煤、无烟煤、炸药、雷管、水泥、采煤机、支柱

淄博矿务局双沟煤矿
副 矿 长　于克勤
电　　话　24893
电报挂号　8401
主要产品　无烟煤、8级选大块、15级混煤

淄博矿务局埠村煤矿
矿　　长　郭元辉
地　　址　山东省济南市章邱县埠村镇
电　　话　矿务局总机转573
电报挂号　1009
主要产品　瘦煤、15级冶炼用炼焦精煤、17级洗混块、16级混块、10级选块煤

淄博矿务局岭子煤矿
矿　　长　孙维儒
地　　址　山东省淄博市淄川区宋家庄
电　　话　矿务局总机转564
电报挂号　1991
主要产品　贫煤、10级洗混中块、15级末煤

淄博矿务局洪山煤矿
矿　　长　夏道奎
地　　址　山东省淄博市淄川区罗村镇
电　　话　矿务局总机转554
电报挂号　2287
主要产品　瘦煤、10级洗混中块、18级末煤

淄博矿务局夏庄煤矿
矿　　长　陈昭清
地　　址　山东省淄博市博山区后峪
电　　话　矿务局总机转567
主要产品　贫煤、12级选大块、16级混煤

淄博矿务局寨里煤矿
矿　　长　殷长举
地　　址　山东省淄博市淄川区洪山镇
电　　话　矿务局总机转501
电报挂号　7195
主要产品　瘦煤、13级选大块、16级混煤

淄博矿务局龙泉煤矿
矿　　长　贾培文
地　　址　山东省淄博市淄川区龙泉镇
电　　话　矿务局总机转566
电报挂号　7893
主要产品　贫煤、11级选大块、14级混煤

淄博矿务局石谷煤矿
矿　　长　翟澄绪
地　　址　山东省淄博市淄川区北石谷
电　　话　矿务局总机转568
主要产品　贫煤、10级选大块、15级混煤

淄博矿务局西河煤矿
副 矿 长　王子奇
地　　址　山东省淄博市淄川区西河镇
电　　话　矿务局总机转555
电报挂号　3561
主要产品　贫煤、10级选大块、17

级混煤

新汶矿务局

局　　长　刘天惠
地　　址　山东省新泰市孙村镇
电　　话　32112
电报挂号　3080
主要产品　原煤、精煤、洗混煤、洗混中煤、大块

新汶矿务局孙村煤矿
负 责 人　高安顺
地　　址　山东省新泰市孙村镇

新汶矿务局张庄煤矿
负 责 人　杜恒德
地　　址　山东省新泰市

新汶矿务局良庄煤矿
负 责 人　高山
地　　址　山东省新泰市

新汶矿务局协庄煤矿
负 责 人　高明金
地　　址　山东省新泰市小协镇

新汶矿务局华丰煤矿
负 责 人　徐太阁
地　　址　山东省宁阳县

新汶矿务局潘西煤矿
负 责 人　韩纪明
地　　址　山东省莱芜市

新汶矿务局西港煤矿
负 责 人　李法增
地　　址　山东省莱芜市

新汶矿务局汶南煤矿
负 责 人　李正善
地　　址　山东省新泰市汶南镇

新汶矿务局泉沟煤矿
负 责 人　曹民清
地　　址　山东省新泰市

新汶矿务局南冶煤矿
负 责 人　郎庆田
地　　址　山东省莱芜市

新汶矿务局鄂庄煤矿
负 责 人　徐传玺
地　　址　山东省莱芜市

新汶矿务局禹村煤矿
负 责 人　卢成文
地　　址　山东省新泰市

枣庄矿务局

局　　长　陈立良
地　　址　山东省枣庄市市中区
电　　话　21516
电报挂号　1444
主要产品　精煤、块煤、混煤、末煤、炸药、水泥

枣庄矿务局陶庄煤矿
负 责 人　韩建新
地　　址　山东省枣庄市薛城区陶庄镇
电　　话　矿务局转
电报挂号　7118
主要产品　精煤、TH-15型颗粒活性炭、TH-01不定型粒状活性炭

枣庄矿务局枣庄煤矿
负 责 人　张传仲
地　　址　山东省枣庄市市中区
电　　话　24179
电报挂号　2764
主要产品　精煤

枣庄矿务局山家林煤矿
负 责 人　赵成太
地　　址　山东省枣庄市薛城区山家林
电　　话　矿务局转
电报挂号　2651
主要产品　精煤

枣庄矿务局甘霖煤矿
负 责 人　王成正
地　　址　山东省枣庄市薛城区
电　　话　矿务局转
电报挂号　6760
主要产品　混煤

枣庄矿务局朱子埠煤矿
负 责 人　姚振奎
地　　址　山东省枣庄市市中区齐村镇
电　　话　矿务局转
电报挂号　4767
主要产品　混煤、大块

枣庄矿务局八一煤矿
负 责 人　黄友新
地　　址　山东省滕县
电　　话　矿务局转
主要产品　精煤

枣庄矿务局柴里煤矿
负 责 人　田培用
地　　址　山东省滕县西岗
电　　话　矿务局转
电报挂号　2693
主要产品　块煤、混煤、末煤

枣庄矿务局井亭煤矿
负 责 人　孔祥明
地　　址　山东省滕县井亭
电　　话　矿务局转
主要产品　混煤、天然焦

肥城矿务局

局　　长　谭秀蓬
地　　址　山东省肥城县王瓜店镇
电　　话　21421
电报挂号　0523
主要产品　原煤、洗精煤、中煤、洗混煤、块煤、混煤、末煤等

肥城矿务局杨庄煤矿
矿　　长　王德祥
地　　址　山东省肥城县老城镇

肥城矿务局曹庄煤矿
矿　　长　乔炳俊
地　　址　山东省肥城县老城镇
电报挂号　2580

肥城矿务局大封煤矿
矿　　长　袁绍信
地　　址　山东省肥城县王瓜店镇

肥城矿务局陶阳煤矿
矿　　长　郑伯年
地　　址　山东省肥城县湖屯镇
电报挂号　7118

肥城矿务局白庄煤矿
矿　　长　林修勤
地　　址　山东省肥城县湖屯镇

肥城矿务局国家庄煤矿
矿　　长　尹世德
地　　址　山东省肥城县湖屯镇
电报挂号　0948

肥城矿务局查庄煤矿
矿　　长　蒋耀林
地　　址　山东省肥城县石横镇
电报挂号　2686

肥城矿务局南高余煤矿
矿　　长　蒋玉佩
地　　址　山东省肥城县石横镇

山东省坊子煤矿

矿　　长　刘云会
地　　址　山东省潍坊市坊子区坊子镇
电　　话　382
电报挂号　0189
主要产品　烟煤、无烟煤、原煤、块煤、水泥、聚乙烯软管等

龙口矿务局

局　　长　李孝省
地　　址　山东省龙口市
电　　话　2201、2202
电报挂号　3516

主要产品　褐煤、长焰煤、油页岩

龙口矿务局北皂煤矿

负 责 人　王相本
地　　址　山东省龙口市
电　　话　2624
电报挂号　4693
主要产品　长焰煤、油页岩

龙口矿务局洼里煤矿

负 责 人　张光鲁
地　　址　山东省龙口市
电　　话　2723
电报挂号　4349
主要产品　褐煤、油页岩

平顶山矿务局

局　　长　梁尤平
地　　址　河南省平顶山市矿工路
电　　话　3831、3844
电报挂号　1627
主要产品　原煤、洗精煤、筛选煤

平顶山矿务局一矿

负 责 人　荣庆龙
地　　址　河南省平顶山市
电　　话　3626
主要产品　混煤

平顶山矿务局二矿

负 责 人　李志川
地　　址　河南省平顶山市
电　　话　矿务局总机转
主要产品　混煤

平顶山矿务局三矿

负 责 人　郑琢如
地　　址　河南省平顶山市
电　　话　2068
主要产品　混煤

平顶山矿务局四矿

负 责 人　有为
地　　址　河南省平顶山市
电　　话　局总机转
主要产品　混煤、混中块、原煤

平顶山矿务局五矿

负 责 人　余安民
地　　址　河南省平顶山市
电　　话　局总机转
主要产品　混煤、原煤

平顶山矿务局六矿

负 责 人　王志熙
地　　址　河南省平顶山市
电　　话　局总机转
主要产品　混煤、混中块

平顶山矿务局七矿

负 责 人　方天申
地　　址　河南省平顶山市
电　　话　局总机转
主要产品　混煤

平顶山矿务局八矿

负 责 人　张玉栓
地　　址　河南省平顶山市
电　　话　局总机转
主要产品　混煤、洗精煤、洗混煤、煤泥

平顶山矿务局九矿

负 责 人　陈安全
地　　址　河南省平顶山市
电　　话　局总机转
主要产品　原煤

平顶山矿务局十矿

负 责 人　陈醒亚
地　　址　河南省平顶山市
电　　话　局总机转
主要产品　混煤、混中块

平顶山矿务局十一矿

负 责 人　李慎先
地　　址　河南省平顶山市
电　　话　局总机转
主要产品　混煤、混中块

平顶山矿务局十二矿

负 责 人　吴忠熙
地　　址　河南省平顶山市
电　　话　局总机转
主要产品　原煤

平顶山矿务局高庄矿

负 责 人　焦金永
地　　址　河南省平顶山市西区
电　　话　局总机转
主要产品　原煤

平顶山矿务局大庄矿

负 责 人　杨奉农
地　　址　河南省平顶山市西区
电　　话　局总机转
主要产品　混煤、原煤

焦作矿务局

局　　长　王勤功
地　　址　河南省焦作市
电　　话　3275
电报挂号　4349
主要产品　精煤、块煤、末煤

焦作矿务局王封矿

矿　　长　张少卿
地　　址　河南省焦作市
电　　话　5851转21017
主要产品　块煤、末煤

焦作矿务局李封矿

矿　　长　张兴山
地　　址　河南省焦作市
电　　话　5851转21024
主要产品　块煤、末煤

焦作矿务局朱村矿

矿　　长　王振环
地　　址　河南省焦作市
电　　话　5851转26024
主要产品　精煤、块煤、末煤

焦作矿务局焦西矿

矿　　长　秦法德
地　　址　河南省焦作市
电　　话　5851转22417
主要产品　块煤、末煤

焦作矿务局马村矿

矿　　长　靳保庆
地　　址　河南省焦作市
电　　话　5851转31691
主要产品　块煤、末煤

焦作矿务局中马村矿

副 矿 长　白志华
地　　址　河南省焦作市
电　　话　5851转31261
主要产品　块煤、末煤

焦作矿务局韩王矿

矿　　长　李玉胜
地　　址　河南省焦作市
电　　话　5851转31932
主要产品　精煤、块煤、末煤

焦作矿务局演马矿

矿　　长　金永川
地　　址　河南省焦作市
电　　话　5851转31491
主要产品　块煤、末煤

焦作矿务局冯营矿

矿　　长　冯立美
地　　址　河南省焦作市
电　　话　5851转36328
主要产品　块煤、末煤

焦作矿务局九里山矿

矿　　长　郑强生
地　　址　河南省焦作市
电　　话　5851转37328
主要产品　精煤、块煤、末煤

鹤壁矿务局

局　　长　周元庆
地　　址　河南省鹤壁市
电　　话　2831
电报挂号　7729
主要产品　煤炭

鹤壁矿务局一矿

矿　　长　王法全
地　　址　河南省鹤壁市
电　　话　31012

鹤壁矿务局二矿
矿　　长　李通衢
地　　址　河南省鹤壁市
电　　话　31312

鹤壁矿务局三矿
矿　　长　黄先康
地　　址　河南省鹤壁市
电　　话　31429

鹤壁矿务局四矿
矿　　长　潘万里
地　　址　河南省鹤壁市
电　　话　31621

鹤壁矿务局五矿
矿　　长　陈鑫松
地　　址　河南省鹤壁市
电　　话　32392

鹤壁矿务局六矿
矿　　长　刘学义
地　　址　河南省鹤壁市
电　　话　22612

鹤壁矿务局八矿
矿　　长　许心福
地　　址　河南省鹤壁市
电　　话　22512

鹤壁矿务局九矿
矿　　长　胡松茂
地　　址　河南省鹤壁市
电　　话　31434

鹤壁矿务局煤矿公司
经　　理　罗守鉴
地　　址　河南省鹤壁市
电　　话　22989
主要产品　煤炭

资兴矿务局

局　　长　彭世觉
地　　址　湖南省资兴市
电报挂号　6327
主要产品　原煤、精煤、焦炭、水泥、矸石砖

广旺矿务局

局　　长　郑汝仁
地　　址　四川省旺苍县
电报挂号　0523
主要产品　原煤、筛混煤、洗煤、块煤、焦煤、水泥

广旺矿务局广元煤矿
负 责 人　蒙海泉
地　　址　四川省广元市市中区
电　　话　2852
电报挂号　4349
主要产品　原煤、筛混煤、块煤、水泥

广旺矿务局宝轮院煤矿
负 责 人　潘永安
地　　址　四川省广元市市中区宝轮镇
电　　话　2835
电报挂号　1405
主要产品　原煤、筛混煤、块煤

广旺矿务局拣银岩煤矿
负 责 人　邓传德
地　　址　四川省广元市市中区元坝
电　　话　2506
电报挂号　2245
主要产品　原煤、筛混煤、块煤

广旺矿务局白水煤矿
负 责 人　邹明武
地　　址　四川省旺苍县白水区
电报挂号　4101
主要产品　原煤、筛混煤、块煤

广旺矿务局旺苍煤矿
负 责 人　文德政
地　　址　四川省旺苍县快活乡
电报挂号　7115
主要产品　原煤、焦煤

广旺矿务局唐家河煤矿
负 责 人　唐祯祥
地　　址　四川省旺苍县加川区
电报挂号　0781
主要产品　原煤、洗煤

广旺矿务局赵家坝煤矿
负 责 人　郑忠诚
地　　址　四川省旺苍县黄洋乡
主要产品　原煤、筛混煤

广旺矿务局代池坝煤矿
负 责 人　付大均
地　　址　四川省旺苍县普济区
电报挂号　0108
主要产品　原煤、筛混煤

芙蓉矿务局

局　　长　罗元富
地　　址　四川省珙县巡场
电　　话　27
电报挂号　2172
主要产品　无烟原煤、无烟块煤

芙蓉矿务局白皎煤矿
负 责 人　魏铭康
地　　址　四川省珙县巡场
电　　话　27
电报挂号　2172

芙蓉矿务局杉木树煤矿
负 责 人　揭家祥
地　　址　四川省珙县巡场
电　　话　27
电报挂号　2172

芙蓉矿务局巡场煤矿
负 责 人　宋　超
地　　址　四川省珙县巡场
电　　话　27
电报挂号　2172

南桐矿务局

局　　长　侯定和
地　　址　四川省重庆市南桐矿区清溪桥
电　　话　71724、71793、71729
电报挂号　3815
主要产品　精煤、混煤、洗混煤、选电煤、特种加工煤、硫精砂、沸腾煤、机械制造及加工、建筑建材、化工

南桐矿务局南桐煤矿
矿　　长　张滋云
地　　址　四川省重庆市南桐矿区桃子凼
电　　话　71421、71268
电报挂号　3561
主要产品　混煤、精煤、洗混煤、沸腾煤、硫精砂

南桐矿务局红岩煤矿
矿　　长　杭世勇
地　　址　四川省重庆市南桐矿区红岩
电　　话　71419
电报挂号　3803
主要产品　肥、焦混煤

南桐矿务局鱼田堡煤矿
矿　　长　徐宗璧
地　　址　四川省重庆市
电　　话　71724转
电报挂号　3847
主要产品　瘦煤、混煤

南桐矿务局东林煤矿
矿　　长　赖在厚
地　　址　四川省重庆市南桐矿区腰子口
电　　话　71724转
电报挂号　3846

主要产品　焦煤、瘦煤、肥煤、混煤

南桐矿务局砚石台煤矿

矿　　长　陈胜远
地　　址　四川省重庆市南桐矿区砚石台
电　　话　71724转
电报挂号　3815转
主要产品　肥煤、混煤

中梁山煤矿

矿　　长　王瑞增
地　　址　四川省重庆市
电　　话　811242
电报挂号　0812
主要产品　乙级精煤、筛混煤

永荣矿务局

局　　长　黄常利
地　　址　四川省重庆市荣昌县广顺镇
电　　话　86
电报挂号　2837
主要产品　原煤、精煤、块煤

永荣矿务局曾家山煤矿

负 责 人　武中全
地　　址　四川省重庆市荣昌县广顺镇
电　　话　103
电报挂号　2582
主要产品　原煤、炉渣砖

永荣矿务局双河煤矿

负 责 人　何裕文
地　　址　四川省重庆市荣昌县双河乡许家沟
电　　话　荣昌县总机转
电报挂号　7175
主要产品　原煤

永荣矿务局永川煤矿

负 责 人　李永顺
地　　址　四川省重庆市永川县红炉场
电　　话　2517
主要产品　原煤、精煤

永荣矿务局隆昌煤矿

负 责 人　李开长
地　　址　四川省隆昌县石燕桥
电　　话　2734
电报挂号　2081
主要产品　原煤

六枝矿务局

局　　长　齐全林
地　　址　贵州省六盘水市六枝特区
电　　话　2946
电报挂号　3932
主要产品　原煤、精煤

六枝矿务局六枝煤矿

负 责 人　柏则智
地　　址　贵州省六盘水市六枝特区平寨镇
电　　话　2946转
电报挂号　0713
主要产品　原煤

六枝矿务局地宗煤矿

负 责 人　贾春波
地　　址　贵州省六盘水市六枝特区平寨镇
电　　话　2946转
主要产品　原煤

六枝矿务局凉水井煤矿

负 责 人　杨庆芝
地　　址　贵州省六盘水市六枝特区平寨镇
电　　话　2946转
电报挂号　0404
主要产品　原煤

六枝矿务局四角田煤矿

负 责 人　刘家良
地　　址　贵州省六盘水市六枝特区平寨镇
电　　话　2546
主要产品　原煤

六枝矿务局大用煤矿

负 责 人　王德厚
地　　址　贵州省六盘水市六枝特区平寨镇
电　　话　2946转
主要产品　原煤

六枝矿务局木岗煤矿

负 责 人　陈家祥
地　　址　贵州省六盘水市六枝特区木岗镇
电　　话　2946转
主要产品　原煤

六枝矿务局化处煤矿

负 责 人　张功昭
地　　址　贵州省六盘水市六枝特区木岗镇
电　　话　2946转
主要产品　原煤

盘江矿务局

局　　长　李绪中
地　　址　贵州省盘县特区盘江镇
电报挂号　4349
主要产品　原煤、洗精煤

盘江矿务局火烧铺矿

负 责 人　康先海
地　　址　贵州省盘县特区火烧铺
主要产品　原煤

盘江矿务局老屋基矿

负 责 人　王忠孝
地　　址　贵州省盘县特区老屋基
主要产品　原煤

盘江矿务局山脚树矿

负 责 人　孙光前
地　　址　贵州省盘县特区山脚树
主要产品　原煤

盘江矿务局月亮田矿

负 责 人　廖孝贤
地　　址　贵州省盘县特区月亮田
主要产品　原煤

盘江矿务局土城矿

负 责 人　赵明义
地　　址　贵州省盘县特区酒基
主要产品　原煤

一平浪煤矿

矿　　长　李芳林
地　　址　云南省禄丰县干海资
电报挂号　3186
主要产品　原煤（二号肥煤）、精煤、洗焦、煤泥

羊场煤矿

矿　　长　陈正才
地　　址　云南省宣威县大松树
电报挂号　1034
主要产品　洗精煤、原煤

蒲白矿务局

局　　长　邱华敦
地　　址　陕西省蒲城县罕井镇
电　　话　蒲城总机转
电报挂号　4349
主要产品　煤炭、水泥、砖瓦，生、熟高岭土，矿建、土建及煤矿机械

蒲白矿务局白水煤矿

负 责 人　胡贵文
地　　址　陕西省白水县冯雷乡
电　　话　白水县总机转
主要产品　煤炭

蒲白矿务局南桥煤矿

负 责 人　胡学斌

地　　址　陕西省白水县城郊乡
电　　话　白水县总机转
主要产品　煤炭

蒲白矿务局南井头煤矿
负 责 人　许田才
地　　址　陕西省白水县
电　　话　白水县总机转
主要产品　煤炭

蒲白矿务局马村煤矿
负 责 人　李瑞杰
地　　址　陕西省蒲城县罕井镇
电　　话　蒲城县总机转
主要产品　煤炭

澄合矿务局

局　　长　张致民
地　　址　陕西省澄城县
电报挂号　3561
主要产品　大块、混煤

澄合矿务局权家河煤矿
负 责 人　张万义
地　　址　陕西省澄城县尧头镇
主要产品　大块、混煤

澄合矿务局二矿
负 责 人　伍建华
地　　址　陕西省澄城县尧头镇
主要产品　大块、混煤

澄合矿务局董家河矿
负 责 人　姚振盈
地　　址　陕西省澄城县城郊乡
主要产品　大块、混煤

韩城矿务局

局　　长　赵定利
地　　址　陕西省韩城市
电　　话　韩城市总机转
主要产品　混煤、中煤、精煤、煤泥、原煤

陕西省崔家沟煤矿

矿　　长　王元均
地　　址　陕西省铜川市
电　　话　1508
电报挂号　2871
主要产品　原煤、块煤、末煤

陕西省黄陵苍村煤矿

负 责 人　王民安
地　　址　陕西省黄陵县店头镇
主要产品　肥气煤一号、肥气煤二号

窑街矿务局

局　　长　张宗辉
地　　址　甘肃省兰州市红古区窑街
电　　话　311、322
电报挂号　9900
主要产品　选大块、选中块、选混煤、选末煤，425、525号普通硅酸盐水泥，抗硫酸盐水泥，75号硅铁

窑街矿务局一矿
负 责 人　赵友芳
地　　址　甘肃省兰州市红古区窑街
电　　话　311、322转
电报挂号　9900一矿
主要产品　选大块、选中块、选混煤、选末煤

窑街矿务局二矿
负 责 人　邵本德
地　　址　甘肃省兰州市红古区窑街
电　　话　311、322转
电报挂号　9900二矿
主要产品　选大块、选中块、选混煤、选末煤

窑街矿务局三矿
负 责 人　吴恭铮
地　　址　甘肃省兰州市红古区窑街
电　　话　311、322转
电报挂号　9900三矿
主要产品　选大块、选中块、选混煤、选末煤

窑街矿务局天祝煤矿
负 责 人　刘东成
地　　址　甘肃省天祝藏族自治县炭山岭
电　　话　长途台转
电报挂号　1131
主要产品　选大块、选混煤

靖远矿务局

局　　长　张群生
地　　址　甘肃省白银市平川区
电报挂号　2172
主要产品　原煤、大块、混块、混煤

靖远矿务局红会一矿
矿　　长　解鹏博
地　　址　甘肃省白银市平川区

靖远矿务局红会三矿
矿　　长　王焕有
地　　址　甘肃省白银市平川区

靖远矿务局红会四矿
矿　　长　孔祥民
地　　址　甘肃省白银市平川区

靖远矿务局王家山矿
矿　　长　武存才
地　　址　甘肃省白银市平川区

靖远矿务局宝积山矿
矿　　长　柳文源
地　　址　甘肃省白银市平川区

靖远矿务局大水头矿
矿　　长　毛积翙
地　　址　甘肃省白银市平川区

阿干煤矿

矿　　长　张启农
地　　址　甘肃省兰州市七里河区阿干镇大水子1号
电　　话　25011、25012
电报挂号　3951
主要产品　煤炭

石嘴山矿务局

局　　长　尉茂河
地　　址　宁夏回族自治区石嘴山市石嘴山区南街六号
电　　话　2350
电报挂号　0878
主要产品　混烟煤、块煤

石嘴山矿务局一矿
负 责 人　邢治绪
地　　址　宁夏回族自治区石嘴山市石嘴山区
电　　话　2350转503
主要产品　混烟煤、块煤

石嘴山矿务局二矿
负 责 人　何嘉平
地　　址　宁夏回族自治区石嘴山市石嘴山区
电　　话　2350转202
主要产品　混烟煤

石嘴山矿务局三矿筹建处
负 责 人　郇大钧
地　　址　宁夏回族自治区石嘴山市石嘴山区
电　　话　2350转320
主要产品　矿井建设施工

石炭井矿务局

局　　长　谢成武

地　　址　宁夏回族自治区石嘴山市石炭井区
电　　话　44147
电报挂号　3516
主要产品　焦煤、无烟煤

石炭井矿务局石炭井一矿

负 责 人　李三多
地　　址　宁夏回族自治区石嘴山市石炭井区
电　　话　44213、44212
主要产品　焦煤

石炭井矿务局石炭井二矿

负 责 人　单连贵
地　　址　宁夏回族自治区石嘴山市石炭井区
电　　话　44711、44712
主要产品　焦煤

石炭井矿务局石炭井三矿

负 责 人　宋天佑
地　　址　宁夏回族自治区石嘴山市石炭井区
电　　话　44613、44616
主要产品　焦煤

石炭井矿务局乌兰煤矿

负 责 人　柴维润
地　　址　内蒙古自治区阿拉善左旗呼鲁斯太
电　　话　44113、44116
主要产品　焦煤

石炭井矿务局白芨沟煤矿

负 责 人　侯志德
地　　址　宁夏回族自治区石嘴山市白芨沟
电　　话　44614、44615
主要产品　无烟煤

石炭井矿务局大峰露天矿

负 责 人　徐永林
地　　址　宁夏回族自治区石嘴山市大峰沟
电　　话　44114、44115
主要产品　无烟煤

哈 密 市 煤 矿

矿　　长　杜崇文
地　　址　新疆维吾尔自治区哈密市三道岭后窑
主要产品　烟煤

乌鲁木齐矿务局

局　　长　李泽民
地　　址　新疆维吾尔自治区乌鲁木齐市
电　　话　36402
电报挂号　7330
主要产品　原煤、洗精煤、块煤、末煤、建筑瓷砖

乌鲁木齐矿务局六道湾煤矿

负 责 人　孜克肉拉
地　　址　新疆维吾尔自治区乌鲁木齐市水磨沟区
电　　话　41440
主要产品　原煤、洗精煤、块煤、末煤

乌鲁木齐矿务局大红沟煤矿

负 责 人　朴在春
地　　址　新疆维吾尔自治区乌鲁木齐市东山矿区
电　　话　37490
主要产品　原煤、块煤

乌鲁木齐矿务局小红沟煤矿

负 责 人　王道生
地　　址　新疆维吾尔自治区乌鲁木齐市东山矿区
电　　话　37581
主要产品　原煤、块煤

乌鲁木齐矿务局碱沟煤矿

负 责 人　薛荣仁
地　　址　新疆维吾尔自治区乌鲁木齐市东山矿区
电　　话　37566
主要产品　原煤、块煤、洗精煤、末煤

乌鲁木齐矿务局苇湖梁煤矿

负 责 人　丁硕儒
地　　址　新疆维吾尔自治区乌鲁木齐市水磨沟区
电　　话　41900
主要产品　原煤、块煤、洗精煤、末煤

中国平朔露天煤炭公司

总 经 理　陈日新
地　　址　山西省朔县
电报挂号　7216
业务范围　煤炭的开发、洗选和销售

长 广 煤 矿 公 司

经　　理　谈振达
地　　址　浙江省长兴县牛头山
电　　话　牛头山总机转
电报挂号　1234
主要产品　原煤、水泥、火工产品

县营以上地方煤矿

河北省保定地区灵山煤矿

矿　　长　史振彬
地　　址　河北省曲阳县
主要产品　烟煤、无烟煤，电机（YB节能）、绞车、矿车等

河北省张家口地区尚义煤矿

矿　　长　张秀
地　　址　河北省张家口地区尚义县土木路乡
主要产品　无烟煤、烟煤

山西省晋城市伯方煤矿

矿　　长　张琰
地　　址　山西省高平县寺庄镇伯方村
电　　话　2272
电报挂号　2455
主要产品　原煤

山西省晋中地区灵石煤矿

矿　　长　韩华
地　　址　山西省灵石县水头
电报挂号　3561
主要产品　原煤、冶金焦

大同市姜家湾煤矿

矿　　长　米双全
地　　址　山西省大同市云岗西
电　　话　26711、26721
主要产品　原煤

长治市慈林山煤矿

矿　　长　张天土
地　　址　山西省长子县
主要产品　贫煤

阳城县地方国营上孔煤矿

负 责 人　杨金宏

地　　址　山西省阳城县八甲口镇上孔村
主要产品　煤炭

山西省临汾地区什林煤矿

矿　　长　赵临昌
地　　址　山西省临汾地区霍县什林镇
电　　话　什林煤矿总机
主要产品　原煤

中国人民解放军51059部队煤矿

矿　　长　殷志民
地　　址　山西省大同市云岗
电　　话　42066
主要产品　原煤

呼伦贝尔盟五九煤矿

负 责 人　郑启庚
地　　址　内蒙古自治区呼伦贝尔盟牙克石市
电　　话　327
主要产品　原煤

内蒙古自治区老窝铺劳改管教支队所属煤矿

负 责 人　孙登崇
地　　址　内蒙古自治区土默特右旗
主要产品　原煤

抚顺市马架子煤矿

矿　　长　李代福
地　　址　辽宁省新宾满族自治县马架子镇
电报挂号　7456
主要产品　焦煤、烟煤

本溪市泉山煤矿

矿　　长　吕春和
地　　址　辽宁省本溪市本溪县小市镇
电　　话　3325
主要产品　无烟煤

长春市新立城第二煤矿

矿　　长　宋忠启
地　　址　吉林省长春市郊区
电　　话　64210
主要产品　原煤

吉林省辽源市中心煤矿

矿　　长　李焕
地　　址　吉林省东辽县平岗镇前进村
主要产品　原煤

延边朝鲜族自治州五明煤矿

矿　　长　赵德有
地　　址　吉林省和龙县
主要产品　煤炭

黑龙江省依兰煤矿

矿　　长　吴宝泉
地　　址　黑龙江省依兰县达连河镇
主要产品　原煤、混中块

黑龙江省鸡东煤矿

矿　　长　阎洪平
地　　址　黑龙江省鸡东县
主要产品　原煤

盐城市滨海县韩场煤矿

矿　　长　戴启军
地　　址　江苏省徐州市贾汪区滨海县
电　　话　24234转
主要产品　烟煤

徐州市地方煤炭工业公司邳县马庄煤矿

矿　　长　刘银贤
地　　址　江苏省徐州市
电　　话　27954转
主要产品　原煤

皖北矿务局前岭煤矿

矿　　长　沙吉祥
地　　址　安徽省淮北市濉溪县古饶镇境内
电　　话　2665（宿县）
主要产品　低磷、低硫无烟煤、牌号无烟煤、天然焦

江西省洛市矿务局

局　　长　赵玉书
地　　址　江西省丰城县洛市镇
电报挂号　3157
主要产品　原煤、贫瘦煤

洛市矿务局龙溪煤矿

负 责 人　邓汝中
地　　址　江西省丰城县洛市镇
主要产品　原煤、贫瘦煤

洛市矿务局山西煤矿

负 责 人　高崇晔
地　　址　江西省丰城县洛市镇
主要产品　原煤、贫瘦煤

江西省上饶地区铺前煤矿

矿　　长　何可人
地　　址　江西省横峰县铺前
电　　话　县总机转
电报挂号　5291
主要产品　原煤

江西省弋阳县梅溪煤矿

矿　　长　郝飞来
地　　址　江西省弋阳县
主要产品　无烟煤

蒙阴县曹庄煤矿

矿　　长　王明法
地　　址　山东省新太市
主要产品　原煤

山东省沂源县鲁村煤矿

矿　　长　周世平
地　　址　山东省沂源县鲁村镇
主要产品　烟煤

山东省平阴县煤矿

矿　　长　崔行祥
地　　址　山东省肥城县湖屯镇
主要产品　煤炭

河南省新乡市陈召煤矿

矿　　长　李景灿
地　　址　河南省新乡市汲县东陈召村
电　　话　115
电报挂号　4349
主要产品　无烟煤

河南省巩县大峪沟煤矿

矿　　长　莲奎升
地　　址　河南省巩县大峪沟
电报挂号　3516
主要产品　无烟煤、块煤

河南省汝阳县城东煤矿

矿　　长　薛明中
地　　址　河南省汝阳县城东南
电　　话　县城总机转

主要产品　原煤

河南省永城煤矿

矿　　长　窦修勤
地　　址　河南省永城县高庄乡

宝 塔 河 煤 矿

矿　　长　周永喜
地　　址　湖北省巴东县

湖南省湘潭市王家山煤矿

矿　　长　王介元
地　　址　湖南省湘潭县杨家桥镇
电　　话　23705
电报挂号　9618
主要产品　长焰煤、气肥煤

湖南省邵阳市新东煤矿

矿　　长　潘纪湘
地　　址　湖南省邵阳市郊石桥铺
电　　话　2012
电报挂号　2450
主要产品　烟煤、矸石机砖

湖南省衡阳市柏坊煤矿

矿　　长　李厚早
地　　址　湖南省衡阳市常宁县柏坊镇
主要产品　主焦煤

湖南省永兴县红星煤矿

矿　　长　张长桂
地　　址　湖南省永兴县
电　　话　01-112
主要产品　原煤

湖南省常德地区青峰煤矿

矿　　长　李从业
地　　址　湖南省石门县
主要产品　原煤、装饰石膏板、硫酸铝

广东省梅田矿务局

局　　长　郑先干
地　　址　湖南省宜章县梅田镇
电　　话　330162
电报挂号　2264
主要产品　无烟煤

广东省曲仁矿务局

局　　长　任世楷
地　　址　广东省韶关市花坪
电　　话　4961转
电报挂号　1381
主要产品　原煤

广东省四望嶂矿务局

局　　长　董高斌
地　　址　广东省兴宁县黄槐
电　　话　兴宁县总机转
电报挂号　0934
主要产品　低硫无烟煤（粉煤、块煤）、石墨

广东省四望嶂矿务局一矿

矿　　长　冯立诚
地　　址　广东省兴宁县黄槐大经里
主要产品　低硫无烟煤(粉煤、块煤)

广东省四望嶂矿务局二矿

矿　　长　范瑛
地　　址　广东省兴宁县黄槐大窝里
主要产品　低硫无烟煤（粉煤、块煤）、石墨

广东省四望嶂矿务局三矿

矿　　长　刘运钧
地　　址　广东省兴宁县黄槐梨树坑
主要产品　低硫无烟煤(粉煤、块煤)

广东省五华县煤矿

矿　　长　曾伯初
地　　址　广东省五华县双头区黄塔乡
主要产品　无烟煤、水泥

广西壮族自治区红茂矿务局

局　　长　郑兆安
地　　址　广西壮族自治区环江县洛阳镇
电　　话　红茂矿务局总机转
电报挂号　4767
主要产品　无烟煤

广西壮族自治区右江矿务局

局　　长　吴花龙
地　　址　广西壮族自治区田东县
电报挂号　0671
主要产品　褐煤

广西壮族自治区宁明县大闸煤矿

矿　　长　覃开锦
地　　址　广西壮族自治区宁明县北江乡
电　　话　宁明县海渊总机
主要产品　原煤

四川省地方国营大邑县东风煤矿

矿　　长　青恩忠
地　　址　四川省成都市大邑县安顺乡天宫庙
电　　话　118转
主要产品　原煤、块煤、洗精煤、电瓶、U型矿车

成都市湔江煤矿

矿　　长　黄林基
地　　址　四川省彭县思文乡
电　　话　总机转
主要产品　洗精煤、块煤、焦煤

重庆市中心桥煤矿

矿　　长　赵志让
地　　址　四川省永川县双石区太平乡
电　　话　2626
主要产品　原煤、焦煤、块煤

重庆市嘉陵一矿

矿　　长　陈经伦
地　　址　四川省重庆市北碚区东阳镇明家沟
电　　话　2919
主要产品　块煤、粉煤、混煤

四川省乐山吉祥煤矿

矿　　长　李超
地　　址　四川省乐山市五通桥
电　　话　216
电报挂号　6006
主要产品　原煤

四川省乐山市凤来煤矿

矿　　长　白俊民
地　　址　四川省乐山市五通桥区石麟乡
主要产品　原煤

内江市凤凰山煤矿

矿　　长　李德音
地　　址　四川省内江市威远县
电　　话　039
主要产品　原煤

宜宾市煤矿

矿　　长　陈新民
地　　址　四川省宜宾市金坪
电　　话　宜宾市金坪总机转
主要产品　煤炭

四川省涪陵地区水江煤矿

矿　　长　周文理
地　　址　四川省南川县水江镇
主要产品　原煤

四川省涪陵地区茶元煤矿

矿　　长　舒銮声
地　　址　四川省涪陵地区石柱土家族自治县万朝乡
电报挂号　5420
主要产品　原煤

四川省云阳县向阳煤矿

矿　　长　黄秋云
地　　址　四川省云阳县江口区向阳乡
主要产品　原煤

泸州市新民煤矿

矿　　长　杨仁敦
地　　址　四川省泸县石桥乡
电　　话　泸县邮电局转矿总机
主要产品　块烟煤、焦煤、煤焦油、矸石砖、洗精煤、泥煤、型煤

四川省泸县杨梅沟煤矿

矿　　长　范廷忠
地　　址　四川省泸县中峰乡
主要产品　烟煤

云南省可保露天煤矿

矿　　长　吴贯樟
地　　址　云南省昆明市宜良县汤池
电　　话　昆明总机25270转
主要产品　褐煤

云南省大理州永华煤矿

矿　　长　许有勋
地　　址　云南省大理州弥渡县
电　　话　云南省弥渡县总机转
主要产品　褐煤

云南省圭山煤矿

矿　　长　陈炳昌
地　　址　云南省路南县圭山老厂
电　　话　云南省弥勒县总机转
电报挂号　3561
主要产品　原煤、焦炭

吕合煤矿

矿　　长　郭裕寿
地　　址　云南省南华县
主要产品　优质褐煤、铸钢

云南省小龙潭煤矿

矿　　长　金崇兴
地　　址　云南省开远市小龙潭区小龙潭镇
电报挂号　4349
主要产品　褐煤

甘肃省山丹煤矿

矿　　长　武孝庭
地　　址　甘肃省山丹县平坡
电报挂号　1562
主要产品　焦煤

平凉市工农煤矿

矿　　长　高世文
地　　址　甘肃省平凉市土谷堆镇
电　　话　煤矿总机
主要产品　煤炭

青海热水煤矿

矿　　长　张心正
地　　址　青海省刚察县
电报挂号　3583
主要产品　煤炭

青海省旺尕秀煤矿

矿　　长　马发财
地　　址　青海省海西自治州乌兰县
电　　话　2770
主要产品　原煤、焦煤、焦炭

灵武矿务局石沟驿煤矿

矿　　长　薛绪
地　　址　宁夏回族自治区灵武县石沟驿
电　　话　县邮电局转
主要产品　长焰煤

新疆维吾尔自治区第三建筑工程公司煤矿

矿　　长　高德方
地　　址　新疆维吾尔自治区乌鲁木齐市八道湾
电　　话　41919
主要产品　煤炭

昭苏县煤矿

矿　　长　吾木尔江
地　　址　新疆维吾尔自治区昭苏县
主要产品　原煤

新疆喀什地区煤矿

副 矿 长　周剑
地　　址　新疆维吾尔自治区乌恰县境内哈拉吉里岗
电　　话　喀什市2019
主要产品　原煤、焦炭、煤球、水泥制品

乌苏县四棵树煤矿

副 矿 长　王健祥
地　　址　新疆维吾尔自治区乌苏县
主要产品　长焰煤

沙吉海187煤矿

矿　　长　卢廷伟
地　　址　新疆维吾尔自治区和丰县沙吉海
主要产品　原煤

新疆生产建设兵团农一师一团煤矿

副 矿 长　李云堂
地　　址　新疆维吾尔自治区阿克苏
主要产品　原煤

煤矿设计、科研院所、大专院校及有关事业单位

煤炭工业部石家庄煤矿设计研究院

院　　长　张砚泉
地　　址　河北省石家庄市石邑路6号
电　　话　33059
电报挂号　6885
业务范围　煤炭工业大、中、小型矿区，矿井、洗煤厂及配套工程的可行性研究和各阶段设计、电算及经济分析

煤炭工业部太原煤矿设计研究院

副 院 长　李庚午
地　　址　山西省太原市青年路东陵里
电　　话　224131、229906
电报挂号　0024
业务范围　国内外煤炭行业的矿区、矿井、选煤厂及矿区配套、综合利用工程的可行性研究和勘察设计。以及其他行业设计和环保评价

沈阳煤矿设计院

院　　长　姜贵新
地　　址　辽宁省沈阳市沈河区长春街一段集贤里12号
电　　话　443921-4
电报挂号　4940
业务范围　承担矿区总体及露天矿、矿井、选煤厂、机修及汽修厂、大工厂、专用设备、铁路、热电站、矸石砖厂、环保、工业和民用建筑等设计和科研工作

长春煤矿设计院

院　　长　程剑华
地　　址　吉林省长春市红旗街51-5
电　　话　52484
业务范围　承担大、中、小型矿井，洗煤厂，中、小型露天，水泥厂、给排水、暖通、矿石电站、输变电，工、民用建筑，机厂等勘察设计任务及咨询业务

江苏省煤矿设计院

院　　长　钱森培
地　　址　江苏省徐州市西关
电　　话　24697
电报挂号　1001
业务范围　大、中小型矿井设计、选煤厂设计、城市小区规划设计、高层建筑设计、水暖工程、公路、铁路、桥涵、电算等

煤炭工业部杭州煤矿设计研究院

院　　长　王士云
地　　址　浙江省杭州市省府路
电　　话　51034
电报挂号　杭州1212
业务范围　承担大、中、小型矿井及露天矿区总体规划、初步设计和施工图，煤炭综合利用工程，机械厂、水泥厂、高层建筑、工业与民用建筑设计等

煤炭工业部合肥煤矿设计研究院

负 责 人　王景章
地　　址　安徽省合肥市阜阳北路
电　　话　57225、57384
电报挂号　1001
业务范围　承担矿区总体、城镇规划、大中小型矿井和选煤厂、矸石热电站及煤气工程设计，承担工业民用建筑、公路、铁路和输变电工程勘测设计，各种建设项目，环境影响评价

福建省煤炭工业设计院

院　　长　杨精勉
地　　址　福建省福州市五一中路36号
电　　话　554631
电报挂号　7381
业务范围　承担矿井、地下工程、煤炭加工综合利用、机厂、选煤厂、码头、工业厂房、矿仓、民用建筑、铁路、公路、桥涵、输变电工程、电厂、供水工程、医院、影院、学校等工程设计和工程勘测任务

江西省煤矿设计院

院　　长　张松甫
地　　址　江西省南昌市北京东路3号
电　　话　62248
电报挂号　0005
业务范围　矿井、选煤厂、煤矸石电站、输变电工程、供水工程、工业和民用建筑设计，工程测量、工程地质勘探等设计勘察业务

兖州煤矿设计研究院

院　　长　王从钧
地　　址　山东省邹县岗山
电　　话　2605
电报挂号　6080

业务范围　承担矿区规划，大、中、小型矿井，选煤厂、机厂，以及铁路专用线、输变电工程、微波通信、港口码头等各项工程的规划和设计及有关技术咨询服务

河南省煤矿设计研究院

院　　长　陶绍斌
地　　址　河南省郑州市中原路
电　　话　47141
电报挂号　0588
业务范围　承担大、中、小型矿区可行性研究和总体规划设计，矿井、选煤厂、铁路、公路、桥涵、给排水工程、输发电工程设计，地形测量、工程地质勘探，矿井施工组织设计等

煤炭工业部选煤设计研究院

院　　长　朱怀文
地　　址　河南省平顶山市
电　　话　3284
电报挂号　6693
业务范围　矿区总体规划，大、中、小型选煤厂与老厂改造工程的设计，工业与民用建筑设计及选煤机械的设计，科研等

武汉煤矿设计研究院

院　　长　陈乃珣
地　　址　湖北省武汉市武昌付家坡
电　　话　873938
电报挂号　7108
业务范围　设计大、中、小型矿井，输煤管道、水泥厂、电厂、洗选厂、机厂、矸石砖厂、煤气厂、公路、铁路、桥涵、工民用建筑，及城市、厂矿区规划和岩土工程地质、测量等

湖南省煤炭工业设计院

院　　长　杨鉴玉
地　　址　湖南省长沙市五一中路袁家岭
电　　话　26121转
电报挂号　4488
业务范围　煤矿矿区总体规划、中小型矿井设计，工业与民用建筑工程、运输桥涵工程、输变电工程及环保工程等勘察设计与技术咨询

广东省重工业设计院

院　　长　欧文洲
地　　址　广东省广州市越华路116号
电　　话　331330转
电报挂号　0618
业务范围　承担矿山、水泥厂、建材厂、坑口电站、工业与民用建筑、空调、给排水、输变电等成套工程设计，工程地质勘探与测量，计算机软件编制及计算服务

广西壮族自治区煤矿设计院

院　　长　朱道炎
地　　址　广西壮族自治区南宁市古城路2号
电　　话　22797
电报挂号　3516
业务范围　承担大、中、小型煤炭、建材、化工矿山及其配套工程的勘察设计，高低层建筑设计，各类工厂设计及环保专项评价业务

青海煤矿设计研究院

院　　长　孙敏伯
地　　址　青海省西宁市五四大街51号
电　　话　55566
电报挂号　2525
业务范围　矿区总体规划、中小型矿井及露天设计、工业及民用建筑设计、工程地质勘察、电气及矿山机械设备设计

煤炭工业部煤炭科学研究院抚顺研究所

所　　长　张武
地　　址　辽宁省抚顺市望花区建设街
电　　话　88521
电报挂号　0356
主要产品　围岩裂隙测定仪、瓦斯含量测定仪、ΔP测定仪、导通表、井下松绳保护

长春煤炭科学研究所

所　　长　张印轩
地　　址　吉林省长春市朝阳区同志街5号
电　　话　23110-22
业务范围　软岩支护、煤矿安全、煤化工、微机管理、自动控制，煤质化验中心站，环保检测中心站，环境综合评价

哈尔滨煤矿机械研究所

所　　长　翟培祥
地　　址　黑龙江省哈尔滨市香坊区新香坊
电　　话　56875
电报挂号　0215
业务范围　薄煤层综合机械化采煤配套设备、掘进作业机械化设备和掘进机配套设备的研究、设计，采掘机械设备原、部件及技术基础理论的研究等

煤炭工业部煤炭科学研究院上海研究所

所　　长　龙显光
地　　址　上海市肇家浜路1065号
电　　话　382344
电报挂号　4290
业务范围　煤矿井下采煤、掘进、运输等机械和电气设备的设计研究，还承担上述专业的测试

和防爆检验

江苏省煤田地质勘探研究所

负 责 人　毛玉华
地　　址　江苏省徐州市西关
电　　话　23146
业务范围　煤质化验、土工试验、基础工程

江苏省煤矿研究所

所　　长　张继洲
地　　址　江苏省徐州市淮海西路241号
电　　话　25513
电报挂号　1002
业务范围　煤矿通讯系统的研究；矿用新材料及防腐的研究；煤矿劳动防护用品及安全仪器、仪表的研究；煤矿机械及高压水射流的研究；煤矿开采工艺的研究

煤炭工业部煤炭科学院常州自动化研究所

所　　长　唐允
地　　址　江苏省常州市清潭新村木梳路
电　　话　24971
电报挂号　2076
业务范围　矿井通风技术、矿井环境监测技术、生产监控技术以及煤矿井下隔爆和本安型仪器、仪表及工况传感器等煤矿自动化技术的研究

煤炭工业部煤炭科学研究院杭州研究所

所　　长　叶立贞
地　　址　浙江省萧山县城厢镇西河路236号
电　　话　23639
电报挂号　3561
业务范围　从事煤矿环境监测、评价和治理，低热值煤的开发和综合利用，煤矿节能技术，软岩地压与支护等方面的研究

江西省煤炭工业科学研究所

所　　长　陈学早
地　　址　江西省南昌市北京东路３号
电　　话　62934
电报挂号　4430
业务范围　采煤方法、矿井安全、安全仪器、煤矿机电、煤炭加工利用等方面的技术开发和推广

山东省煤炭科学研究所

所　　长　范培元
地　　址　山东省济南市天桥区堤口路
电　　话　51433
电报挂号　4282
业务范围　研究煤矿采掘机械化设备，矿井运输提升运输自动化装备及矿井安全装置，重点研究薄煤层开采机械化设备

河南省煤炭科学研究所

所　　长　王耀宸
地　　址　河南省郑州市文化路82号
电　　话　31760
电报挂号　1660
业务范围　研究开采技术，矿井技术改造，矿井施工及改善矿井安全条件

广东省煤炭工业研究所

所　　长　朱子龙
地　　址　广东省广州市加禾
电　　话　627084
电报挂号　0362
业务范围　煤矿采掘运机械化，煤矿生产系统过程控制自动化，煤矿安全、矿井瓦斯测压及矿井通风网路计算程序和优选，煤矸石的综合利用

煤炭工业部煤炭科学研究院重庆研究所

所　　长　宋世钊
地　　址　四川省重庆市沙坪坝区上桥
电　　话　661771
电报挂号　1411
业务范围　研究煤与瓦斯突出、矿井粉尘和火灾的防治、安全仪表、设备、矿井地质、矸石利用等。现有瓦斯警报器、隔爆水袋等产品

北京煤炭管理干部学院分院

院　　长　林开源
地　　址　河北省三河县燕郊镇
电　　话　952.2254
电报挂号　河北三河1626
业务范围　煤矿安全系，煤矿经济系，政工管理系，中国煤矿安全技术培训中心

秦皇岛煤炭工业管理学校

校　　长　刘宋诚
地　　址　河北省秦皇岛白塔岭
电　　话　33816、33818、32312
电报挂号　3561

山 西 矿 业 学 院

院　　长　郑翔
地　　址　山西省太原市河西区迎泽西大街
电　　话　663271、666876
电报挂号　4751

山西煤炭管理干部学院

负 责 人　赵玉良
地　　址　山西省太原市坞城南路

电　　话　772996

大同煤炭工业学校

校　　长　朱博文
地　　址　山西省大同市新平旺
电　　话　52126
电报挂号　2699

阜新煤炭工业学校

校　　长　杨大武
地　　址　辽宁省阜新市海州区西山路10号
电　　话　27989、053581
电报挂号　3101
业务范围　设置煤层地下开采、煤矿测量、露天煤矿机械化、煤矿机械化、煤矿电气化、工业与民用建筑、煤矿火工等专业

抚顺煤矿机械制造技工学校

校　　长　王德成
地　　址　辽宁省抚顺市露天区新屯太平沟
电　　话　201834

长春煤炭管理干部学院

副 院 长　母宗礼
地　　址　吉林省长春市卫星路副22号
电　　话　53119

黑龙江矿业学院

院　　长　陈政国
地　　址　黑龙江省鸡西市
电　　话　53595
电报挂号　1331
业务范围　采矿、选矿、地质、建筑、电气、机械、机制、管理

焦作矿业学院

院　　长　薛象恒
地　　址　河南省焦作市
电　　话　3891
电报挂号　1562

郑州煤炭管理干部学院

院　　长　刘书祥
地　　址　河南省郑州市大学路
电　　话　46880

湘潭矿业学院

院　　长　刘国荣
地　　址　湖南省湘潭市北郊
电　　话　24625、23611
电报挂号　7108

成都煤炭管理干部学院

院　　长　樊瑞庚
地　　址　四川省成都市杜甫草堂侧
电　　话　25515
电报挂号　6236
业务范围　设置煤炭政工管理、煤炭财务会计、煤炭工业计划与统计、煤矿安全管理专业，矿长、党委书记岗位职务培训，其他短训班等

煤炭基本建设单位

煤炭工业部第十工程处

处　　长　邵勇
地　　址　山西省长治市政县
业务范围　矿山企业建筑

煤炭工业部第三十七工程处

处　　长　齐开义
地　　址　山东省邹县
电　　话　2401
电报挂号　1696
业务范围　大、中型工业，民用建筑施工，国产和引进机电设备安装

煤炭工业部第六十三工程处

处　　长　安根富
地　　址　河北省邯郸市峰峰矿区63处基地
电　　话　2297
业务范围　独立承担各种条件下的大、中、小型煤矿建设，承揽冶金、化工等工业与民用土建和安装工程，具有现代化施工设备和能力

煤炭工业部第一建设公司特殊凿井处

处　　长　熊绍煦
地　　址　河北省邯郸市建设大街
电　　话　42455
电报挂号　0352
业务范围　特殊法凿井（冻结法、注浆、疏干法）兼施工水源井

轩岗矿务局工程处

处　　长　阎精明
地　　址　山西省原平县轩岗镇
业务范围　矿建、土建、安装

铁法矿务局第一工程处

负 责 人　曹宝库
地　　址　辽宁省铁法市晓明镇
电　　话　28665转
业务范围　矿建

铁法矿务局第二工程处

负 责 人　刘绍清
地　　址　辽宁省康平县
电　　话　28414转
业务范围　矿建

铁法矿务局第三工程处

负 责 人　牛绍田
地　　址　辽宁省铁法市调兵山镇
电　　话　88414转
业务范围　土建、机电安装

铁法矿务局第四工程处

负 责 人　赵大成
地　　址　辽宁省铁法市调兵山镇
电　　话　21175
业务范围　土建、机电安装

鹤岗矿务局煤矿建设工程处

负 责 人　吴秀坤
地　　址　黑龙江省鹤岗市向阳区
电　　话　35950
业务范围　煤矿基本建设工程

煤炭工业部建筑安装工程公司第六工程处

处　　长　朱必毅
地　　址　江苏省徐州市翟山
电　　话　88210
电报挂号　0362
业务范围　工业、民用建筑

江西省煤矿建设公司第二工程处

处　　长　王振建
地　　址　江西省分宜县
电　　话　670
电报挂号　0059
业务范围　矿井建设、安装和土建施工，承担35KL级以下变电所及外线安装，承接各种民用、工厂、农用的机、电、水、暖安装、维修及非标准件加工

肥城矿务局工程处

处　　长　肖铁良
地　　址　山东省肥城县王瓜店镇

兖州矿务局第六工程处

处　　长　裴光华
地　　址　山东省邹县
电　　话　2601
电报挂号　0362
业务范围　矿井冻结、机电设备安装

兖州矿务局第七十工程处

处　　长　杨钦治
地　　址　山东省邹县
电　　话　2212
电报挂号　7637
业务范围　煤炭基本建设矿土安三类工程施工

龙口矿务局工程处

负 责 人　杨登云
地　　址　山东省龙口市
电　　话　2425
电报挂号　0575
业务范围　矿井三类工程建设

河南省煤矿第一建井工程处

处　　长　赵智斌
地　　址　河南省巩县夹津口乡
电报挂号　9616
业务范围　矿建、土建、安装工程

鹤壁矿务局工程处

负 责 人　刘越兴
地　　址　河南省鹤壁市
电　　话　32512
业务范围　矿建、土建、安装工程

四川煤矿建设第六工程处

处　　长　陈志建
地　　址　四川省达县市南外
电　　话　690
电报挂号　5710
业务范围　矿建、土建、机电安装工程、混凝土构件预制

四川煤矿建设第八工程处

处　　长　金存刚
地　　址　四川省宜宾市
电　　话　4388
业务范围　各类工业与民用建（构）筑工程和输、变电、管道、通讯及各类机电设备安装工程

四川煤矿建设第九工程处

处　　长　高泽林
地　　址　四川省綦江县打通二十八公里九处

电报挂号　0046
业务范围　井建、土建、安装工程

四川煤矿建设第十工程处

处　　长　刘云龙
地　　址　四川省合川县三汇镇
业务范围　矿井建设、房屋建筑、机电安装

芙蓉矿务局建筑安装公司

负 责 人　赵全永
地　　址　四川省珙县巡场
电　　话　27
电报挂号　2172
主要产品　水泥、矸砖、预制构件、硫精砂

六枝矿务局六十五工程处

负 责 人　宿殿满
地　　址　贵州省六盘水市六枝特区平寨镇
电　　话　2946转
业务范围　矿井建设、土木建筑、机电安装

六枝矿务局六十六工程处

负 责 人　肖训昌
地　　址　贵州省六盘水市六枝特区平寨镇
电　　话　2051
业务范围　工业与民用建筑、机电安装

云南省煤矿基本建设公司

经　　理　张凤岐
地　　址　云南省曲靖市麒麟西路
电　　话　2401
电报挂号　0713
业务范围　矿建、土建、安装工程施工、铁路隧道、建筑安装施工

云南省煤矿基本建设公司第一工程处

负 责 人　孙忠英
地　　址　云南省宣威县田坝
电　　话　293
业务范围　矿建、铁路隧道施工

云南省煤矿基本建设公司第二工程处

负 责 人　王俊琪
地　　址　云南省曲靖市官坡寺
电　　话　2019
业务范围　矿建、铁路隧道施工

云南省煤矿基本建设公司第三工程处

负 责 人　刘鹏
地　　址　云南省宣威县田坝
电　　话　2108
业务范围　土建施工

云南省煤矿基本建设公司第四工程处

负 责 人　朱洪模
地　　址　云南省曲靖市官坡寺
电　　话　2063
电报挂号　0934
业务范围　土建施工

云南省煤矿基本建设公司第五工程处

负 责 人　程继坤
地　　址　云南省曲靖市白石江
电　　话　2929
电报挂号　2623
业务范围　机电设备安装、输电线路和通讯线路架设、中低压管道安装、钢窗及非标准设备制作

甘肃煤炭第一工程处

处　　长　刘志坚
地　　址　甘肃省白银市平川区

甘肃煤炭第二工程处

处　　长　贾宝琛
地　　址　甘肃省白银市平川区

甘肃煤炭第五工程处

处　　长　鞠伦
地　　址　甘肃省白银市平川区

宁夏煤炭基本建设公司

经　　理　王俊彦
地　　址　宁夏回族自治区大武口
电报挂号　1015
业务范围　土建、机电安装、生产水泥、红砖、涂料、煤质活性炭

宁夏煤炭基本建设公司第二建筑工程处

负 责 人　郝新志
地　　址　宁夏回族自治区大武口
电　　话　内转315
业务范围　工业、民用建筑

石炭井矿务局工程处

负 责 人　王定安
地　　址　宁夏回族自治区石嘴山市石炭井区
电　　话　44382、44436
业务范围　建筑安装

石嘴山矿务局综合工程处

负 责 人　陆凤飞
地　　址　宁夏回族自治区石嘴山市石嘴山区
电　　话　2350转723
业务范围　建筑安装工程施工

煤田地质勘探公司、勘探队

煤炭工业部第一地质勘探公司

经　　理　栗锦刚
地　　址　河北省邯郸市南苏曹
电　　话　24132
电报挂号　2232
业务范围　煤田地质钻探、地震、电法、重磁、水文等勘探工作，对外承包基础地桩、资源勘探

煤炭工业部水文地质勘探公司

经　　理　张藻
地　　址　河北省邯郸市南苏曹
电　　话　25976
电报挂号　2264
业务范围　水文地质、工程地质勘察、水源勘探、开发、岩土测试等

煤炭工业部第一水文地质队

队　　长　张启鹿
地　　址　河北省邯郸市南苏曹
电　　话　24908
电报挂号　0027
业务范围　水文地质、工程地质勘察、水源勘探、开发、防堵水工程、水质化验等

煤炭工业部第二水文地质队

队　　长　姚吉坤
地　　址　河北省邢台市郭守敬路
电　　话　22652
业务范围　水文地质勘察、水源勘探与开发、防堵水工程及大口径成井等

煤炭工业部第三水文地质队

队　　长　郑仁
地　　址　河北省邯郸市北张庄
电　　话　22064
业务范围　水文地质、水资源勘察、防堵水工程，大口径成井、特殊凿井、帷幕注浆等

煤炭工业部水源开发队

队　　长　苏庆发
地　　址　河北省邯郸市北张庄
电　　话　23352
电报挂号　0357
业务范围　水文地质勘察，水源勘探与开发、供、排水工程的设计与施工、机电设备安装等

煤炭工业部水文物测队

队　　长　白炳旭
地　　址　河北省邯郸市北张庄
电　　话　23352
业务范围　电法、地震、区域水文地质测绘、工业与民用建筑工程的地基勘察和工程测量等

河北省张家口地区地质队

队　　长　张建勋
地　　址　河北省张家口市桥西区四方台沟10号
电　　话　5812
业务范围　地质勘探

山西煤田地质勘探公司

副 经 理　杨树枫
地　　址　山西省太原市坞城路师范街
电　　话　775103
电报挂号　2100
业务范围　煤田地质勘探、水源、水文勘探、普查、测量、制印、化验、地球物理勘探、基础工程勘探

山西煤田地质勘探114队

负 责 人　吴世富
地　　址　山西省长治市大庆路
电　　话　3912
电报挂号　2232
业务范围　煤田地质勘探、水文勘探、水源勘探

山西煤田地质勘探115队

负 责 人　朱峰
地　　址　山西省大同市大庆北路
电　　话　22447
电报挂号　0522
业务范围　煤田地质、水文、水源勘探

山西煤田地质勘探144队

负 责 人　梁耿
地　　址　山西省洪洞县
电　　话　2536
业务范围　煤田地质、水文、水源勘探

山西煤田地质勘探148队

负 责 人　石大华
地　　址　山西省太原市南寒街
电　　话　664646

电报挂号　0142
业务范围　煤田地质、水文、水源勘探

山西煤田地质勘探229队

负 责 人　吴俊峰
地　　址　山西省太原市坞城路许坦街
电　　话　773462
电报挂号　6347
业务范围　水文、水源勘探、工程地质、基础工程勘探

山西煤田地质综合普查队

负 责 人　郝满囤
地　　址　山西省榆次市窑新街
电　　话　24708
电报挂号　3944
业务范围　地质调绘、地形调绘、控制测量、地质普查、航内成图

煤炭工业部一四七地质勘探队

队　　长　柴治福
地　　址　江苏省沛县大屯
电　　话　江苏省沛县大屯煤电公司转2250、2251
电报挂号　0522
业务范围　煤炭资源勘探

江苏省煤田地质勘探公司

经　　理　沈敖祥
地　　址　江苏省常州市武青路146号
电　　话　43874
电报挂号　0522
业务范围　煤田地质勘探、物探与测量、工程勘探与基础工程、机械制造与维修、煤质化验、土工试验

江苏省煤田地质勘探第一队

负 责 人　钱甲才
地　　址　江苏省无锡市荣巷
电　　话　660531
业务范围　煤田地质勘探、工程勘探、基础工程

江苏省煤田地质勘探第二队

负 责 人　陈祥书
地　　址　江苏省徐州市大孤山
电　　话　25572
业务范围　煤田地质勘探、工程勘探、基础工程、胶带输送机

江苏省煤田地质勘探第三队

负 责 人　刘延哲
地　　址　江苏省徐州市西关煤建西路
电　　话　24573
业务范围　煤田地质勘探、工程勘探、基础工程

江苏省煤田地质勘探第四队

负 责 人　杨俊生
地　　址　江苏省南京市尧化门
电　　话　61617
业务范围　煤田地质勘探、钻机塔衣、铁钉、劳保服装

江苏省煤田地质勘探第五队

负 责 人　马汉章
地　　址　江苏省镇江市乔家门
电　　话　24288
业务范围　煤田地质勘探、工程勘探、基础工程、胶带输送机

江苏省煤田地质物探测量队

负 责 人　郎煜炳
地　　址　江苏省南京市尧化门
电　　话　61170
业务范围　地面物探与测量、城市测绘、电子计算

肥城矿务局钻探队

队　　长　于斌峰
地　　址　山东省肥城县王瓜店镇

湖北省煤田地质勘探公司

经　　理　张玉彬
地　　址　湖北省武汉市武昌区武珞路255号
电　　话　874713
电报挂号　5105
业务范围　煤田地质勘探、煤质化验、水质分析、岩矿鉴定

湖北省地质勘察基础工程公司

负 责 人　谢铭俊
地　　址　湖北省武昌武珞路255号
电　　话　814713
电报挂号　5105
业务范围　工程地质勘察、物探找水、水源勘探、桩基工程、工程测量

湖南省煤田地质勘探公司

经　　理　胡树善
地　　址　湖南省株州市贺家土
电　　话　23231
电报挂号　2069
业务范围　地质钻探、工程地质、地形测量、航空测量调绘及内业成图、物探、电测井、煤质化验、制图彩印、地质勘探、机械设备仪器维修、专用产品加工

湖南省煤田地质勘探公司第一勘探队

队　　长　李俊迈
地　　址　湖南省耒阳市
电　　话　2545
电报挂号　9999
业务范围　煤田地质勘探

湖南省煤田地质勘探公司第二勘探队

队　　长　董炳炎
地　　址　湖南省涟源县
电　　话　2789
电报挂号　0522
业务范围　煤田地质勘探

湖南省煤田地质勘探公司第三勘探队

队　　长　姚念民
地　　址　湖南省冷水滩市
电　　话　333
电报挂号　0005
业务范围　煤田地质勘探、工程钻探

湖南省煤田地质勘探公司第五勘探队

队　　长　蒋金章
地　　址　湖南省郴县栖凤渡
电报挂号　7018
业务范围　煤田地质勘探

湖南省煤田地质勘探公司第六勘探队

队　　长　熊贵禄
地　　址　湖南省湘潭市红心园
电　　话　22393
电报挂号　0966
业务范围　煤田地质勘探

湖南省煤田地质勘探公司物探测量队

队　　长　黄荣俊
地　　址　湖南省株州市宋家桥
电　　话　22010
电报挂号　2232
业务范围　煤田物探、测量、地质普查

云南省煤田地质勘探公司

经　　理　唐衍道
地　　址　云南省昆明市东郊大石坝
电　　话　71701、71705
电报挂号　3561

云南省煤田地质勘探公司一四三勘探队

负 责 人　王蕴珊
地　　址　云南省曲靖市交通路
电　　话　2393
电报挂号　8143

云南省煤田地质勘探公司一九八勘探队

负 责 人　杨兆田
地　　址　云南省昆明市东郊小石坝
电　　话　71081、71083

云南省煤田地质勘探公司一九九勘探队

负 责 人　罗启亮
地　　址　云南省楚雄市东瓜镇
电　　话　总机转453
电报挂号　3561

陕西省煤田地质勘探公司

经　　理　刘文忠
地　　址　陕西省西安市太乙路2号
电　　话　2-1037、2-4044
电报挂号　3944
业务范围　煤田地质勘探、水文（水源）勘探，专门抽水试验，工程勘察，建筑类基础工程，石油钻井、测井，地震、电法、磁法勘探，地质填图、地形测绘、控制测量，采样与化验分析等

陕西省煤田地质勘探公司一三一勘探队

负 责 人　张永昌
地　　址　陕西省韩城市
电　　话　2353、2871
电报挂号　0522
业务范围　煤田与水文（水源）勘探、抽水试验、工程勘察、焦炭、煤炭

陕西省煤田地质勘探公司一三九勘探队

负 责 人　尚桂林
地　　址　陕西省澄城县庄头公社
业务范围　煤田地质勘探、水文勘探、工程勘察、地质测量、测井等

陕西省煤田地质勘探公司一八五勘探队

负 责 人　白宗庸
地　　址　陕西省榆林县西沙
电　　话　655
业务范围　煤田与水文勘探、工程勘察、地质与地形测绘、测井等

陕西省煤田地质勘探公司一八六勘探队

负 责 人　王东源
地　　址　陕西省西安市太乙路
电　　话　2-4780、2-4117
电报挂号　1689
业务范围　煤田与水文勘探、工程勘察、建筑类基础工程、石油钻井、地质与地形测绘等

陕西省煤田地质勘探公司一九四勘探队

负 责 人　吕振全
地　　址　陕西省铜川市三里洞
电　　话　2881
电报挂号　0194
业务范围　煤田与水文勘探、工程勘察、石油钻井、地质与地形测绘等

陕西省煤田地质勘探公司水文地质勘探队

负 责 人　赵彦鳌
地　　址　陕西省富平县庄里镇
电报挂号　3055
业务范围　水文（水源）勘探、专门抽水试验、水文地质与地形测绘、矿山及水泥厂用机修配件等

陕西省煤田地质勘探公司物探测量队

负 责 人　侯善杰
地　　址　陕西省西安市尚勤路南段
电　　话　2-7017、2-1046
电报挂号　6852
业务范围　地震、电法、磁法勘探、地形测绘、控制测距、外业调绘、内业成图

陕西省煤田地质勘探公司综合普查研究队

地　　址　陕西省西安市太乙路
电　　话　2-1037转
电报挂号　1077
业务范围　化验分析、地质测量与咨询、采样、印刷、地质测试、室内研究与编图等

青海煤田地质勘探公司

经　　理　王文学
地　　址　青海省西宁市五四大街55号
电　　话　55818
电报挂号　7311
业务范围　煤田地质勘探

新疆维吾尔自治区煤田地质勘探公司

经　　理　葛传盛
地　　址　新疆维吾尔自治区乌鲁木齐市南昌路
电　　话　42679
电报挂号　0362
业务范围　地质钻探、水文钻探、地形测量、电法找水、重磁探火、煤质化验、土工试验

选　煤　厂

开滦吕家坨矿选煤厂

厂　　长　李民
地　　址　河北省唐山市东矿区
电　　话　开滦02-43476
主要产品　13级洗精煤

河北省峰峰矿务局马头洗选厂

厂　　长　朱重光
地　　址　河北省邯郸市
电　　话　24348
电报挂号　7360
主要产品　12级焦精煤

西山矿务局太原选煤厂

厂　　长　谢溥忠
地　　址　山西省太原市北郊区
电　　话　666219
电报挂号　6693
主要产品　11级瘦精煤、10级焦精煤

抚顺矿务局龙凤矿选煤厂

厂　　长　李继文
地　　址　辽宁省抚顺市露天区龙凤街
电　　话　6501
电报挂号　3885
主要产品　冶炼2级精煤

南票矿务局选煤运销处

处　　长　沈浩
地　　址　辽宁省锦州市
主要产品　14级洗混块、18级洗粉、21级煤泥、锅炉用沸腾煤、建材用矸石粉

通化矿务局铁厂选煤厂

厂　　长　郭守义
地　　址　吉林省通化市铁厂镇
主要产品　洗精煤、混煤、末煤、原煤

鸡西矿务局滴道选煤厂

总工程师　张汉泉
地　　址　黑龙江省鸡西市
电　　话　2829
主要产品　洗精煤、混末煤、块煤、煤泥

鹤岗矿务局选煤厂

厂　　长　韩恕
地　　址　黑龙江省鹤岗市南山区

电　　话　矿区36655、市政2199
主要产品　11级冶炼精粉、精煤、洗中块

兴安台选煤厂

厂　　长　李春铎
地　　址　黑龙江省鹤岗市兴安煤矿
主要产品　9级、10级、11级冶炼精煤，其他2级精煤、11级洗中块、21级洗末煤、23级洗中煤、12级末煤

七台河矿务局选煤厂

厂　　长　于佳民
地　　址　黑龙江省七台河市
电　　话　64201
主要产品　10级冶炼精煤、4级其他炼焦精煤、14级洗混煤、13级洗混中块、14级洗末煤、15级煤泥

江苏徐州矿务局义安矿洗运科

负 责 人　程伯良
地　　址　江苏省徐州市
电　　话　24555
主要产品　乙级精煤

淮北矿务局淮北选煤厂

副 厂 长　王宝善
地　　址　安徽省淮北市青龙山
电　　话　矿务局总机转883、884
电报挂号　6693
主要产品　精煤

朱仙庄矿选煤厂

厂　　长　贺军
地　　址　安徽省淮北市淮北矿务局朱仙庄矿
主要产品　精煤、混煤、中煤、煤泥

丰城矿务局建新选煤厂

厂　　长　彭家言
地　　址　江西省丰城县上塘镇建新
主要产品　洗精煤、中煤、混煤、粉煤

兖州矿务局兴隆庄煤矿选煤厂

厂　　长　曹久儒
地　　址　山东省兖州县道沟区大庙镇
主要产品　冶炼精煤

枣庄矿务局八一矿选煤厂

厂　　长　于泽德
地　　址　山东省滕县官桥
电　　话　枣庄矿务局596、192
主要产品　精煤、混煤

枣庄矿务局八一矿选煤厂所属水煤浆厂

负 责 人　于泽德
地　　址　山东省滕县官桥
主要产品　水煤浆

平顶山矿务局田庄选煤厂

负 责 人　肖泽俊
地　　址　河南省平顶山市
电　　话　3729、3720
电报挂号　3156
主要产品　精煤、中煤、煤泥

朝川矿务局选煤厂

厂　　长　马宏亮
地　　址　河南省平顶山市临汝县
电报挂号　2600
主要产品　精煤、中煤、煤泥

资兴矿务局选煤焦化厂

厂　　长　王俊
地　　址　湖南省资兴市三都镇
主要产品　精煤、冶金焦炭、动力煤、焦油、塑料弹性防水油膏

松藻矿务局金鸡岩洗选厂

厂　　长　朱凤歧
地　　址　四川省重庆市綦江县松藻矿务局
主要产品　动力煤

永荣矿务局洗选厂

负 责 人　何明远
地　　址　四川省重庆市荣昌县广顺镇
电　　话　永荣矿务局总机转
电报挂号　3156
主要产品　精煤（甲精、乙精、块精）、胶体和粉剂聚丙烯酰胺

南桐矿务局干坝子洗选厂

厂　　长　黄传洸
地　　址　四川省重庆市南桐矿区
电　　话　71724转
电报挂号　3815转
主要产品　冶炼精煤、其他精煤、选电煤、沸腾煤、硫精砂、特种加工煤

渡口矿务局巴关河选煤厂

厂　　长　赵洪富
地　　址　四川省攀枝花市
主要产品　11级冶炼洗精煤

达竹矿务局渡市洗选厂

厂　　长　万建中
地　　址　四川省达县渡市火车站
电　　话　达县924总机转
电报挂号　3156
主要产品　冶炼精煤、气精块煤、筛混煤、高灰块煤

六枝矿务局地宗选煤厂

负 责 人　蒋昌山
地　　址　贵州省六盘水市六枝特区平寨镇
电　　话　2946转
主要产品　精煤、原煤、中煤、煤泥

六枝矿务局地宗选煤厂所属型煤土焦厂

负 责 人　陆景峰
地　　址　贵州省六盘水市六枝特区
主要产品　型煤

石炭井矿务局大武口选煤厂

负 责 人　李贯日
地　　址　宁夏回族自治区石嘴山市大武口
电　　话　44474
主要产品　炼焦精煤、电煤、粉煤

石炭井矿务局太西选煤厂

负 责 人　王佐民
地　　址　宁夏回族自治区平罗火车站
主要产品　无烟精块、精粒、精末、混块、混末

水城矿务局汪家寨选煤厂

厂　　长　牛允敬
地　　址　贵州省六盘水市水城特区汪家寨
电报挂号　6693
主要产品　洗精煤、混煤、煤泥

煤矿机械厂和有关工厂

北京煤矿机械厂

厂　　长　门迎春
地　　址　北京市房山区
电　　话　9323201
电报挂号　8960
主要产品　液压支架、切顶支柱、单体液压支柱、装煤机

煤炭工业部张家口煤矿机械厂

厂　　长　薛际贵
地　　址　河北省张家口市工业路6号
电　　话　3291
电报挂号　4920
主要产品　各种轻、中、重型刮板输送机、转载机、刨煤机

张家口市煤矿机械一厂

厂　　长　刁培祥
地　　址　河北省张家口市工业南路六号
电　　话　3027、3547
电报挂号　2750
主要产品　液压推溜器、液压升柱器、锯齿形接缝环、回柱器、卸矸架推移机、液压放煤漏斗启闭装置、矿机车脱机复位机、各种规格千斤顶、综采配件等

唐山市煤矿专用设备厂

厂　　长　邵继棠
地　　址　河北省唐山市胜利桥北
电　　话　26373
电报挂号　2880
主要产品　矿用隔爆产品、低压电器产品

峰峰金属支架厂

厂　　长　朱兴安
地　　址　河北省邯郸市峰峰矿区义井镇
电　　话　2461
电报挂号　8040
主要产品　DZ20～25外注式单体液压支柱、矿用塑料网带、HZWA摩擦式金属支柱、HDJB、HDJC金属铰接顶梁

邯郸矿务局机修厂

负 责 人　崔文乾
地　　址　河北省邯郸县

尚义煤矿机械厂

负 责 人　侯丙元
地　　址　河北省张家口地区尚义煤矿
主要产品　35米、75米钻机及配套泥浆泵

潞安矿务局机械修配厂

负 责 人　刘世文
地　　址　山西省襄垣县后堡
电　　话　21586
主要产品　煤矿机械

潞安矿务局化工厂

负 责 人　王传庆

地　　址　山西省长治市宋村
电　　话　21961
主要产品　矿用炸药

大同煤炭工业学校实习工厂

负 责 人　白宪德
地　　址　山西省大同市新平旺
电　　话　52775
主要产品　煤矿机电配件

内蒙古煤矿机械厂

厂　　长　王维宁
地　　址　内蒙古呼和浩特市光明路西端
电　　话　34192
电报挂号　2403
主要产品　各型胶带输送机、调度绞车、矿车平巷人车、干式变压器

铁法矿务局总机修厂

负 责 人　王德宽
地　　址　辽宁省铁岭市
电　　话　21434

辽源煤矿平岗截齿厂

厂　　长　蔡天钧
地　　址　吉林省辽源市东辽县平岗镇
电　　话　721
电报挂号　2066
主要产品　采掘机截齿、齿座、滚筒、滑靴、挡煤板、运输机刮板、横梁、压块，大、中型模锻件

通化矿务局机电总厂

厂　　长　孙修义
地　　址　吉林省浑江市八道江区桂江路17号
主要产品　矿用扒斗机、回柱绞车、钎头

东北内蒙古煤炭工业联合公司煤矿设备制造公司

经　　理　付友谦
地　　址　黑龙江省哈尔滨市南岗区吉林街15号
电　　话　31618、31916
电报挂号　0271

抚顺煤矿安全仪器厂

厂　　长　唐荣生
地　　址　辽宁省抚顺市新抚区宁远街
电　　话　72051、72052、72668
电报挂号　6060
主要产品　煤矿安全仪器制造、光学瓦斯检定器、瓦斯指示警报器、四小时氧气呼吸器、自动苏生器、自救器

东煤公司煤矿建设机械厂

厂　　长　滕守礼
地　　址　辽宁省沈阳市新城子区铁道西
电　　话　682160
电报挂号　0009
主要产品　XKB-3隔爆型蓄电池电机车、3吨防爆特殊型电机车、各式提升钩头连接装置，各种提升吊桶、各种矿车、45米大跨度龙门吊、1.5吨矿车电动转盘、井架、其它非标设备。

抚顺矿灯厂

负 责 人　杜浮
地　　址　辽宁省抚顺市新抚区
电　　话　73779
电报挂号　3597
主要产品　矿灯、煤电钻、矿灯充电架

抚顺煤矿电机厂

厂　　长　聂光第
地　　址　辽宁省抚顺市青年路北
电　　话　209085
电报挂号　4024
主要产品　矿用隔爆三相异步电动机、泵站用隔爆型电动机、采煤机用隔爆型电动机、输送机用隔爆型电动机、装载机用隔爆型电动机

营城煤矿机械配件厂

厂　　长　王玉发
地　　址　吉林省九台县营城镇
电　　话　1250
电报挂号　2623
主要产品　圆环链、模锻链、各种规格连接链

辽源煤矿机械厂

厂　　长　李成泰
地　　址　吉林省辽源市西安区
电　　话　3971
电报挂号　0617
主要产品　单摇臂可调高滚筒采煤机、斜轴式轴向柱塞泵、斜轴式轴向柱马达

蛟河煤矿机械厂

厂　　长　张玉铭
地　　址　吉林省蛟河县奶子山镇
电报挂号　2623
主要产品　煤矿用刮板输送机、转载机

哈尔滨煤矿机械厂

厂　　长　杨峰河

地　　址　黑龙江省哈尔滨市道里区城乡路87号
电　　话　61166
电报挂号　7504
主要产品　煤、岩巷转载机、伸缩带式输送机、绳架胶带输送机、组合操纵阀、三用阀

鸡西煤矿机械厂

厂　　长　吴元
地　　址　黑龙江省鸡西市中心大街
电　　话　52831、52834
电报挂号　1681
主要产品　薄、中厚、厚煤层采煤机、液压安全绞车、金属顶梁

鸡西煤矿机械厂分厂

负 责 人　李清田
地　　址　黑龙江省鸡西市鸡冠区中心大街
电　　话　52400
电报挂号　3293
主要产品　滚筒式采煤机配件及配套使用的液压安全绞车配件、SPJ-800带式输送机

鸡西煤矿专用设备厂

厂　　长　郑忠厚
地　　址　黑龙江省鸡西市鸡冠区文化路
电　　话　2579
电报挂号　7364
主要产品　各型煤矿安全钻机、液力耦合器，YFZ系列液压放顶支柱，QRB-80/20乳化液泵站

佳木斯煤矿机械厂

厂　　长　王发
地　　址　黑龙江省佳木斯市解放路
电　　话　26991
电报挂号　4349
主要产品　DZ型单体液压支柱，HZWA金属摩擦支柱、QD型切顶支柱、EMIA-30掘进机、S-100掘进机、EMS-75水采掘进机，调度绞车

鹤岗矿务局机电修配厂

负 责 人　包树茂
地　　址　黑龙江省鹤岗市南山区
电　　话　72103
主要产品　采掘机械修造

鹤岗矿务局十三厂

负 责 人　姜凤
地　　址　黑龙江省鹤岗市兴山区
电　　话　35775
主要产品　84#和85#炸药

黑龙江矿业学院工厂

负 责 人　赵德厚
地　　址　黑龙江省鸡西市
电　　话　53084
电报挂号　1331
主要产品　KGPS-100（250）中频电源、TXU-75液压钻机、KY-100坑道钻

上海永红煤矿机械厂

厂　　长　诸舜卿
地　　址　上海市南翔解放街
电　　话　506757-476
主要产品　DZ系列外注式单体液压支柱及试压台、减速机

上 海 矿 筛 厂

厂　　长　李庆佑
地　　址　上海市余姚路417号
电　　话　580672、580563
电报挂号　0507
主要产品　选煤、选矿等各种用途筛网（平板筛、弧形筛、离心机筛网）

南京江南机械厂

厂　　长　张始林
地　　址　江苏省南京市中华门外小行里
电　　话　24134
电报挂号　1025
主要产品　矿用系列液压支柱

徐州矿山设备制造厂

厂　　长　朱勤瑞
地　　址　江苏省徐州市堤北村
电　　话　71511
电报挂号　0059
主要产品　全系列生产调度绞车、回柱绞车、调车绞车及运输绞车、矿用提升绞车、矿车清车机、建筑卷扬机等

徐州煤矿机械厂

厂　　长　李国哲
地　　址　江苏省徐州市东关杨庄
电　　话　23961
电报挂号　5555
主要产品　防爆真空磁力起动器、真空馈电开关、防爆特殊型蓄电池电机车

徐州煤矿机械厂配件分厂

负 责 人　史再规
地　　址　江苏省徐州市东关杨庄
电　　话　23961转

主要产品　QCZ83-80-225型开关，QHF-100-250型风包释压阀

徐州电子管厂

厂　　长　徐庆义
地　　址　江苏省徐州市西郊矿山路12号
电　　话　22189
电报挂号　1311
主要产品　各种矿用交流真空接触器及配套的陶瓷、玻璃真空开关管，矿用排列型冷阴极荧光灯，无启辉荧光灯

江苏南通矿机厂

厂　　长　徐进
地　　址　江苏省如皋县南门外
电　　话　2553
电报挂号　6593
主要产品　矿用卷扬机

苏州煤矿机械厂

厂　　长　刘水生
地　　址　江苏省苏州市阊胥路112号
电　　话　26551、33064
电报挂号　4059
主要产品　MZ-Ⅰ、Ⅱ、Ⅲ型液压锚杆钻机，QZ-120型双柱切顶支柱、DK-Ⅰ、Ⅱ型钉扣机和皮带扣、六角光螺母、离心式水泵

江苏省煤田地质机械厂

负 责 人　陆腊松
地　　址　江苏省常州市武青路192号
业务范围　矿用隔爆型变压器、潜水泵、螺帽攻丝机

江苏省苏南煤矿机械厂

厂　　长　陈云火
地　　址　江苏省常州市新闸对岸
电　　话　34887
电报挂号　5685
主要产品　液压支架、组合钢模板、滚刀、反井钻机等

无锡煤矿机械厂

厂　　长　杨国威
地　　址　江苏省无锡市中南路
电　　话　225001
电报挂号　2750
主要产品　乳化液泵站、喷雾泵站、各种液压阀

无锡采煤机械厂

厂　　长　张振立
地　　址　江苏省无锡市中南路底
电　　话　226631
电报挂号　0059
主要产品　DY-150（100）型滚筒采煤机，MP_2-100型极薄煤层采煤机，MG150-W型双滚筒采煤机，ZB_2-100型薄煤层采煤机

镇江煤矿专用设备厂

厂　　长　贺光让
地　　址　江苏省镇江市镇句路209号
电　　话　23954
电报挂号　5544
主要产品　湿式除尘机、测尘仪器、井下多功能钻机、地质钻机、泥浆泵、注浆泵

浙江省煤矿机械制造公司

经　　理　陈有根
地　　址　浙江省杭州市板桥路11号
电　　话　23504
电报挂号　3508
主要产品　矿灯、单体液压支柱、支柱、液压升柱器，装岩机、钻车、转载机、局部通风机、提升机、人车、防爆空压机、凿岩机、磁力起动器、注水泵、探水钻、泥浆泵、调度绞车、发爆器、防爆电控元、器件、液压马达、泵、各种液压阀

煤山矿灯厂

厂　　长　史献银
地　　址　浙江省嘉善县兴贤路5号
电　　话　2198、3018
电报挂号　3597
主要产品　矿用帽灯、隔离开关

衢州煤矿机械厂

厂　　长　罗　琦
地　　址　浙江省衢州市车站路
电　　话　26802
电报挂号　6993
主要产品　ZY24型凿岩机、NDZ型、DZ型和PDZ型单体液压支柱、QD型切顶支柱、HPY_{18}-10/7-K型和$\frac{NPT_5}{Z\text{-}24/9}$型空气压缩机、$LC_{10}$-2B型履带式防爆全液压双臂钻车

浙江小浦煤矿机械厂

厂　　长　赵福昌
地　　址　浙江省长兴县小浦
电报挂号　2750
主要产品　装岩机、调度绞车、齿轮油泵

浙江省桐乡煤矿机械厂

厂　　长　杨剑华
地　　址　浙江省桐乡县城西门

电　　话　22546
电报挂号　3561
主要产品　矿用提升绞车、液压盘闸绞车、提升机、抱轨式斜井人车、成套水泥机械设备、防爆开关

浦江矿用开关厂

厂　　长　朱祖生
地　　址　浙江省浦江县城
电　　话　322　444
电报挂号　7030
主要产品　矿用防爆开关，换向开关，真空磁力起动器

地方国营奉化煤矿设备厂

厂　　长　江根昌
地　　址　浙江省奉化县大桥镇惠政东路
电　　话　3793
电报挂号　6080
主要产品　煤矿机械配件（单向阀、安全阀、操纵阀、充气阀）、MFB50-200型发爆器

平阳煤炭机械制造厂

厂　　长　李正夫
地　　址　浙江省平阳县敖江镇曙光路105号
电　　话　1236，1238
电报挂号　浙江敖江2623
主要产品　液压支架、高压阀门

浙江省临安矿山机械厂

厂　　长　高　铭
地　　址　浙江省杭州市郊临安镇
电　　话　0-280，0-291
电报挂号　1472
主要产品　液压升柱器、三用阀、注液枪、多用台虎钳、圆盘粉碎机、颚式破碎机、常规试压台

萍乡南方煤机厂

厂　　长　何荣经
地　　址　江西省萍乡市
电　　话　33771
电报挂号　3516
主要产品　矿用隔爆型局部通风机、低噪声局部通风机

枣庄煤矿机械厂

厂　　长　顾士国
地　　址　山东省枣庄市南郊岳楼
电　　话　24779
电报挂号　2750
主要产品　JH_2-5、JH-8型回柱绞车，JD-4.2、JDM-4.2型调度绞车，KHU09型张紧绞车，FTL型沸腾式混凝土喷射车

兖州煤矿机械厂

厂　　长　黄永聚
地　　址　山东省兖州县
电　　话　3581
电报挂号　2623
主要产品　SGB、SGW系列普通、双速型弯曲刮板输送机，SD、SJ、SDJ、DSP型固定、伸缩带式输送机，Dx系列强力皮带机，各类矿用耐酸泵、清水泵

肥城矿务局机电厂

厂　　长　郑金贤
地　　址　山东省肥城县王瓜店镇

淄博矿务局机电修配厂

厂　　长　尹兴仁
地　　址　山东省淄博市淄川区洪山镇
电　　话　矿务局总机转461
电报挂号　7227
主要产品　薄煤层采煤机、扒斗装岩机、摩擦支柱等

淄博矿务局五二五厂

厂　　长　王德财
地　　址　山东省淄博市博山区南博山镇
电　　话　矿务局总机转572
电报挂号　4525
主要产品　抗水硝铵炸药、岩石中高威力水胶炸药、瞬发电雷管、毫秒延期电雷管等

河南省煤矿机械制造公司

经　　理　郑宗禹
地　　址　河南省郑州市金水大道21号
电　　话　26858
电报挂号　3561
主要产品　采掘机械及配套的支护设备、运输设备、提升设备、选煤和煤炭成型设备、水泵、局扇、照明、信号、电控、防爆电机、装载机械等

郑州煤矿机械厂

厂　　长　张以祥
地　　址　河南省郑州市伏牛路
电　　话　48452
电报挂号　2845
主要产品　煤矿支护设备

豫西煤矿机械厂

厂　　长　朱元良
地　　址　河南省临汝县临汝镇

电　　话　县总机转
主要产品　MLX-50 采煤机组，JD11.4 调度绞车，KDF_1B液控单向阀，KDF_1C液控单向阀，YF_1B安全阀，20B刮板输送机

河南省温县煤矿机械总厂

厂　　长　胡生金
地　　址　河南省温县城内工业街
电　　话　484、398
电报挂号　1643
主要产品　矿井专用设备、洗选设备、煤矿输送设备、耙斗装岩机、JD11.4、25 调度绞车

开封市煤矿仪表厂

厂　　长　翟俊生
地　　址　河南省开封市乐观街13号
电　　话　23502
电报挂号　4349
主要产品　MFB系列发爆器、连击电铃、机车防爆灯、隔爆白炽灯、防爆母线盒、发爆器测量仪、雷管测试仪器等

河南省济源煤炭高压开关厂

厂　　长　齐树正
地　　址　河南省济源县城西关宣化西街39号
电　　话　2925、2034
电报挂号　0063
主要产品　PB_2-6G 高压防爆配电箱、PB_3-6GA 高压防爆配电装置、BHZQ-660/200 矿用防爆真空磁力起动器

河南省济源矿灯厂

厂　　长　王顺太
地　　址　河南省济源县荆梁南街47号
电　　话　2919
电报挂号　0396
主要产品　矿灯、充电架、安全帽

鹤壁矿务局总机厂

厂　　长　于振中
地　　址　河南省鹤壁市
电　　话　21416
主要业务　制造修理、制氧

鹤壁矿务局钢丝绳厂

厂　　长　金生富
地　　址　河南省鹤壁市
电　　话　22294
主要产品　钢丝绳、镀锌丝

鹤壁矿务局运输带厂

厂　　长　刘安波
地　　址　河南省鹤壁市
电　　话　31812
主要产品　阻燃运输带、风筒

鹤壁矿务局511厂

厂　　长　华树堂
地　　址　河南省鹤壁市
电　　话　32192
主要产品　火药、雷管

鹤壁矿务局圆环链厂

厂　　长　刘仲文
地　　址　河南省鹤壁市
电　　话　31892
主要产品　圆环链、联接环

煤炭工业部湖北煤矿机械厂

厂　　长　贾　茂
地　　址　湖北省咸宁市
电　　话　22829、22801
电报挂号　4349
主要产品　刮板输送机，中单链系列、边双链系列、系列高强度圆环链：矿用链、起重链、吊链

武汉通达煤矿专用设备厂

负 责 人　张云程
地　　址　湖北省武汉市武昌付家坡
电　　话　873938转373
电报挂号　7108
业务范围　机械加工、金属结构、控制电器、工程安装、设备维修。工程地质钻具、开关柜、控制台、配电盘

湖南邵阳煤矿机械厂

厂　　长　刘祖向
地　　址　湖南省邵阳市石桥铺
电　　话　5635
电报挂号　3523
主要产品　各型刮板输送机、U型矿车、T 22型刨煤机

湖南省邵阳矿灯厂

厂　　长　吴凤池
地　　址　湖南省邵阳市龙须塘
电　　话　3011
电报挂号　3069
主要产品　KSB-8、KS-7 型矿灯，D-330-KT、D-385-KT、D-440-KT防爆特殊型电机车铅酸蓄电池，DG-308电机车铅酸蓄电池

湖南省煤田地质勘探机械厂

厂　　长　赵金安
地　　址　湖南省湘潭市护潭
电　　话　24804
电报挂号　0522
主要产品　煤田地质勘探机械制造与维修

广东省东莞煤矿机械厂

厂　　长　戚　泉
地　　址　广东省东莞市莞城南环西路
电　　话　221341
电报挂号　1004
主要产品　各种型号的带式输送机、装煤机、给煤机

广东省梅田矿务局煤矿机械厂

负 责 人　罗灿强
地　　址　湖南省宜章县梅田
电报挂号　2623
主要产品　矿山机械

曲仁矿务局机械厂

负 责 人　朱四民
地　　址　广东省韶关市花坪
电　　话　4961转
电报挂号　1381
主要产品　修理、制造

广东省四望嶂矿务局机械制造厂

负 责 人　陈均宏
地　　址　广东省兴宁县黄槐西埔
主要产品　机械制造、铸铁管等

广东省四望嶂矿务局四〇一厂

负 责 人　陈廷奎
地　　址　广东省梅县市梅西
主要产品　84号火工产品

成 都 矿 灯 厂

厂　　长　李清芳
地　　址　四川省成都市外北驷马桥横桥街19号
电　　话　31979、34253
电报挂号　1979
主要产品　矿灯系列产品，矿用防爆特殊型蓄电池；提供各种矿灯配件和蓄电池技术服务

四川煤矿机械厂

厂　　长　黄吉文
地　　址　四川省成都市龙潭寺
电　　话　44412-576
电报挂号　0004
主要产品　RYPNIK-73型刮板输送机，CDXT-2.5型蓄电池电机车，MLTB-50采煤机，DZ-16单体液压支柱，SGW-40T减速机

四川煤矿机械厂一分厂

负 责 人　任显龙
地　　址　四川省成都市龙潭寺
电　　话　44412-576
电报挂号　0004
主要产品　CDXT-2.5型蓄电池防爆电机车的电枢

重庆煤矿安全仪器厂

厂　　长　林正杰
地　　址　四川省重庆市北碚区后半岩
电　　话　3303
电报挂号　0338
主要产品　煤矿电子仪器、救护仪器

四川省旺苍煤铁厂

厂　　长　王子尧
地　　址　四川省旺苍县
主要产品　铸造生铁，原煤、焦炭、铸铁管、水泥

芙蓉矿务局机修厂

负 责 人　房志军
地　　址　四川省珙县巡场
电　　话　27
电报挂号　2172
业务范围　机械修配、机械加工

永荣矿务局机械修配厂

负 责 人　但敏政
地　　址　四川省重庆市荣昌县广顺镇
电　　话　永荣矿务局总机转
电报挂号　4693
主要产品　采煤机、刮板输送机、高强度圆环链、U型矿车、双扭曲风机叶片、煤钻头、氧气

南桐矿务局机修厂

负 责 人　向鹏
地　　址　四川省重庆市南桐矿区东林火车站
电　　话　71724转
电报挂号　3815转
主要产品　摩擦金属支柱、U型矿车、合金钢钻头

贵 阳 矿 灯 厂

厂　　长　高景岩
地　　址　贵州省贵阳市花溪区蔡冲
电　　话　32940
电报挂号　3597
主要产品　KS-8型、KS-7型矿灯，KTSC-102型、KTSD-36型、KTSE-102型矿灯充电架，DG-330-KT、DG-440-KT特殊型蓄电池

六盘水煤矿机械厂

厂　　长　梁文坤
地　　址　贵州省六盘水市六枝
电　　话　121
电报挂号　6666
主要产品　防爆特殊型蓄电池式电机车，金属顶梁，搭接式3吨底卸式矿车，胶轮式梭车，YSP-15型液化石油气钢瓶，防爆充电机，220A/660V真空电磁启动器

六枝矿务局总机厂

负 责 人　戴士太
地　　址　贵州省六盘水市六枝特区下云盘
电　　话　2147
电报挂号　2623
主要产品　YW4-100型金属支护试压机、LL_Y-100型金属支护校直机、QC型矿车液压清底机、L_{YX}型矿车液压整形机

昆明煤矿机械厂

厂　　长　张亚群
地　　址　云南省昆明市官渡区小坝
电　　话　25461
电报挂号　5907
主要产品　轻、重型刮板输送机，DJ系列单体液压支柱及综机配件

渭南煤矿专用设备厂

厂　　长　乔战营
地　　址　陕西省渭南市
电　　话　2851
电报挂号　4550
主要产品　物探仪器、矿用电器、安全仪器

兰州矿灯厂

厂　　长　杜化东
地　　址　甘肃省兰州市城关区段家滩137号
电　　话　22741
电报挂号　4349
主要产品　KS-8、KS-7、KS-8A、KS-8A1型矿灯，KTSC-102、KTSD-102、KTSD20-60系列充电架，各种大型铅酸蓄电池

靖远矿务局机械制修厂

厂　　长　郑渭生
地　　址　甘肃省白银市平川区

西北煤矿机械总厂

厂　　长　宋廷池
地　　址　宁夏回族自治区石嘴山市
电　　话　大武口总机转
电报挂号　0892
主要产品　刮板机、转载机、破碎机、带式输送机、各类矿用电动机

石嘴山矿务局机修厂

负 责 人　冯国学
地　　址　宁夏回族自治区石嘴山市石嘴山区
电　　话　2350转430
主要产品　机电修理、钢铁铸件等

石嘴山矿务局化工厂

负 责 人　贺斌
地　　址　宁夏回族自治区石嘴山市石嘴山区
电　　话　2350转405
主要产品　84号和85号炸药

石炭井矿务局总机修厂

负 责 人　张书明
地　　址　宁夏回族自治区石嘴山市大武口
电　　话　44612
主要产品　机械设备维修、制造

多种经营企业

邯郸矿务局水泥厂

负 责 人　李兴振
地　　址　河北省邯郸市峰峰矿区
主要产品　水泥

山西煤田地质勘探公司制印厂

负 责 人　陈久年
地　　址　山西省太原市坞城路师范街
电　　话　772754
业务范围　铅印、胶印地质成图

山西省阳泉固庄煤矿水泥厂

负 责 人　陈腊生
地　　址　山西省阳泉市河底镇固庄
电　　话　2851、2852转
主要产品　325号、425号矿渣水泥

潞安矿务局水泥厂

负 责 人　王小六
地　　址　山西省襄垣县后堡
电　　话　22591

主要产品　水泥

潞安矿务局发电厂

负 责 人　王雨林
地　　址　山西省长治市
电　　话　21761
主要产品　发电

阜新矿务局海州矿砖厂

厂　　长　尹长荣
地　　址　辽宁省阜新市太平区孙家湾
电　　话　062497
主要产品　矸石砖

铁法矿务局第四工程处红砖厂

厂　　长　王玉海
地　　址　辽宁省铁岭市
电　　话　28489
主要产品　煤矸石砖

南票矿务局综合利用公司

负 责 人　刘海滨
地　　址　辽宁省锦州市南票区
电　　话　3882，3563转
电报挂号　0589
主要产品　三氯化铝、碱式氯化铝、固体聚合铝、水泥、电瓷、煤矸石铸造砂、矸石砖、矸石空心砖、型煤、耐火材料、水泥混合材、纸包装箱

南票矿务局化工厂

负 责 人　王凤林
地　　址　辽宁省锦州市黄甲屯地区
主要产品　结晶氯化铝；固体聚合铝；单体碱式氯化铝

南票矿务局水泥厂

负 责 人　王宝库
地　　址　辽宁省锦州市赵家屯地区
主要产品　火山泥水泥325号、425号

南票矿务局电瓷厂

负 责 人　沈秀芳
主要产品　高、低压针式绝缘子，高、低压蝶式绝缘子、拉紧绝缘子，低压布线，吊线器、托滚

南票矿务局建材厂

负 责 人　郭志昌
地　　址　辽宁省锦州市赵家屯地区
主要产品　普通矸石砖，非承重空心砖，耐火砖

南票矿务局精铸造型材料厂

负 责 人　周佰臣
地　　址　辽宁省锦州市南票矿务局邱皮沟矿
主要产品　莫来石砂粉

南票矿务局耐火材料厂

负 责 人　邱家俊
地　　址　辽宁省锦州市南票矿务局山西沟
主要产品　水泥混合材

通化矿务局石人化工厂

厂　　长　张培喜
地　　址　吉林省浑江市三岔子区石人镇
主要产品　水泥、水泥制品、矿用塑料制品、原煤

鹤岗矿务局多种经营总公司

负 责 人　李在清
地　　址　黑龙江省鹤岗市向阳区二马路
电　　话　35647
主要产品　原煤、机电产品、建材产品、农副业产品

萍乡电焊条厂

厂　　长　周维孝
地　　址　江西省萍乡市水口
电　　话　33124、33123
电报挂号　3597
主要产品　电焊条、KSB-8型矿灯

淄博矿务局水泥厂

厂　　长　张福增
地　　址　山东省淄博市淄川区昆仑镇
电　　话　矿务局总机转571
主要产品　洪昆牌425*矿碴硅酸盐水泥、U型矿车、水泥支架等

肥城矿务局水泥厂

厂　　长　李方瑞
地　　址　山东省肥城县王瓜店镇

焦作矿务局王村矸砖厂

厂　　长　许昭庆
地　　址　河南省焦作市
主要产品　150*煤矸砖，程序控制液压自动码坯机、承建小断面一次码烧隧道工程、提供技术咨询、技术服务

平顶山矿务局七矿砖厂

厂　　长　赵东义
地　　址　河南省平顶山市
主要产品　矸石砖

鹤壁矿务局电厂

厂　　长　魏梦章
地　　址　河南省鹤壁市
电　　话　22529
主要产品　发电

鹤壁矿务局建材厂

厂　　长　史振芳
地　　址　河南省鹤壁市
电　　话　32292
主要产品　水泥、料石、锚杆

湖南省资兴矿务局宝源煤矸石砖厂

厂　　长　文传华
地　　址　湖南省资兴三都
电　　话　1405
电报挂号　1405
主要产品　矸石砖

衡阳市柏坊煤矿化工厂

厂　　长　曾令春
地　　址　湖南省衡阳市常宁县柏坊镇八斗垅
主要产品　氧化锌

广东省梅田矿务局水泥厂

负 责 人　王松青
地　　址　湖南省宜章县
电报挂号　3055
主要产品　水泥

曲仁矿务局水泥厂

负 责 人　翟伟明
地　　址　广东省曲江县龙归
电　　话　2974转
主要产品　水泥

南桐矿务局南桐电厂

厂　　长　赵国权
地　　址　四川省重庆市南桐矿区桃子凼
电　　话　71485
电报挂号　3814
业务范围　供电、锅炉安装

南桐矿务局多种经营总公司

总 经 理　颜佑卿
地　　址　四川省重庆市南桐矿区清溪桥
电　　话　71724转
电报挂号　3815转
主要产品　水泥、无熟料水泥、预制构件、二氧化碳吸收剂、碱石灰、橡胶构件、局扇风筒、焦炭、人工大理石、沸渣砖等

永荣矿务局建筑材料厂

负 责 人　张仲华
地　　址　四川省重庆市荣昌县广顺镇
电　　话　永荣矿务局总机转
主要产品　矸石砖、煤矸石釉面砖

永荣矿务局发电厂

负 责 人　李梓梁
地　　址　四川省重庆市荣昌县广顺镇
电　　话　永荣矿务局总机转
电报挂号　7193
主要产品　电力

广旺矿务局发电厂

厂　　长　唐树国
地　　址　四川省广元市旺苍县加川区
电报挂号　0523
业务范围　电力

四川省乐山市凤来煤矿矸砖厂

负 责 人　李再金
地　　址　四川省乐山市五通桥区石麟乡
主要产品　矸砖

六枝矿务局大华制药厂

负 责 人　张惠友
地　　址　贵州省六盘水市六枝特区下云盘
电　　话　2101
电报挂号　0455
主要产品　13种大型输液、针剂、片剂、冲剂、胶囊剂，右旋糖酐原料药等40多个品种

阿干煤矿水泥厂

负 责 人　刘树桐
地　　址　甘肃省兰州市七里河区阿干镇回水湾
电　　话　25011转445
电报挂号　3951转
主要产品　普通硅酸盐水泥325#、425#、水泥速凝剂

阿干煤矿兴隆针织厂

负 责 人　姚根发
地　　址　甘肃省兰州市七里河区阿干镇水磨滩
电　　话　25011转956
电报挂号　3951转
主要产品　羊毛、晴纶男女时装、各式童装

靖远矿务局多种经营总公司

经　　理　马海臣
地　　址　甘肃省白银市平川区

石嘴山矿务局多种经营总公司

负 责 人　白武昌
地　　址　宁夏回族自治区石嘴山市石嘴山区
电　　话　2350转952
主要产品　纸箱、纸张、钢窗、暖气片、泡花碱、珍珠岩、弧型玻璃、铁丝、服装、沙发、阻燃抗静电塑料网等

乌鲁木齐矿务局建筑陶瓷厂

负 责 人　于国柱
地　　址　新疆维吾尔自治区乌鲁木齐市东山区
电　　话　36402转447
主要产品　建筑瓷砖

其　它

河北省下花园煤矿劳动服务公司

负 责 人　张良
地　　址　河北省张家口市下花园区下花园煤矿
主要产品　防爆电瓶、水泥、红砖、煤炭、链条、风筒等

河北省涿县煤炭部物探公司资料情报部

经　　理　曲宝林
地　　址　河北省涿州市
电　　话　2631转
电报挂号　3676
业务范围　煤田地球物理勘探的方法研究及其新仪器的研制；地震、测井、水文等地质资料的计算机处理与解释；煤田资源数据库及微机软件开发

轩岗矿务局医院

院　　长　于琪亨
地　　址　山西省原平县轩岗镇
业务范围　矿区职工、家属和附近居民的医疗、卫生、疾病预防

山西煤田地质勘探公司试验室

负 责 人　赵祝祥
地　　址　山西省太原市青年路东陂里5号
电　　话　223397
业务范围　煤（岩）样化（试）验

鹤岗矿务局选煤厂集体企业公司

负 责 人　孙教勤
地　　址　黑龙江省鹤岗市南山区
电　　话　矿区36112

浙江省建德县石煤综合利用公司

经　　理　吴惠群
地　　址　浙江省建德县安仁
电报挂号　0448
主要产品　水泥、电、石煤、石灰、碳化砖、精制五氧化二钒

山东矿业学院科技开发公司

经　　理　陈孟伯
地　　址　山东省泰安市
电　　话　3310
电报挂号　4349
主要产品　矿压仪器、计算机应用技术、混凝土工程质量检测仪器、新技术

曲仁矿务局红海大厦

负 责 人　赵沃平
地　　址　广东省珠海市拱北粤海路凉粉桥
电　　话　521
电报挂号　9521
业务范围　旅游业、服务业

曲仁矿务局越华实业一公司

负 责 人　刘章锁
地　　址　广东省深圳市新宝安路九园巷一号
电　　话　39966
电报挂号　4164
业务范围　建材、建筑、来料加工等

芙蓉矿务局劳动服务公司

负 责 人　徐万竹
地　　址　四川省珙县巡场
电　　话　27
电报挂号　2172
业务范围　速凝剂、水泥、印刷品

煤炭部航测遥感公司

经　　理　石玉臣
地　　址　陕西省西安市建西街三号
电　　话　71-4722，2-1610
电报挂号　0888
业务范围　工程摄影测量，航空地质、煤炭遥感、制图印刷、计算机服务

铜川矿务局陈家山矿长焰煤气化站

站　　长　邵喜贵
地　　址　陕西省旭县陈家山煤矿
主要产品　煤气、长焰煤气化技术咨询

附录

世界部分国家能源生产量及其构成

国别	年度	生产量（合10^3t标准燃料）	能源生产构成（占生产量的%）			
			固体	液体	气体	水电、核电等
世界合计	1970	7150262	31.6	47.9	18.3	2.2
	1980	9291761	23.2	48.3	20.2	3.3
	1982	8980771	30.2	45.6	20.5	3.7
	1984	9358230	30.2	44.4	21.3	4.1
美国	1970	2130263	25.3	36.5	36.6	1.6
	1980	2105207	29.8	32.9	31.2	3.1
	1982	2004373	31.5	34.8	30.1	3.6
	1984	2054071	32.7	35.0	28.6	3.7
苏联	1970	1207761	37.2	42.6	18.9	1.3
	1980	1937975	26.5	45.3	26.7	1.5
	1982	2068811	24.2	43.4	30.7	1.7
	1984	2131496	23.4	41.9	32.8	1.9
日本	1970	50957	70.8	2.2	6.9	20.1
	1980	42766	39.9	1.6	7.9	50.6
	1982	42568	37.1	1.4	7.2	54.3
	1984	43357	34.2	1.4	7.2	57.2
联邦德国	1970	173490	83.0	6.3	9.0	1.7
	1980	162181	77.8	4.2	13.3	4.7
	1982	162913	77.9	3.8	11.7	6.6
	1984	152275	76.5	3.9	12.8	6.8
英国	1970	151578	87.5	0.1	9.8	2.6
	1980	272884	39.1	42.1	16.9	1.9
	1982	310162	33.3	48.5	16.3	1.9
	1984	283255	14.7	64.8	18.0	2.5

国别	年度	生产量（合10^3t标准燃料）	能源的生产构成（占生产量的%）			
			固体	液体	气体	水电、核电等
加拿大	1970	204978	6.0	49.4	35.1	9.5
	1980	280000	10.9	42.0	33.9	12.6
	1982	274510	12.7	38.9	35.1	13.3
	1984	310464	15.3	38.6	32.6	13.5
波兰	1970	157179	95.4	0.4	4.0	0.2
	1980	174997	95.7	0.3	3.8	0.2
	1982	168089	96.2	0.3	3.3	0.2
	1984	173403	96.3	0.2	3.3	0.2
澳大利亚	1970	66032	76.6	18.3	2.9	1.7
	1980	114670	62.3	26.2	9.7	1.8
	1982	130407	64.5	22.1	12.0	1.4
	1984	145945	65.1	22.3	11.4	1.2
民主德国	1970	80957	98.7	0.2	0.8	0.3
	1980	83626	93.6	0.1	4.3	2.0
	1982	89871	93.8	0.1	4.4	1.7
	1984	96843	92.9	0.1	3.7	2.3
法国	1970	60653	64.9	7.1	15.2	12.8
	1980	51723	42.0	6.5	19.0	32.5
	1982	55885	36.8	6.2	18.7	38.3
	1984					
印度	1970	67763	79.4	14.6	1.0	5.0
	1980	100918	78.7	13.5	1.7	6.1
	1982	146669	74.1	19.6	2.6	3.7
	1984	174788	70.1	23.3	2.5	4.1

世界部分国家能源消费量及其构成

国别	年度	消费量（合10^3t标准燃料）	能源的消费构成（占消费量的%）			
			固体	液体	气体	水电、核电等
世界合计	1970	6512421	34.9	42.9	19.8	2.4
	1980	8566208	30.6	44.1	21.8	3.5
	1982	8428305	32.4	42.3	21.9	3.4
	1984	8855792	32.3	41.2	22.3	4.2
美国	1970	2227123	21.2	41.7	35.6	1.5
	1980	2419510	22.2	43.7	31.2	2.9
	1982	2186053	24.0	44.0	28.5	3.5
	1984	2257068	25.9	43.3	27.0	3.8
苏联	1970	991376	43.8	32.0	22.7	1.5
	1980	1473972	33.4	34.2	30.5	1.9
	1982	1560667	31.1	33.6	33.4	1.9
	1984	1648324	29.4	30.6	37.6	2.4
日本	1970	317415	26.9	68.2	1.6	3.3
	1980	427683	18.8	68.2	7.9	5.1
	1982	414131	22.6	63.5	8.4	5.5
	1984	454082	22.4	61.2	11.0	5.4
联邦德国	1970	311079	42.2	50.2	6.4	1.2
	1980	352684	33.1	44.8	19.8	2.3
	1982	338525	35.1	43.7	17.9	3.3
	1984	340582	34.9	43.2	18.7	3.2
英国	1970	278680	50.4	42.4	5.8	1.4
	1980	268005	38.0	37.2	22.9	1.9
	1982	253283	36.5	36.7	24.3	2.5
	1984	264743	25.0	46.3	26.0	2.7

国别	年度	消费量（合10^3t标准燃料）	能源消费构成（占消费量的%）			
			固体	液体	气体	水电、核电等
加拿大	1970	187193	13.3	53.2	23.2	10.3
	1980	253425	12.6	48.5	26.3	12.6
	1982	239496	14.2	44.4	27.3	13.6
	1984	247278	15.0	40.5	29.6	14.9
波兰	1970	137647	86.8	7.5	5.5	0.2
	1980	177898	81.1	11.7	7.0	0.2
	1982	163154	82.3	10.1	7.5	0.1
	1984	167298	82.3	10.0	7.7	0.0
澳大利亚	1970	64077	48.8	46.5	3.0	1.7
	1980	90405	43.5	41.9	12.3	2.3
	1982	95193	42.5	39.2	16.4	1.9
	1984	95098	43.4	37.3	17.6	1.7
民主德国	1970	104533	84.9	14.1	0.7	0.3
	1980	121702	70.7	19.3	8.5	1.5
	1982	123315	71.3	17.9	9.4	1.4
	1984	126604	72.3	18.0	8.4	1.3
法国	1970	193621	28.9	60.4	6.7	4.0
	1980	234030	21.4	56.7	14.6	7.3
	1982	216358	21.9	52.9	15.5	9.7
	1984	213688	18.5	51.3	17.4	12.8
印度	1970	76363	67.3	27.4	0.9	4.4
	1980	126387	64.9	28.9	1.4	4.8
	1982	157557	68.0	26.2	1.9	3.9
	1984	176904	67.0	26.5	2.4	4.1

世界部分国家煤炭储量

单位：10^6t

国家和地区	实测储量①			可采储量②			将开发的重要煤田储量		
	烟煤和无烟煤	次烟煤	褐煤	烟煤和无烟煤	次烟煤	褐煤	烟煤和无烟煤	次烟煤	褐煤
澳大利亚	48540	2086	39300	27442	2060	36200	20800		35000
奥地利	1		117	3		61			
比利时	715			410			800		
博茨瓦纳	7000			3500			2970		
加拿大	4903	1280	2839	3548	880	2418	1400	2200	1300
哥伦比亚	2025	47	1	1010	24	1	2450		
捷克斯洛伐克	5750		7220	2700		2860	1000	5000	
法　国③	906	160		332	49		360		
民主德国			47000			21000			13000
联邦德国	44000		55000	23919		35150	13500		12000
英　国④			400	4600			14000		
希　腊			5312			3000			1500
印　度⑤	26331		1581			1581	19005		500
日　本	8479		175	997		18	842		
墨西哥⑥	1597	804		1274	643		1000		
新西兰	36	356	1634	33	152	57.7		150	
波　兰	63000		13200	28300		14400	36500		10900
南　非	115530			58404			30000		
西班牙	948.7	463.8	315	415.3	231.0	236.3	374		1188
土耳其	135		5292	94		4763	100		3000
美　国	237640	164366	40886	131971	99163	32709	55000	37000	
苏　联	136000	51800	105000	108800	41400	94500	73830	21043	77375
委内瑞拉	508.8	—	372				1553		20
津巴布韦	1535	965	734				1000		
其他非洲国家	3185	338	123	3000	170	4	349	231	62
其他亚洲国家	16830	5070	30017	844	498	867	2298	387	1767
其他西欧国家	1440	117	116	522	72	45			
其他东欧国家	1523	4601	25898	696	2482	21583	100	750	520
其他中南美国家	28	23195	13	27	14280	18	1100	5224	
世界总计	1340000	257000	508000	404000	162000	272000	351051	71985	158132

①实测储量是指经过详细勘探，在目前和预期的当地经济条件下，可用现有技术开采的煤量；
②可采储量是指可从地下实测储量中采出的原煤量；
③不包括褐煤；
④指厚度0.6米以上、深度1200米以内的煤层，其经济可采储量加总资源量为1900亿吨，北爱尔兰褐煤经济可采储量为10亿吨；
⑤主要为烟煤，无烟煤甚微；
⑥不包括褐煤。

世界部分国家和地区煤炭产量

单位：10^4t

国家或地区	硬 煤	褐 煤	总产量	国家或地区	硬 煤	褐 煤	总产量
奥地利		308.4	308.4	比利时	630.0		630.0
南朝鲜	2329.0		2329.0	希 腊		3597.6	3597.6
匈牙利	264.0	2140.8	2404.8	印度尼西亚	150.0		150.0
挪 威	56.4		56.4	新西兰	218.4	22.8	241.2
尼日利亚	4.8		4.8	菲律宾	122.4		122.4
葡萄牙	16.0		16.0	西班牙	1614.2	2414.4	4028.6
土耳其	726.0	3166.8	3892.8	保加利亚	15.8	3063.0	3088.8
巴基斯坦	218.0		218.0	意大利		188.7	188.7
委内瑞拉	3.6		3.6	南斯拉夫	39.6	5664.0	5703.6
罗马尼亚	865.2	3792.0	4657.2	赞比亚	51.6		51.6
津巴布韦	312.0		312.0	爱尔兰	6.0		6.0
巴 西	771.6		771.6	缅 甸	4.0	3.8	7.8
阿根廷	39.6		39.6	智 利	123.6		123.6
泰 国		514.8	514.8	朝鲜民主主义人民共和国	3800.0	1100.0	4900.0
博茨瓦纳	37.1		37.1				
摩洛哥	77.5		77.5	墨西哥	800.0		800.0
莫桑比克	3.0		3.0	秘 鲁	9.5		9.5
尼日利亚	13.9		13.9	伊 朗	85.0		85.0
扎伊尔	13.0		13.0	越 南	620.0		620.0
哥仑比亚	610.0		610.0	阿尔巴尼亚		214.0	214.0

主要产煤国家分年度煤炭产量

单位：10^4t

国家和地区	1970	1980	1983	1985	国家和地区	1970	1980	1983	1985
美 国	55580.0	76295.0	73038.0	80385.0	澳大利亚	6860.0	11714.0	14317.2	17550.0
苏 联	62411.4	71640.0	71600.0	72600.0	捷克斯洛伐克	10998.4	12320.4	12932.4	12853.1
民主德国	26253.1	25800.0	27796.8	31215.6	法 国	4015.0	2083.0	1963.0	1698.0
波 兰	17286.0	22998.0	23359.2	24938.4	加拿大	1455.0	3656.0	4480.8	6074.4
联邦德国	21920.0	21697.0	20917.2	20952.0	日 本	3988.0	1804.0	1706.4	1644.0
英 国	14460.0	12864.0	11922.0	9188.4	世界总计	292988.0	373700.0	391600.0	433600.0
印 度	7723.0	11270.0	14352.0	15703.2					

产煤亿吨以上国家或地区的煤炭产量、位次和比重

位次	1984年			位次	1985年		
	国家或地区	煤炭产量 (10^4t)	占世界总产量的比重（%）		国家或地区	煤炭产量 (10^4t)	占世界总产量的比重（%）
1	美　国	80725.0	19.58	1	美　国	80385.0	18.53
2	苏　联	71230.0	17.28	2	苏　联	72600.0	16.74
3	民主德国	29300.0	7.11	3	民主德国	31215.6	7.20
4	波　兰	29196.8	5.87	4	波　兰	24938.4	5.75
5	联邦德国	21360.0	5.18	5	联邦德国	20952.0	4.83
6	南　非	16203.0	3.92	6	澳大利亚	17550.0	4.05
7	澳大利亚	15966.0	3.87	7	南　非	16989.5	3.92
8	印　度	15234.0	3.69	8	印　度	15703.2	3.62
9	捷克斯洛伐克	13113.6	3.18	9	捷克斯洛伐克	12853.1	2.96

注：不包括中国

世界部分国家煤炭消费构成

国别	年份	消费量 (10^6t)	消费构成（%）					
			发电	炼焦	铁路	其他工业	民用	其他
美国	1970	429.0	62.5	18.2		17.2	2.1	
	1980	649.4	78.9	10.1		10.0	1.0	
	1983	642.0	84.5	5.4		9.0	1.1	
	1985	740.3	84.4	5.1		9.3	1.0	0.2
日本	1970	88.7	21.4	65.7	0.6	10.0	2.3	
	1980	93.4	11.0	75.2		13.2	0.6	
	1983	97.3	17.8	68.0		13.4	0.5	
	1985	111.3	20.9	65.5		13.0	0.6	
联邦德国*	1970	115.1	31.7	45.1	1.4	19.3	2.5	
	1980	87.1	46.2	42.3		9.9	1.6	
	1983	87.7	51.7	33.9		13.3	1.1	
	1985	86.7	53.4	34.2		11.2	1.2	
英国	1970	154.4	49.2	16.3		19.1	12.9	2.5
	1980	123.9	74.3	10.8		6.3	8.6	
	1983	111.6	73.1	9.4		11.6	5.9	
	1985	113.5	73.5	11.5		9.0	5.7	0.3
法国	1970	51.0	28.9	48.0	0.2	12.9	10.0	
	1980	49.1	41.6	36.8	0.1	16.4	5.1	
	1983	42.4	57.1	23.2	0.1	11.0	8.6	
	1985	37.3	49.1	24.9	—	15.3	10.7	

续表

国别	年份	消费量 (10^6t)	消费构成（%）					
			发电	炼焦	铁路	其他工业	民用	其他
意大利	1970	14.2	7.7	88.6	1.0	1.8	0.9	
	1980	18.7	29.0	66.8		3.9	0.3	
	1983	17.3	39.6	50.4		9.3	0.7	
	1985	20.6	40.2	49.2		9.9	0.7	

* 不包括褐煤。

世界部分国家煤炭进口量

单位：10^3t

国别或地区	1980	1981	1983	1985	国别或地区	1980	1981	1983	1985
阿根廷	922	706	479	763	挪威	738	850	548	569
加拿大	15864	14836	15112	14700	葡萄牙	329	355	426	1381
巴西	3997	3277	5459	8054	西班牙	5200	8300	5806	7259
智利	597	506	335	400	瑞典	2182	2271	3090	4197
美国	1194	1042	1170	2000	瑞士	531	862	525	474
墨西哥	609	691	500	300	南斯拉夫	3665	3665	4540	3600
比利时和卢森堡	10501	10359	7677	9196	保加利亚	6732	7050	7090	
法国	29513	27374	18570	18700	捷克斯洛伐克	5057	4423	4920	
联邦德国	9337	11303	9550	10200	民主德国	6828	6500	4198	
意大利	16787	18396	17650	22324	匈牙利	1623	1898	2060	2518
荷兰	6471	7199	7720	11749	波兰	1042	1103	1021	1060
英国	7332	4150	4360	12635	罗马尼亚	3200	3769	3500	
爱尔兰	1205	1289	1426	1537	苏联	6041	3834	11571	10400
丹麦	9925	10898	9150	12700	日本	68600	78720	78740	93691
奥地利	2878	2713	2743	4400	南朝鲜	7296	9997	10151	14789
芬兰	4469	5650	4390	5100	其他	16113	25460	28026	
希腊	532	280	1470	2015	合计	257306	27580	274000	334900

世界部分国家煤炭出口量

单位：10^3t

国家或地区	1980	1981	1983	1985	国别或地区	1980	1981	1983	1985
美　国	83151	102003	70440	82412	波　兰	31300	15015	35348	36200
加拿大	14311	16285	17011	27800	捷克斯洛伐克	3689	2605	5514	
联邦德国	12661	17181	12190	8600	澳大利亚	42819	50964	55544	87800
法　国	468	781	560	—	南　非	28464	29880	27000	44000
比利时和卢森堡	447	694	390	1049	哥仑比亚	87	89	500	450
荷　兰	1548	772	730	1417	其　他	8181	4136	17433	
英　国	4580	9400	6340	3300	合　计	257306	275805	274000	334900
苏　联	25600	26000	25000	23900					

世界部分国家采煤机械化程度

年　度	苏　联（%）	联邦德国（%）	英　国（%）	日　本（%）	波　兰（%）
1970	85.0	92.65	92.3	72.3	83.22
1975	94.0	97.90	93.5	74.0	93.59
1980	96.1	99.20	94.0	72.0	96.00
1981	96.0	99.00	99.0	76.0	97.00
1982	96.0	99.70	99.0	78.1	96.20
1983	97.0	99.70	99.0	80.0	96.40
1984	99.0	99.60	99.0	81.0	96.80
1985	97.0	99.50	99.5	83.5	96.00

世界部分国家的采煤综合机械化指标

国别	年　份	综合机械化工作面个数（个）	综合机械化程度（%）	综合机械化工作面平均日产量（t）	综合机械化工作面平均效率（t/工）
联邦德国	1970	124	37.3	1245	15.7
	1980	227	96.8	1425	19.9
	1981	232	98.0	1496	20.4
	1983	215	98.3	1535	20.5
	1985	200	99.5	1660	22.7
苏联	1970	556	29.5	710	13.68
	1980	1310	67.4	669	
	1981	1320	69.0	674	
	1983		70.0	634	10.60
	1985	1156	73.1	629	

国别	年　份	综合机械化工作面个数（个）	综合机械化程度（%）	综合机械化工作面平均日产量（t）	综合机械化工作面平均效率（t/工）
英国	1970	701	79.9	597	8.3
	1980	649	92.0	672	
	1981	610	93.5	695	10.0
	1983	569	97.0		
	1985	450	99.0	746	17.0
日本	1970	30	28.7	1034	14.90
	1980	28	68.7	1168	26.7
	1981	26	68.9	1276	32.4
	1983	27	68.7	1250	33.2
	1985	29	70.6	1070	29.0

续表

国别	年份	综合机械化工作面个数（个）	综合机械化程度（%）	综合机械化工作面平均日产量（t）	综合机械化工作面平均效率（t/工）
波兰	1970	20	3.8	907	18.2
	1980	426	65.0		
	1981	462	77.8		
	1983	437	88.4	1200	17.8
	1985	439	89.5	1320	

世界部分国家采煤工作面指标

国别	年份	长壁工作面数（个）	工作面平均长度（m）	工作面平均日产量（t）	工作面平均日进度（m）	工作面平均效率（t/工）
联邦德国	1970	487	196	854	2.27	12.13
	1980	246	226	1356	2.93	18.90
	1981	222	229	1474	2.86	20.20
	1983	211	235	1496	3.12	19.90
	1985	204	241	1633	3.37	22.60
英国	1970	849	171	597	2.02	6.88
	1980	653	176	649		9.04
	1981	645	194	680		9.09
	1983	578	202	743		10.10
	1985	455		678		10.54
日本	1970	250	110	432	1.78	9.80
	1980	81	103	588	2.15	17.60
	1981	77	102	601	2.28	18.90
	1983	77	115	638	2.32	18.90
	1985	75	111	588	2.09	19.00
苏联	1970	4101	117	331	35.8*	6.35
	1980	3160	138	409		7.84
	1982		138	397		
	1983		139	399	1.22	
	1985	2954	135	389		

* 月进度。

世界部分国家商品煤占原煤的比例

年份	美国（%）	波兰（%）	联邦德国（%）	英国（%）	法国（%）	日本（%）	澳大利亚（%）	苏联（%）
1975	86	81	58	73	61	70	81.4	92.01
1978	86	81	57	82	63	69	80.4	91.82
1980	86	81	55	82	62	73	81.7	91.20
1982	87	80	54	72	63	70	82.5	90.25
1985	86	80					81.4	88.25

世界部分国家矿井劳动生产率

单位：t/工

国别	生产工人效率	井下效率	工作面效率
美国	14.72	16.92	70.00
澳大利亚	12.32	18.0	35.58
联邦德国	3.71	4.37	22.60
日本	3.69	4.23	19.00
英国	2.49	3.12	10.54

注：澳大利亚计算效率为原煤；
美国工作面效率不包括短壁工作面。

世界部分国家煤炭工业职工人数

单位：10^4人

国别	类别	1970	1980	1983	1985
苏联	职工总数	200.0	220.0	230.0	230.0
	原煤生产工人数	88.6			
	矿井生产工人数	84.2			
美国	职工总数	14.51	24.63	23.42	18.69
	工人数	12.57	22.38	21.42	15.23
	矿井工人数	10.28	15.03	14.10	
	露天工人数	2.22	7.46	7.32	
波兰*	职工总数	33.5	40.58	42.90	43.78
	工人数	29.4	33.16	40.60	40.40
	井下工人数	20.9	23.97	28.00	25.91
联邦德国	职工总数	27.74	20.53	19.96	18.11
	工人数	23.16	16.90	16.42	14.64
	矿井工人数	18.94	15.29	14.96	13.75
	井下工人数	13.17	9.81	9.69	8.99
英国	职工总数	33.35	29.39	24.68	22.13
	工人数	29.00	25.70	21.97	19.67
	矿井工人数	28.51	23.80	19.17	17.13
	井下工人数	22.75			
日本	职工总数	5.58	3.01	2.60	1.74
	矿井工人数	5.03	1.83	1.54	1.42
	井下工人数	3.96	1.57	1.33	1.24

* 硬煤煤矿数字。

世界部分国家煤矿事故死亡人数和百万吨死亡率

国别	美国		日本		波兰		英国	
	死亡人数	死亡率	死亡人数	死亡率	死亡人数	死亡率	死亡人数	死亡率
1980	133	0.17	22	1.22			39	0.31
1981	154	0.21	124	7.00	89	0.55	34	0.27
1982	122	0.16	24	1.36	144	0.72	44	0.34
1983	70	0.09	17	1.00	95	0.50	22	0.20
1984	124	0.16	100	5.99			12	0.24
1985	67	0.08	83	4.90	88	0.46	27	0.29

几个国家煤矿死亡事故原因分析

国别	年份	工作面巷道和瓦斯	运输	机械	工具或电气	其他	合计
英国	1974～1975	16	12	9	3	16	56
	1975～1976	13	20	5	2	19	59
	1980～1981	11	18	4		6	39
	1983～1984	7	6	4		5	22
	1984～1985	5	3	1	1	2	12
美国	1970	83	47	17	43	65	255
	1975	53	39	35	14	14	155
	1980	39	41	22	12	19	133
	1983	31	15	6	10	8	70
	1986	28	20	7	9	23	87
日本	1977	44	10	1		3	58
	1980	10	6	1	1	4	22
	1983	4	10		1	2	17
	1985	76	4			3	83

1 9 8 7
中 国 煤 炭 工 业 年 鉴
煤炭工业部《中国煤炭工业年鉴》编审委员会　编
*
煤炭工业出版社　出版
(北京安定门外和平里北街21号)
煤炭工业出版社印刷厂　印刷
新华书店北京发行所　发行
*
开本787×1092mm 1/16 印张18 1/2 插页20 字数695千字
1988年3月第1版　1988年3月第1次印刷
ISBN 7-5020-0053-4/TD·51

书号 2965　定价14.30元